Aufgaben

Aufgaben müssen sein. Sie helfen Dir, tiefer in das Thema einzudringen. Häufig machen sie deutlich, was der Unterrichtsstoff mit Deiner Lebenswelt zu tun hat. Hier kannst Du auch zeigen, daß Du mit chemischen Formeln umgehen kannst.

Einige Aufgaben sind einfach zu beantworten, bei anderen wirst Du länger überlegen müssen.

Aufgaben

1 Welches Molekül ist in Bild 5 dargestellt?

2 Ein Stoff hat diese Strukturformel:

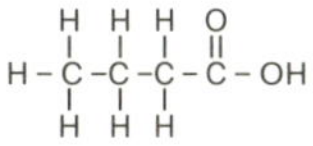

Wie heißt der Stoff? Versuche, seine Löslichkeit zu beschreiben.

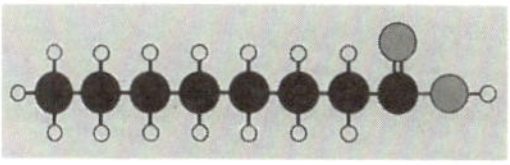

5

3 Woher kommt der Name *Ethansäure* für Essigsäure?

4 Vergleiche den Bau der Alkanmoleküle mit dem der entsprechenden Alkansäuremoleküle.

Chemie und andere Fächer: Aus Umwelt und Technik

Hier kann's manchmal sogar spannend werden. Wer sich in diese „Bausteine" vertieft, erfährt eine ganze Menge über seine Umwelt – und erkennt „die Chemie" auch im Alltag wieder.

Diese Texte eignen sich auch als Grundlage für kleine Vorträge oder Referate. Vielleicht hast Du mal Lust dazu?

Oder ist Chemie etwa gar nicht Dein Lieblingsfach? Interessieren Dich Umweltprobleme und Themen aus Natur und Technik mehr? Dann sind diese „Bausteine" gerade das Richtige für Dich! Hier erkennst du nämlich die Chemie als eine Naturwissenschaft, die mit anderen Fächern (Physik, Biologie, Geographie, Werken, Hauswirtschaft ...) Gemeinsamkeiten hat.

Aus Umwelt und Technik: **Die Besonderheiten des Wassers**

Wasser zeigt einige Besonderheiten, die mit dem **Dipolcharakter** seiner Moleküle zu erklären sind. Ohne diese Besonderheiten wäre kein Leben auf der Erde möglich!

Die *Siedetemperatur* des Wassers ist – verglichen mit der Siedetemperatur seiner „Bestandteile" Wasserstoff und Sauerstoff – äußerst hoch. Das liegt daran, daß beim Verdampfen

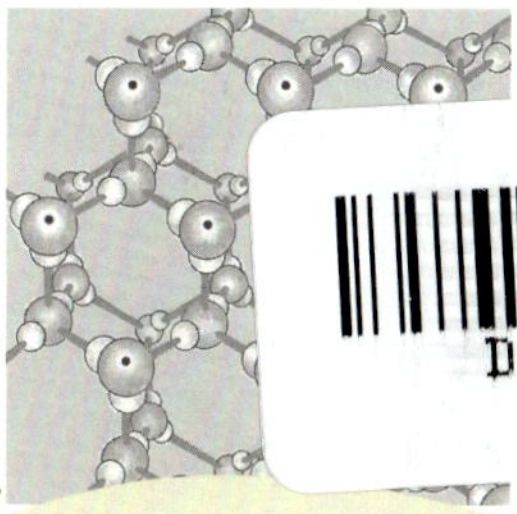

7

8

Chemie und andere Fächer: Aus der Geschichte

Die Erkenntnisse der Chemie „fielen nicht vom Himmel". Manche Forscher brauchten ein Leben lang, ehe sie die Lösung eines Problems herausfanden. Andere verteidigten Meinungen, die sich später doch als Irrtümer erwiesen. Manchmal war es auch umgekehrt: Ein Forscher fand etwas Richtiges heraus, aber man lächelte nur darüber.

Diese „Bausteine" berichten von den Leistungen bekannter Forscher und oft auch von den Schwierigkeiten, die sie zu überwinden hatten. Du erfährst auch etwas über geschichtliche Zusammenhänge. So wirst Du einen Eindruck davon bekommen, wie sich Wissenschaft und Technik entwickelten und wie sie das Leben der Menschen veränderten.

Aus der Geschichte: **Der Inkohlungsprozeß**

Von der Entstehungsgeschichte der Kohle haben die Forscher heute recht genaue Vorstellungen – im Gegensatz zur Entstehung des Erdöls.

Während zwischen den Entstehungsorten und den Fundorten von Erdöl erhebliche Entfernungen liegen können, dürften die meisten Steinkohle- und Braunkohlevorkommen dort „gewachsen" sein, wo man sie heute findet. Man weiß auch über die Pflanzen, die in Kohle umgewandelt wurden, recht genau Bescheid

Das Thema im Überblick

Natürlich steht dieser „Baustein" am Schluß des jeweiligen Themas. Er besteht *aus zwei Teilen*:

Unter der Überschrift ***Alles klar?*** findest Du Aufgaben, die sich auf das gesamte Thema beziehen. Mit ihnen kannst Du prüfen, ob Du in dem Thema wirklich fit bist.

Im Abschnitt ***Auf einen Blick*** steht nochmal kurz alles Wesentliche. Hier findest Du auch die wichtigsten Versuchsergebnisse und den „roten Faden" des Unterrichts. Das wird Dir beim Wiederholen und bei der Vorbereitung auf Prüfungsarbeiten helfen. Hilfe findest Du hier auch, wenn Du einmal gefehlt hast. (Falls Du trotzdem etwas nicht verstehst, kannst Du auch noch einmal in den Info-„Bausteinen" nachlesen.)

Die Luft – ein wichtiges Gasgemisch

Alles klar?

1 Inwiefern ist die Luft ein „wichtiges Gasgemisch"? Zähle stichwortartig auf, welche Bedeutung die Luft für das Leben hat.

2 Welche Eigenschaften des Sauerstoffs kennst du noch? Nenne auch einige Verwendungsmöglichkeiten dieses Stoffes.

Auf einen Blick

Die **Luft** ist ein **Gemisch** aus mehreren gasförmigen Stoffen.

Die Hauptbestandteile trockener Luft sind **Stickstoff** und **Sauerstoff**. Den Rest bilden **Kohlenstoffdioxid** und **Edelgase**. Feuchte Luft enthält außerdem noch Wasserdampf.

Diese Gase sind miteinander vermischt. Sie haben einige *gemeinsame* Eigens[illegible] sie farblos und geruchlos.

Chemie

NATUR
UND
TECHNIK

für Realschulen

Cornelsen

Chemie
für Realschulen

Klasse 8
Baden-Württemberg

Das Werk wurde erarbeitet von:

Dr. Rüdiger Blume
Werner Geiger
Dr. Peter Haupt
Rolf Kloppert
Wolfgang Kunze
Dr. Heinz Obst
Dr. Eberhard Rossa
Dr. Heinrich Schönemann

Redaktion

Helmut Dreißig
(redaktionelle Leitung)
Christa Greger
Dr. Edeltraud Kemnitz
Erika Sichelschmidt

Grafik

Gabriele Heinisch (Cornelsen)
Yvonne Koglin

Fotos

Budde und Fotostudio Mahler
(Auftragsfotos Cornelsen)
Sonstige Fotoquellen siehe
Verzeichnis der Bild- und
Textquellen

Gestaltung und
technische Umsetzung

Dierk Ullrich

1. Auflage
Druck 4 3 2 1 Jahr 98 97 96 95

Alle Drucke dieser Auflage können im Unterricht nebeneinander verwendet werden.

Druck: Cornelsen Druck, Berlin

ISBN 3-464-03355-4

Bestellnummer 33554

gedruckt auf säurefreiem Papier, umweltschonend hergestellt aus chlorfrei gebleichten Faserstoffen

7462

Inhaltsverzeichnis

7463

Einige Grundregeln zum Experimentieren

Damit es
beim Experimentieren
nicht **so**
in eurer Klasse
zugeht, . . .

. . . müßt ihr
die folgenden
Experimentierregeln
und Hinweise
genau beachten:

Dies sind Gefahrensymbole, die auf Gefäßen mit Chemikalien stehen können.

T+: sehr giftig
T: giftig

Xn: gesundheitsschädlich
Xi: reizend

E: explosionsgefährlich

F+: hochentzündlich
F: leichtentzündlich

C: ätzend

O: brandfördernd

N: umweltgefährlich

(Symbole nach DIN 58126 Teil 2 und Gefahrstoffverordnung)

1.
Vor dem Experimentieren die Versuchsanleitung genau lesen oder besprechen. Die Code-Buchstaben, z. B. Xn, sowie Gefahrensymbole und Sicherheitsratschläge beachten. Den Versuchsaufbau immer vom Lehrer oder von der Lehrerin kontrollieren lassen.

2.
Trage beim Experimentieren immer eine Schutzbrille!

3.
Vorsicht beim Umgang mit dem Brenner! Wenn du lange Haare hast, müssen diese geschützt werden. Halte den Brenner nur so lange in Betrieb, wie er benötigt wird.

4.
Wenn du eine kleine Flüssigkeitsmenge im Reagenzglas erhitzt, halte das Glas schräg und nur kurz über die Flamme! Schüttle den Inhalt vorsichtig hin und her! Die Glasöffnung nie auf Personen richten!

5.
Willst du eine Geruchsprobe durchführen? Dann fächle dir die aufsteigenden Dämpfe vorsichtig mit der Hand zu! Halte niemals deine Nase direkt über das Gefäß!

6.
Entferne verspritzte oder verstreute Chemikalien niemals selbst! Melde jede Panne sofort deiner Lehrerin bzw. deinem Lehrer! So bekommst du ganz sicher eine sachgerechte Hilfe.

7.
Arbeite stets nur mit kleinen Mengen! Gieße gebrauchte Stoffe nie in die Gefäße zurück! Fasse Chemikalien nicht mit den Fingern an; benutze dafür immer einen sauberen Spatel oder Löffel! Koste keine Chemikalien!

8.
Hast du vor, mit einer Säure zu experimentieren? Dann gib beim Verdünnen immer die Säure in das Wasser – und niemals umgekehrt! („Erst das Wasser, dann die Säure – sonst geschieht das Ungeheure!“)

Chemie – was ist das?

1 Chemie ist überall …

**um uns,
für uns,
in uns,
durch
uns**

1 2 3 4 5

6 7 8 9

12 13 14 15

16 17 18

- ○ Was hat unser tägliches Leben mit Chemie zu tun?
- ○ Erläutere anhand der Bilder die Aussage „Chemie ist überall“.
- ○ Suche weitere Beispiele für diese Aussage.
- ○ Was wäre, wenn es …
  … die Wissenschaft Chemie nicht gäbe,
  … keine chemische Industrie gäbe,
  … keine chemische Forschung gäbe?

10 11

7593

In Bild 19 geht es um „Physik“, in Bild 20 dagegen um „Chemie“ …

19

20

V 1 Zerschlage ein Stück Kalkstein (Marmor) auf einer festen Unterlage (Schutzbrille!). Versuche, ein Stückchen davon im Mörser zu Pulver zu zerreiben (Bild 19).

a) Prüfe, ob sich kleine Marmorstückchen wie Kochsalz in Wasser lösen.

b) Ein anderes Stück Marmor wird in etwas Essig (oder Zitronensaft) gegeben (Bild 20).

c) Wenn es im Glas nicht mehr schäumt (aber noch Marmorstückchen zu sehen sind), gießen wir einen Teil der Flüssigkeit ab und teilen sie in drei Portionen.

In eine davon geben wir erneut ein Marmorstückchen. Wirkt die Flüssigkeit immer noch wie frischer Essig?

d) Eine zweite Portion lassen wir auf einem Uhrgläschen verdunsten. Löst sich der Rückstand in Wasser?

e) In den Rest von V 1 c (mit Marmorstückchen) geben wir frischen Essig (Zitronensaft). Bleibt Marmor übrig?

V 2 „Zauberei“ mit Rotkohlsaft (in Süddeutschland oft auch *Blaukrautsaft* genannt): Koche in einem kleinen Topf einige zerkleinerte Rotkohlblätter (Blaukrautblätter) mit etwas Wasser (die Blätter sollen gerade bedeckt sein). Dabei entsteht eine blauviolette Flüssigkeit.

Laß die Flüssigkeit abkühlen, und gieße sie durch ein Filterpapier für Kaffee.

a) Gib jeweils in ein Reagenzglas etwas Essig, Seifenwasser (Kernseife) bzw. in Wasser aufgelöstes Natron (Backpulver). Tropfe dann Rotkohlsaft hinzu.

b) Beschreibe, was dir an der Farbe des Rotkohlsaftes auffällt. (Wenn die Flüssigkeiten zu dunkel gefärbt sind, mußt du sie mit Wasser verdünnen; dann kannst du die Farben besser unterscheiden.)

c) Was stellst du fest, wenn du in die dritte Flüssigkeitsportion von Versuch 1 c etwas Rotkohlsaft gibst? Halte eine Probe mit frischem Essig und Rotkohlsaft daneben.

Chemie, Chemie, Chemie …

Wenn von „Chemie“ die Rede ist, dann denkst du vielleicht an Chemiefabriken und Labors. Oder du hast Kunststoffe, Pflanzenschutzmittel und Medikamente im Sinn – alles Dinge, die „künstlich“ von Menschen entwickelt wurden.

Doch nicht das allein hat mit Chemie zu tun. Wir begegnen ihr auch in der Natur – ja sie ist *überall um uns herum* und sogar *in uns selbst* zu beobachten!

Chemische Vorgänge laufen zu Tausenden in unserer Umwelt ab. Doch merken wir manchmal nur wenig davon, weil sie mitunter sehr langsam vor sich gehen.

So scheint z. B. der Marmor – ein sehr harter Kalkstein, den wir in Versuch 1 bearbeitet haben – „für die Ewigkeit“ geschaffen zu sein: Das Zerkleinern kann ihm nichts anhaben, er bleibt immer noch Kalkstein, nur eben zerkleinert. Auch Wasser beeinflußt ihn nicht. In Essig jedoch löst er sich unter Aufbrausen auf.

In unserem Versuch ist aber der Kalkstein nicht spurlos verschwunden: Nach dem Verdunsten der entstandenen Flüssigkeit erhielten wir einen salzartigen Rückstand, der sich nicht mehr wie Kalkstein verhielt. Der harte und in Wasser unlösliche Kalkstein hat sich unter dem Einfluß von Essig in einen *anderen* (in Wasser löslichen) Stoff *umgewandelt*.

Aber auch der Essig hat sich verändert; das zeigte der Versuchsteil 2 c.

Mit *Stoffumwandlungen* dieser Art beschäftigt sich die Chemie. Ja, wir können sagen: **Chemie ist die Wissenschaft von den Stoffen und ihren Umwandlungen zu anderen Stoffen.**

Was wir im Kleinen durchgeführt haben, findet in der Natur in großem Umfang und ohne unser Zutun statt. So scheiden z. B. die Wurzeln von Pflanzen eine saure Flüssigkeit aus, und diese kann z. B. den Kalkstein im Boden auflösen. (Das kannst du in einem *Langzeitversuch* überprüfen: Du legst junge Pflänzchen samt ihren kleinen Wurzeln auf ein Stück polierten Marmor und bedeckst die Wurzeln mit Filterpapier; dieses wird laufend feucht gehalten. Nach einigen Tagen wirst du auf dem Marmor rauhe Stellen entdecken; hier hat offensichtlich die saure Flüssigkeit auf den Marmor eingewirkt.)

Diese Stoffumwandlung ist nur eine von Tausenden, die in der Natur ablaufen:

Denke nur an die Pflanzen, an diese „chemischen Fabriken“ im Kleinen: Sie arbeiten mit Sonnenlicht und benötigen keine anderen Rohstoffe als Wasser, Luft und geringe Mengen an Mineralsalzen. Daraus erzeugen sie z. B. Zucker, Stärke, und Cellulosefasern sowie Öle, Fette, Riech- und Geschmacksstoffe. Bei der Erzeugung von Zucker geben die Pflanzen als „Abfall“ Sauerstoff ab, der bekanntlich für uns lebensnotwendig ist.

Auch Menschen und Tiere wirken in diesem Reigen von Stoffumwandlungen mit. Wir leben ja von pflanzlichen Substanzen. Durch Atmungs- und Verdauungsvorgänge zersetzen wir sie auf chemischem Wege, bevor wir sie so an Luft und Boden zurückgeben. Dann können die Pflanzen von neuem mit ihren Stoffumwandlungen beginnen.

2 Chemie früher – eine „schwarze Kunst“

Aus der Geschichte: **Von den Anfängen der Chemie**

Forscht man nach den Anfängen der Chemie, so stößt man auf Ägypten. Vor 4000–5000 Jahren, als noch die Pharaonen herrschten, entstanden dort die berühmten Pyramiden, und die Kultur war hoch entwickelt.

Schon zu jener Zeit befaßten sich die Ägypter mit chemischen Vorgängen. Sie konnten nämlich die Körper der Toten so einbalsamieren, daß diese nicht verwesten (Bild 1). Solche Mumien kannst du noch heute in bestimmten Museen besichtigen.

Die Ägypter konnten auch schon Salben, Öle und Parfüme herstellen.

Außerdem gelang es den Ägyptern, Kalk und Ton zu brennen und Metalle aus ihren Erzen zu gewinnen.

Jedes Jahr überschwemmte der Nil weite Teile des Landes und ließ fruchtbaren Schlamm zurück. Die Ägypter nannten diese schwarze, vom Nilschlamm gefärbte Erde ihres Landes *chemia*. Es ist durchaus möglich, daß der Name *Chemie* davon abgeleitet ist.

Der Begriff *chemia* hatte in ihrer Sprache noch eine ganz andere Bedeutung: Er bezeichnete das geheimnisvolle Schwarze im Auge eines Menschen. Und vor gar nicht allzu langer Zeit galt die Chemie als eine geheimnisvolle „schwarze“ oder „ägyptische“ Kunst.

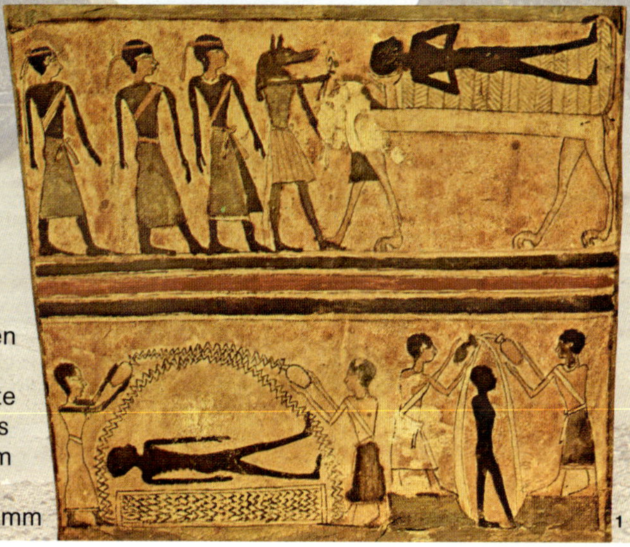

1 ◀ Einbalsamierung eines Toten.
Oben: Der Tote auf dem Balsamierungsbett
Unten: Reinigung des Toten mit Natron

Fragen und Aufgaben zum Text

1 Welche Tätigkeiten der Ägypter werden in diesem Text mit chemischen Vorgängen in Verbindung gebracht?

2 Was erreichten die Ägypter dadurch, daß sie ihre Toten einbalsamierten?
Erkundige dich auch danach, warum sie das taten.

Aus der Geschichte: **Laboratorien und Geräte**

2

Ein Labor um 1600 (Bild 2) und eine moderne Forschungsstätte der heutigen Chemie (Bild 3) scheinen auf den ersten Blick nichts miteinander zu tun zu haben.

Und doch haben die Alchemisten und frühen Chemiker fast alle Laborgeräte erfunden, die du im Chemieunterricht kennenlernen wirst. Sie entwickelten Geräte z. B. bei vergeblichen Versuchen, „künstliches“ Gold herzustellen (→ Nachbarseite).

In jedem Experiment, das wir mit Laborgeräten durchführen werden, steckt auch der Erfindergeist der oft verspotteten Alchemisten.

3

Aus der Geschichte: **Die Alchemisten – nicht nur betrügerische „Goldmacher"**

Die Alchemie (arab. *al-kimyia*: die Chemie) entstand schon vor der Zeitenwende als *Geheimlehre* zur Herstellung von „künstlichem" Gold aus billigeren Materialien. Sie hatte zwischen 1200 und 1500 ihre Blütezeit.

Die Alchemisten waren davon überzeugt, daß man einen Stoff in einen anderen umwandeln könne, vielleicht sogar in Silber oder Gold.

Meist arbeiteten die Alchemisten für Fürsten. Diese hofften nämlich, durch die Künste der Alchemisten leicht zu Gold zu kommen. So zeigt Bild 4 z. B. den Alchemisten *Leonhard Thurnysser* bei einer Vorführung vor seinem Kurfürsten *Johann Georg von Brandenburg*.

Die Fürsten waren oft ungeduldig, sie wollten Erfolge sehen. Deshalb führten ihnen die Alchemisten oftmals Versuche vor, bei denen nur scheinbar Gold entstand: Heimlich lösten sie z. B. Gold in Quecksilber auf; dann verdampften sie dieses, und zurück blieb das Gold, das sie dem Publikum präsentieren konnten.

Solche Tricks waren aber nicht ungefährlich. Noch aus dem Jahr 1709 ist bekannt, daß ein Alchemist namens *Caetano* seine betrügerischen Experimente am Galgen büßte.

4

Viele Versuche, die die Alchemisten durchführten, waren sehr gefährlich. Man wußte ja noch zu wenig über die Stoffe, mit denen sie beim Experimentieren umgingen:

Quecksilber z. B. ist sehr giftig. Da die Alchemisten ihre Versuche mit Quecksilber ohne Vorsichtsmaßnahmen durchführten, wurden einige Alchemisten – und einige Zuschauer – vergiftet. Andere kamen bei Explosionen um, die sich bei den Versuchen ereigneten.

Bei ihren vergeblichen Bemühungen, Gold herzustellen, machten die Alchemisten wertvolle Entdeckungen. So verdanken wir z. B. *Johann Friedrich Böttger* (s. u.) das weiße Porzellan, *Johann Kunckel von Löwenstern* das prächtige Rubinglas und dem Alchemisten *Dippel* die von Malern sehr geschätzte Aquarellfarbe „Berliner Blau"; er erhielt sie übrigens zufällig bei Versuchen mit Knochenöl.

Um 1520 gab der Arzt *Paracelsus* (s. u.) der Alchemie eine neue Aufgabe: die der Heilung von Kranken.

Die Alchemisten entdeckten wichtige neue Stoffe, z. B. den Phosphor und das Ammoniak.

Auch entwickelten sie Geräte und Arbeitsmethoden, die noch heute von Bedeutung sind. Dazu zählen das Eindampfen, Filtrieren, Kristallisieren und Destillieren.

Ihre Arbeit war also eine *wichtige Grundlage* dafür, daß sich aus der Alchemie die heutige Chemie als Wissenschaft entwickelte.

Vieles konnten sich die Alchemisten nicht erklären. So versuchten sie, geheimnisvolle Kräfte z. B. durch Beschwörungsformeln zu beeinflussen. Doch was ihnen damals noch geheimnisvoll erschien, wurde inzwischen aufgeklärt. Heute wissen wir: **Die Chemie ist keine Zauberei!**

Theophrastus Paracelsus – Gesundheit statt Gold

Der aus einer Hohenheimer Familie stammende *Paracelsus* (1493–1541) war Arzt mit Leib und Seele. Durch seinen Vater war Paracelsus gründlich in den Wissensstand der Alchemie eingeweiht worden.

Paracelsus war wohl einer der ersten, der erahnte, daß das Leben physikalische und chemische Grundlagen hat. „Verwandlung ist alles", war einer seiner Wahlsprüche.

Für ihn bestand der ausschließliche Zweck der Alchemie in der Heilung von Kranken – und nicht darin, „Gold zu machen". Die Chemie, so lehrte er, müsse „Kunde von Stoffen und Prozessen" geben, mit denen Menschen geheilt werden können. Da die Natur nichts Vollendetes böte, müsse man die Stoffe mit Hilfe der Chemie von Schädlichem reinigen. Dabei scheute Paracelsus nicht vor gewagten Kuren mit Giften, wie z. B. Arsen, zurück. Von ihm stammt das Wort: „Allein die Dosis macht das Gift."

Paracelsus hinterließ der Nachwelt über 200 Schriften, in denen er seine Erkenntnisse festgehalten hat. Sie werden noch heute von Gelehrten ausgewertet. Dennoch war er völlig verarmt, als er 1541 in Salzburg starb.

Johann Friedrich Böttger – Porzellan statt Gold

Der Thüringer *Johann Friedrich Böttger* (1682–1719) erwarb sich bei einem Berliner Apotheker sein chemisches Wissen. Hier knüpfte er Kontakte zu Alchemisten und versuchte ebenfalls, Gold herzustellen.

Daraufhin befahl der Preußenkönig Friedrich I. Böttger zu sich, doch dieser floh nach Sachsen. Aber auch hier sollte er Gold herstellen – nun für August den Starken.

1704 durfte der Gelehrte *Tschirnhaus* Böttger den Auftrag erteilen, ein Rezept für weißes Porzellan zu finden. Er hatte riesige Brenngläser schleifen lassen, um Sonnenlicht zu bündeln und hohe Temperaturen zu erzeugen. Beide erfanden zunächst nur ein braunes Porzellan.

1709 gelang es Böttger, mit Hilfe von Kaolin (das als Perückenpuder verwendet wurde) weißes Porzellan herzustellen. Schließlich entstand die weltberühmte *Meißener Porzellanmanufaktur*, und Böttger wurde deren Leiter.

Doch der König bestand weiter auf der Goldmacherei. Deshalb „schuf" Böttger trickreich in einem Schauexperiment eine Gold- und eine Silberkugel von 200 g. Das half Böttger aber nicht. Zeitlebens blieb er ein Gefangener.

Stoffe und Stofferkennung

1 Methoden zur Untersuchung von Stoffen

1

2

In deiner Umwelt findest du die unterschiedlichsten Materialien; der Chemiker spricht dabei von **Stoffen**. Daraus werden die Gegenstände – die **Körper** – hergestellt. Um einen Stoff sinnvoll und richtig verwenden zu können, muß man einige seiner **Eigenschaften** kennen (Bild 1).

Jeder Stoff hat ganz bestimmte Eigenschaften, die ihn kennzeichnen. Du wirst einige **Methoden** kennenlernen, mit denen du die wesentlichen Eigenschaften von Stoffen feststellen kannst. Das wird dir helfen, mit diesen Stoffen richtig umzugehen und sie von anderen zu unterscheiden.

Von einigen Stoffen aus deiner Umgebung (Bild 2) kann man die Eigenschaften recht gut untersuchen. Manche dieser Stoffe sehen jedoch fast gleich aus, z. B. Zucker und Salz, Mehl und Gips. Eine Unterscheidung der Stoffe ist also nicht immer ganz einfach, zumal du ohne Zustimmung des Lehrers einen Stoff *niemals kosten* darfst!

Die typischen Eigenschaften eines Stoffes sind *unabhängig von Form und Größe* eines Körpers, der aus diesem Stoff besteht. Das gilt auch für Chemikalien der Schulsammlung: Die kennzeichnenden Eigenschaften findet man sowohl bei großen als auch bei kleinen Mengen des Stoffes.

Eigenschaften, die mit Hilfe von *Messungen* bestimmt werden können, sind besonders gut zur Unterscheidung von Stoffen geeignet.

Halte Untersuchungsergebnisse in Form eines „Steckbriefes“ wie in Bild 3 oder in einer Tabelle nach dem untenstehenden Muster fest.

3

Beispiele für das Sammeln einiger Stoffeigenschaften

Körper	Nagel	Draht	Tinte	Salz
Farbe	*grau*	?	*blau*	?
Zustandsform bei Zimmertemperatur	?	?	*flüssig*	?
Geruch	?	?	?	?
Geschmack	?	?	?	?
Härte	?	?	?	?
Verhalten gegenüber Wasser	?	?	?	?
Verhalten beim Erwärmen	?	?	?	?
Verhalten gegenüber Magneten	?	?	?	?
Leitung des elektrischen Stromes	?	?	?	?

Hinweis

Bevor du die ersten Versuche durchführst, solltest du unbedingt die **Grundregeln zum Experimentieren** im Anhang lesen. Dort lernst du auch **Gefahrensymbole** und ihre Bedeutung kennen; sie werden dir immer wieder begegnen (z. B. auf Gefäßen mit Chemikalien).

2098

Unsere **Sinnesorgane** helfen uns, einige Eigenschaften von Stoffen zu erkennen:

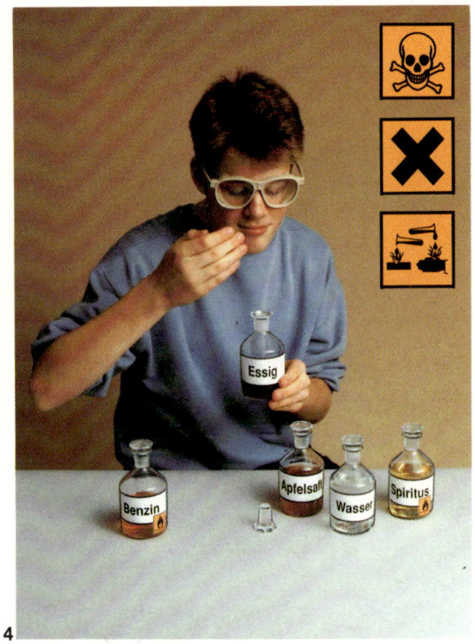

4

V 1 Mit dem Auge können wir Glanz und Farbe von Stoffen bestimmen.

V 2 Wie fühlen sich die Stoffe an? Untersuche sie auf Oberflächenbeschaffenheit und Festigkeit.

V 3 Wie riechen die Stoffe? Führe die *Geruchsprobe* durch, indem du dir die Dämpfe vorsichtig zufächelst (Bild 4).

V 4 Nur bei den Stoffen von Bild 5 darfst du eine *Geschmacksprobe* vornehmen. Sonst dürfen Stoffe nie ohne Zustimmung des Lehrers gekostet werden! Sie könnten giftig, gesundheitsschädlich oder ätzend sein (→ Gefahrensymbole im Bild).

5

Zum Feststellen weiterer Stoffeigenschaften benötigen wir **Hilfsmittel**:

6

V 5 Mit einem Nagel kannst du – wie in Bild 6 gezeigt – eine *Ritzprobe* vornehmen. Auf diese Weise kannst du verschiedene Stoffe hinsichtlich ihrer Härte vergleichen.

V 6 Was passiert mit Stoffen, wenn sie längere Zeit im Wasser liegen?

V 7 Wie verhalten sich die Stoffe, wenn du sie (wie in Bild 7) über der Flamme eines Brenners oder einer Kerze erwärmst?

V 8 Auch einen Magneten kannst du zur Untersuchung von Stoffen einsetzen. Du weißt sicher, was man mit seiner Hilfe herausbekommt.

7

V 9 Welche Stoffe leiten den elektrischen Strom?
Die Bilder 8 – 10 zeigen mögliche Versuchsaufbauten.

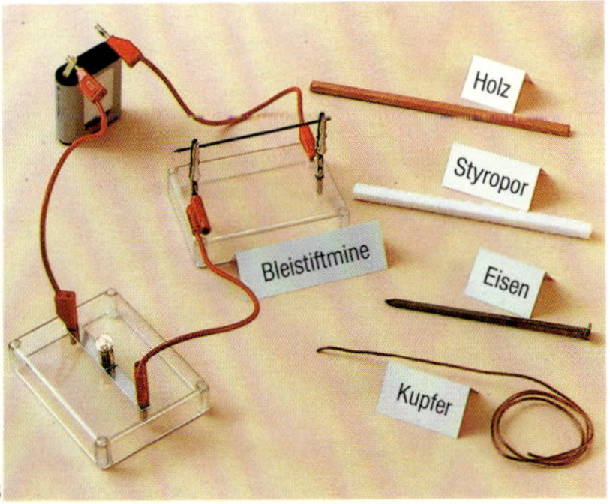

8

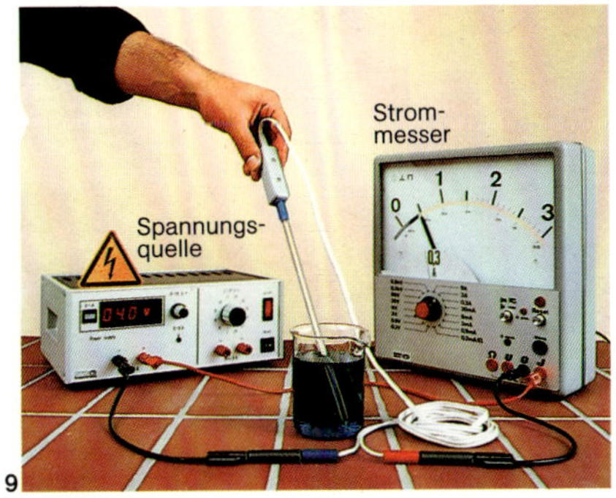

9

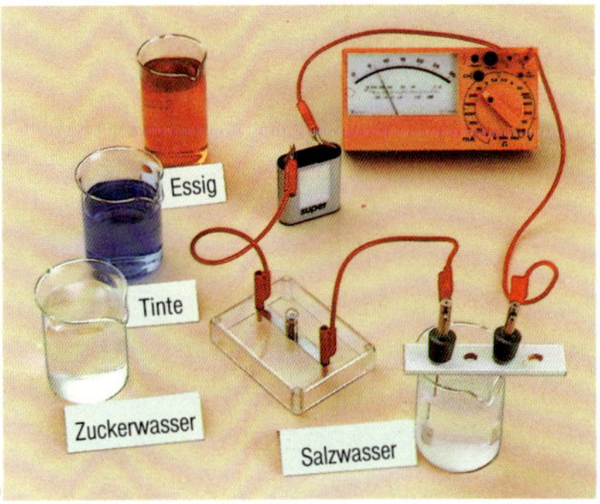

10

1

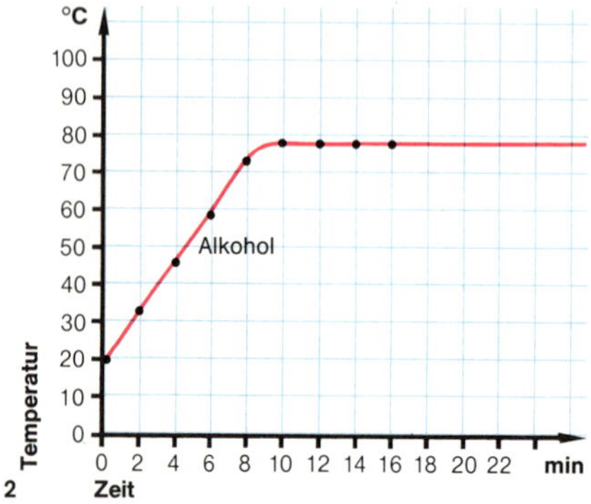

2

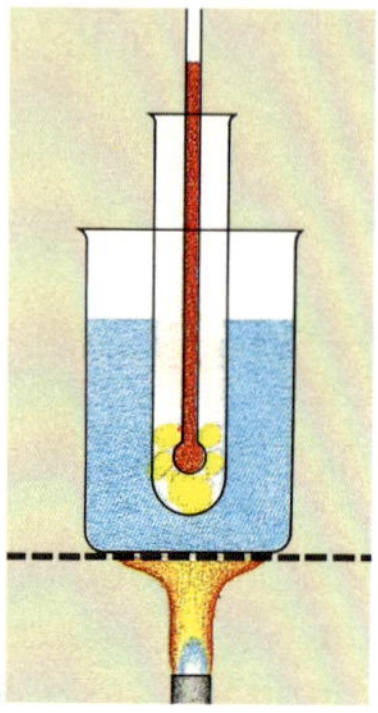
3

4

V 10 Diesmal halten wir verschiedene feste Stoffe mit einer Tiegelzange in die Brennerflamme und prüfen ihre *Brennbarkeit.* (Den Brenner etwas schräg halten, feuerfeste Unterlage benutzen! Hinweise zum Umgang mit dem Brenner → Anhang.)

Ordne die Stoffe danach, ob sie nur in der Flamme brennen, ob sie außerhalb der Flamme weiterbrennen oder ob sie gar nicht brennen.

V 11 Wir bestimmen die *Siedetemperatur* eines Stoffes (Wasser) nach Bild 1. Dabei lesen wir in bestimmten Zeitabständen die Temperatur ab.

Die Werte tragen wir in ein Diagramm ein. Das entsprechende Beispiel für Alkohol zeigt Bild 2.

V 12 Einen Versuchsaufbau zur Bestimmung der *Schmelztemperatur* (von Stearinsäure) zeigt Bild 3.

Auch diesmal werden die Werte in ein Diagramm eingetragen. Versuche, den Verlauf der entstehenden Kurve zu erklären.

V 13 Wenn man mehr Salz oder Zucker in ein Glas mit Wasser schüttet, als sich darin auflösen kann, bleibt ein Teil davon als *Bodensatz* darin liegen (Bild 4). Man sagt dann: *Die Lösung ist gesättigt.*

Wir stellen uns solche gesättigte Lösungen von Salz und Zucker her. Je einen Teil davon schütten wir in flache Glasschalen und lassen die Flüssigkeiten langsam verdunsten.

Von jedem Rest geben wir einige Tropfen auf ein Uhrglas und dampfen die Flüssigkeit ein. Damit die Uhrgläser dabei nicht zu heiß werden, halten wir sie mit den Fingern fest und schwenken sie über der Flamme hin und her.

Betrachte die Rückstände mit der Lupe, vergleiche die *Kristallformen.*

V 14 Bestimme nach den Bildern 6 u. 7 die *Masse* und das *Volumen* einiger Marmorstücke (Stahl- oder Glaskugeln) von unterschiedlicher Größe möglichst genau.

Trage die Werte in eine Tabelle ein. Bestimme dann zu jedem Zahlenpaar den *Quotienten* Masse/Volumen (→ Info rechts).

Aufgaben

1 Stoffe lassen sich erst sicher voneinander unterscheiden, wenn man mehrere Eigenschaften miteinander vergleicht. Welche **Eigenschaftskombinationen** eignen sich besonders gut zur Unterscheidung von Stoffen?

2 Metalle, deren Dichte größer als 5 g/cm^3 ist, heißen *Schwermetalle*, die übrigen sind *Leichtmetalle*. Ordne die Metalle aus der Tabelle im Anhang entsprechend.

3 Die Gleichung der Dichte $\rho = m/V$ ist auch eine Rechenformel. Sie läßt sich zur Berechnung von Masse oder Volumen umstellen: $m = \rho \cdot V$; $V = m/\rho$ (→ das Info auf der rechten Seite).

Wie groß ist die Masse von 70 cm^3 Aluminium? Wie groß ist das Volumen von 386,4 g Gold?

4 Zu Beginn dieses Kapitels (2 Seiten weiter vorne) hast du das Muster eines „Steckbriefes" zur Kennzeichnung von Stoffen kennengelernt.

Sind die darin aufgeführten Eigenschaften schon ausreichend, um einen Stoff eindeutig zu identifizieren? Begründe deine Antwort.

5 Unter den Stoffen, die wir bisher untersucht haben, befanden sich einige Metalle. Welche Eigenschaften haben sie gemeinsam? Aus der Wärmelehre kennst du eine weitere besondere Eigenschaft der Metalle ...

6 Einige Fahrradteile in Bild 5 sind numeriert. Schreibe auf, aus welchen Stoffen sie bestehen. Versuche, einige Eigenschaften dieser Werkstoffe zu beschreiben.

5

Die Dichte – eine unverwechselbare Eigenschaft eines jeden Stoffes

Bisher haben wir verschiedene Möglichkeiten kennengelernt, Stoffe zu unterscheiden. Dabei sind die meßbaren Eigenschaften wie *Schmelz-* und *Siedetemperatur* besonders wichtig.

Aus der Physik kennst du warscheinlich noch die **Dichte**. Auch das ist eine Eigenschaft, die bei der Stofferkennung von großer Bedeutung ist. Weißt du noch, wie man sie ermittelt?

Die *Masse* des Stoffes wird in der Einheit g mit einer Balkenwaage gemessen (Bild 6). Das *Volumen* ermittelt man in cm^3 z. B. mit einem Meßzylinder (Bild 7); bei diesem Verfahren ergibt die Differenz der beiden Wasserspiegel das Volumen des eingetauchten Körpers.

Du weißt sicher auch noch, daß die Masse eines Stoffes mit seinem Volumen wächst. Daraus folgt:

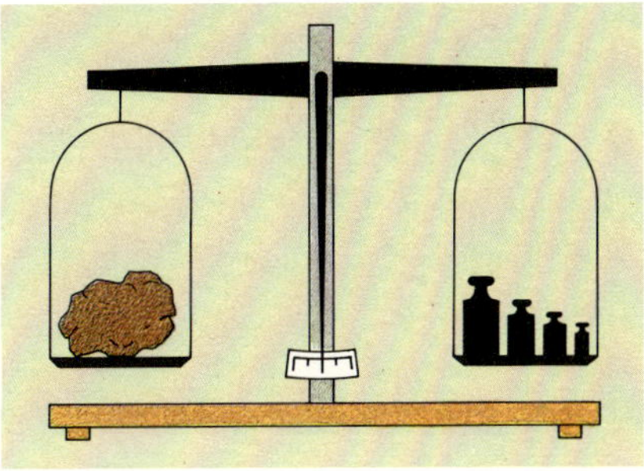
6

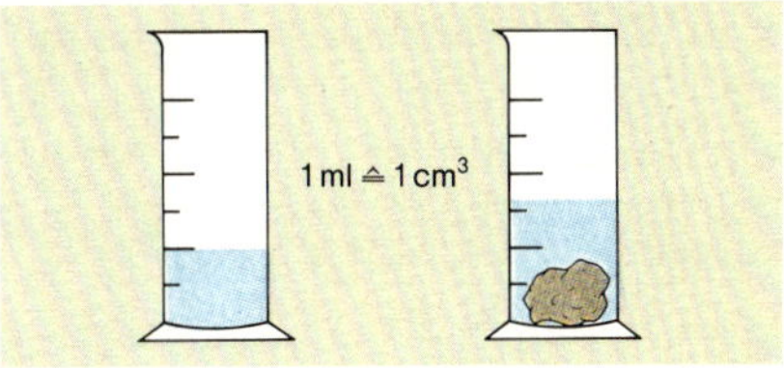

7

Für *einen* Stoff ist der Quotient Masse/Volumen stets gleich – und dieser Quotient ist die **Dichte** (ρ; griech. *rho*).

Die Dichte ist ein *charakteristisches Merkmal* eines jeden Stoffes und deshalb auch ein wichtiges Unterscheidungsmerkmal von Stoffen.

$$\textbf{Dichte} = \frac{\textbf{Masse}}{\textbf{Volumen}} \qquad \rho = \frac{m}{V}$$

Die **Einheit** der Dichte ist $1\ \frac{kg}{m^3}$.

Außerdem ist gebräuchlich: $1\ \frac{g}{cm^3}$.

Rechenbeispiel für die Ermittlung der Dichte eines Steins:

Masse: 175 g; Volumen: 70 cm^3.

$$\text{Dichte} = \frac{175\ g}{70\ cm^3} = 2{,}5\ \frac{g}{cm^3}$$

Aus Umwelt und Technik: **Was „Oechsle" mit der Dichte zu tun hat**

Wird es ein guter Jahrgang? Diese Frage bewegt Jahr für Jahr die Winzer. Und dabei ist ihnen klar: Ein guter Wein kann nur aus einem guten Most gewonnen werden.

Um diesen „guten Most" geht es, wenn sich Winzer über „Oechsle" unterhalten. Dann reden sie nicht etwa über Viehhaltung („kleine Ochsen"), sondern über die *Dichte* ihres Mostes (auch *Mostgewicht* genannt).

Das Mostgewicht ist nämlich ausschlaggebend für die Qualität des künftigen Weines. Es gibt Auskunft über die Menge der im Most gelösten Stoffe. Da sich aus Zucker Alkohol bildet, kommt diesem dabei die größte Bedeutung zu: Je größer der Zuckergehalt des Mostes ist, desto größer wird der Alkoholgehalt des Weines sein.

Deshalb kontrollieren die Winzer das Mostgewicht. Zu dieser Dichtemessung benutzen sie kein gewöhnliches Aräometer. Sie nehmen eine *Oechslewaage* (Bild 8) – ein Gerät, mit dem gleichzeitig sowohl die Dichte als auch die Temperatur des Mostes bestimmt werden kann. Das ist wichtig, denn die entnommenen Mostproben haben bei unterschiedlichen Temperaturen ganz verschiedene Dichten.

Die Oechslewaage wurde von dem Pforzheimer *Ferdinand Oechsle* (1774–1852) gebaut. Die Meßwerte gibt man in Grad Oechsle an (°Oe, auch *Oeslegrade* genannt).

Oechslegrade sind „abgekürzte Grade" der Dichte: Wenn ein Most die Dichte 1,080 g/cm^3 hat, zeigt die Oechslewaage 80 °Oe an.

Wie arbeitet eine Oechslewaage?

Der Most wird durch ein Leinentuch in einen Glaszylinder gefüllt. So werden die festen Bestandteile zurückgehalten. Dann hängt man die Waage vorsichtig in den Most hinein.

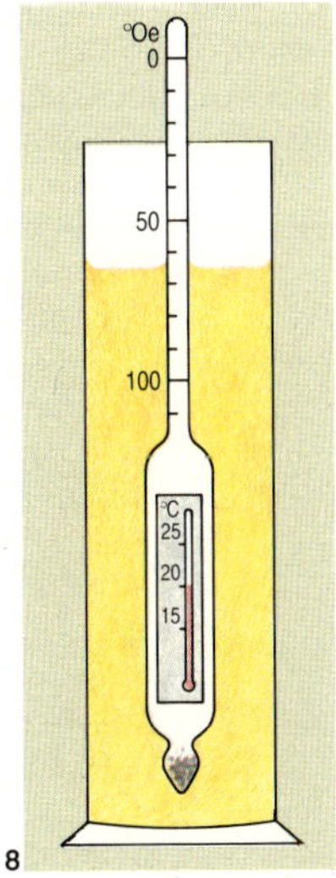

8

Je nachdem, wie hoch der Zuckergehalt des Mostes ist, sinkt die Oechslewaage in die Flüssigkeit ein. Wenn die Oberfläche der Flüssigkeit z. B. die Marke 104 erreicht, bedeutet das: Der Most hat 104 °Oe. Das entspricht der Dichte von 1,104 g/cm^3.

Aber nur bei 20 °C ist das abgelesene Ergebnis bereits richtig. Da die Mosttemperatur schwankt, muß der ermittelte Wert korrigiert werden. Das ist gar nicht so schwierig, wenn man sich an folgende Regel hält:

Je 1 °C über 20 °C: 0,2 °Oe dazuzählen.

Je 1 °C unter 20 °C: 0,2 °Oe abziehen.

Dazu ein Beispiel: Wenn bei einer Mosttemperatur von 10 °C der Wert 78 °Oe abgelesen wird, beträgt der richtige Wert (bei 20 °C) 76 °Oe bzw. 1,076 g/cm^3.

Das deutsche Weingesetz schreibt vor, daß kein Most unter 44 °Oe zu Wein verarbeitet werden darf. In Baden-Württemberg liegt die untere Grenze bei 50 °Oe. (Übrigens betrug die höchste bisher gemessene Dichte von Most 326 °Oe bzw. 1,362 g/cm^3. Zum Vergleich: Honig hat eine Dichte von ca. 1,4 g/cm^3.)

Fragen und Aufgaben zum Text

1 Ein Most von 78 °Oe ist in Gärung übergegangen. Wird die Oechslewaage bei einer neuerlichen Messung tiefer oder weniger tief in den Most eintauchen?

2 Welche Dichte hat ein Most von 80 °Oe?

3 Bei einer Mostprobe wurden 85 °Oe ermittelt; die Temperatur betrug 8 °C. Bei einer zweiten Probe stellte man 84 °Oe fest – bei 15 °C. Welcher Most hatte das höhere Mostgewicht?

Aus Umwelt und Technik: **Titan – ein Metall kommt in Mode**

Bestimmt hast du Modeschmuck wie den von Bild 1 auch schon gesehen. Er wird aus **Titan** hergestellt, einem Metall von silbergrauer Farbe. (Die bunten Muster erhält man durch besondere chemische Verfahren mit Hilfe des elektrischen Stromes.)

Titan kommt zwar erst jetzt „in Mode", es wurde aber bereits vor 200 Jahren entdeckt. Seinen Namen hat es von den riesenhaften Göttern der griechischen Sage.

90 000 Tonnen Titan werden heutzutage weltweit pro Jahr produziert. Das ist natürlich weit mehr, als man für die Modebranche benötigt. Tatsächlich ist Titan ein Metall, das in vielen Bereichen Verwendung findet. Ja, man erkennt an diesem Beispiel besonders deutlich, wie eng das Wissen um die Eigenschaften eines Stoffes mit der technischen Entwicklung verknüpft ist.

So ist das Titan heute z. B. in der Luft- und Raumfahrttechnik unentbehrlich geworden. Dort benötigt man nämlich Werkstoffe, die bei hoher Festigkeit nur ein geringes Gewicht besitzen und zudem noch hohen Temperaturen standhalten. Und genau diese Forderungen erfüllt das Leichtmetall Titan – 1 cm^3 wiegt ja nur 4,5 g, und es schmilzt erst bei einer Temperatur von 1670 °C.

1

Dieselben Eigenschaften des Titans macht man sich auch beim Bau von hochbeanspruchten Maschinenteilen und von Turbinen zunutze.

Kunststoffen gibt ein Titanzusatz eine besondere Wärmebeständigkeit.

Eine ganz andere Eigenschaft des Titans ist beim Bau von Apparaten für die chemische Industrie sowie von Anlagen für die Meerwasserentsalzung gefragt – nämlich seine Beständigkeit gegenüber Säuren, Laugen und Salzen.

Aufgrund dieser Eigenschaft wird Titan auch in der Medizin verwendet (z. B. für die Herstellung von Prothesen und Knochennägeln).

In Form des Titiandioxids wird Titan auch als weißer Farbstoff verwendet. Dieser wird Öl- und Druckfarben, Papieren, Gummi, Fasern, Kunststoffen, Keramiken, Kosmetika und sogar Lebensmitteln beigemischt. Wir nehmen täglich 0,3 bis 1 g Titan mit unserer Nahrung auf.

Vielleicht gerät Titan eines Tages wieder „aus der Mode" – wenn nämlich im Zuge technischer Entwicklungen andere Werkstoffe mit anderen Eigenschaften gefragt sein werden.

Alles klar?

1 Wie kannst du die Flüssigkeiten Essig, Wasser und Benzin am besten voneinander unterscheiden?

2 Hans hat im Hobbyraum seines Vaters eine Tüte mit einem weißen Stoff gefunden – ohne Beschriftung. Er vermutet, daß es Zucker oder Salz ist und will eine Geschmacksprobe machen.

Was meinst du dazu? Wie kann man Zucker und Salz auch ohne Geschmacksprobe eindeutig unterscheiden?

3 Autobatterien bestehen hauptsächlich aus einer Kunststoffhülle, einer Füllung von verdünnter Schwefelsäure sowie aus Platten, die unter Verwendung von Blei hergestellt wurden. Woran liegt es vor allem, daß diese Batterien so schwer sind?

4 Welches Metall wird hier beschrieben (Bild 2)?

Steckbrief

		Verhalten gegenüber Wasser	*löst sich nicht*
Farbe	*bläulich-weiß*	Schmelztemperatur	*327 °C*
Zustand bei Zimmertemperatur	*fest*	Verhalten gegenüber Magneten	*wird nicht angezogen*
Oberfläche	*glatt*	Leitung des elektrischen Stroms	*leitet*
Härte	*gering, sehr weich*		

2

5 Welche Eigenschaften haben alle Metalle gemeinsam?

Kohlenstoff (z. B. das Graphit einer Bleistiftmine) ist zwar kein Metall – er hat aber mit den Metallen eine Eigenschaft gemeinsam. Welche ist das?

6 200 cm^3 eines Stoffes wiegen 1428 g. Welcher Stoff ist es? (→ die Tabelle *Eigenschaften einiger Metalle* im Anhang.)

7 Harry hat seiner kleinen Schwester das Märchen „Hans im Glück" vorgelesen. Darin bekommt Hans einen Goldklumpen geschenkt, der so groß wie sein Kopf ist (Volumen: ca. 2 dm^3 = 2000 cm^3). Dann heißt es weiter, daß er den Goldklumpen in ein Tuch wickelt und davonträgt.

Nun behauptet Harry: „Typisch Märchen! Nichts stimmt! *Den* möchte ich sehen, der ...!" Wie geht wohl Harrys Satz weiter? (Bedenke, daß ein 1-cm^3-Würfel aus Gold 19,3 g wiegt.)

8 Tina meint: „Ein Fahrradrahmen muß nicht unbedingt aus Metall sein. Es wäre viel günstiger, ihn aus hartem Kunststoff zu bauen!" Was meinst du dazu?

9 Wozu paßt der Steckbrief, der 4 Seiten weiter vorne gezeichnet ist: zu Kreide, Kerzenwachs oder Knetmasse?

10 An einer Tankstelle wird eine Flüssigkeit umgefüllt. Christa *sieht* sofort, daß es Motorenöl und kein Benzin ist! ...

11 Was ist mit den Begriffen *Körper* und *Stoff* gemeint?

2102

2 Zusammenfassung

Körper und Stoff

3

4

In der Chemie beschäftigen wir uns nicht mit dem Körper und seiner Form, sondern mit dem **Stoff** (dem Material), aus dem etwas besteht.

Ein Körper kann aus verschiedenen Stoffen hergestellt sein. Umgekehrt können aus ein und demselben Stoff die verschiedensten Körper hergestellt werden.

Eigenschaften von Stoffen

Die vielen Stoffe, die es gibt, haben ganz unterschiedliche **Eigenschaften**. Durch diese Eigenschaften kann man sie voneinander unterscheiden.

Für jeden Stoff lassen sich mit Hilfe verschiedener **Untersuchungsmethoden** mehrere Eigenschaften bestimmen. Sie ergeben dann einen „Steckbrief" des Stoffes.

Eigenschaften des Stoffes Titan:

Farbe	silbergrau
Geruch	geruchlos
Härte	hart, zäh
Dichte	$4{,}5\,\frac{g}{cm^3}$
Schmelzpunkt	1670 °C
Siedepunkt	3287 °C
Leitfähigkeit für elektrischen Strom	leitet
Beständigkeit	Beständig gegen: Wasser, Meerwasser, Luft, verdünnte Säuren, verdünnte Laugen

5

Die folgenden Eigenschaften sind zur Bestimmung und Unterscheidung von Stoffen besonders geeignet:

- ○ Siedetemperatur und Schmelztemperatur;
- ○ Dichte;
- ○ Fähigkeit, den elektrischen Strom zu leiten;
- ○ magnetisches Verhalten.

Methoden zur Untersuchung von Stoffen

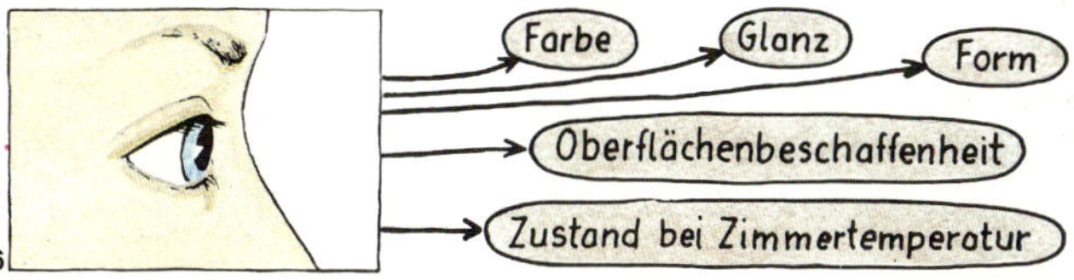

6

7

8

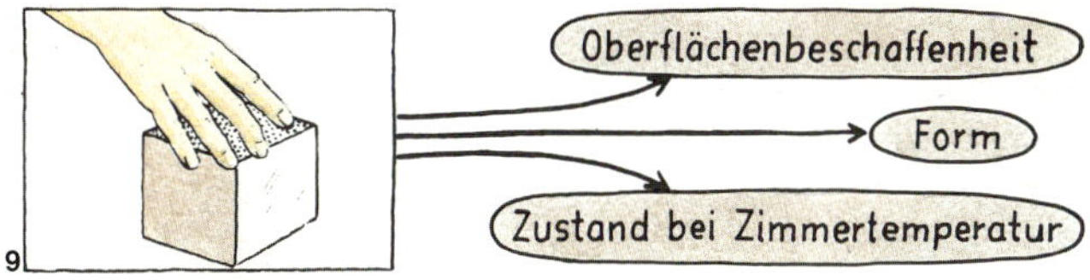

9

10

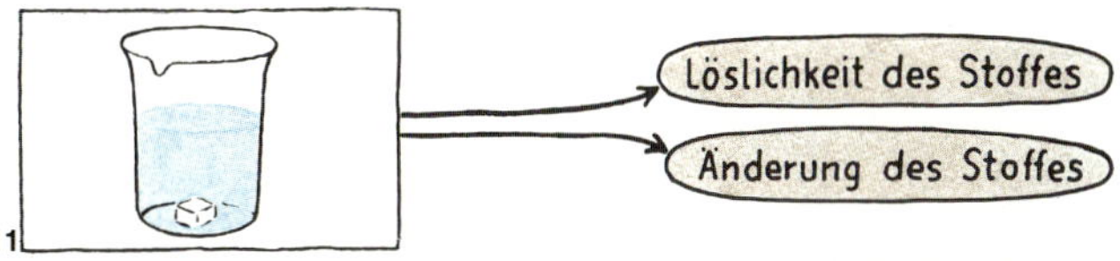

11

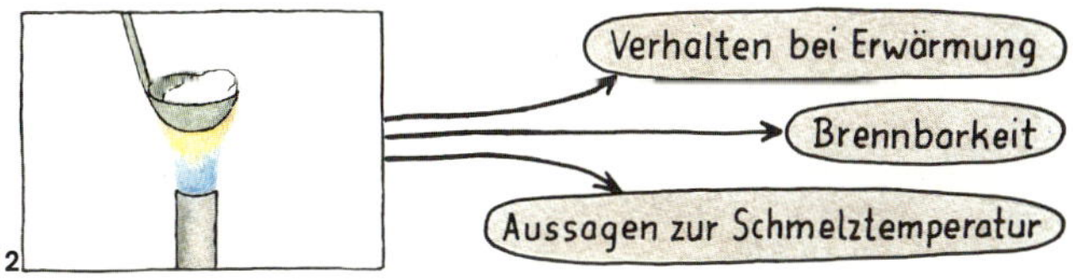

12

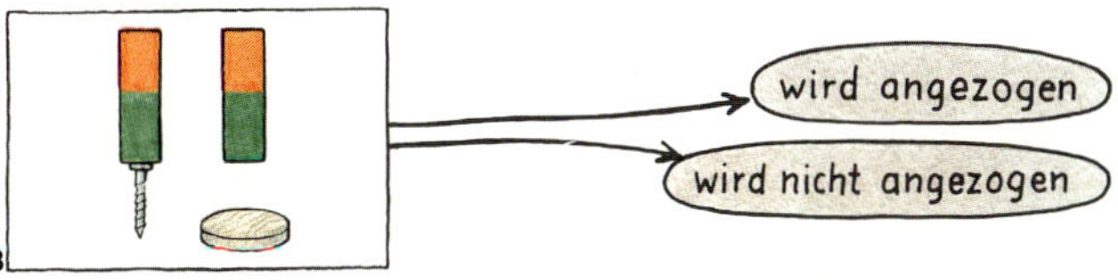

13

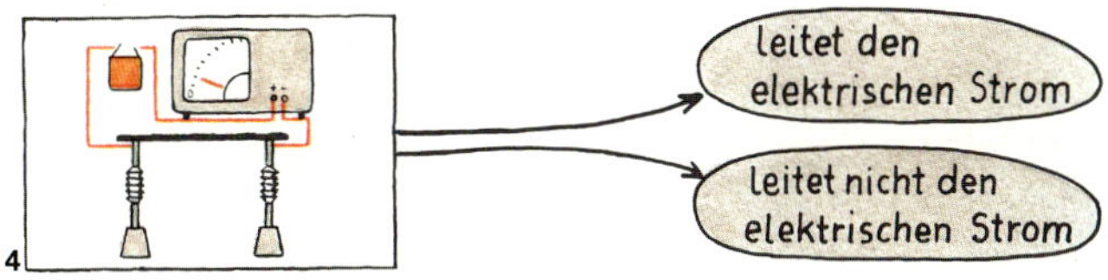

14

Wissenswertes über einige Stoffe

1 In deiner Umgebung findest du viele Metalle

Im Unterricht wurden bereits die Eigenschaften mehrerer Stoffe untersucht. Bei dieser Gelegenheit hast du sicher auch verschiedene **Metalle** kennengelernt.

Bild 1 zeigt einige Gegenstände, die aus einzelnen oder mehreren Metallen hergestellt sind. Du wirst selbst zu Hause solche oder ähnliche Gegenstände finden. Wenn du jedoch feststellen willst, aus *welchen* Metallen sie bestehen, wirst du sehen, daß das gar nicht so einfach ist.

Du weißt zwar schon, daß alle Metalle den elektrischen Strom leiten und einen typischen metallischen Glanz haben. Aber das hilft dir hier nicht weiter. Die einzelnen Metalle sind oft nicht eindeutig an ihrem Aussehen zu erkennen. Manchmal sind sie auch mit einer Schutzschicht, zum Beispiel aus Farbe oder Kunststoff, überzogen.

Die meisten Metalle kommen in der Natur nicht rein vor. Sie müssen erst aus Erzen gewonnen werden. **Erze** liegen als *Bodenschätze* im Erdboden. Es sind Gesteine, aus denen man bestimmte Metalle gewinnen kann. So gibt es z.B. Eisenerze und Bleierze. Die Verfahren, durch die man die Metalle daraus gewinnt, sind meist sehr kompliziert und teuer.

1

In der Bundesrepublik Deutschland gibt es nur wenige Erze. Sie müssen daher aus anderen Ländern eingeführt werden. Die Karte in Bild 2 zeigt dir diejenigen Länder, die uns große Mengen an Erzen liefern.

Erze und Metalle werden jedoch allmählich immer knapper und teurer. Der Grund dafür ist, daß viele Erzlager bald erschöpft sind. Deshalb bemüht man sich, immer mehr Metalle durch **Recycling** aus unbrauchbar gewordenen Metallgegenständen zurückzugewinnen.

Auf den jetzt folgenden Seiten dieses Buches kannst du mehr über einige Metalle erfahren, so zum Beispiel über ihr **Aussehen**, ihre **Gewinnung** und ihre **Verwendung**. Vor allem wirst du auch einige recht interessante **Besonderheiten** der einzelnen Metalle kennenlernen.

Vielleicht fällt es dir dann sogar leichter, die Metalle voneinander zu unterscheiden.

2

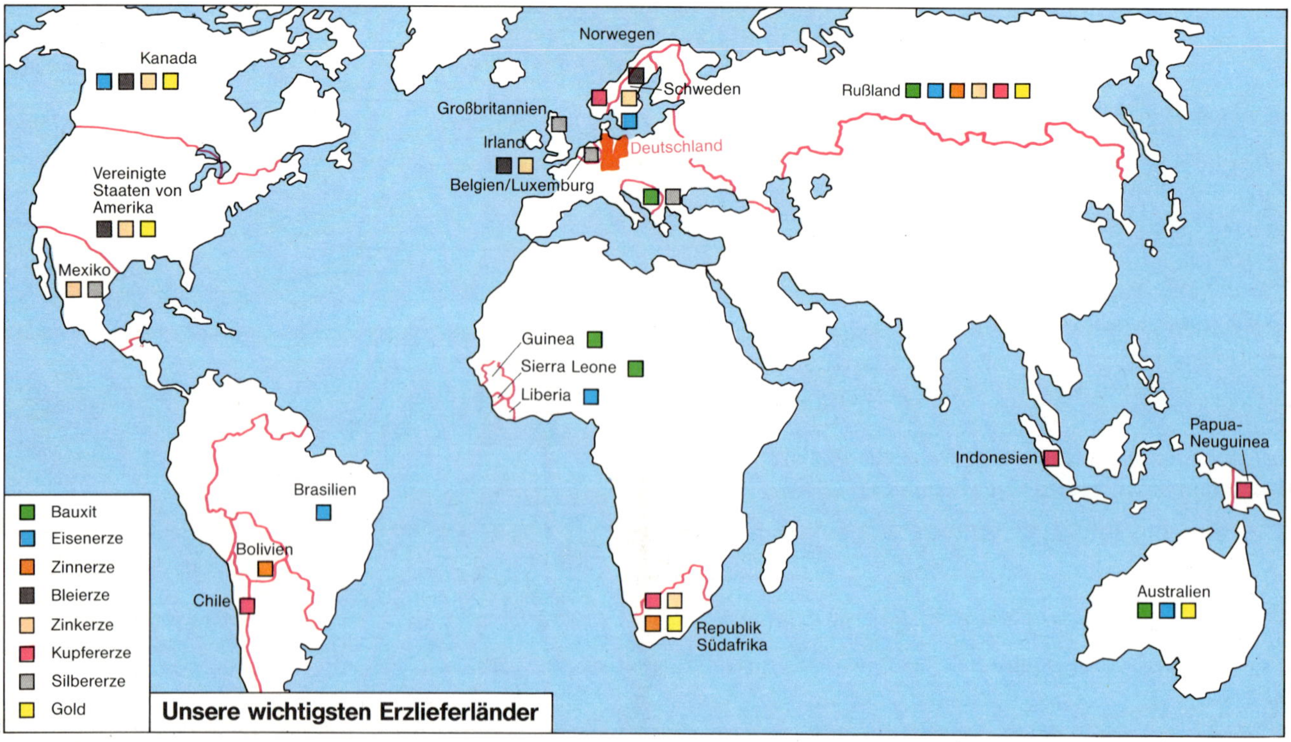

Unsere wichtigsten Erzlieferländer

2 Einige Metalle unter die Lupe genommen

Aus Umwelt und Technik: **Silber – ein vielseitiges Metall**

Vielleicht hast du schon von *Alexander dem Großen,* dem griechischen Feldherrn, gehört. Im Jahr 330 v. Chr. begann er einen Feldzug gegen Indien. Dort gibt es jedes Jahr eine mehrwöchige Regenzeit. Gleichzeitig ist es heiß und schwül.

Das machte den Soldaten schwer zu schaffen. Hinzu kam, daß viele an Magen- und Darmbeschwerden erkrankten. Sie wurden schließlich so entkräftet, daß Alexander den Feldzug nicht mehr fortsetzte.

Schon den damaligen Geschichtsschreibern fiel auf, daß nur die Soldaten erkrankten – die Heerführer blieben gesund! Später glaubte man, den Grund dafür gefunden zu haben: Die Soldaten tranken aus *Zinn*bechern, die Heerführer dagegen aus *Silber*bechern. Das Silber löste sich in winzigen Mengen in den Getränken auf und tötete darin die Krankheitserreger (Bakterien) ab. So blieben die Heerführer von Magen- und Darmbeschwerden verschont.

Nachdem man diese bakterientötende Wirkung silberhaltiger Stoffe erkannt hatte, verwendete man sie in der **Medizin**. Es gibt noch heute silberhaltige Salben, die bei Hautkrankheiten helfen.

Die Ägypter kannten das Metall Silber schon vor 6000 Jahren. Reines Silber (*gediegenes* Silber, Bild 3) kommt aber in der Natur noch seltener vor als Gold. Deshalb war Silber damals doppelt so teuer wie Gold!

Später fand man Silbererze. Häufig sind diese mit Bleierzen vermischt; man kann daraus also Blei *und* Silber gewinnen.

Aus Silber werden **Schmuckstücke** sowie wertvolle **Gebrauchsgegenstände** (z. B. Bestecke) hergestellt.

3

Besonders wertvoll ist das Silber für die **Elektrotechnik**: Es ist der beste Leiter für elektrischen Strom.

Große Mengen Silber werden auch in der **Fotografie** verwendet: Filme und Fotopapiere haben nämlich eine lichtempfindliche Schicht, die aus einem silberhaltigen Stoff besteht.

Nachdem ein Foto entwickelt wurde, legt man es in ein sog. *Fixierbad*, um es „haltbar" zu machen. In dieser Flüssigkeit löst sich die überschüssige silberhaltige Schicht auf. (Das Silber wird später zurückgewonnen.)

Fragen und Aufgaben zum Text

1 Welche Eigenschaft des Silbers wird in Heilmitteln genutzt?

2 Erkundige dich bei einem Juwelier, was die Bezeichnungen *Silberauflage* und *hartversilbert* bedeuten.

3 Noch vor ein paar Jahren enthielt jedes 5-DM-Stück 7 Gramm Silber. Heute prägt man diese Münzen aus einer Mischung von Kupfer und Nickel. Die Silbermünzen wurden damals von den Geldinstituten eingesammelt. Warum?

Aus der Geschichte: **Der Reichtum, den die Sklaven schufen**

Um 525 v. Chr. gab es in der Nähe Athens einen regen **Silberbergbau.** Hier trieb man 2000 Schächte bis zu 125 m tief in den Berg.

Schwer war die Arbeit der Sklaven, von denen bis zu 20 000 in den Bergwerken arbeiteten. Das zeigt eine Tontafel aus Korinth (Bild 4): Ein Hauer schlägt mit einer Keilhaue Erz- oder Gesteinsbrocken los. Sie werden von einem Jungen in eine lederne Tasche gesammelt – auch Kinderarbeit war ja üblich. Ein dritter Sklave reicht das Erz nach oben, ein vierter nimmt es dort in Empfang.

Zur Beleuchtung dienten damals Tonlämpchen. Meist wurde aber im Dunklen gearbeitet.

Die Gruben waren schlecht belüftet; die Arbeit dort war also gesundheitsschädigend. Nur die kräftigsten und gesündesten Sklaven hielten mehrere Jahre lang durch. Der römische Dichter *Lukrez* schilderte die Lage in den antiken Bergwerken so:

„Wieviel Unglück geschieht, wenn die goldreichen Metalle ausdampfen! Was für ein Antlitz geben sie den Menschen, und was für eine Farbe! Sieht man nicht und hört man nicht, in welch kurzer Zeit sie gewöhnlich zugrunde gehen und wie denen alle Lebensfülle fehlt, die der große Zwang des Unausweichlichen an solche Arbeit kettet?"

4

Während der Arbeiten wurden die Sklaven mit der Peitsche angetrieben; oft trugen sie auch Fußfesseln. Einen grausigen Beweis dafür gibt es in Form eines Fußgelenkknochens, der noch von einer Eisenkette umschlossen ist.

Das meiste Silber, das so gewonnen wurde, diente der Münzprägung.

Der Reichtum wurde vor 480 z. B. genutzt, um eine Kriegsflotte zu bauen. Sie half Athen, die Seeschlacht gegen die Perser bei Salamis zu gewinnen. Dieser Sieg leitete eine Blüte von Wirtschaft und Kultur ein.

1

Aus der Geschichte: **Der „Goldrausch“**

In der Mitte des vorigen Jahrhunderts erlebte Nordamerika den sogenannten *Goldrausch.* Nach den ersten Goldfunden in Kalifornien versuchten viele Menschen ihr Glück im Goldwaschen (Bild 1). Heute lassen sich jedoch nur noch wenige auf dieses Abenteuer ein.

In seinem Buch „Goldsucher“ erzählt der Schriftsteller *Jack London* Abenteuergeschichten aus Nordamerika. In dem Kapitel „Die Goldschlucht“ beschreibt er die Erlebnisse eines Goldsuchers. Dieser Mann begibt sich ganz allein irgendwohin in die Wildnis, ebenfalls gepackt vom „Goldrausch“. Ob er beim Goldwaschen Erfolg hat? Hier ein kleiner Ausschnitt aus der Geschichte:

Dort, wo der Steilhang das Ufer des Teiches bildete, blieb er stehen, hob eine Schaufel voll Erde aus und schüttete die Erde in die Pfanne. Dann hockte er sich am Bach nieder, tauchte das Gefäß halb unter das Wasser und schwenkte es sachte hin und her. Immer schneller und schneller wurden die kreisenden Bewegungen der Pfanne, kleinere und größere Erd- und Kieselteilchen kamen an die Oberfläche und glitten über den Rand des Gefäßes hinweg. Um den Prozeß des Auswaschens zu beschleunigen, hielt der Mann manchmal inne und suchte die größeren Steine mit den Fingern heraus. Jetzt befanden sich nur mehr dünner Sand und kleinere Kieselsteine in der Pfanne. Mit unendlicher Vorsicht setzte der Goldgräber seine Arbeit fort; seine Bewegungen wurden langsamer und behutsamer. Ein letztes Mal schwenkte er die Pfanne, die jetzt nur mehr wenig Wasser enthielt. Der Boden des Gefäßes war mit einer dünnen, schwarzen Schicht überzogen, die der Mann einer sorgfältigen Untersuchung unterzog. Da! Ein winziger goldig flimmernder Punkt fesselte seine ganze Aufmerksamkeit. Nochmals spülte eine Flut von Wasser über den Boden des Gefäßes hinweg. Dann kehrte er die Pfanne um, ließ ihren Inhalt auf den Boden gleiten und entdeckte unter den schwarz schimmernden Sandkörnern einen neuen goldenen Punkt.

Der Mann unterzog sich seiner selbst gestellten Aufgabe mit größter Genauigkeit. Immer kleiner wurde die Menge schwarzen Sandes, die er auf den Rand der Pfanne gleiten ließ, um sie dort auf ihren Goldgehalt zu prüfen. Kein noch so kleines Sandkörnchen entging seinen forschenden Blicken. Endlich zeigte sich ein Goldkorn in der Größe eines Stecknadelkopfes, aber achtlos spülte er es wieder in die Pfanne hinein. Zwei weitere Goldkörner krönten seine Mühe mit Erfolg, und wie ein guter Hirte, der jeden Verlust seiner Herde beklagt, achtete er auf sie. Schließlich fanden sich nur mehr Goldkörner auf dem Boden des Gefäßes ...

Nur seine blauen Augen verrieten die Erregung, in der er sich befand, als er sich nach getaner Arbeit vom Boden aufrichtete. „Sieben“, murmelte er beglückt vor sich hin, „sieben.“ Er konnte sich nicht genug daran tun, die verheißungsvolle Zahl zu wiederholen...

Gold (Bild 2) war schon immer ein begehrtes Metall. Es kommt im Gestein der „Goldminen“ oder im Sand mancher Flüsse vor. Daher wird es entweder in Bergwerken unter Tage **abgebaut** oder aus dem Flußsand **herausgewaschen.** Das Gold ist im Gestein oder Sand meist nur als Staub oder in Form von winzigen Körnchen enthalten. Nur selten werden größere Stückchen, sogenannte *nuggets,* gefunden.

Mehr als die Hälfte des gewonnenen Goldes wird als Zahlungsmittel verwendet: In Formen gegossenes Gold (Goldbarren) und zu Münzen geprägtes Gold kann überall auf der Erde bei großen Banken gegen die im Lande gültige Währung eingetauscht werden.

Nur drei Zehntel des Goldes werden insgesamt zur Herstellung von Schmuck und Zahngold gebraucht, ein Zehntel in der Industrie.

2

5762

Fragen und Aufgaben zum Text

1 Gold hat eine sehr viel größere Dichte als Sand. Erkläre, wie die Goldsucher dies beim Goldwaschen ausnutzten.

2 Häufig wird das Gold in kastenförmigen Sieben und Ablaufrinnen gewaschen (Bild 3). In China baute man solche Goldwaschanlagen, die sogar mehrere Kilometer lang waren. Warum wohl?

3 Manche Goldwäscher legten ihre Ablaufrinnen mit Fellen von Schafen aus. Was erreichten sie damit?

3

4 Es gelang den Goldsuchern nie, alles Gold aus dem Sand auszuwaschen, da winzige Körnchen mit fortgeschwemmt wurden. Man schätzt, daß beim Goldwaschen nur etwa die Hälfte des im Sand verborgenen Goldes gefunden wird.

Schätze, wieviel Sand man waschen muß, um 5 Gramm Gold (Bild 4) zu gewinnen: eine Schaufel, eine Schubkarre oder einen Lastwagen voll Sand?

4
Goldplättchen in Originalgröße

Aus Umwelt und Technik: **Gold und seine Legierungen**

5

Vielleicht ist dir schon einmal aufgefallen, daß Schmuckstücke aus Gold, z.B. Eheringe, nicht alle die gleiche Farbe haben (Bild 5). Solltest du darauf noch nicht geachtet haben, sieh dir die Auslagen in einem Juweliergeschäft an!

Reines Gold ist ein ziemlich weiches und deshalb leicht verformbares Metall. Ein Ring, den man täglich trägt, muß jedoch hart sein, damit er nicht so schnell abgenutzt wird. Um das zu erreichen, wird das Gold mit anderen Metallen vermischt und dann geschmolzen (z.B. mit Kupfer oder Silber). Auf diese Weise erhält man eine **Legierung.**

Eine Goldlegierung ist härter als reines Gold und hat meist auch eine andere Farbe:

Weißgold ist eine Legierung aus Gold und Nickel (oder Palladium); *Rotgold* enthält neben Gold hauptsächlich noch Kupfer.

Damit man weiß, wieviel Gold eine Legierung enthält, ist in jedem goldenen Schmuckstück eine Zahl eingeprägt. Sie gibt den Anteil an Gold in Tausendstel an.

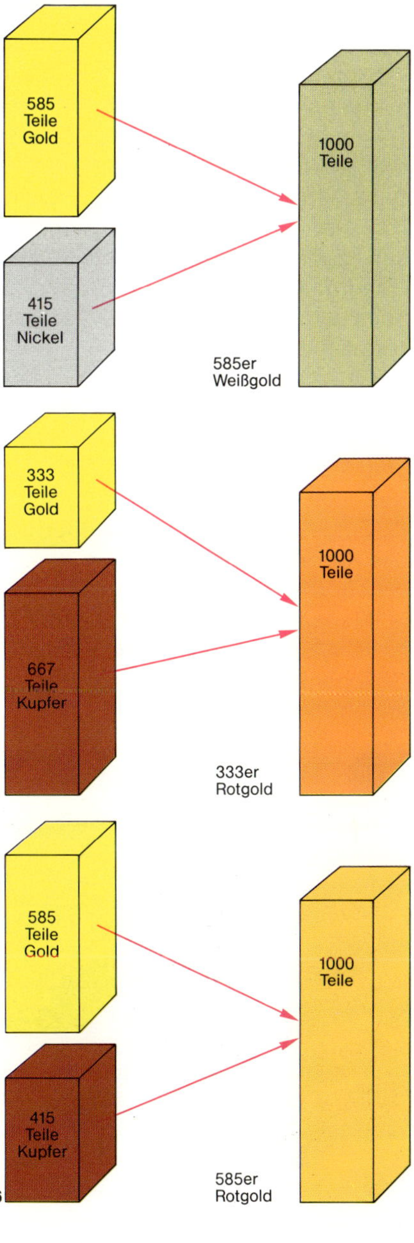

6

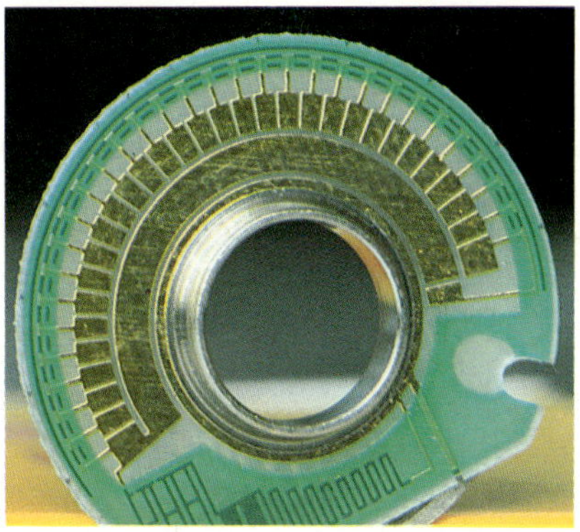
7

Ein Ring in Bild 5 hat die Prägung 585. Auf diese Weise wird angegeben, daß 585 Tausendstel seines Gewichtes aus Gold bestehen. Anders ausgedrückt: Von 1000 Gewichtsteilen sind 585 Teile reines Gold, also etwas mehr als die Hälfte (Bild 6).

Goldlegierungen werden auch für technische Zwecke verwendet. Da Gold ein guter Leiter des elektrischen Stromes ist, verwendet man es zum Beispiel für Kontakte in wertvollen elektrotechnischen und fototechnischen Geräten (Bild 7).

Fragen und Aufgaben zum Text

1 Wie groß ist der Goldanteil von Schmuck mit der Prägung 835 bzw. 925?

2 Aus welchen Metallen sind Rotgold und Weißgold hauptsächlich hergestellt?

3 Erkundige dich, welche Prägungen in Schmuckstücken sonst noch üblich sind.

4 Warum sammeln viele Staaten Gold in Tresoren?

Aus Umwelt und Technik: **Kupfer – das Metall für die Elektrotechnik**

Das Fernsprechnetz als ergiebige Kupfermine

Niemand zweifelt mehr ernsthaft daran, daß die praktisch abhörsichere Glasfaser künftig die Kupferleitung aus dem Fernmeldenetz der Deutschen Bundespost verdrängen wird. Ein Gramm Glas ersetzt nämlich zehn Kilogramm Kupfer.

Vor allem Fernsprech-Ortsnetze könnten so zu ergiebigen Kupferminen werden.

1

Wie du in dem Zeitungsartikel lesen kannst, versucht man, Kupferleitungen des Fernmeldenetzes durch Glas zu ersetzen. Ein Grund dafür ist, daß man für eine gleichgute Leitung weniger Glas als Kupfer braucht: Ein 13 km langes Kupferkabel mit einem Durchmesser von 69 mm wiegt 64 000 kg. Ein Glaskabel braucht jedoch nur einen Durchmesser von 9 mm und wiegt bei gleicher Länge nur 1000 kg!

Ein zweiter Grund ist, daß Kupfer, wie alle Metalle, immer knapper wird. Deshalb bemüht man sich auch, Kupfer aus gesammeltem Kupferschrott wiederzugewinnen.

Auch Kupfer kommt in der Natur selten rein vor (Bild 1). Häufig findet man verschiedene Kupfererze. In einigen Ländern liegen diese direkt an der Erdoberfläche. Dort können sie sogar im *Tagebau* abgebaut werden (Bild 2).

Kupfer wird heute in vielen Bereichen verwendet:

Mehr als die Hälfte des insgesamt gewonnenen Kupfers wird in der Elektrotechnik verbraucht (Bild 3). Das Leitungsnetz „strotzt" geradezu von Kupfer! Nicht nur Leitungsdrähte und -kabel, sondern auch Teile von Generatoren, Transformatoren und Schaltgeräten werden aus diesem Metall hergestellt.

Kupfer wird häufig auch beim Bauen verwendet, so z. B. für Dachrinnen und Verkleidungen von Dächern und Wänden. Auch die Leitungen für Kalt- und Warmwasser (Bild 4) oder für Erdgas und Stadtgas bestehen oft aus Kupferrohren.

Außerdem werden Maschinenteile, Meßgeräte, Uhren und Schmuck, Haushaltsgegenstände und hübsche Geschenkartikel häufig aus Kupfer angefertigt.

Fragen und Aufgaben zum Text

1 Kupfer wird in der Elektrotechnik häufiger verwendet als Silber, obwohl Silber den Strom noch besser leitet. Versuche, dafür eine Erklärung zu finden.

2 Betrachte die Auslagen in Schaufenstern mit Geschenkartikeln und Haushaltsgeräten. Notiere Gegenstände aus Kupfer. Wer von euch findet die meisten?

3 Bestehen Ein- oder Zweipfennigstücke durch und durch aus Kupfer? Prüfe es nach! (Ein Magnet hilft dir dabei!)

4 Warum werden heute Messer, Äxte und Hacken nicht mehr wie früher aus Kupfer hergestellt?

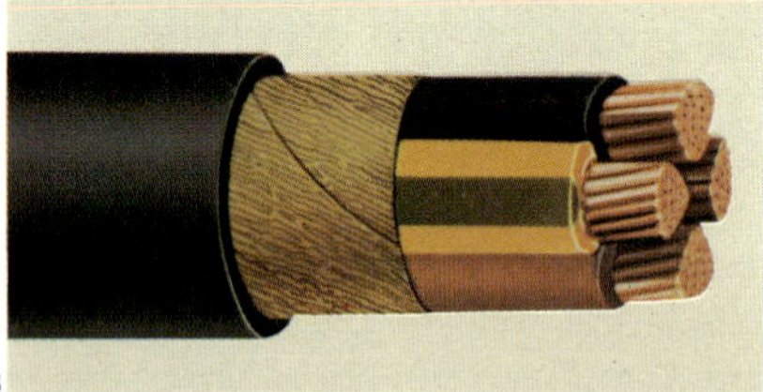

3

2

4

Aus Umwelt und Technik: **Messing – die „goldene" Legierung**

5

6

> **Vorsicht vor Goldhändlern im Urlaub**
>
> **Die Juweliere warnen alle Urlauber: Fallt nicht auf die fliegenden Goldhändler im sonnigen Süden herein!**
>
> Für 600 Mark kaufte zum Beispiel ein Frankfurter Tourist eine 50 Gramm schwere „Gold-Kette" (Der Händler äußerte vorher: „Die ist 2000 Mark wert!") – es war aber nur vergoldetes Messing, nicht mehr als etwa 60 Mark wert.

Vom Kupfer gibt es – wie von anderen Metallen – **Legierungen.** Sie haben unterschiedliche Eigenschaften und die verschiedensten Farben (Bild 5). Das liegt daran, daß Kupfer mit verschiedenen Metallen legiert wird.

Eine dieser Legierungen ist das Messing. Es besteht meist zu zwei Dritteln aus **Kupfer** und zu einem Drittel aus **Zink.** Wenn du Bild 6 betrachtest, kannst du sicher verstehen, daß man Messing leicht mit Gold verwechselt.

Messing läßt sich wie Kupfer leicht verarbeiten und ist gegen Witterungseinflüsse beständig. Aus Messing werden z.B. Verschraubungen, Zahnräder, Steuerräder und Schalthebel hergestellt.

Ein besonderer Vorteil ist: Auf Messing können keine Krankheitserreger (Bakterien) leben. Haltegriffe und Türklinken (z.B. in Verkehrsmitteln und öffentlichen Gebäuden) werden täglich von Tausenden von Händen berührt. Wenn diese Gegenstände aus Messing bestehen, sind sie trotzdem frei von Bakterien.

So ist Messing eigentlich geeignet, die Übertragung von Bakterien einzuschränken. Doch wird es nur selten für diesen Zweck verwendet.

Fragen und Aufgaben zum Text

1 Wieso konnte der Tourist (→ den obenstehenden Zeitungsausschnitt) ohne weiteres auf den angeblichen Goldhändler hereinfallen?

2 Woran kannst du bei einem Schmuckstück sehr leicht feststellen, daß es nicht aus Gold, sondern wahrscheinlich aus Messing besteht?

3 Nimm drei möglichst gleichdicke Bleche aus Messing, Kupfer und Zink, und ritze sie mit einem Stahlnagel. Was stellst du dabei fest?

4 Erkundige dich in einem Eisenwarenladen, woraus Nägel und Schrauben hergestellt werden.

Aus Umwelt und Technik: **Bronze – die „olympische" Legierung**

Eine andere Legierung von Kupfer ist die Bronze. Sie ist eine Legierung aus 80 Teilen **Kupfer** und 20 Teilen **Zinn.** Bronze ist härter und widerstandsfähiger gegen Witterungseinflüsse als Kupfer.

Schon vor etwa 4000 Jahren konnten die damaligen Schmiede Bronze aus Kupfer und Zinn schmelzen. Und da sich Bronze hervorragend zur Herstellung von Gebrauchsgegenständen (Bild 7), Werkzeugen und Waffen (Bild 8) eignete, war diese Legierung sehr begehrt. Ja, sie wurde so vielseitig verwendet, daß ein ganzes Zeitalter – die **Bronzezeit** (1800–700 v. Chr.) – nach ihr benannt wurde.

Bronze war jedoch nicht nur als Metall für Gebrauchsgegenstände geeignet. Besonders in den letzten 500 Jahren wurden daraus Denkmäler, Statuen und vor allem Glocken gegossen. Noch heute wird für moderne Kunstwerke aus Metall häufig Bronze verwendet (Bild 9). Und der Glockenguß erfolgt heute noch wie vor ein paar hundert Jahren!

Du hast von Bronze bestimmt schon in einem anderen Zusammenhang gehört: Bei den Olympischen Spielen wird der drittbeste Sportler immer mit einer Bronzemedaille ausgezeichnet (Bilder 10 u. 11).

7

8

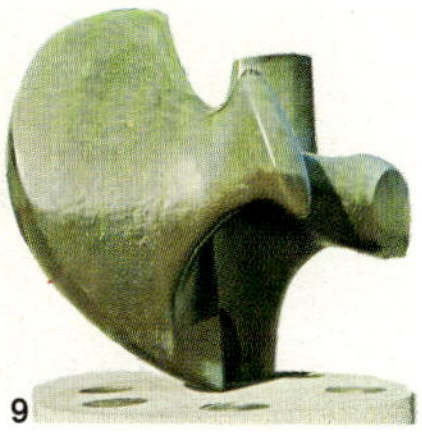
9

10

11

Aus Umwelt und Technik: **Eisen – das „Allerweltsmetall"?**

Wenn du das Fragezeichen in der Überschrift beachtet hast, wirst du bestimmt sagen: „Natürlich ist Eisen ein Allerweltsmetall; es wird doch überall und für alles Mögliche verwendet!" Dabei denkst du sicher an Werkzeuge, Nägel und Maschinenteile oder an die schweren T-Träger, die beim Bauen verwendet werden, an Schiffe und Eisenbahnschienen.

Die meisten Gegenstände, von denen wir meinen, sie seien aus Eisen, bestehen jedoch aus **Stahl**. Das ist eine **Legierung von Eisen** mit einer bestimmten Menge **Kohlenstoff**.

Reines Eisen kommt in der Natur sehr selten vor. Nur Meteore, die aus dem Weltall auf die Erde fallen, enthalten reines Eisen (Bild 1). Die verschiedenen Eisenerze (Bild 2) sind dagegen recht häufig.

Im Hochofen gewinnt man aus den Erzen *Roheisen*, das dann, bis auf einen kleinen Teil, zu Stahl weiterverarbeitet wird. Demnach wird nicht Eisen am häufigsten verwendet, sondern seine Legierung *Stahl*. Dieser Werkstoff ist nämlich wesentlich härter als Eisen und läßt sich vor allem auch besser verarbeiten.

Stahl war einmal sehr selten und kostbar. Vor mehr als tausend Jahren wurden deshalb vor allem Waffen und Brustpanzer aus Stahl gefertigt. Im Laufe der Jahrhunderte gelang es dann, immer mehr Stahl von immer besserer Qualität herzustellen. Heute kann man die Eigenschaften von Eisen – je nach Bedarf – durch Legieren so verändern, daß es für fast jeden Zweck verwendet werden kann.

Wenn man Stahl mit den Metallen Chrom oder Nickel legiert, erhält man **Edelstahl** (Bild 3), der nicht rostet.

1

2

3

Aus Umwelt und Technik: **Blei – ein „zwiespältiges" Metall**

Bleigießen kennst du vielleicht als Silvesterspaß. Man braucht dafür eine Bleilegierung, die schon bei niedrigen Temperaturen schmilzt. Wenn man das Metall erhitzt und dann sofort in kaltes Wasser gießt, erstarrt es zu bizarren Gebilden.

Reines, unlegiertes Blei hat eine Schmelztemperatur von 327 °C.

Frisch gewonnen oder geschnitten, glänzt Blei bläulichweiß (Bild 4). An der Luft überzieht es sich aber bald mit einer grauen Schicht.

Mit seiner Dichte von 11,34 g/cm^3 ist das Blei ein **Schwermetall.** Das nutzen z. B. Taucher, indem sie an ihrer Kleidung Bleistücke befestigen.

Blei ist sehr **weich**; man kann es mit bloßen Händen biegen. Deshalb verwendet man es auch, um Glasscheiben einzufassen. Viele Kirchenfenster künden davon.

Auch an dem Schornstein von Bild 5 erkennst du Blei; es verbindet die Ziegelsteine mit dem Dach. Das gut formbare Bleiblech schmiegt sich dabei dicht an die Dachpfannen an.

Wer den Motor eines Autos startet, tut dies mit einem Blei-Akku.

Blei wird auch in der Medizin verwendet: Hier schützen sich Schwestern oder Ärzte gegen die Röntgenstrahlung, die ja auf Dauer schädlich ist: Sie (und ihre Patienten) tragen z. B. Gummischürzen, in die eine bis zu 3 mm dicke Bleischicht eingearbeitet ist.

4

5

Doch Blei ist „zwiespältig" – es ist nützlich *und auch* **giftig.** Wer Bleistaub oder -dämpfe einatmet, kann sich eine *Bleivergiftung* zuziehen.

Auch bleihaltiges Wasser zu trinken ist höchst gefährlich. Das kann z. B. vorkommen, wenn in alten Häusern noch Bleirohre als Wasserleitung dienen. Die Folgen sind dann oft Magen- und Darmerkrankungen, womöglich sogar eine Auflösung der Knochensubstanz.

Noch gefährlicher ist bleihaltiger Treibstoff: Bei der Verbrennung im Motor entsteht ein Bleistaub, der eingeatmet wird. Bleifrei zu tanken ist also nicht bloß Ansichtssache.

5766

Aus Umwelt und Technik: **Aluminium – das „junge" Leichtmetall**

Reines Aluminium kommt in der Natur überhaupt nicht vor, nur Aluminiumerz. Vor allem *Tonerde* und *Bauxit* eignen sich zur Gewinnung von Aluminium. Von diesen Erzen gibt es so große Vorräte im Erdboden wie von keinem anderen Erz! Die Verfahren, mit denen man das Metall daraus gewinnt, sind jedoch sehr aufwendig und kostspielig.

Obwohl Aluminiumerze so reichlich vorkommen, wurde das Metall erst vor knapp 200 Jahren entdeckt. Deswegen wird Aluminium auch als *junges* Metall bezeichnet. Andere Metalle, wie z.B. Kupfer und Eisen, sind dagegen schon seit mehreren tausend Jahren bekannt.

Wahrscheinlich ist das Aluminium so spät entdeckt worden, weil es nur schwer aus den Erzen gewonnen werden konnte. Noch vor 130 Jahren gab es so wenig Aluminium, daß es teurer war als Gold! Die französische Kaiserin hatte Schmuckstücke aus Aluminium, und am Hofe aßen Kaiser *Napoleon III.* und hohe Beamte aus Aluminiumgeschirr. Weniger bevorzugte Gäste mußten sich mit goldenem Geschirr begnügen ...

Aluminium ist ein Metall, das sehr vielseitig verwendet wird (Bilder 6–10). Es leitet gut die Wärme und den elektrischen Strom und ist eines der leichtesten Metalle überhaupt.

Außerdem ist Aluminium ausgesprochen widerstandsfähig gegenüber Witterungseinflüssen und vielen Chemikalien.

Wegen dieser Eigenschaften werden Aluminium und seine Legierungen vor allem im Flugzeugbau verwendet. Die äußere Hülle der Flugzeuge besteht fast ausschließlich aus diesem Metall.

6

7

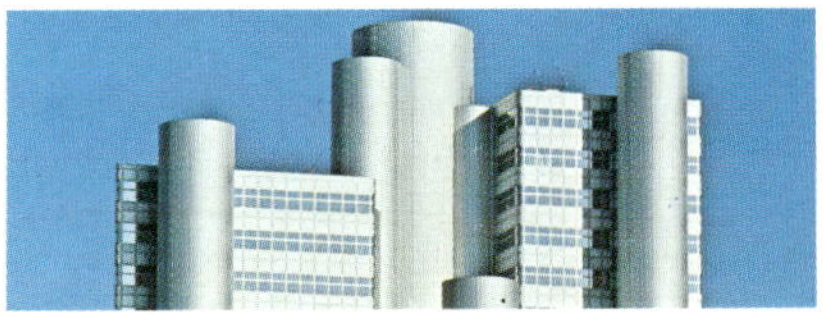
8

9

10

Aus Umwelt und Technik: **Quecksilber – das flüssige Metall**

Quecksilber glänzt genauso wie alle Metalle. Aber es ist das einzige Metall, das bei Zimmertemperatur *flüssig* ist (Bild 11). Es wird erst bei −39 °C fest. Am Südpol, wo Temperaturen von −70 °C herrschen, wäre das Quecksilber so hart, daß man damit Nägel einschlagen könnte.

Von allen Flüssigkeiten ist Quecksilber die schwerste. Ein Liter Wasser wiegt 1 kg, ein Liter Quecksilber über 13 kg!

Quecksilber kann schon bei Zimmertemperatur verdunsten. Atmet man Quecksilberdämpfe längere Zeit hindurch ein, zeigen sich gefährliche **Vergiftungserscheinungen.** Deshalb ist beim Umgang mit Quecksilber größte **Vorsicht** geboten!

Wenn Quecksilber doch einmal zu Boden fällt, „zerspringt" es zu winzigen Kugeln und verteilt sich. Es läßt sich nicht mit einem Besen zusammenfegen und darf auch nicht mit den Fingern berührt werden. Um das Quecksilber einzusammeln, schiebt man es vorsichtig, z.B. mit einem Stück Pappe, zusammen und nimmt es dann mit einer Quecksilberzange (Bild 12) auf.

Weil Quecksilber so gefährlich ist, enthalten die meisten Thermometer heute kein Quecksilber mehr. (Vielfach verwendet man Alkohol.) Das Metall wird hauptsächlich in der chemischen Industrie gebraucht.

11

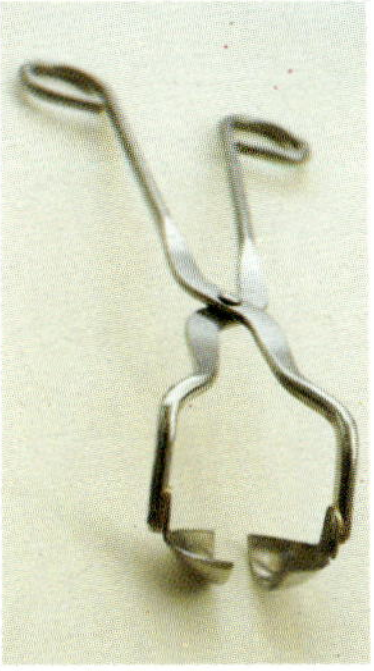
12

Umweltschutz-Tip: Verbrauchte Batterien zurück!

Quecksilber-Batterien, die als sogenannte Knopfzellen in Photo- und Filmgeräten verwendet werden, gehören nicht in den Hausmüll!

Zum Schutz der Umwelt und zur Rückgewinnung des wertvollen Rohstoffes Quecksilber haben Batterie-Hersteller und Batterie-Importeure mit dem Bundesministerium des Inneren vereinbart, verbrauchte Quecksilber-Batterien beim Handel einzusammeln. Damit wollen sie sie der Wiederverwertung zuführen.

5767

Stoffgemische und ihre Trennung

1 Trennverfahren zur Reinigung von Wasser

1

Peter hat sich ein Aquarium eingerichtet.
Aber nach kurzer Zeit wurde das Wasser trübe.
Im Fachgeschäft riet man ihm, einen Filter einzusetzen.

V 1 Besorge dir Material, das man auch für den Boden eines Aquariums verwendet (z.B. groben und feinen Kies, etwas Sand oder Torf). Außerdem brauchst du ein hohes, schmales Glasgefäß (z.B. Einweckglas, Vase, Standzylinder).

Nun füllst du das Glasgefäß etwa zur Hälfte mit Wasser. Dann schüttest du von jedem der Materialien einen Eßlöffel voll hinein und rührst gut um.

Laß das Glasgefäß einen Tag lang ruhig stehen, und beschreibe dann, wie sich der Inhalt verändert hat.

V 2 Das Wasser in Gewässern ist meistens unterschiedlich stark verschmutzt. Hole dir aus verschiedenen Gewässern deiner Umgebung Wasserproben. Fülle sie jeweils in ein kleines Glas mit Schraubdeckel.

Vergiß nicht, sie auf einem Etikett zu beschriften, damit du sie später wiedererkennst.

Zu Hause sollst du einige Eigenschaften dieser Wasserproben feststellen und miteinander vergleichen. Trage deine Beobachtungen in eine Tabelle ein (Muster → oben).

Laß die Wasserproben einen Tag lang ruhig stehen. Vergleiche ihre Eigenschaften dann noch einmal.

	Wasserproben aus		
	Bach	See	Tümpel
Aussehen (klar, trübe)			
sichtbare Bestandteile			
Geruch			
Färbung			

V 3 Für die folgenden Versuche stellen wir uns selbst verschmutztes Wasser her (Bild 2).

a) Fülle einen Standzylinder mit dem Schmutzwasser, und laß es ca. 5 Minuten lang ganz ruhig stehen.

b) Wie wird das Schmutzwasser im Standzylinder nach ungefähr einer Stunde aussehen?

c) Nach einiger Zeit gießt du das Wasser aus dem Standzylinder ganz vorsichtig in ein Becherglas ab. Den Rückstand schüttest du am besten in eine flache Schale.

Betrachte das Wasser und den Rückstand mit einer Lupe.

V 4 Nimm wieder Schmutzwasser, und gieße es durch verschiedene Filter (Bild 3).

V 5 Das gefilterte Wasser (Filtrat) aus Versuch 4 wird durch einen Rundfilter mit *Aktivkohle* gegossen.

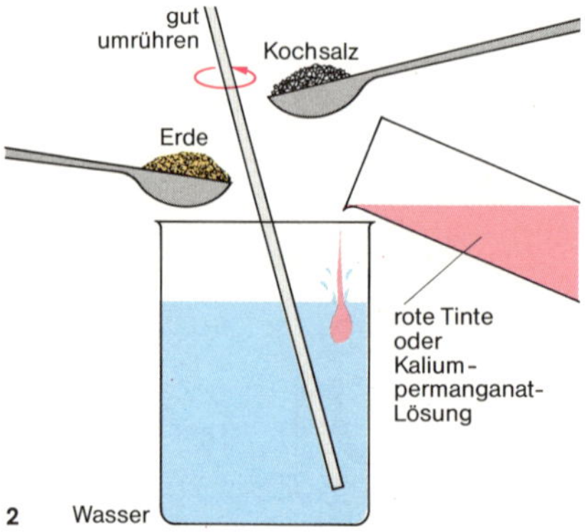

2

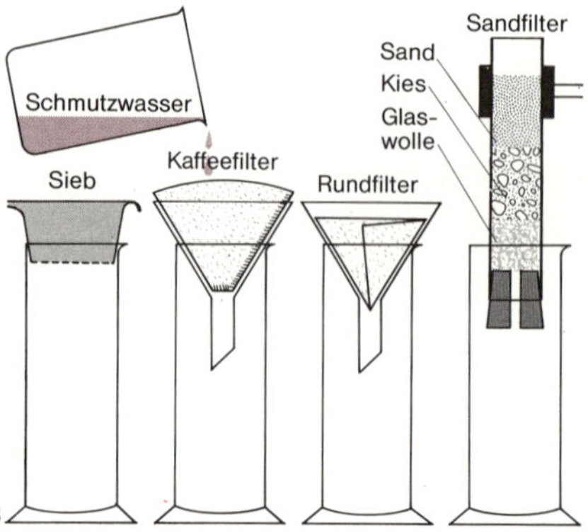

3

1877

V 6 Wie lassen sich Stoffe, die im Wasser *gelöst* sind, daraus entfernen? Dazu stellen wir uns noch einmal eine Kochsalzlösung her.

a) Du kannst die Flüssigkeit auf einem Uhrgläschen vorsichtig eindampfen.

Dieses Verfahren hat jedoch einen Nachteil. Worin besteht der deiner Meinung nach?

b) Der Versuch soll jetzt so aufgebaut werden, daß man sowohl das Salz, als auch das Wasser wiedergewinnen kann. Verwende dazu einen Erlenmeyerkolben und eine *kalte* Glasschale.

Plane zunächst den Versuchsaufbau, und führe dann den Versuch durch.

c) Ersetze die Glasschale durch ein langes Winkelrohr. Lege zusätzlich ein kaltes, feuchtes Tuch über das lange Stück des Winkelrohres.

d) Verdampfe ein wenig von dem Wasser, das du bei diesem Versuch gewonnen hast.

V 7 Wasser, das man durch Verdampfen und Abkühlen gewinnt, wird **destilliertes Wasser** genannt. Der Vorgang selbst heißt **Destillation**.

Mit dem Liebig-Kühler (Bild 4) lassen sich Destillationen leicht durchführen. Auch diesmal soll eine Kochsalzlösung verdampft werden.

a) Was passiert mit dem Wasser aus der Salzlösung?

b) Was wird sich deiner Meinung nach im Becherglas sammeln, und was bleibt im Kolben zurück?

c) Was geschieht mit dem kalten Wasser, das von unten nach oben durch den Kühler läuft?

d) Welchen Vorteil hat die Destillation gegenüber dem Verdampfen in Versuch 6?

In welchen Fällen würdest du verschmutztes Wasser durch Destillation reinigen, wann durch Filtrieren?

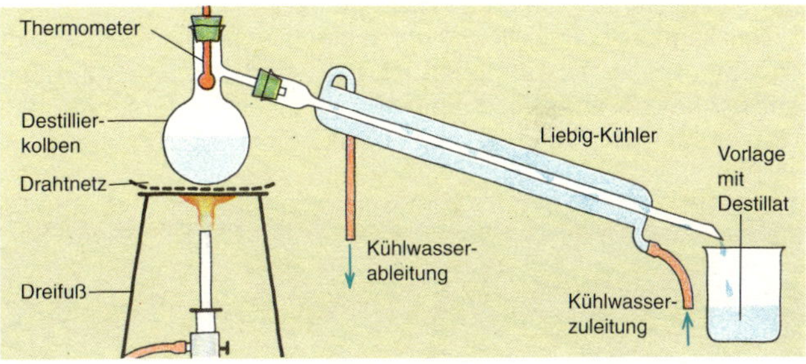

4

Das Filtrieren

Wenn feste Stoffe (z. B. Sand oder Lehm) von flüssigen Stoffen (z. B. Wasser) getrennt werden sollen, ist ein einfaches Verfahren geeignet: das **Filtrieren**.

Dazu verwendet man am besten ein rundes Filterpapier, das gefaltet und in einen passenden Glastrichter eingelegt wird (Bild 5). Das Filterpapier soll nicht über den Rand des Trichters hinausragen. Damit es an der Glaswand gut festsitzt, wird es mit etwas Wasser angefeuchtet.

Die Flüssigkeit, die filtriert werden soll, wird nur so weit in den Filter gegossen, daß sie noch etwa 1 cm unter dem Rand des Filterpapiers steht. Auf diese Weise können keine festen Bestandteile zwischen Filterpapier und Glaswand hindurchrutschen.

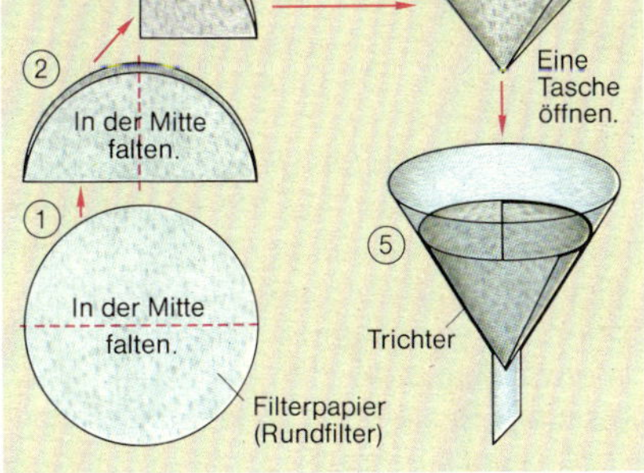

5

Die gereinigte Flüssigkeit im Becherglas heißt **Filtrat**. Der im Filter zurückgebliebene Rest ist der **Rückstand**.

In unseren Versuchen konnten wir beobachten, daß einige Stoffe im Filter zurückgehalten wurden, andere aber nicht. Woran liegt das?

Bei der Herstellung des Filterpapiers werden die Papierfasern fest zusammengepreßt, so daß sie dabei verfilzen. Zwischen den Fasern bleiben jedoch winzige Kanäle frei: die **Poren** (griech. *poros:* Durchgang).

Diese Poren lassen Wasser oder aufgelöste Stoffe (z. B. Kochsalz) hindurch. Alle festen Bestandteile, die größer als die Poren sind, werden dagegen vom Filter zurückgehalten (Bild 6).

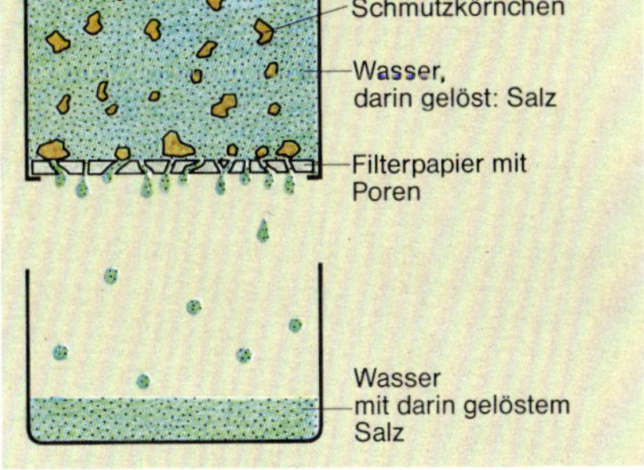

6

Es gibt Filter mit unterschiedlichen Porengrößen. Die Poren des runden Filterpapiers sind etwa $\frac{1}{2000}$ mm groß. Wenn du nun bei einem Versuch das Filtrat und den Rückstand im Filterpapier anschaust, kannst du sogar etwas über die Größe der Bestandteile sagen, die sich im Wasser befunden haben.

Fragen und Aufgaben zum Text

1 Ein Filter hat eine Porengröße von drei Tausendstel Millimeter. Welche Größe haben die festen Bestandteile eines Gemisches, die dadurch zurückgehalten werden?

2 Prüfe in einem **Versuch**, ob Zuckerwasser durch das Papier eines Kaffeefilters hindurchgeht. Was kannst du über die Größe der Zuckerteilchen sagen?

3 Beim Filtrieren kann man oft beobachten, daß die Flüssigkeit anfangs schnell durch den Filter läuft; dann geht es immer langsamer. Woran kann das liegen?

4 Beim Automotor gibt es einen Ölfilter. Welche Aufgabe könnte er haben?

5 Feuerwehrleute haben in ihrer Ausrüstung eine Gasmaske. Ob sich darin ein ganz gewöhnlicher Papierfilter befindet? Begründe deine Antwort.

1878

Aktivkohle – ein besonderer Filter

1

Aktivkohle gibt es als feines schwarzes **Pulver** oder in Form kleiner **Körnchen**, die höchstens ein paar Millimeter dick sind. Sie wird z. B. aus Holzkohle hergestellt, die besonders behandelt wird:

Man erhitzt die Holzkohle zusammen mit Wasserdampf oder mit chemischen Zusätzen. Dadurch bekommt sie eine sehr **große Oberfläche**.

Die Aktivkohlekörnchen in Bild 1 sehen noch ziemlich glatt aus. Betrachtet man aber eines der Körnchen unter einem Mikroskop mit sehr starker Vergrößerung, dann sieht es aus wie auf Bild 2.

Die Aktivkohle hat, ähnlich wie ein Schwamm, viele **Poren** in den unterschiedlichsten Formen. Die Wände dieser Poren ergeben zusammen die große Oberfläche.

Das kannst du dir vielleicht nur schlecht vorstellen. Bild 3 zeigt dir aber, wie es zu verstehen ist: Dort sind vier Papierstreifen gezeichnet. Je enger und schmaler du einen Papierstreifen faltest, desto mehr Papier kannst du auf 2,5 cm unterbringen. Stell dir nun vor, du ziehst den vierten Papierstreifen auseinander und legst ihn neben den ersten: Du siehst dann deutlich, daß die *Oberfläche* des vierten Streifens viel größer ist als die des ersten.

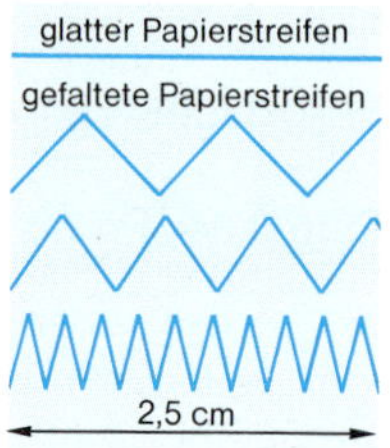

3

Bei der Aktivkohle ist es ähnlich: Je mehr Poren ein Korn hat, desto größer ist seine gesamte Oberfläche. Die Aktivkohle in dem Fingerhut von Bild 1 wiegt nur 1 g, hat aber eine Oberfläche von etwa 1000 m^2! Das entspricht einer Fläche von etwa 20 Klassenzimmern!

Je größer die Oberfläche der Aktivkohle ist (je mehr Poren sie hat), **desto mehr Schmutzteilchen** können an der Oberfläche haften bleiben. Das zeigen dir die Bilder 4–6. Die Schmutzteilchen bleiben an den Wänden der Poren hängen – wie kleine Wassertropfen an einer Fensterscheibe.

Aktivkohlefilter werden dann eingesetzt, wenn man **feine Verunreinigungen** aus Flüssigkeiten und Gasen entfernen will, die durch die kleinen Öffnungen normaler Filter hindurchgehen.

2

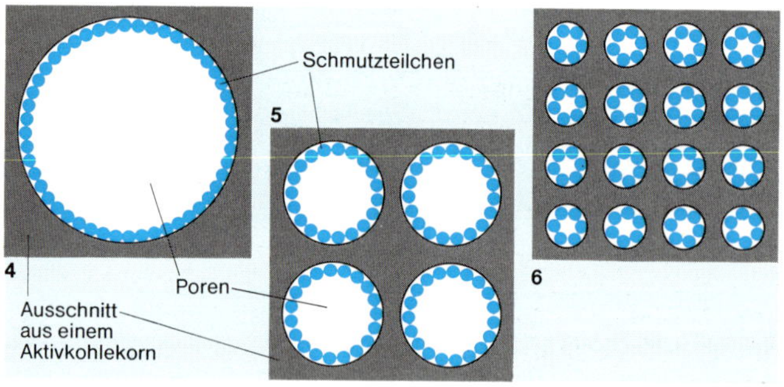

4 5 6

Aufgaben

1 Suche dir Zeitungsberichte über Gewässerverschmutzungen.

Schneide die Berichte aus, und klebe sie in dein Heft. Schreibe jeweils neben den Zeitungsausschnitt den Namen der Zeitung und auch das Datum des Tages, an dem der Bericht erschienen ist.

2 Frage in einem Laden für Tabakwaren nach, woraus Pfeifenfilter bestehen und wie sie wirken.

3 In modernen Küchen sind über dem Herd häufig Dunstabzugshauben angebracht. Meist werden die Küchendämpfe über der Herdplatte nicht nach draußen abgeleitet, sondern im „Umlaufverfahren“ gereinigt. Dabei werden sie von der Dunstabzugshaube angesaugt, gereinigt und wieder in den Raum geblasen.

Erkundige dich, womit die Küchendämpfe in einer Dunstabzugshaube gereinigt werden.

4 Suche in deiner näheren Umgebung (Haushalt, Autowerkstatt, Kanalisation) nach Beispielen für die Verwendung von Sieben und Filtern. Notiere jeweils, welche Stoffe so voneinander getrennt werden.

5 Die Destillation ist ein Trennverfahren, das häufig angewendet wird. Welche Stoffgemische lassen sich grundsätzlich dadurch trennen? Nenne mehrere Beispiele.

Bauanleitung: **Ein einfacher Sand- und Kiesfilter**

Du brauchst dazu:

1 mittelgroßen Blumentopf (oder eine Blechdose, in deren Boden du mit Hammer und Nagel viele kleine Löcher geschlagen hast);
1 flachen Stein (1 Muschel oder Glasscherbe);
sauberen, feinen Sand;
groben Kies (z. B. von einer Baustelle).

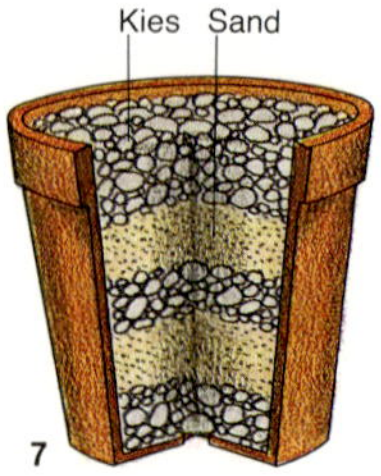

7

So wird's gemacht:

Du legst den Stein auf das Loch im Boden des Blumentopfes. Dann schüttest du 3 cm hoch Kies in den Topf. Verteile ihn zu einer gleichmäßigen Schicht. Auf den Kies kommt eine Schicht Sand. Sie soll etwa so dick sein wie die Kiesschicht.

Nun füllst du den Blumentopf weiter abwechselnd mit Kies- und Sandschichten – bis etwa 1 cm unter den Rand.

Damit dein Filter auch sauber ist, gießt du so lange Leitungswasser hindurch, bis das Wasser klar abläuft.

3695

Sedimentieren und Dekantieren

7

In Suspensionen setzen sich Schwebeteilchen nach einiger Zeit ab; man sagt, sie **sedimentieren**.

Diesen Vorgang sieht man häufig auch bei naturtrüben Fruchtsäften (Bild 7). Das dort am Boden abgesetzte Fruchtfleisch bildet das sogenannte *Sediment* oder den *Bodensatz*.

Manchmal macht man sich das Sedimentieren in der Küche zunutze: Wenn man Kartoffeln reibt, um Reibekuchen (Kartoffelpuffer) zu machen, setzen sich die festeren Bestandteile unten ab. Ein Teil der Flüssigkeit sammelt sich oben und wird abgegossen (Bild 8). Dieses Abgießen nennt man **Dekantieren**.

8

Aus Umwelt und Technik: **Aus verschmutztem Flußwasser wird Trinkwasser**

In Bild 9 siehst du eine Anlage zur **Trinkwassergewinnung aus Flußwasser**; sie ist in einer Schnittzeichnung dargestellt. Man findet solche Anlagen an vielen Flüssen, deren Wasser zu Trinkwasser aufbereitet wird.

Die *Sickerbecken* sind künstlich angelegt. Sie sind 15–20 m breit und 100–600 m lang. Hier versickert Wasser, wobei der Erdboden als „Filter" wirkt. Das Wasser bleibt schließlich über einer wasserundurchlässigen Bodenschicht stehen und bildet das Grundwasser.

Wenn das Flußwasser stark verschmutzt ist, reicht die Reinigung durch das Versickern nicht aus. Dem Grundwasser werden deshalb im Wasserwerk *Flockungsmittel* zugesetzt. Sie „binden" die Verunreinigungen und sinken in einem *Absetzbecken* schnell zu Boden. Dann wird das Wasser noch durch besondere Filter (Aktivkohlefilter) geschickt, die auch manche gesundheitsschädigende Stoffe zurückhalten können.

Um den Geschmack des Wassers zu verbessern, mischt man ihm häufig echtes Grundwasser bei.

Fragen und Aufgaben zum Text

1 Aus dem Flußbett versickert ständig Wasser in den Erdboden. Warum legt man zusätzlich noch Sickerbecken an?

2 Wie gelangt das Flußwasser in die Sickerbecken?

3 Bevor das Flußwasser in die Sickerbecken fließt, wird es durch ein Klärbecken geleitet. Hier fließt es nur ganz langsam. Warum macht man das so?

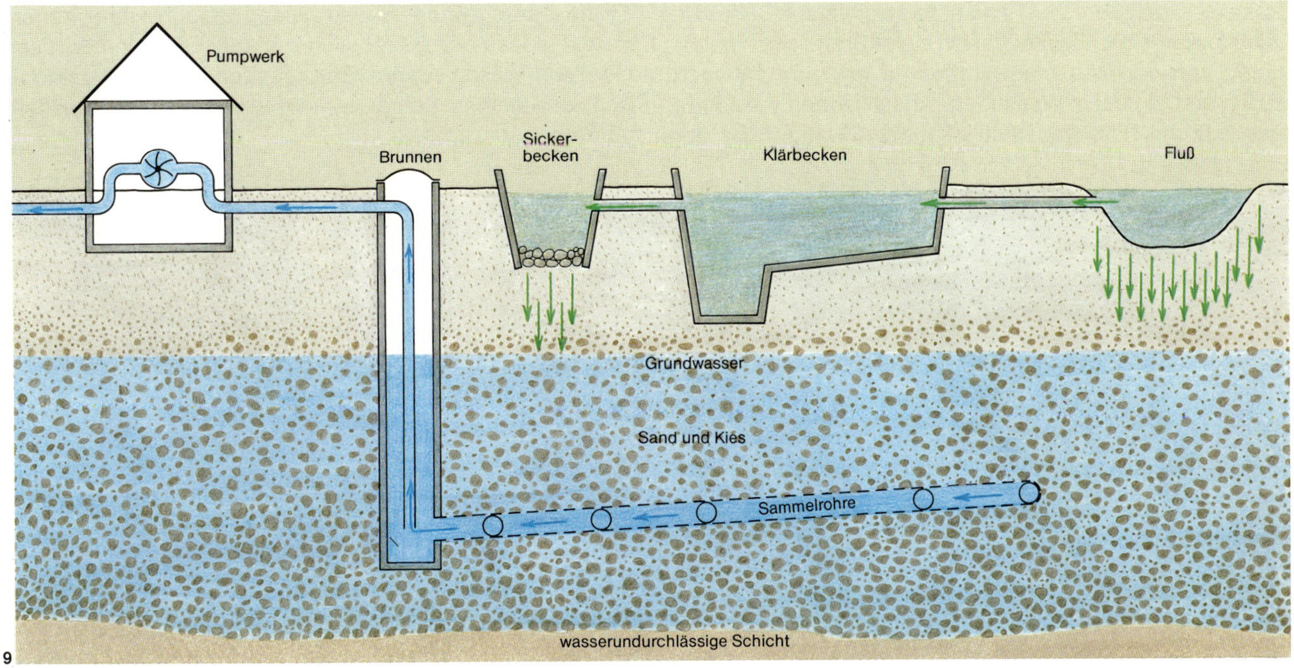

9

45

Aus Umwelt und Technik: **Aus Wein wird Weinbrand**

Wein ist *vergorener* Traubensaft. Das heißt, – chemisch gesehen – ist der Wein ein Gemisch aus Alkohol, Wasser und Aromastoffen. Je nach verwendeter Weinsorte beträgt der Alkoholgehalt 6% – 15%.

Nun denkst du vielleicht: „Da kann ich ja durch ein geeignetes Trennverfahren, z.B. durch Destillation, das Gemisch Wein in seine Bestandteile zerlegen – und sogar reinen Alkohol gewinnen!"

Das gelingt beim Wein aber leider nicht ganz. Wenn man nämlich Wein destilliert, kann man daraus nur eine Flüssigkeit gewinnen, die einen höheren Alkoholgehalt als der Wein besitzt – reinen Alkohol aber nicht.

Trotzdem wird die Destillation von Wein sehr häufig durchgeführt. Man kann nämlich durch dieses Verfahren aus Wein *Weinbrand* herstellen. Dabei macht man sich die Tatsache zunutze, daß Wasser und Alkohol unterschiedliche Siedetemperaturen haben: Wasser siedet bei 100°C, Alkohol schon bei 78°C.

Wenn der Wein im Kolben erhitzt wird (Bild 1), steigt die Temperatur zunächst bis auf etwas über 80°C an. Dabei verdampft hauptsächlich der Alkohol und nur wenig Wasser. Wenn die Temperatur allmählich steigt, verdampft immer mehr Wasser.

Man kann also durch Destillation keinen reinen Alkohol gewinnen. Auch wenn man mehrmals destilliert, steigt der Alkoholgehalt des Destillats höchstens bis auf 96% an.

Wenn der Wein *einmal* destilliert wird, erhält man ein Destillat mit einem Alkoholgehalt von 50% – 85%. Dieses wird für mindestens zwölf Monate in Eichenholzfässern gelagert. Dabei bekommt es eine goldgelbe bis braune Farbe. Außerdem bilden sich besondere Aromastoffe.

Damit man das Weindestillat trinken kann, wird es wieder mit Wasser verdünnt. Wenn es einen Alkoholgehalt von mindestens 38% hat, wird es als Weinbrand verkauft.

1

Aus der Geschichte: **Alte Geräte für die Destillation**

Diese Geräte (Bilder 2–4) sind etwa zweihundert Jahre alt. Damals waren die Eigenschaften vieler Stoffe noch unbekannt, und so löste man Stoffe, die man untersuchen wollte, erst einmal in Wasser auf. Anschließend versuchte man z.B. mit Hilfe der Destillation, die Bestandteile der Stoffe herauszufinden. Das gelang jedoch nicht immer. Es war jedoch bereits möglich, mit dem Gerät in Bild 4 ein Gemisch verschiedener Flüssigkeiten zu trennen. In jedem der kleinen Kolben konnte eine andere Flüssigkeit aufgefangen werden.

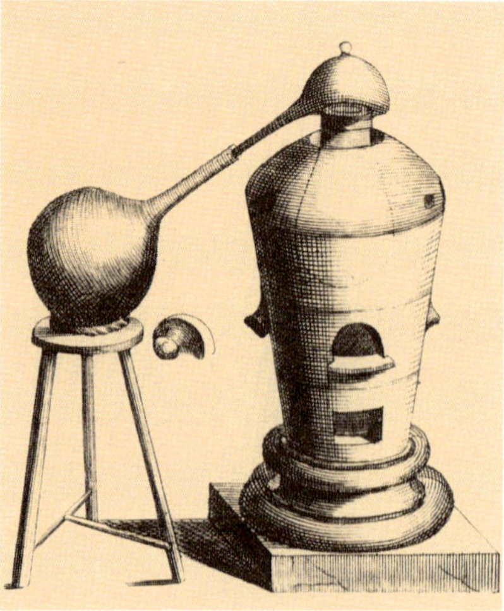

2

3

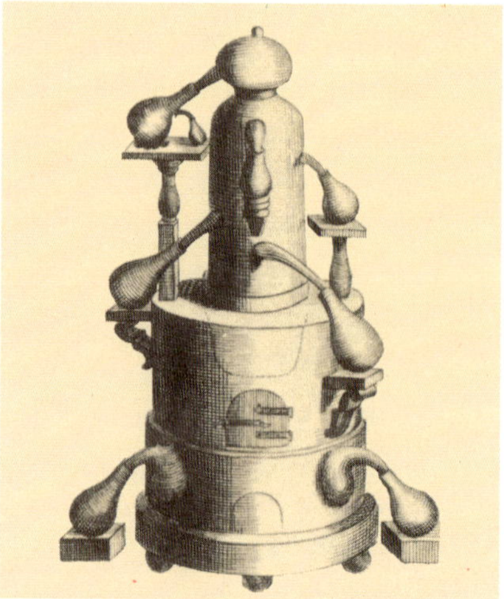

4

1881

2 Weitere Trennverfahren

Das Öl aus Nüssen und Samen (Bild 5) kann durch ein chemisches Trennverfahren – durch **Extrahieren** – gewonnen werden.

5

V 8 Dieser Versuch zeigt, wie man **extrahieren** kann (lat. *extrahere:* herausziehen).

Wir zerkleinern einige Sonnenblumenkerne, Erdnüsse oder Haselnüsse in einer Porzellanschale. Dann übergießen wir sie mit 3–4 ml Benzin.

Nach einigen Minuten filtrieren wir das Benzin ab und lassen ein paar Tropfen des Filtrats auf einem Blatt Papier verdunsten. Was kannst du beobachten?

V 9 Ein anderes Trennverfahren heißt **Kristallisieren**. Damit lassen sich verschiedene gelöste Stoffe (Salze) voneinander trennen:

Wir füllen in ein kleines Becherglas (100 ml) ein Gemisch aus fein zerriebenem Kupfersulfat und Kaliumdichromat. Dann fügen wir etwas Wasser hinzu und erhitzen langsam den Inhalt des Becherglases. Dabei muß die Flüssigkeit ständig umgerührt werden, bis sich alles vollständig gelöst hat. (Die Lösung sollte dann möglichst gesättigt sein.)

a) Beobachte die Flüssigkeit, während sie abkühlt.

b) Aufgrund welcher Eigenschaft werden die beiden Stoffe wieder voneinander getrennt?

V 10 Ein besonderes Trennverfahren ist die **Chromatographie**:

Nimm zwei schwarze Filzstifte von verschiedenen Firmen, dazu drei runde Filterpapiere (Rundfilter).

Male mit einem Stift einen dicken Punkt mitten auf den einen Rundfilter, mit dem anderen Stift einen Punkt auf den zweiten Rundfilter.

Dann schneidest du den dritten Rundfilter in der Mitte durch und rollst jede Hälfte zu einem „Docht" zusammen. Die „Dochte" steckst du mitten durch die schwarzen Punkte.

Nun legst du die Rundfilter auf zwei flache Gefäße mit Wasser. Dabei sollen die „Dochte" ins Wasser eintauchen (Bild 6). Was kannst du nach einigen Minuten beobachten?

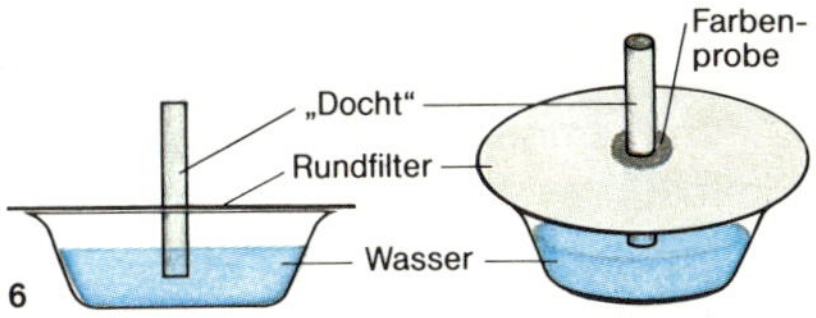

6

Untersuche ebenso andere Filzstiftfarben, Tinte, Zeichentusche, Kugelschreiberpaste und Wasserfarben.

Wir unterscheiden Stoffgemische und Reinstoffe

Die Bestandteile von **Stoffgemischen** (kurz auch *Gemische* genannt) können fest, flüssig oder gasförmig sein. Das zeigt auch die Übersicht unten.

Bei Flüssigkeiten haben wir bereits zwischen *homogenen* und *heterogenen* Gemischen unterschieden. Diese Unterscheidung gilt ganz allgemein:

In einem **homogenen Gemisch** sind die Bestandteile so fein und gleichmäßig miteinander vermischt, daß sie nicht voneinander zu unterscheiden sind. (Beispiele für homogene Gemische sind Kochsalzlösung und Schokolade.)

Schmutzwasser oder Granit sind Beispiele für **heterogene Gemische**. Bei solchen Gemischen kann man viele der Bestandteile deutlich unterscheiden.

Da die Bestandteile der Gemische ihre ursprünglichen Eigenschaften durch das Mischen nicht verlieren, kann man sie aufgrund dieser Eigenschaften wieder voneinander trennen. Dabei benutzt man Trennverfahren wie Sieben, Aufschlämmen, Filtrieren, Eindampfen.

Stoffe, die sich durch solche Trennverfahren nicht zerlegen lassen, nennt man **Reinstoffe**. Schwefel, Kupfer und andere Metalle, Kochsalz und Zucker sind Beispiele für Reinstoffe.

Übersicht über die Stoffgemische

Aggregatzustände der Bestandteile	Name des Gemisches	Beispiele
fest in fest fest in flüssig fest in gasförmig	Gemisch; Legierung Suspension; Lösung Rauch	Granit, Hausmüll; Messing, Bronze Schmutzwasser, Aufschlämmung; Zucker oder Salz in Wasser Schmutzteilchen in der Luft, aufgewirbelter Staub
flüssig in fest flüssig in flüssig flüssig in gasförmig	– Emulsion; Lösung Nebel	feuchter Sand nach Regenguß Milch (Fett in Wasser); Wein (Alkohol in Wasser) Wassertröpfchen in der Luft, versprühtes Haarspray
gasförmig in fest gasförmig in flüssig gasförmig in gasförmig	Poröser Stoff Schaum; Lösung Gasgemisch	Bimsstein, Aktivkohle Seifenschaum, Löschschaum; Luft oder Kohlenstoffdioxid in Wasser Luft

1882

Aufgaben

1 Studentenfutter (Bild 1) ist ein Gemisch aus verschiedenen Nüssen, Rosinen und Mandeln. Durch welches Verfahren kann man seine Bestandteile voneinander trennen?

2 Auch der Erdboden ist ein Gemisch verschiedener Stoffe.

Durch welche Verfahren könntest du möglichst viele dieser Stoffe voneinander trennen?

Erhältst du deiner Meinung nach dabei Reinstoffe oder wieder Stoffgemische?

3 Im Schmutzwasser schweben Schmutzteilchen unterschiedlicher Größe. Wie kann man sie aus dem Wasser entfernen? Beschreibe das Verfahren, das du vorschlägst.

4 Wie könnte man ein Gemisch aus Iodkristallen und Sand trennen?

5 In einem *Scheidetrichter* (Bild 2) kann man Flüssigkeiten voneinander trennen. Wie funktioniert das Gerät?

Welche Eigenschaften der Flüssigkeiten nutzt man dabei?

6 Um bei Obst oder Gemüse den Saft vom Fruchtfleisch zu trennen, kann man einen Entsafter verwenden (Bild 3). Er ist – technisch gesehen – eine *Zentrifuge:*

Unter dem Gehäuse befindet sich eine Trommel, die durch einen Motor in schnelle Drehung versetzt wird. Dabei werden die zerriebenen Früchte gegen die durchlöcherte Wand (Sieb) der Trommel gepreßt. Das Sieb hält das Fruchtfleisch zurück, der Saft läuft hindurch.

Überlege, wo man sonst noch durch **Zentrifugieren** Gemische aus festen und flüssigen Stoffen trennt.

7 Sieh dir die *Übersicht über die Stoffgemische* noch einmal an.

a) Welche Gemische sind *homogen,* welche sind *heterogen*?

b) Überlege, mit welchen Verfahren du die Stoffgemische in der Spalte *Beispiele* jeweils trennen könntest.

1

2

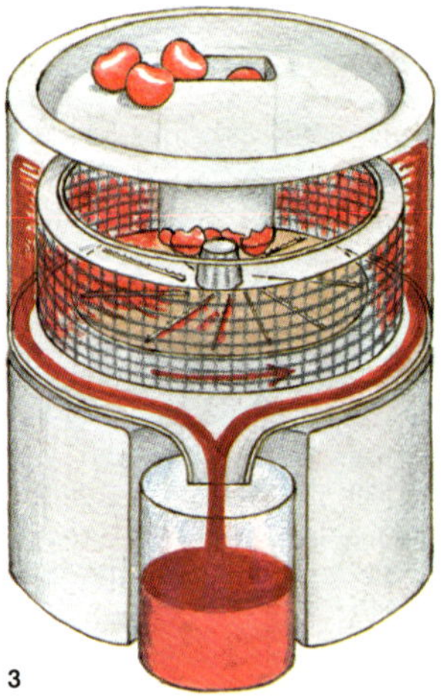
3

4

8 Sind Leitungswasser und Mineralwasser Reinstoffe? Begründe deine Antwort.

9 Nenne Beispiele für Reinstoffe und für Stoffgemische.

10 Ein verschmutzter Teppich kann z. B. mit Hilfe von Teppichschaum gereinigt werden. Der Schaum wird aufgesprüht, muß kurze Zeit einwirken und wird dann abgesaugt.

Welches Trennverfahren würdest du diesem Vorgang zuordnen?

11 Welches Trennverfahren wird bei der Zubereitung von schwarzem Tee oder Kräutertee angewandt?

12 Bei einem **Versuch** wurde zunächst die Siedetemperatur eines Reinstoffes (destilliertes Wasser), darauf die eines Stoffgemisches (Kochsalzlösung) bestimmt. Die Ergebnisse sind in Bild 4 dargestellt. Du kannst daraus ein wichtiges *Unterscheidungsmerkmal* zwischen Stoffgemischen und Reinstoffen ablesen.

13 In einer Tabelle im Anhang ist bei Benzin eine Siedetemperatur von 60 . . . 95 °C angegeben. Was kannst du daraus schließen?

14 Auch die Schmelztemperatur ist ein wichtiges Merkmal zur Unterscheidung von Stoffgemischen und Reinstoffen. Erkläre!

15 Rechts oben siehst du sechs Chromatogramme. Welche davon gehören wohl zu Farben mit gleicher Zusammensetzung?

16 Mit Hilfe der Papierchromatographie kann man auch feststellen, ob eine Farbe aus einem einzigen Farbstoff oder aus einem Farbstoffgemisch besteht. Woran ist das zu erkennen?

17 Wie würdest du einen unbekannten Stoff mit Hilfe der Chromatographie bestimmen? Beschreibe kurz, wie du vorgehen könntest.

1883

Wie entstehen Chromatogramme auf Papier?

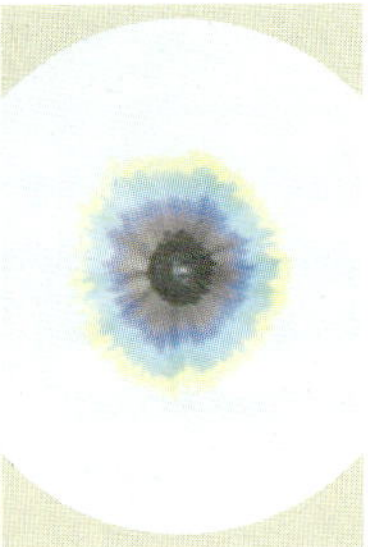
5

6

7

8

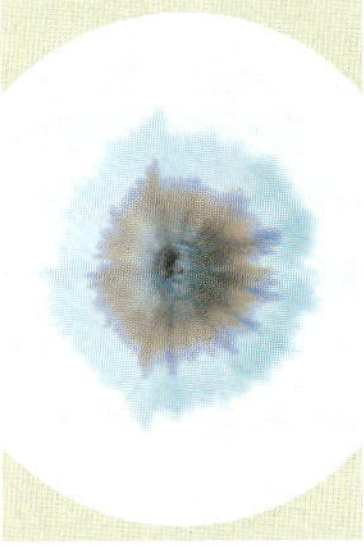
9

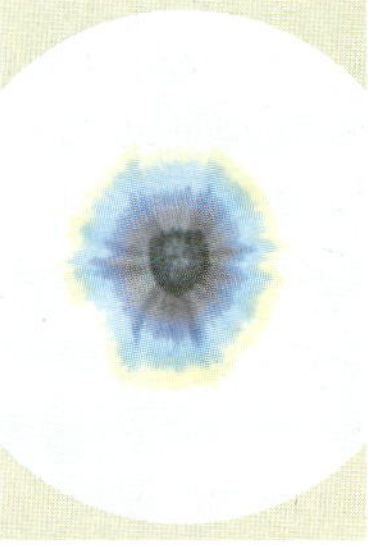
10

In Versuch 10 haben wir ein besonderes Verfahren zur Trennung von Stoffen kennengelernt: die **Papierchromatographie**.

Die Bezeichnung ist von den beiden griechischen Wörtern *chroma* (Farbe) und *graphein* (schreiben) abgeleitet.

Das Wasser dient bei diesem Verfahren als *Fließmittel (Laufmittel)*. Es steigt zunächst durch den „Docht" in das Filterpapier auf; dann breitet es sich von der Mitte her nach allen Seiten hin ziemlich gleichmäßig aus.

Auf seinem Weg durch das Filterpapier nimmt das Wasser die einzelnen Farbstoffe unterschiedlich weit mit. So entstehen schließlich die einzelnen Farbringe (Bilder 5–10).

Die *mehrfarbigen* Ringe entstehen nur, wenn der Farbstoff ein *Gemisch* ist. Die Farbbilder heißen **Chromatogramme**.

Mit Hilfe dieses Verfahrens kann man nicht nur die unterschiedlichsten Farbstoffgemische **zerlegen**. Vielmehr kann man auf diese Weise Stoffe **erkennen und bestimmen**.

Dabei wird das Chromatogramm des unbekannten Stoffes mit denen bekannter Stoffe verglichen.

Das Verfahren ist auch zur Untersuchung von Pflanzenfarbstoffen geeignet.

Aus Umwelt und Technik: **Chromatographie im Dienst der Kriminalpolizei**

Es kommt gelegentlich vor, daß Pässe, Testamente oder Zeugnisse gefälscht werden. Nehmen wir einmal an, ein Erbe wird beschuldigt, in einem Testament handschriftlich etwas hinzugefügt zu haben. Es sieht so aus, als seien Schriftbild und Farbe der Tinte im gesamten Testament einheitlich. Also muß die Zusammensetzung der Tinte geprüft werden!

In der Kriminaltechnik arbeitet man jedoch nicht mit der Papierchromatographie. Man wendet aber ein ähnliches Verfahren an, mit dem man genauere Ergebnisse bekommt: die **Dünnschicht-Chromatographie** (in der Technik DC genannt).

Bei diesem Verfahren verwendet man Glasplatten, die auf einer Seite mit einer dünnen Schicht überzogen sind; sie besteht aus einem saugfähigen Pulver. Die zu untersuchenden Proben werden längs einer Linie aufgetragen (Bild 11). Dann wird jede Platte senkrecht in ein Gefäß gestellt, in dem sich das Fließmittel befindet. Meist ist das Fließmittel nicht Wasser, sondern ein Gemisch aus Ether und Alkohol.

Die Trennung der Farbstoffe erfolgt ganz ähnlich wie bei der Papierchromatographie, die du ja schon kennst: Das Fließmittel steigt in der saugfähigen Schicht nach oben und nimmt die Farbstoffe unterschiedlich weit mit (Bilder 12–15).

In der Kriminaltechnik wird mit diesem Verfahren nicht nur die Echtheit von Dokumenten geprüft; man untersucht so auch die Körperflüssigkeit von Verunglückten auf Gifte, Betäubungsmittel oder Drogen.

Dieser Bereich ist jedoch ein untergeordnetes Anwendungsgebiet der Dünnschicht-Chromatographie.

Wichtiger ist ihr Einsatz bei medizinischen Untersuchungen und Forschungsaufgaben sowie zur Feststellung der Zusammensetzung von Lebensmitteln, Arzneimitteln und Körperpflegemitteln.

11

12

13

14

15

1884

Aus Umwelt und Technik: **Viel Spaß beim Kristallezüchten!**

1

Die Kristalle der Bilder 1 u. 2 haben ihre Form nicht durch Schleifen erhalten, sondern sie sind so „gewachsen".

Große Kristalle werden im Labor gezüchtet. Das dauert mehrere Wochen oder sogar Monate. Aber kleinere Kristalle können auch dir schon in viel kürzerer Zeit gelingen. Versuche es doch mal!

2

So kannst du Zuckerkristalle züchten

Fülle 150 ml Wasser in ein Glasgefäß (z. B. Einweckglas), und erhitze es z. B. in einem Topf mit Wasser. Löse in dem sehr heißen Wasser nach und nach so viel Zucker auf wie möglich. Rühre dabei ständig um, bis die Lösung gesättigt ist.

Nun hängst du 1–3 kurze Woll- oder Baumwollfäden in das Glas, das unbedingt auf einer dicken Unterlage (z. B. Zeitung, Tuch, Bastuntersatz) stehen muß. Laß alles einige Tage lang ruhig stehen.

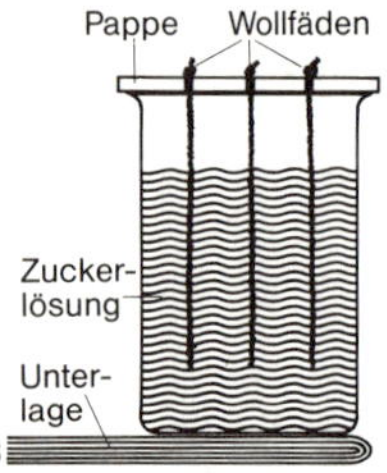

3

So kann man viele Kristalle einer Sorte züchten

Wir schütten in 300 ml siedendes Wasser 400 g Magnesiumsulfat. Dabei rühren wir gut um, bis sich alles gelöst hat.

Die klare Lösung wird in ein sauberes Becherglas gegossen. Das Glas bleibt einige Stunden lang ruhig stehen. Wenn sich bis dahin noch keine Kristalle gebildet haben, wirft man ein paar kleine Körnchen Magnesiumsulfat in die Lösung.

So kann man schöne Einzelkristalle züchten

Dabei geht man in zwei Schritten vor: Zuerst werden Kristallkeime gezüchtet, dann folgt das Wachsen eines Kristalls.

1. Züchten der Kristallkeime

Wir lösen eine bestimmte Menge eines Salzes (→ Tabelle rechts unten) unter Rühren in der angegebenen Menge heißem Wasser auf. Die Lösung wird filtriert und zum Abkühlen in eine Glasschale (Petrischale) gegossen. Sie bleibt nun für einige Stunden ruhig stehen.

In dieser Zeit bilden sich am Boden des Gefäßes kleine Kristalle. Der schönste davon wird mit einer Pinzette aus der Lösung herausgenommen und an einen dünnen Perlon- oder Gummifaden geknotet. (Erst das Fadenende verknoten, dann Schlinge bilden, um den Kristall legen und festziehen.)

2. Züchten des Einzelkristalls

Zunächst wird die sogenannte Wachstumslösung nach den Angaben der nebenstehenden Tabelle hergestellt. Dann gießen wir die heiße und filtrierte Lösung in ein größeres Becherglas (400 – 600 ml).

Nun wird der Perlonfaden mit dem Kristallkeim an einem Pappdeckel oder Holzstäbchen befestigt und mitten in die Lösung gehängt. Das Becherglas muß für ein paar Tage erschütterungsfrei bei möglichst gleichbleibender Temperatur stehenbleiben.

Will man den Kristall noch weiter wachsen lassen, muß man ihn erneut in eine frisch hergestellte Wachstumslösung hängen.

Der fertige Kristall darf nicht mit den bloßen Fingern oder mit Feuchtigkeit in Berührung kommen. Man kann ihn zum Schutz mit farblosem Nagellack überziehen.

Stoffmengen zur Züchtung von Einzelkristallen

Keimlösung	benötigte Stoffe	Wachstumslösung
50 g 100 ml	Kupfer(II)-sulfat Wasser	75 g 150 ml
15 g 100 ml	Kaliumalaun Wasser	30 g 200 ml
40 g 100 ml	Chromalaun Wasser	80 g 200 ml
150 g 100 ml	Seignettesalz Wasser	450 g 300 ml
70 g 100 ml	Kaliumnitrat Wasser	210 g 300 ml

Alles klar?

1 Aus Kiesgruben holt man ein Gemisch aus Sand und Kies. Der feine Sand wird z. B. beim Hausbau verwendet; groben Sand und feinen Kies nimmt man als Streugut, groben Kies zum Straßenbau.

Wie müßte eine Anlage aussehen, in der man dieses Gemisch trennen kann? Beschreibe oder zeichne die Anlage.

2 Kurz nach einem Regenguß ist das Wasser in den Pfützen trübe, nach einiger Zeit wird es aber klar. Wie kommt das?

3 Warum sollte man Flaschen mit Kakao oder Fruchtsaft erst schütteln, bevor man sie öffnet?

4 Wie könnte man ein Gemisch aus Eisenfeilspänen und Schwefelpulver wieder in seine Bestandteile zerlegen?

5 Bild 4 zeigt, wie heute noch in einigen Entwicklungsländern das Korn von Spelzen und Strohhalmstücken getrennt wird. Dieses Trennverfahren wird *Windsichten* genannt.

4

Welche unterschiedliche Eigenschaft von Spreu und Korn macht man sich beim Windsichten zunutze?

6 In vielen Geldinstituten gibt es ein Gerät, mit dem die verschiedenen Münzen nach ihrer Größe sortiert werden können. Wie funktioniert das Gerät deiner Meinung nach?

7 Im Entsafter werden die Früchte zunächst ganz fein zerrieben, bevor Saft und Fruchtfleisch voneinander getrennt werden. Warum ist das nötig?

8 Welche Stoffgemische lassen sich durch Destillation trennen?

9 Welche Anforderungen muß gutes Trinkwasser erfüllen?

1885

3 Zusammenfassung

Wir unterscheiden Stoffgemische und Reinstoffe

Ein **Gemisch** entsteht dadurch, daß *mindestens zwei Stoffe miteinander vermischt* werden. Diese Stoffe können fest, flüssig oder gasförmig sein.

Die Bestandteile der Gemische liegen ungeordnet nebeneinander (z. B. im Granit, Bild 5). Oft sind sie so fein zerteilt, daß man sie auch mit einer Lupe nicht erkennen kann.

Wir unterscheiden zwei Arten von Gemischen:

1. *Homogene Gemische,* deren Bestandteile so fein und gleichmäßig vermischt sind, daß man sie nicht unterscheiden kann, und
2. *heterogene Gemische,* deren Bestandteile deutlich erkennbar sind.

5

Gemische kann man *in ihre Bestandteile zerlegen.* Dabei nutzt man die unterschiedlichen Eigenschaften der Bestandteile aus. Die Eigenschaften ändern sich durch das Mischen und Trennen nicht; sie bleiben erhalten.

Stoffe, die sich durch solche Trennverfahren, wie wir sie bisher kennengelernt haben, *nicht* zerlegen lassen, nennt man **Reinstoffe**. Beispiele für Reinstoffe sind Metalle (z. B. Gold, Bild 6) und Nichtmetalle (z. B. Kohlenstoff, Bild 7 sowie Zucker- und Salzkristalle, Bild 8). Reinstoffe sind stets homogen.

6

7

Ein wichtiges **Unterscheidungsmerkmal** zwischen Reinstoffen und Gemischen ist die Siedetemperatur:

Reinstoffe haben *ganz bestimmte und stets gleichbleibende (konstante)* Siedetemperaturen.

Flüssige Stoffgemische sieden innerhalb von Temperatur*bereichen.* Die Temperatur steigt auch während des Siedens noch an.

8

Methoden zur Trennung von Gemischen

Gemische aus festen Stoffen, bei denen die Bestandteile unterschiedlich groß sind, lassen sich durch **Auslesen** oder durch **Sieben** trennen.

Gemische aus festen in flüssigen Stoffen werden durch **Aufschlämmen** und **Absetzen lassen** (*Sedimentieren*), **Dekantieren** oder **Filtrieren** getrennt. Besondere Verunreinigungen werden mit Filtern aus **Aktivkohle** beseitigt.

Lösungen lassen sich durch **Verdunsten** oder **Eindampfen** der Flüssigkeit in ihre Bestandteile zerlegen.

Die folgenden Bilder zeigen weitere Möglichkeiten, Gemische zu trennen:

Öl aus Früchten oder Samen läßt sich z. B. durch **Extrahieren** gewinnen.

Stoffe wie Salze und Zucker kann man durch **Kristallisieren** aus ihren Lösungen wiedergewinnen.

Flüssigkeiten mit unterschiedlichen Siedetemperaturen kann man durch **Destillieren** voneinander trennen.

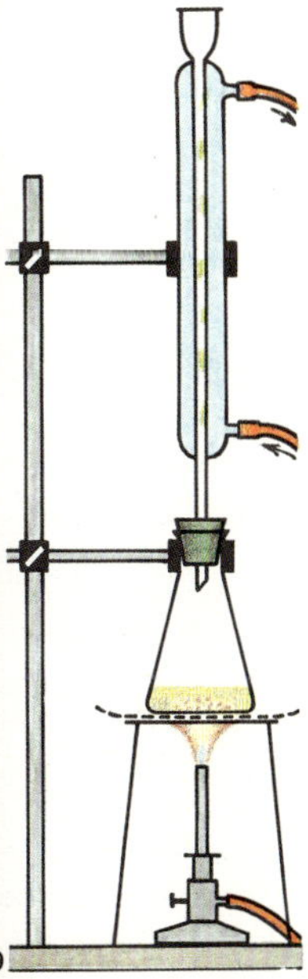
9

10

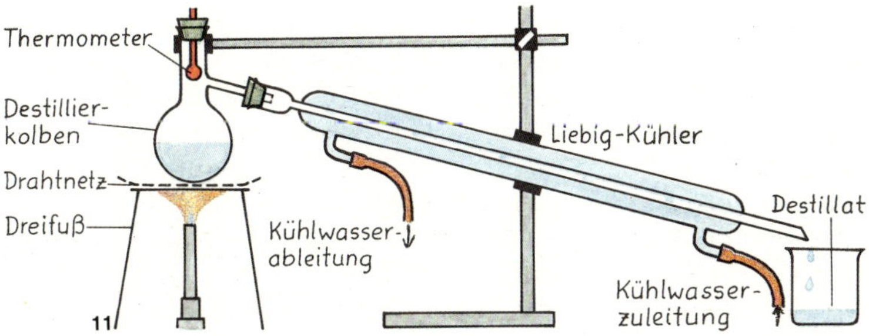

11

Stofftrennung und -wiederverwertung

1 Recycling: Stoffe werden wiederverwertet

○ Warum wird heute Altglas gesammelt?
○ Legt man beim Glas-Recycling Wert auf die **Körper** (z. B. Flaschen, Gläser) oder auf den **Stoff** (Glas), aus dem diese Körper bestehen?

1

2

○ Was könnte mit dem Autoschrott geschehen?
○ Wovon hängt es wohl ab, ob man einen unbrauchbaren Körper auf den Müll wirft oder ob man den Stoff, aus dem er besteht, wiedergewinnt?

Aus Umwelt und Technik: **Glas-Recycling**

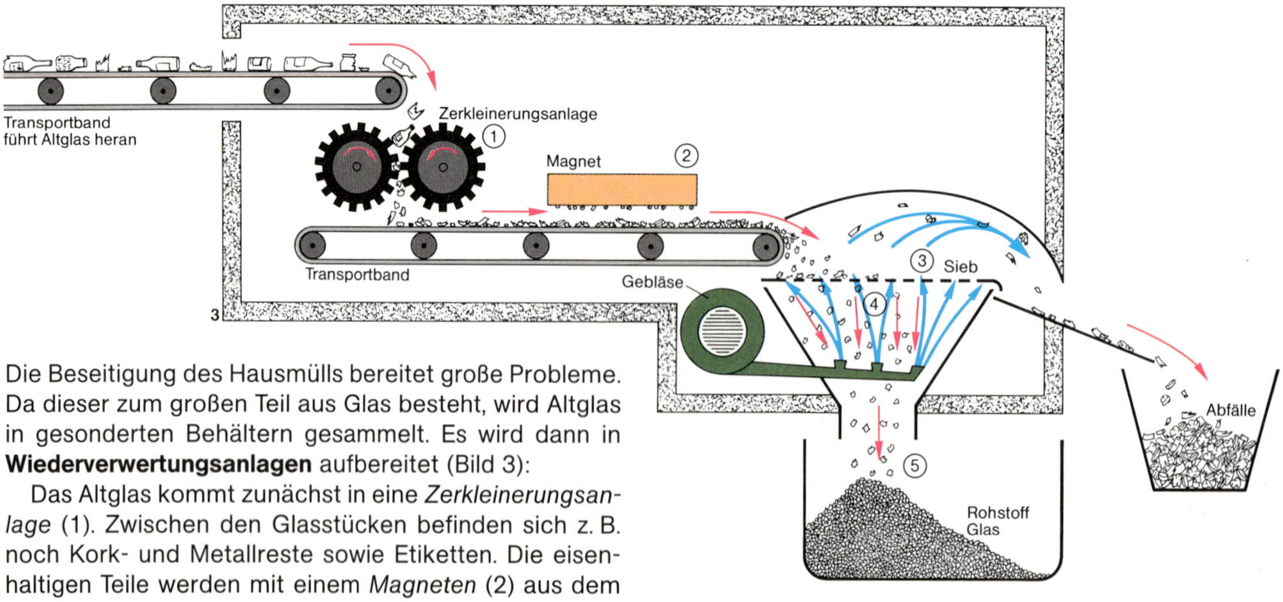

3

Die Beseitigung des Hausmülls bereitet große Probleme. Da dieser zum großen Teil aus Glas besteht, wird Altglas in gesonderten Behältern gesammelt. Es wird dann in **Wiederverwertungsanlagen** aufbereitet (Bild 3):

Das Altglas kommt zunächst in eine *Zerkleinerungsanlage* (1). Zwischen den Glasstücken befinden sich z. B. noch Kork- und Metallreste sowie Etiketten. Die eisenhaltigen Teile werden mit einem *Magneten* (2) aus dem Gemisch herausgezogen. Glas, Kork und Papier gelangen auf ein *Sieb* (3). Dort bläst ein *Luftstrom* (4) von unten her die leichteren Abfallteile hoch. Sie werden so vom Glas getrennt. Das Glas fällt gegen den Luftstrom nach unten in den *Rohstoffsammelbehälter* (5).

Dieses Glas wird zur Herstellung von neuem Gebrauchsglas mitverwendet. So enthält z. B. eine grüne Flasche bereits 9 von 10 Teilen Altglas. Auf diese Weise werden Energie und Rohstoffe gespart, die besser für technisch hochwertige Erzeugnisse genutzt werden können.

5781

Aus Umwelt und Technik: **Vom Autowrack zum Rohstoff Eisenschrott**

Autowracks bestehen zum größten Teil aus Eisenteilen. Da Eisen ein wichtiger Rohstoff für die Industrie ist, gewinnt man es aus den Autos als Eisenschrott zurück.

Im sog. **Shredder** (Bild 4) wird die Autokarosserie in kleine Stücke zerrissen. Der Schrott läuft dann über eine Magnettrommel, wo die Eisenteile von den nichtmagnetischen Stoffen getrennt werden. Der Eisenschrott wird bereits vollständig wiederverwertet: Er wird bei der Herstellung von Stahl wieder eingeschmolzen.

1990 wurden in Deutschland zwei Millionen Autos verschrottet (nur Pkw und Kombiwagen). Nachdem Eisenschrott und Nichteisenmetalle abgetrennt worden waren, blieben 400 000 t nicht verwertbare Shredder-Rückstände (Gummi, Kunststoffe, Glas und Filz) übrig.

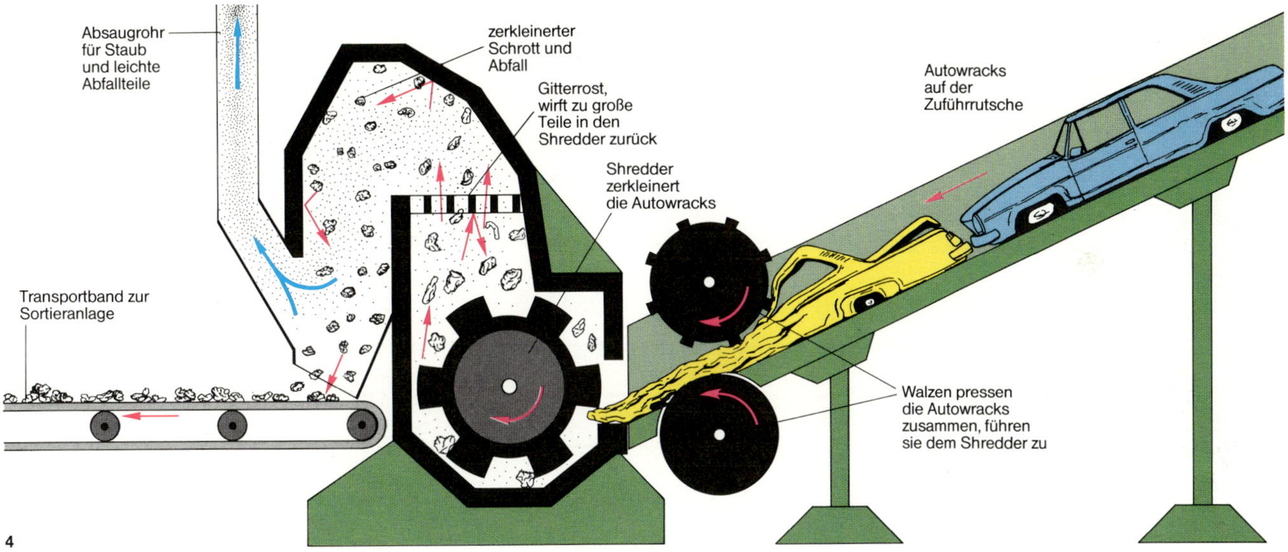

4

Aus Umwelt und Technik: **Kommt das Recycling-Auto?**

„Das erste Auto, das sich in Wohlgefallen auflöst." So warb ein Automobilhersteller für einen Neuwagen.

Es ist unübersehbar: Autowracks belasten unsere Umwelt ganz erheblich. Deshalb hat der Bundesumweltminister die Automobilindustrie aufgefordert, so schnell wie möglich Recycling-Verfahren für alte, ausgediente Autos zu entwickeln. Erste Erfolge sind bereits sichtbar – wenn das Auto hält, was die Werbung verspricht ...

Das *vollständig wiederverwertbare* Auto gibt es heute noch nicht. Es kann jedoch schon in wenigen Jahren Wirklichkeit werden. Schritt für Schritt geht die Entwicklung hin zum **Recycling-Auto**. Es soll schließlich einmal zu 100 % wiederverwertbar *(recycelbar)* sein.

Ein Mittelklassewagen ist durchschnittlich aus folgenden Bestandteilen aufgebaut: 73 % Metalle, 9 % Kunststoff, 4 % Gummi, 3 % Glas, 11 % andere Stoffe. Damit man ein Auto vollständig wiederverwerten kann, muß es drei Bedingungen erfüllen:

1. Alle Teile müssen aus wiederverwertbarem Material hergestellt sein. Vor allem die verwendeten Kunststoffe sollen ihrer Zusammensetzung entsprechend gekennzeichnet sein. Auf diese Weise lassen sie sich für das Recycling sauber sortieren und ergeben ein hochwertiges Altmaterial.
2. Die Einzelteile müssen schnell zu demontieren sein. Die Zerlegung eines Autowracks darf nicht zu lange dauern, denn „Zeit ist Geld".
3. Die Rohstoffe, die man aus den Altfahrzeugen gewinnt, müssen wieder in Neuwagen verwendet werden können.

Auf dem Weg zum Recycling-Auto ist man heute schon ein gutes Stück vorangekommen:

Die beim Verschrotten anfallenden Nichteisenmetalle (z. B. Kupfer, Aluminium) werden schon zu 90 % wiederverwertet. Ein kleiner Teil der Rückstände, die bisher auf dem Müll landen, werden bereits versuchsweise demontiert, sortiert und recycelt. Das betrifft vor allem Kunststoffe, Glas und Textilien. So gibt es z. B. schon Stoßstangen, Innenkotflügel und Batterieabdeckungen aus den verschiedensten Recyclingmaterialien.

Autos werden heute in modernen Fabrikhallen am laufenden Band unter Einsatz von Computern montiert. Genauso wird es in Zukunft komplette Demontagehallen und Recyclinganlagen geben.

Die großen Automobilhersteller, viele Zulieferbetriebe und Autoverwertungsfirmen wetteifern inzwischen miteinander, wem es wohl gelingt, das *erste* Recycling-Auto auf den Markt zu bringen.

Aus Umwelt und Technik: **Müllsortierung, -kompostierung und -verbrennung**

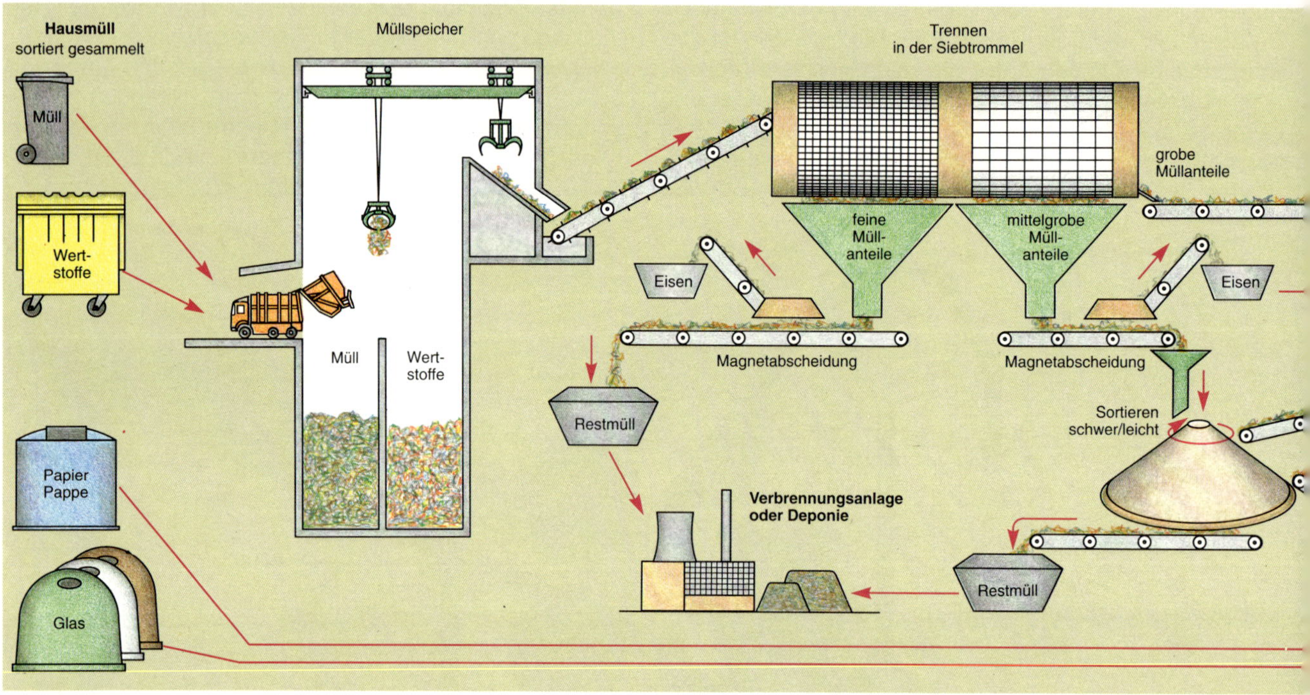

1

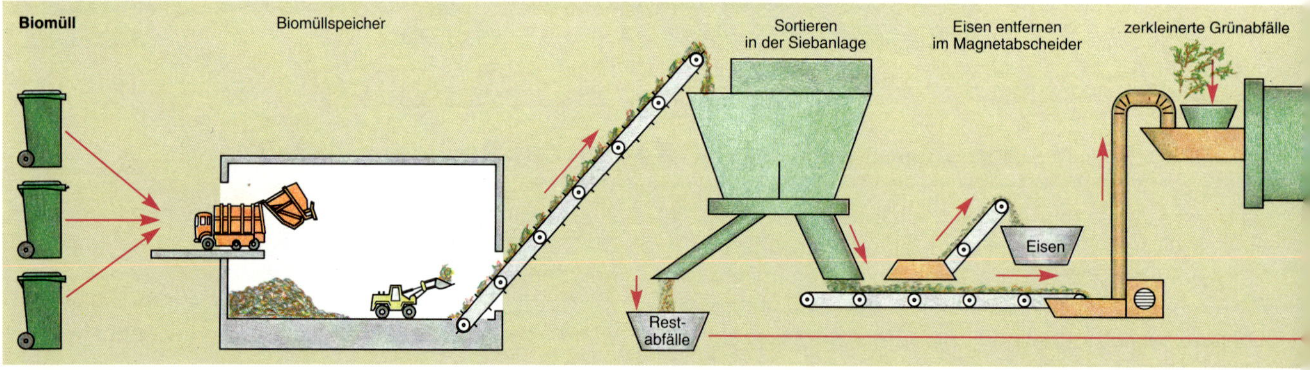

2

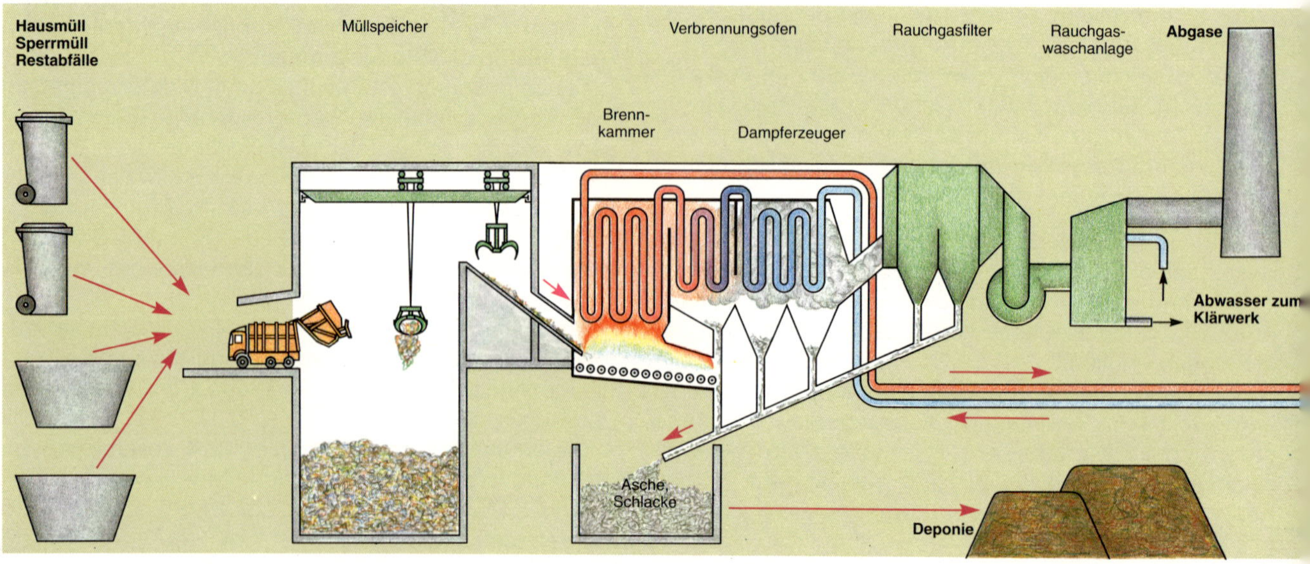

3

5783

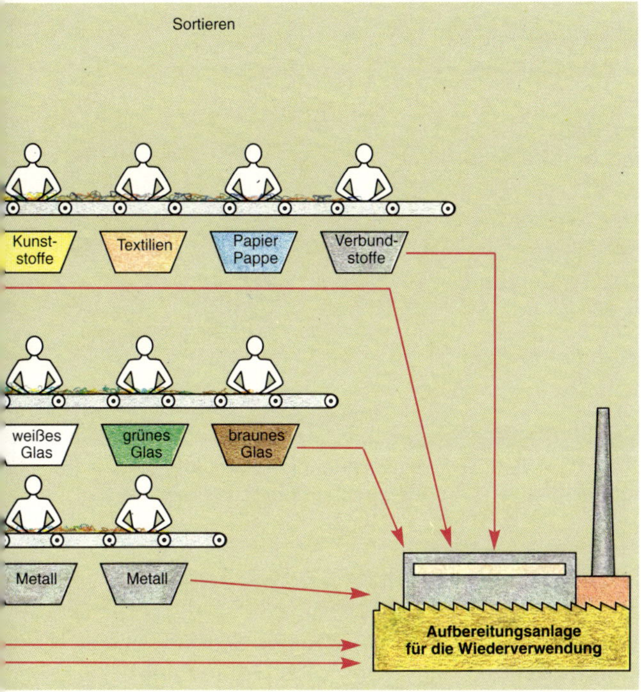

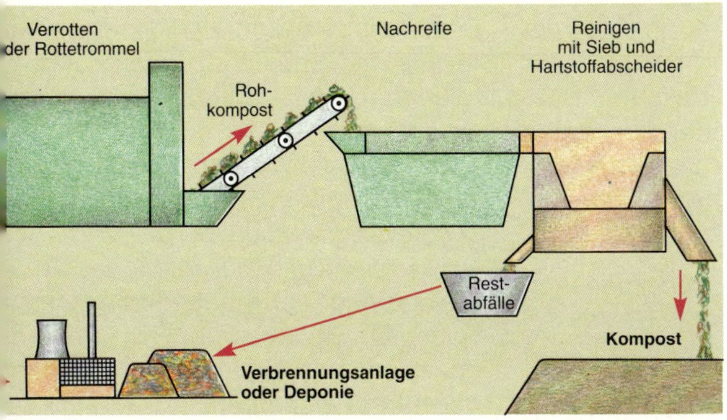

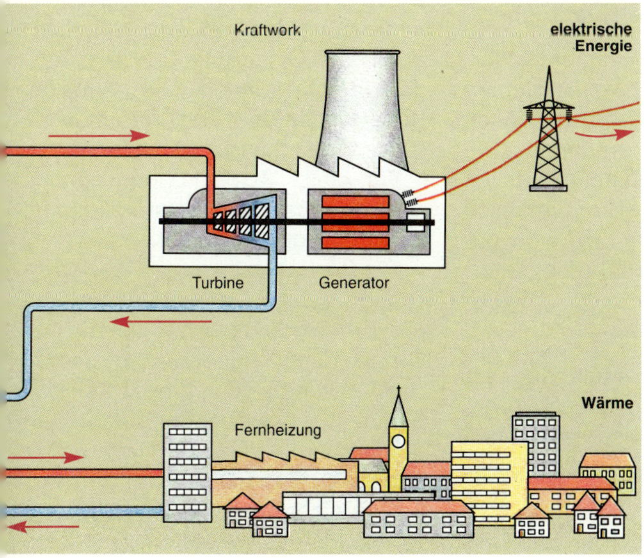

In Deutschland fallen jährlich etwa 30 Millionen Tonnen sog. Siedlungs- oder Hausmüll an. Davon werden etwa zwei Drittel auf Deponien gelagert.

Aber der Deponieraum wird immer knapper, und die Kosten für eine *sichere* Lagerung der Abfälle wachsen ständig. Deshalb schreibt das *Abfallgesetz* vor: „Verwerten statt wegwerfen!"

Das ist leichter gesagt als getan. Es muß nämlich ein neues Sammel- und Sortiersystem entwickelt werden. Inzwischen werden verschiedene Möglichkeiten erprobt.

In Deutschland enthält der Hausmüll etwa 18 % Papier, ca. 11 % Glas und 3 % Wertstoffe aus Metall. Diese Materialien sollen getrennt gesammelt werden – das gelingt auch schon teilweise. In **Sortieranlagen** (Bild 1) wird der *vorsortierte Müll* dann endgültig sortiert: Eisen und andere Metalle, Glas (nach Farben getrennt), Kunststoffe, Textilien, Pappe und Papier werden zur Weiterverarbeitung an die Industrie abgegeben.

○ In der Sortieranlage verwendet man einige Trennverfahren, wie wir sie auch im Unterricht kennengelernt haben. Suche sie heraus, und benenne sie.

Wenn ihr einen Garten habt, weißt du vielleicht, daß man Grünabfälle und ungekochte Küchenabfälle kompostieren kann. Das macht man in großem Maßstab auch in **Kompostieranlagen** (Bild 2). Dabei wird *getrennt gesammelter Biomüll* (z. B. Grünabfälle) in einem geschlossenen Behälter (der sog. *Rottetrommel*) in knapp zwei Tagen zu Kompost umgewandelt.

Die Müllverbrennung ist neben dem Recycling und der Kompostierung unentbehrlich. Nur wenn alle drei Verfahren genutzt werden, gelingt es, die Müllmengen auf etwa 15 % zu reduzieren.

In **Müllverbrennungsanlagen** (Bild 3) werden Hausmüll, Sperrmüll und Restabfälle aus den Sortier- und Kompostieranlagen verbrannt. Die entstehenden heißen Gase werden genutzt, um elektrische Energie und Wärme zu gewinnen („Thermische Wiederverwertung").

Die Idee, die hinter diesen drei Verfahren steckt, ist gut. Aber leider gelingt es bisher nur in geringem Umfang, die einzelnen Stoffe sauber aus dem Müll herauszuholen. Nur so ist es jedoch möglich, sie zu Produkten mit guter Qualität weiterzuverarbeiten.

Das *Altpapier* z. B. ist oft mit so vielen anderen Stoffen vermischt, daß es nur zu Papier mit schlechterer Qualität verarbeitet werden kann.

Auch die *Kunststoffreste* können kaum wiederverwertet werden; sie sind nämlich stark verschmutzt und bestehen aus so vielen Kunststoffsorten, daß man sie nicht zusammen verarbeiten kann.

Auch der *Kompost* kann so stark mit Schadstoffen belastet sein, daß man ihn nicht im Garten oder in der Landwirtschaft verwenden darf.

Wenn man die wirklich wertvollen Stoffe aus dem Müll zurückgewinnen will, müssen sie schon bei uns zu Hause getrennt gesammelt werden.

2 Müllvermeidung geht vor Müllverwertung

1

Vergleiche hier einmal die Menge der Verpackung mit dem Produkt.

Nur wenn
wir alle weniger Müll erzeugen und wertvolle Stoffe aus dem Müll wiederverwertet werden,
können wir verhindern, daß
unsere Mülldeponien immer riesiger werden,
die Verseuchung des Grundwassers überhandnimmt
und die Verschmutzung der Luft immer bedrohlicher wird.

Diese Meinung vertreten heute viele Müllexperten.

○ Aber wie läßt sich Müll vermeiden?
○ Und wie ist die Wiederverwertung (Recycling) von Müll möglich?

2

Dies sind einige Produkte, die aus Recyclingpapier hergestellt wurden.

Aus Umwelt und Technik: **Gesetzliche Regelungen und ihre Auswirkungen**

Wichtige gesetzliche Regelungen und Verordnungen

Ab 1.4.92: Jeder Käufer kann unnötige Verpackungen (sog. *Umverpakkungen*) im Geschäft zurücklassen. Diese müssen der Wiederverwertung zugeführt werden.

Ab 1.1.93: Alle Einwegverpackungen (Dosen, Pappkartons für Waschmittel, Plastikflaschen) müssen von den Geschäften zurückgenommen und zur Wiederverwertung geleitet werden (→ „Der Grüne Punkt", rechts).

Diese Regelung gilt so lange, bis das „Duale System" eingeführt ist.

Ab 1.1.93: Ein *Pflichtpfand* wird eingeführt für Getränke-Einwegverpackungen sowie für Verpackungen von Reinigungsmitteln, Waschmitteln und Farben.

Ab Frühjahr 1993: In allen Bundesländern Deutschlands werden Verkaufsverpackungen getrennt (z. B. nach Papier und Kunststoff) gesammelt und sortiert.

Bis 1995 sollen mindestens 80 Prozent aller auf den Markt kommenden Verkaufsverpackungen gesammelt werden. Davon sollen dann wiederum 80 Prozent sortiert und wiederverwertet werden.

Was einige Gemeinden gegen die „Müllberge" tun

Die Gemeinden sind verpflichtet, die Gesetze und Verordnungen der Bundesregierung zu befolgen. Deshalb wurden verschiedene Versuche unternommen, Müll zu vermeiden und gebrauchte Verpackungen einzusammeln. Hier einige Beispiele:

○ Der Müll wird in verschiedenen Tonnen gesammelt (→ „Duales System" und Bild 3). Der Inhalt kann dann entweder wiederverwertet, kompostiert und verbrannt oder zur Deponie gebracht werden.

○ Die Kosten für die Müllabfuhr werden nicht nur nach dem Volumen der Mülltonne, sondern auch nach dem Gewicht berechnet: Die Mülltonnen werden beim Einfüllen in den Müllwagen automatisch gewogen, das Ergebnis wird gespeichert, und am Jahresende erhält jede Familie eine entsprechende Abrechnung.

○ Familien, die ihre Mülltonne nur alle 14 Tage leeren lassen wollen, erhalten eine Tonne mit rotem Deckel. Die Kosten für die Müllabfuhr sind dann geringer.

Was tut die Gemeinde bei euch?

„Duales System" und „Der Grüne Punkt"

Bestimmt sind dir die beiden Begriffe aus der Überschrift auch schon begegnet. Weißt du aber auch, was sie bedeuten.

Beim *Dualen System* (von lat. *duo:* zwei) werden die Abfälle sozusagen „zweigleisig" entsorgt:
1. Die *öffentliche Müllabfuhr* der Gemeinde oder der Stadt entsorgt den Hausmüll, Schadstoffe, Bio-Abfälle, aber auch das Altpapier. Dafür zahlt der Bürger Gebühren.
2. Durch *private Entsorgungsunternehmen* werden Verkaufsverpackungen und Glas entsorgt. Die Verpackungen können aus Metallen, Kunststoffen oder sog. Verbundstoffen (z. B. Milchkartons) bestehen.

Für diese Verpackungen gibt es die (meist gelben) Wertstoff-Tonnen, für Altglas die Container.

Für die Entsorgung der Wertstoff-Tonnen zahlen *Herstellerfirmen*, die auf ihre Produkte das Zeichen „Der Grüne Punkt" kleben: *Die Firmen* „kaufen" das Recht, dieses Zeichen benutzen zu dürfen. Sie garantieren damit, daß die Verpackungen wieder abgeholt und verwertet werden. Dafür berechnen sie den Kunden etwa 10 Pfennig pro Verpackung mehr.

5785

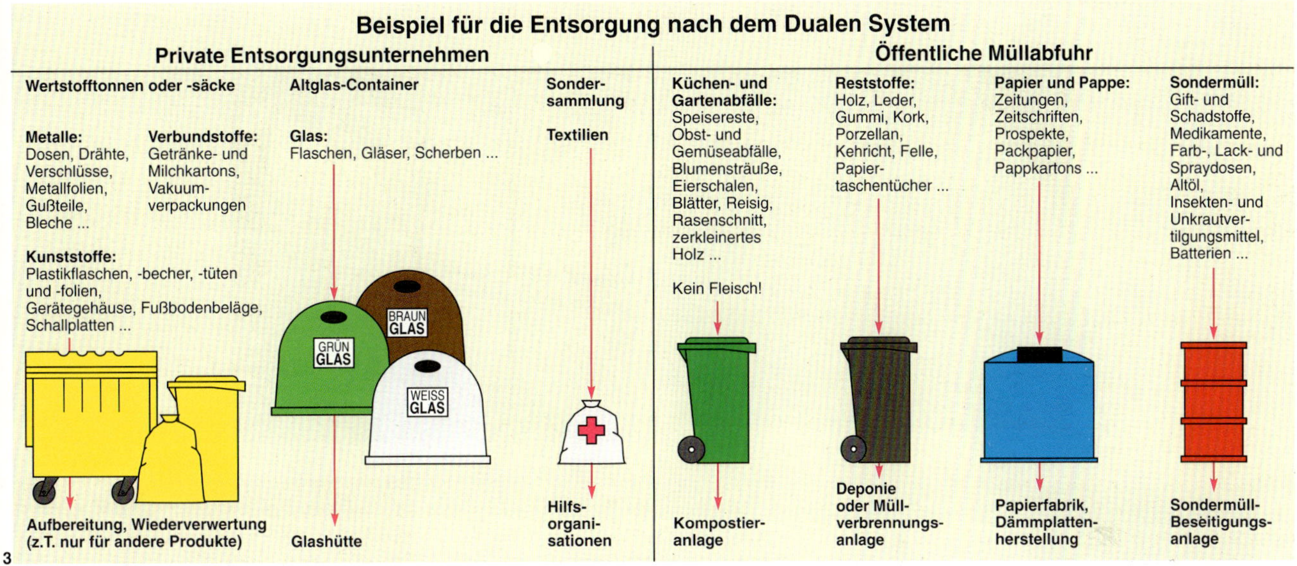

3

Aufgaben

1 In wie vielen Tonnen kann man bei euch Müll vorsortieren? Schreibe auf, was in jede Tonne hineingehört.

2 Der Inhalt einer Mülltonne (120 l) wiegt durchschnittlich etwa 20 kg. Wenn nicht getrennt gesammelt wird, entfallen davon auf Papier 2 kg, Verpackungen 7 kg, organische Abfälle 6 kg und andere Abfälle 5 kg.

a) Welche Abfälle könntest du durch dein Verhalten verringern? Welche lassen sich gut wiederverwerten?

b) Organische Abfälle lassen sich auch im eigenen Garten verwerten. Besorgt euch Material (z. B. vom Umweltamt) darüber, wie man einen Komposthaufen anlegt.

c) Stellt in der Klasse auf einem Plakat zusammen, wie man Abfall vermeiden kann. Überschrift: *Das können wir selbst tun.*

4

3 Wie würdest du die Abfälle von Bild 4 entsorgen?

4 Viele Leute sehen in dem Zeichen „Der Grüne Punkt" nicht nur Vorteile. Sie sagen z. B.:

„Der Grüne Punkt verhindert den Gebrauch von Pfandflaschen." – „Der Grüne Punkt trägt nicht dazu bei, daß *wir selbst* Abfälle vermeiden." – „Es ist viel zu schwierig, die unterschiedlichen Verpackungen zu trennen." – „Kunststoffe lassen sich sowieso nur zum Teil verwerten." – „Das Recycling von Stoffen ist teurer als die Neuherstellung."

a) Was meinst du zu den einzelnen Aussagen?

b) Welche Vorteile hat „Der Grüne Punkt" deiner Meinung nach?

c) Versuche herauszufinden, was mit dem Abfall aus den gelben Tonnen bei euch gemacht wird.

d) Erkundige dich, wieviel Altglas bei der Herstellung von Flaschen verwendet wird und wie es dabei mit den Kosten steht.

e) Für jede Verpackung mit dem Grünen Punkt zahlen wir etwa 10 Pf. Wie viele davon fallen bei euch zu Hause in einer Woche an? Wieviel zahlt ihr dafür (pro Woche, pro Jahr)?

5 Bild 5 zeigt die angestrebte sog. *Kreislaufwirtschaft*. Beschreibe sie.

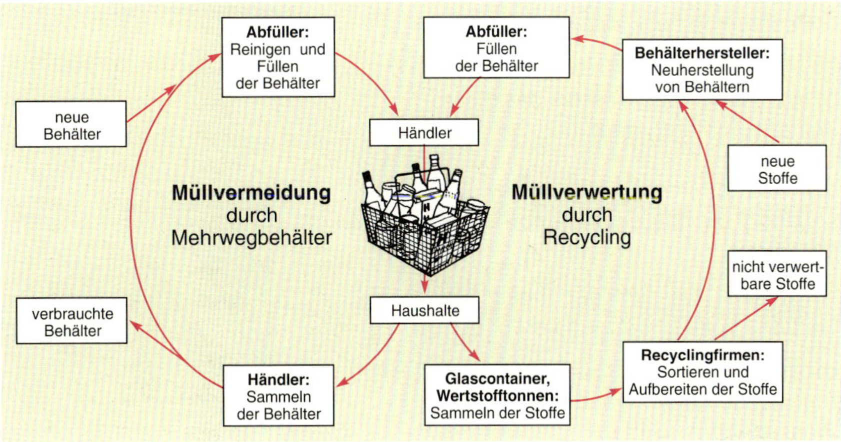

5

Zustandsformen und Teilchenmodell

1 Stoffe ändern ihren Zustand

1

2

3

4

5

Fünfmal Wasser,
das seinen Zustand ändert oder ändern wird.
Was ist damit gemeint?
Beschreibe es anhand dieser Bilder.

V 1 Stelle dir im Gefrierfach eines Kühlschranks einen kleinen Klumpen *Eis* her (in der Eiswürfelschale oder in einem Eierbecher aus Kunststoff).

a) Beobachte das Eis, während du es in den Händen hältst.
Beschreibe, was mit deinen Händen geschieht.

b) Wie lange dauert es, bis das Eis in deiner Hand aufgetaut ist?

V 2 Wir erhitzen zerkleinertes Eis, so lange, bis das entstehende Wasser siedet.

a) Notiere, wie sich der Inhalt des Gefäßes beim Erwärmen verändert.

b) Was geschieht, wenn wir eine brennende Kerze über das siedende Wasser halten (Bild 6)?

6

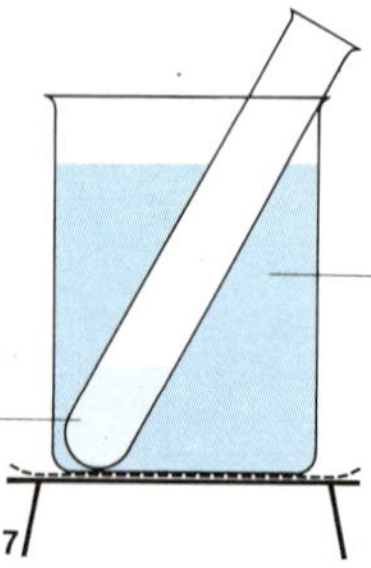

7

c) Was kannst du an einer kalten Glasscheibe beobachten, die in den Wasserdampf gehalten wird?

V 3 Mit dem Aufbau von Bild 7 kann überprüft werden, ob sich *Brennspiritus* (oder *Alkohol*) beim Erwärmen genauso verhält wie Wasser.

a) Warum wird Brennspiritus nicht über einer offenen Flamme erhitzt?

b) Vergleiche Brennspiritus und Wasser während des Erwärmens.

V 4 In einem Metallöffel erhitzen wir etwas *Blei* oder *Zinn*, bis es flüssig wird.

a) Zum Abkühlen gießen wir es in ein größeres Gefäß mit kaltem Wasser.

b) Was ändert sich während des Versuches, was bleibt gleich?

6211

Aufgaben

1 Das Säulendiagramm von Bild 8 zeigt dir die Zustandsformen (Aggregatzustände) einiger Stoffe.

a) Bei welchen Temperaturen sind diese Stoffe flüssig bzw. gasförmig?

b) In welchen Zustandsformen befinden sich die Stoffe bei Zimmertemperatur (20 °C)? Ordne sie in eine Tabelle nach folgendem Muster ein:

Zustandsform bei 20 °C		
fest	flüssig	gasförmig
...	...	...

c) Wasser geht bei 100 °C vom flüssigen in den gasförmigen Zustand über. Nenne die Stoffe aus Bild 8, die bei dieser Temperatur fest sind.

Welche dieser Stoffe sind bei dieser Temperatur gasförmig?

2 Thermometer haben als Thermometerflüssigkeit z. B. Alkohol oder Quecksilber. Bis zu welcher niedrigsten Temperatur kann man sie jeweils gebrauchen (Bild 8)?

3 Der Glühdraht einer Glühlampe erreicht beim Leuchten eine Temperatur von ca. 2500 °C.

Welches der folgenden Metalle kann man demnach als Glühdraht verwenden?

Metall	Schmelztemperatur	Siedetemperatur
Eisen	1535 °C	2735 °C
Platin	1769 °C	4300 °C
Titan	1670 °C	3300 °C
Kupfer	1083 °C	2590 °C
Wolfram	3380 °C	5500 °C

Zustandsformen und Zustandsänderungen

Viele Stoffe können in allen drei Zustandsformen vorkommen: nämlich **fest, flüssig** und **gasförmig.** Man spricht von *Zustandsformen* oder *Aggregatzuständen* (lat. *aggregare:* anhäufen).

Wenn Stoffe ihre Zustandsform ändern, ändert sich der Stoff *nicht*. Seine chemische Zusammensetzung bleibt gleich.

Wenn beim Erwärmen ein fester Stoff in den flüssigen Zustand übergeht, sagt man: Der Stoff **schmilzt**. *Beispiel:* Eis wird zu Wasser. Geht er vom flüssigen in den gasförmigen Zustand über, so sagt man: Der Stoff **verdampft** oder **siedet**. *Beispiel:* Wasser wird zu Wasserdampf.

Beim Stoff Wasser treten diese Änderungen bei der **Schmelztemperatur** 0 °C (fest → flüssig) und bei der **Siedetemperatur** 100 °C (flüssig → gasförmig) ein.

Bild 9 zeigt die Zustandsformen und Zustandsänderungen von Wasser.

Andere Stoffe haben andere Schmelz- und Siedetemperaturen als das Wasser. Schmelz- und Siedetemperaturen sind wichtige Unterscheidungsmerkmale der Stoffe.

Wenn man einen gasförmigen Stoff abkühlt, wird er flüssig und schließlich fest.

Beim Übergang vom gasförmigen in den flüssigen Zustand sagt man: Der Stoff **kondensiert**. *Beispiel:* Wasserdampf wird zu Wasser. Beim Übergang in den festen Zustand sagt man: Der Stoff **erstarrt**. *Beispiel:* Wasser wird zu Eis.

Manche festen Stoffe (z. B. Iod) werden beim Erhitzen sofort gasförmig. Auch beim Abkühlen „überspringen" sie den flüssigen Zustand.

Viele Gase kann man nur verflüssigen, sie werden aber nicht fest.

Flüssigkeiten gehen vom flüssigen in den gasförmigen Zustand über, obwohl sie ihre Siedetemperatur noch nicht erreicht haben (Regenwasser auf der Straße). Man sagt: Die Flüssigkeit **verdunstet**.

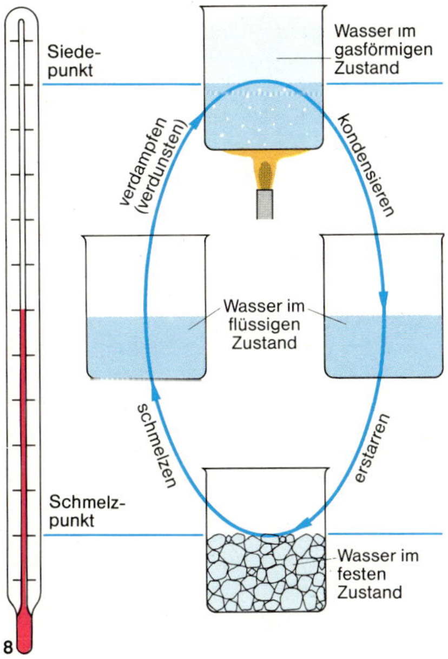

8

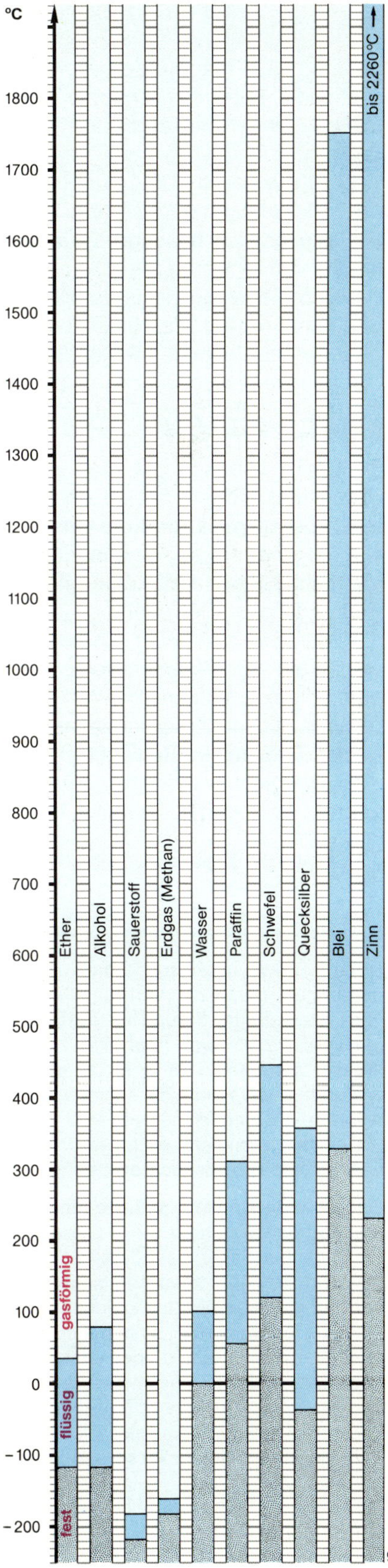

9

2 Das Teilchenmodell

Aus der Geschichte: **Die seltsamen Beobachtungen des Robert Brown**

Im Jahr 1827 machte der englische Arzt und Pflanzenforscher *Robert Brown* eine überraschende Entdeckung:

Er führte gerade Untersuchungen über Blütenstaub durch. Dabei interessierte er sich besonders für den Inhalt von Pollenkörnern. Er zerquetschte deshalb einige der Körner in einem Tropfen Wasser. Die winzigen Bestandteile der Pollenkörner, die sich ins Wasser ergossen, beobachtete er unter dem Mikroskop.

Browns Verwunderung war groß. Er stellte nämlich fest, daß diese Bruchstücke oder *Partikel* der Pollenkörner niemals zur Ruhe kamen – wie lange er sie auch beobachtete. Vielmehr blieben sie in einer ständigen, regellosen Bewegung.

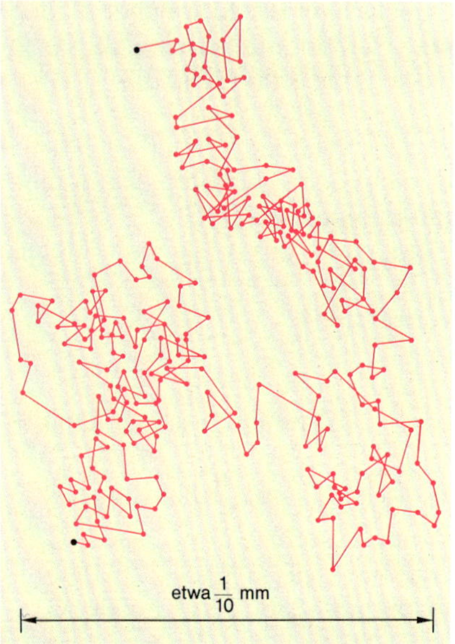

1

Bild 1 zeigt den Weg eines solchen Partikels. Dabei wurde alle 30 Sekunden seine jeweilige Position durch einen Punkt markiert. Die Art dieser Bewegung, die in diesem Bild nachgezeichnet ist, wird nach ihrem Entdecker **Brownsche Bewegung** genannt.

Brown glaubte zunächst, eine Erklärung für die beobachtete Bewegung zu haben: „Die Bewegung der Pollenpartikel ist ein Beweis dafür, daß es sich bei ihnen um lebendige Körper handelt. Nur so ist es ja denkbar, daß sie sich von selbst im Zickzackkurs durchs Wasser bewegen."

Bald mußte er aber einsehen, daß diese Erklärung nicht stimmen konnte. Bei weiteren Versuchen stellte er nämlich fest, daß sich auch Ruß- und Staubpartikel, ja sogar winzige Metallsplitter genauso im Wasser fortbewegten wie die Pollenpartikel.

Noch viel weniger paßte seine Erklärung, als diese Bewegung auch bei Staub- und Rußpartikeln in völlig ruhiger Luft beobachtet werden konnte.

Sein Problem war nun also folgendes: Staub, Ruß und Metalle sind nicht lebendig; sie können sich also nicht von selbst fortbewegen. Die Partikelchen mußten also **angestoßen** worden sein, um in Bewegung zu kommen. Wer aber sollte sie angestoßen haben, wenn doch die Luft oder das Wasser, in denen sie sich befanden vollkommen bewegungslos erschien?

Es dauerte noch viele Jahrzehnte, bis das Rätsel um die Brownsche Bewegung gelöst werden konnte.

Browns Beobachtungen werden erklärt – das Teilchenmodell

Robert Brown hatte sonderbare Beobachtungen gemacht: Winzige Partikel von Pollenkörnern, Staub, Ruß und Metallen verharrten – wenn sie sich z. B. in Wasser befanden – in einer nie enden wollenden Bewegung. Sie schienen fortwährend angestoßen zu werden.

Doch wer kam dafür in Frage? Wer bewirkte diese **Brownsche Bewegung**?

Damit wir die Brownsche Bewegung verstehen können, führen wir in Gedanken ein einfaches Experiment durch:

Wir stellen uns einen Ameisenhaufen vor, auf dem ein Wattekügelchen liegt. Dann treten wir zurück, so daß die Ameisen nicht mehr vom Boden zu unterscheiden sind. Nur die Wattekugel ist noch zu erkennen. Was sehen wir?

Die Wattekugel bleibt nicht ruhig liegen; sie führt vielmehr ruckartige Bewegungen aus.

Da sich die Wattekugel nicht selbst bewegen kann, muß sie von den Ameisen angestoßen werden. Tatsächlich laufen die Ameisen hin und her; dabei stoßen sie die Kugel in die unterschiedlichsten Richtungen.

Die Bewegung der Watte sehen wir, die der Ameisen nicht. Aus der Bewegung der Watte können wir jedoch *schließen,* daß die Ameisen noch da sind und sich auch bewegen.

Ähnlich ist es mit der Brownschen Bewegung: Das Wattekügelchen entspricht einem der beobachteten Partikel. Und statt der „unsichtbaren Ameisen" nehmen wir **Wasserteilchen** an, aus denen das Wasser zusammengesetzt ist (Bild 2).

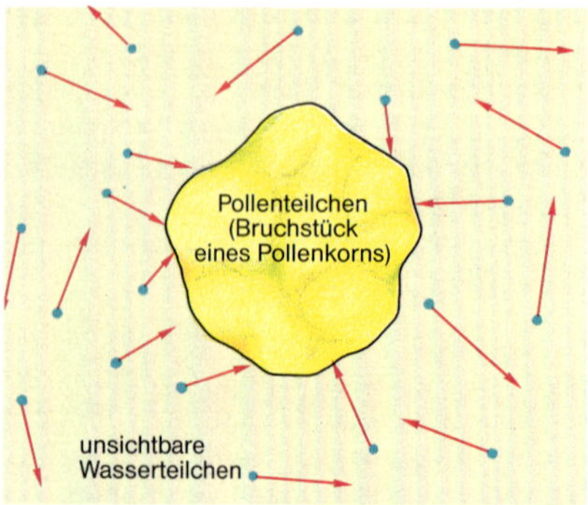

2

Die Brownsche Bewegung wurde auch in anderen Flüssigkeiten und in der Luft beobachtet. Die Beobachtungen wurden damit zu einer wichtigen Stütze für die Annahme, daß **sämtliche Stoffe aus Teilchen bestehen**.

Die Teilchen sind so winzig, daß man sie auch unter dem stärksten Mikroskop nicht sehen kann.

Aus der Brownsche Bewegung können wir außerdem schließen, daß **sich die Teilchen ständig in Bewegung befinden**.

Um die Jahrhundertwende gelang es sogar, aus der Bewegung der sichtbaren Partikel die Geschwindigkeit der unsichtbaren Wasserteilchen zu berechnen.

So konnte nachgewiesen werden, daß **sich die Teilchen eines Körpers um so schneller bewegen, je höher seine Temperatur ist**.

6213

Aufgaben

1 Wie erklärte sich Robert Brown zunächst die Bewegung der Pollenpartikel, die er unter dem Mikroskop beobachtet hatte?

Durch welche Beobachtungen kam er von dieser Erklärung ab?

2 Zur Brownschen Bewegung ist ein Gedankenexperiment beschrieben. Was stellen dabei die Ameisen und die Wattekugel dar?

3 Wie muß man sich den Aufbau der Stoffe vorstellen, um die Brownsche Bewegung zu erklären?

4 Ein Glas ist mit Wasser gefüllt. Wie kannst du erreichen, daß die Bewegung der Wasserteilchen heftiger bzw. weniger heftig wird?

5 Bild 2 zeigt – stark vergrößert – ein Stück Pollenkorn, das von Wasserteilchen angestoßen wird. Warum kann man nicht vorhersagen, in welche Richtung es sich bewegen wird?

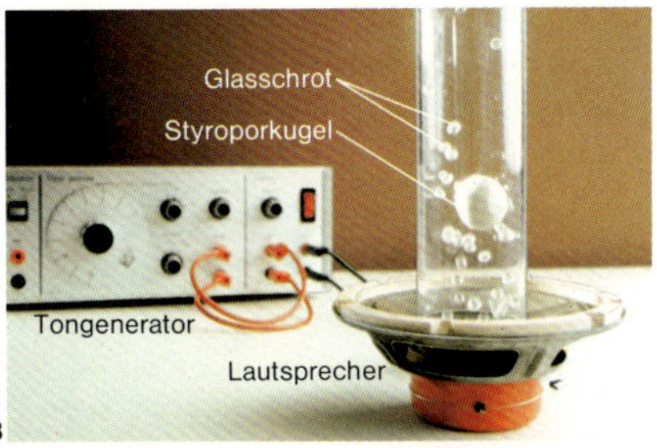

3

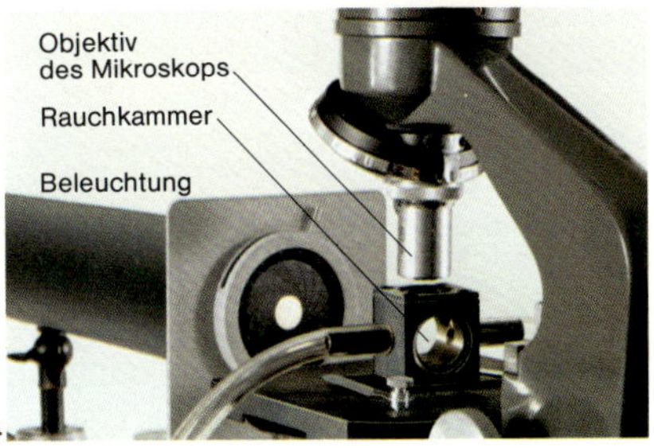

4

6 Erkläre mit dem Teilchenmodell:

Einen Tropfen Parfüm kann man im ganzen Raum riechen.

In einer Salzlösung siehst du kein Salz – aber schmecken kannst du es.

Beim Verdampfen von Wasser entsteht unsichtbarer Wasserdampf. Dennoch ist das Wasser noch vorhanden, denn beim Abkühlen taucht es wieder in Form von winzigen Nebeltröpfchen über dem siedenden Wasser auf.

7 Bild 3 zeigt einen **Modellversuch.** Vergleiche das Ergebnis dieses Versuches mit Browns Beobachtungen.

8 Ähnliche Ergebnisse wie Brown erhält man im **Versuch** von Bild 4. Wenn man Rauch in die Kammer bläst, sind bei 50–100facher Vergrößerung die Schwebestoffe des Rauches zu sehen.

So können wir uns die Übergänge zwischen den Zustandsformen erklären

Stoffe können in unterschiedlichen Zustandsformen vorkommen. Das heißt, sie können ihre Zustandsform wechseln. Das weißt du bereits.

Je nachdem, ob sie eine niedrige oder eine hohe Temperatur aufweisen, befinden sie sich im festen, flüssigen oder gasförmigen Zustand.

Wie kann man sich diese Zustandsänderungen erklären? Unsere Vorstellung, daß alle Stoffe aus **Teilchen** aufgebaut sind, hilft uns bei der Suche nach einer Antwort:

Wenn sich ein Stoff **im festen Zustand** befindet, liegen die Teilchen, aus denen er besteht, eng zusammen (Bild 5).

Im festen Zustand hat jedes Teilchen des Stoffes (z. B. *Eis*) seinen bestimmten Platz; es besteht also eine gewisse Ordnung. Die Teilchen ziehen einander an; sie haben einen starken Zusammenhalt. Sie können deshalb ihren Platz nicht verlassen, sich aber ein bißchen an ihrem Platz bewegen.

Wenn dieser Stoff *erwärmt* wird, geraten die Teilchen in stärkere Bewegung.

Die Folge ist, daß sich die Abstände unter den Teilchen vergrößern. Ihr Zusammenhalt wird dadurch geringer – der Stoff geht in den **flüssigen Zustand** über (z. B. *Wasser*).

Auch im flüssigen Zustand besitzen die Teilchen noch einen Zusammenhalt. Er ist aber nicht mehr so groß wie im festen Zustand. Daher können die Teilchen nun aneinander entlanggleiten und gegeneinander verschoben werden.

Wenn der Stoff noch stärker *erwärmt* wird, verstärkt sich die Bewegung der Teilchen erneut. Dadurch vergrößern sich die Abstände zwischen den Teilchen noch mehr. Schließlich verlieren sie ihren Zusammenhalt ganz und entweichen aus dem Teilchenverband – der Stoff erreicht seinen **gasförmigen Zustand** (z. B. *Wasserdampf*).

Bei einem Stoff im gasförmigen Zustand bewegen sich die Teilchen frei und mit großer Geschwindigkeit in dem ganzen Raum, der ihnen zur Verfügung steht.

Wenn ein Gas *abgekühlt* wird, wird die Bewegung der Teilchen langsamer. Damit verringern sich auch wieder die Abstände der Teilchen, und die Anziehung zwischen den Teilchen wird wieder größer. Schließlich lagern sich viele Teilchen aneinander an: Der Stoff wird wieder flüssig; es bilden sich Flüssigkeitströpfchen.

Wenn die Flüssigkeit noch weiter abgekühlt wird, rücken die Teilchen des Stoffes noch enger zusammen. Ihr Zusammenhalt wird schließlich so stark, daß der Stoff wieder in den festen Zustand übergeht.

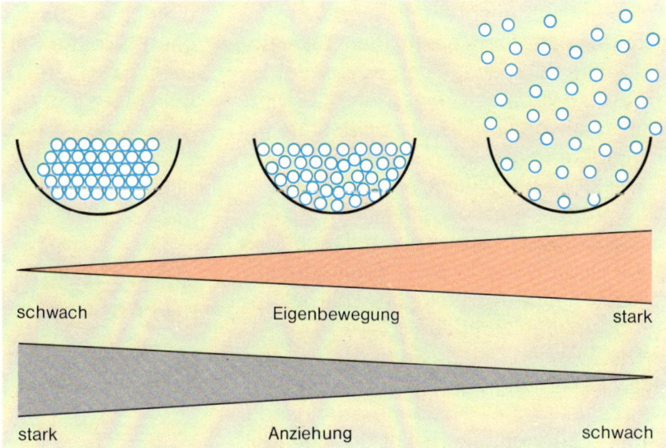

5

3 Diffusionsvorgänge

1

. . . und niemand hat geschüttelt!

V 5 *(Lehrerversuch)* Wir prüfen, ob man zwei Gase mischen kann, ohne sie zu schütteln. Dazu werden zwei Standzylinder mit Luft bzw. Bromdampf [C,T+] mit den Öffnungen aufeinander gestellt.

a) Zuerst steht der Zylinder mit Luft unten, der mit Bromdampf oben. Beschreibe nach fünf Minuten und nach etwa einer Stunde.

b) Nun steht der Zylinder mit Bromdampf unten und der mit Luft oben. Notiere deine Beobachtungen wieder nach fünf Minuten und nach einer Stunde.

Vergleiche dann die Ergebnisse, und versuche, eine Erklärung dafür zu finden.

V 6 Stelle ein Uhrgläschen auf die Fensterbank, und tropfe etwas Parfüm darauf.

Kannst du das Parfüm noch riechen, wenn du so weit wie möglich vom Fenster weggehst?

Erkläre das Versuchsergebnis mit dem Begriff *Teilchen*.

V 7 Fülle ein Becherglas mit Wasser, und stelle es an einen Platz, an dem es längere Zeit stehenbleiben kann. Dann läßt du mit einer Pinzette einen einzigen Kristall Kaliumpermanganat [O, Xn] ins Wasser fallen.

a) Was kannst du sofort im Glas beobachten?

b) Wie sieht das Wasser nach einer halben Stunde und nach einer Woche aus? Notiere und vergleiche deine Beobachtungen. Wie kannst du das Versuchsergebnis erklären?

Wie sich die kleinsten Teilchen von Gasen und Flüssigkeiten ausbreiten

Zwei **Gase** vermischen sich untereinander, ohne geschüttelt zu werden. Diese selbständige Ausbreitung eines Stoffes in einem anderen nennt man **Diffusion** (lat. *diffundere:* ausgießen, ausbreiten).

Unsere Versuche zeigen, daß die Diffusion auch gegen die Gewichtskraft der Teilchen erfolgt:

Die kleinsten Teilchen von Brom haben eine größere Masse als die kleinsten Teilchen der Luft. Trotzdem gelangen sie auch *nach oben* in die Zwischenräume zwischen den Luftteilchen. Das ist folgendermaßen zu erklären:

Die Teilchen beider Gase sind in ständiger Bewegung. Da die Teilchen verhältnismäßig große Abstände zueinander haben, können sie leicht in die Zwischenräume zwischen den jeweils anderen Teilchen eindringen (Bild 2).

Auch in **Flüssigkeiten** breiten sich Teilchen gelöster Stoffe durch Diffusion aus. Dies geschieht aber viel langsamer als bei Gasen.

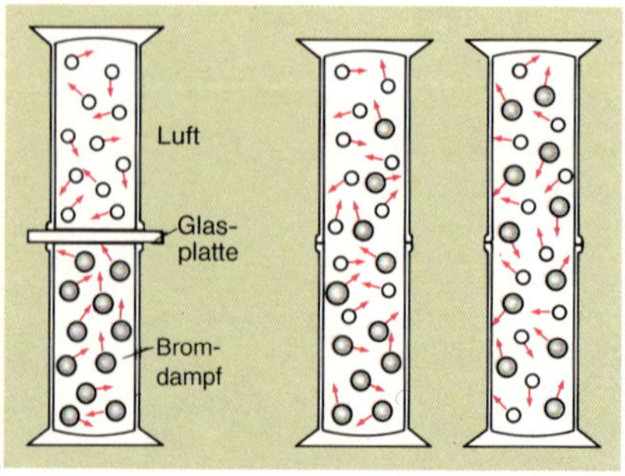

2

Fragen und Aufgaben zum Text

1 Petra hat sich einen Löffel Zucker in den Tee getan, aber das Umrühren vergessen. Was kann sie nach zehn Minuten feststellen?

Beschreibe und zeichne, wie du dir diesen Vorgang vorstellst.

2 Martin hat das Rasierwasser seines Vaters benutzt. Bald merken das alle in der Klasse. Erkläre!

3 Wie ist es zu erklären, daß die Diffusion auch entgegen der Gewichtskraft der Teilchen erfolgt?

4 In Flüssigkeiten geht die Diffusion viel langsamer vor sich als in Gasen. Woran kann das liegen?

7582

Alles klar?

1 Wenn man die Brownsche Bewegung unter dem Mikroskop beobachtet, kann man in der Flüssigkeit Teilchen unterschiedlicher Größe feststellen. Die kleinen Teilchen bewegen sich heftiger als die großen. Welche Erklärung hast du dafür?

2 In einem Glas Wasser, das ganz ruhig steht, ist keine Bewegung festzustellen. Weshalb kann man trotzdem behaupten, daß sich die kleinsten Teilchen des Wassers dauernd bewegen?

3 Andreas behauptet: „Man kann die Heftigkeit der Teilchenbewegung sogar *fühlen.*“ Stimmt das? Erkläre!

4 Petra meint: „Düfte breiten sich im Sommer schneller aus als im Winter!“ Wie kommt sie darauf?

5 Bei einem Versuch wurde Naphthalin im Wasserbad erhitzt. Beim Abkühlen des Reagenzglases an der Luft wurde in bestimmten Zeitabständen die Temperatur des Naphthalins abgelesen; die Werte findest du in der nebenstehenden Graphik.

Welche Vorgänge laufen dabei jeweils in den waagerechten Teilen der Kurve ab? Erkläre diese mit dem Teilchenmodell.

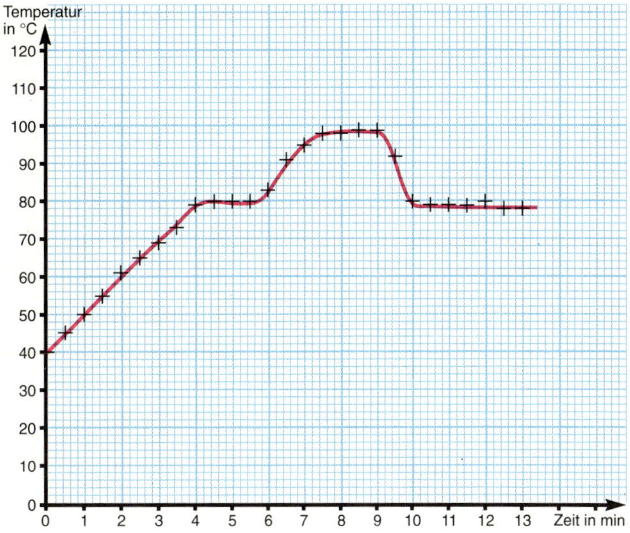

3 Erhitzen und Abkühlen von Naphthalin

4 Zusammenfassung

Zustandsformen und Teilchenmodell

Alle Stoffe bestehen aus **kleinsten Teilchen**.

Diese kleinsten Teilchen der Stoffe befinden sich in ständiger Bewegung.

Mit Hilfe dieser Vorstellung können wir zum Beispiel die **Diffusion** erklären: Die Teilchen verschiedener benachbarter Stoffe (z. B. Gas/Gas, Flüssigkeit/Flüssigkeit, fester Stoff/Flüssigkeit) vermischen sich aufgrund ihrer Eigenbewegung vollständig und völlig selbständig.

Die **Aggregatzustände** der Stoffe sind ebenfalls von der Eigenbewegung der Teilchen abhängig. Außerdem sind sie von den *Anziehungskräften* abhängig, die zwischen den Teilchen wirken:

Im *festen Zustand* eines Stoffes üben seine kleinsten Teilchen große Anziehungskräfte aufeinander aus. Deshalb ist die Eigenbewegung der Teilchen nur gering; sie befinden sich in einer festen Ordnung.

Wenn *Energie* zugeführt wird, zerbricht diese Ordnung bei einer bestimmten Temperatur *(Schmelztemperatur)*. Der Stoff geht in einen anderen Aggregatzustand über; er wird flüssig. Entsprechendes gilt, wenn ein Stoff vom flüssigen in den gasförmigen Zustand übergeht.

Die Anziehungskräfte, die zwischen den kleinsten Teilchen eines Stoffes wirken, sind von Stoff zu Stoff unterschiedlich. Wenn sie *schwach* sind, braucht nur wenig Energie zugeführt zu werden, damit sich die Anordnung der Teilchen ändert. Solch ein Stoff hat *niedrige Schmelz- und Siedetemperaturen*. Entsprechend gilt: große Anziehungskräfte – hohe Schmelz- und Siedetemperaturen.

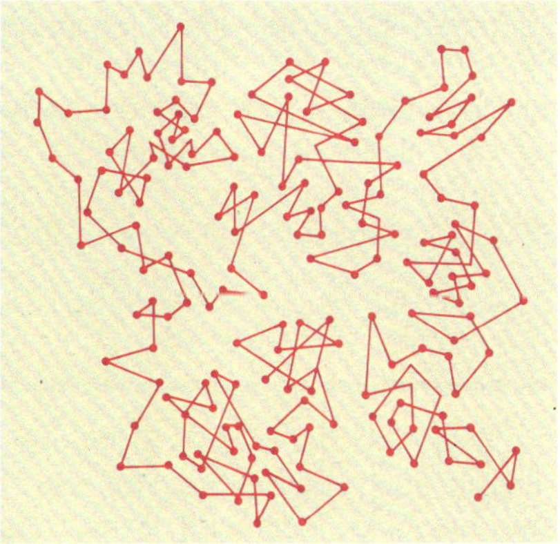

4

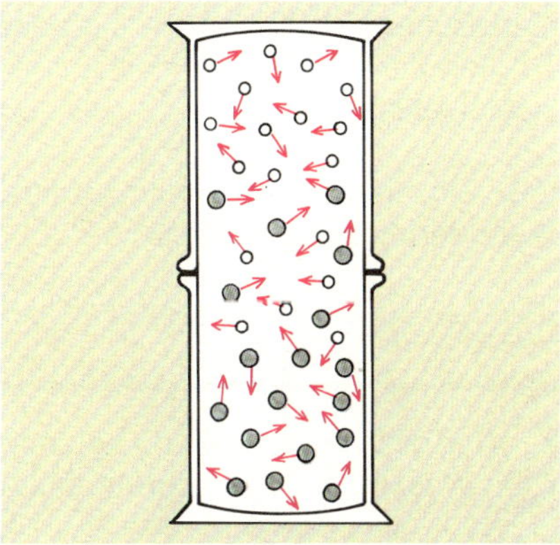

5

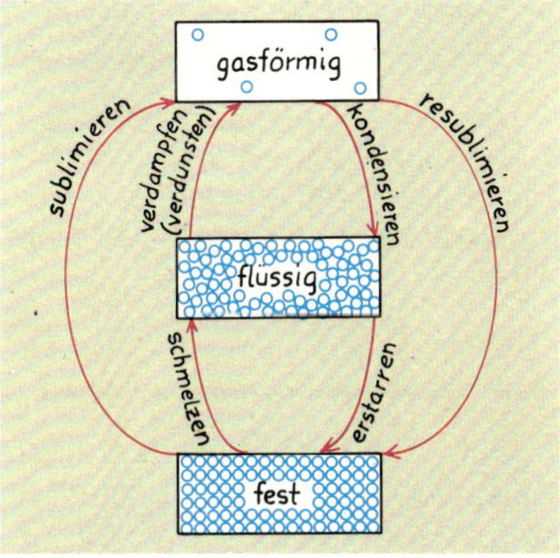

6

Chemische Reaktionen

1 Stoffveränderungen im Alltag

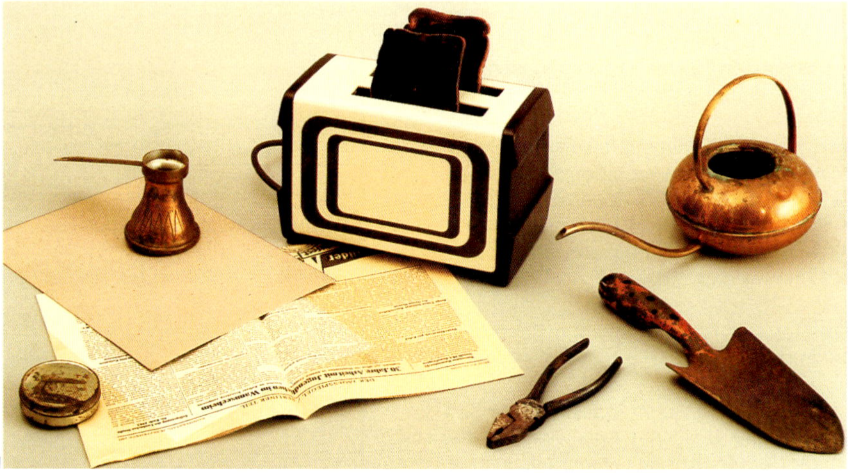

1

Solche Veränderungen hast du sicherlich auch schon beobachtet . . .

V 1 Besorge dir drei lange Eisennägel; sie sollen möglichst sauber und blank sein.

Lege davon zwei (wie in Bild 2) in ein offenes Schälchen mit Wasser.

Den dritten legst du in ein Einmachglas oder in ein größeres Marmeladenglas. Füge einen angefeuchteten Wattebausch hinzu (Bild 3). Dann verschließt du das Glas mit dem Deckel.

Laß das zugedeckte Einmachglas und die offene Schale etwa eine Woche lang stehen.

Beobachte die Nägel täglich, und vergleiche sie.

2

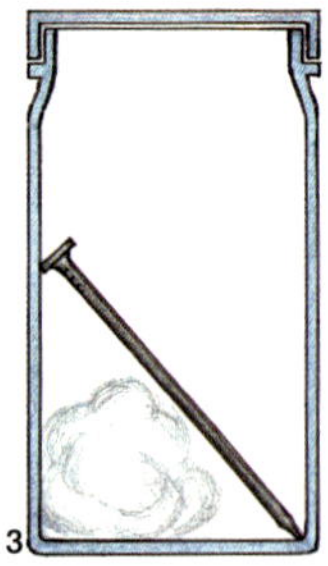

3

V 2 Erhitze langsam 2 Eßlöffel Zucker in einer kleinen Pfanne, bis der Zucker hellbraun ist. (Laß die Pfanne dann abkühlen.) Vergleiche den hellbraunen Zucker mit nicht erhitztem.

V 3 Vermische einen Eßlöffel Mehl, einen halben Teelöffel Zucker und einige Krümel Trockenhefe. Gib dann eßlöffelweise lauwarme Milch hinzu. Verrühre alles zu einem dicken Brei.

Stelle den Brei für etwa 15 Minuten auf die Heizung. Was kannst du beobachten?

V 4 Bereite dir nun einen starken schwarzen Tee, und gieße nach und nach den Saft einer Zitrone hinein. Rühre zwischendurch gut um. Was beobachtest du?

V 5 Bei diesem Versuch darfst du einmal klecksen: Tropfe etwas Tinte auf einen alten Lappen oder ein Papiertaschentuch. Laß dann ein paar Tropfen Zitronensaft auf den Tintenklecks fallen.

V 6 Zitronensaft kann auch andere Veränderungen hervorrufen: Gib einige Tropfen Zitronensaft zu folgenden Proben: etwas Backpulver (auf einer Untertasse), ein wenig Kalk (evtl. vorsichtig vom Wasserhahn abkratzen), ein halbes Glas Mineralwasser. Beschreibe deine Beobachtungen.

V 7 Mit Gips kann man kleine Risse oder Löcher reparieren. Wie geht das eigentlich?

Stelle dir zunächst einen Gipsbrei her: Miß mit einem Meßbecher genau 50 ml Wasser ab, und gieße es in ein kleines, biegsames Kunststoffgefäß (z. B. von Margarine). Streue nun 5 Teelöffel voll gebrannten Gips über die gesamte Wasserfläche. Rühre dann vorsichtig um, bis ein gleichmäßiger, glatter Brei entstanden ist.

Laß den Gips im Gefäß bis zum nächsten Tag trocknen. Brich dann ein Stück davon ab, und zerreibe es zu feinem Pulver (z. B. mit dem Hammer auf einem flachen Stein).

Wie verhält sich dieses Pulver in Wasser? Vergleiche mit neuem Gips.

Aufgaben

1 Eine Mischung aus gebranntem Gips und Wasser wird zu einem festen Stoff.

Vergleiche diesen Vorgang mit dem Gefrieren von Wasser.

2 Was geschieht, wenn du Versuch 7 mit Wasser und Sand durchführst?

3 Bei allen Versuchen auf dieser Seite haben sich Stoffe verändert. Überlege, ob bei diesen Stoffänderungen auch *ganz neue Stoffe* entstanden sind. Versuche dann, das Wesentliche dieser Versuche in einem kurzen Text zu formulieren.

5799

2 Wir stellen neue Stoffe her

4

Steckbrief

Schwefel

ein Stoff mit folgenden Eigenschaften:

- Farbe: gelb
- Zustand bei Raumtemperatur: fest (Pulver)
- Oberfläche: matt
- Härte: –
- Verhalten gegenüber Wasser: löst sich nicht
- Verhalten beim Erhitzen: schmilzt schnell
- Brennbarkeit: brennbar
- Leitung des elektrischen Stroms: leitet nicht

5

Steckbrief

Kupfer

ein Stoff mit folgenden Eigenschaften:

- Farbe: rotbraun
- Zustand bei Raumtemperatur: fest
- Oberfläche: glatt, glänzend
- Härte: hart, biegsam
- Verhalten gegenüber Wasser: löst sich nicht
- Verhalten beim Erhitzen: wird sehr schnell heiß
- Brennbarkeit: nicht brennbar
- Leitung des elektrischen Stroms: leitet

6

V 8 Der Versuch zu den Abbildungen oben kann wie in Bild 7 durchgeführt werden:

Dazu wird ein Spatel Schwefel im Reagenzglas erhitzt, bis er zu verdampfen beginnt.

Dann wird das Kupferblech in das Glas eingeführt.

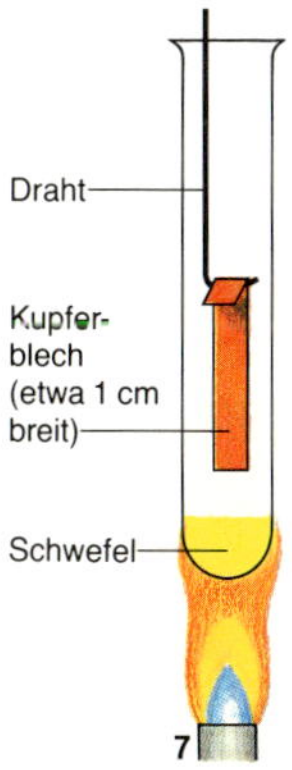

7

a) Beschreibe den Versuchsablauf und das Ergebnis.

b) Vergleiche ein Stück frisches Kupferblech mit dem Stoff, der beim Versuch daraus entstanden ist. (Kratze z. B. einmal an der Oberfläche.)

c) Gibt es noch gemeinsame Eigenschaften?

V 9 Wir prüfen, ob auch Eisen und Schwefel miteinander reagieren.

Dazu werden in einer Porzellanschale zwei Spatel Schwefelpulver und ein Spatel Eisenpulver sorgfältig miteinander vermischt.

a) Ein Teil des Gemisches wird wie in Bild 8 auf einem Keramikdrahtnetz mit einem weißglühenden Metallstab (z. B. einer Stricknadel oder Fahrradspeiche) entzündet (Schutzbrille!).

b) Betrachte den Rest des Gemisches und den durchgeglühten Stoff auf dem Drahtnetz mit einer Lupe. Vergleiche das Aussehen der beiden Stoffe miteinander.

c) Nun versuchen wir, sowohl aus dem Rest des Gemisches als auch aus dem durchgeglühten Stoff die Ausgangsstoffe zurückzugewinnen: Probiere es zunächst mit einem Magneten. Beschreibe!

Gib den erkalteten Stoff vom Keramikdrahtnetz in ein Becherglas, das zur Hälfte mit Wasser gefüllt ist. Nimm für das Gemisch ein zweites Becherglas.

d) Kann man den durchgeglühten Stoff noch als Gemisch bezeichnen? Wie würdest du ihn nennen?

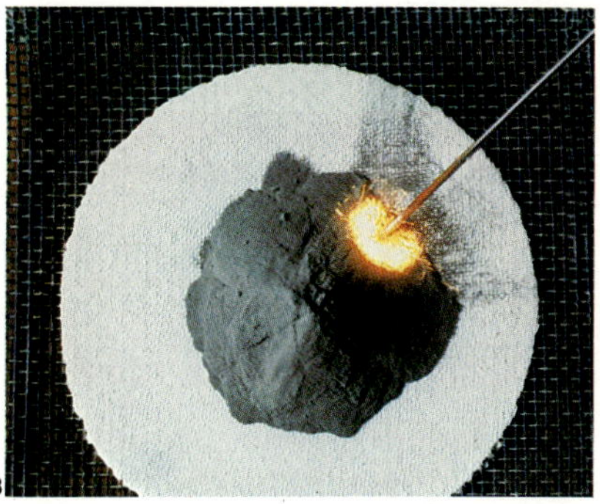

8

Was geschieht, wenn Kupfer und Schwefel miteinander reagieren?

Jeder Vorgang, bei dem neue Stoffe mit anderen Eigenschaften entstehen, wird als *chemischer Vorgang* oder **chemische Reaktion** bezeichnet. Solche Reaktionen sind in der chemischen Industrie von Bedeutung; man kann sie auch im Alltag, im Labor oder im Schulversuch beobachten.

Das Wesentliche einer chemischen Reaktion zeigt folgendes Beispiel:

Wenn Kupfer und Schwefel erhitzt werden, **reagieren** beide Stoffe miteinander. Untersucht man die Eigenschaften, so stellt man fest, daß die **Ausgangsstoffe** Kupfer und Schwefel nicht mehr zu finden sind. Vielmehr ist ein **neuer Stoff** entstanden – das *Kupfersulfid* (lat. *sulfur:* Schwefel).

Der neue Stoff hat *andere Eigenschaften* als seine beiden Ausgangsstoffe.

Bei der Reaktion von Kupfer und Schwefel *verbinden* sich die beiden Stoffe. Kupfersulfid ist also eine **Verbindung** von Kupfer und Schwefel (Bild 1):

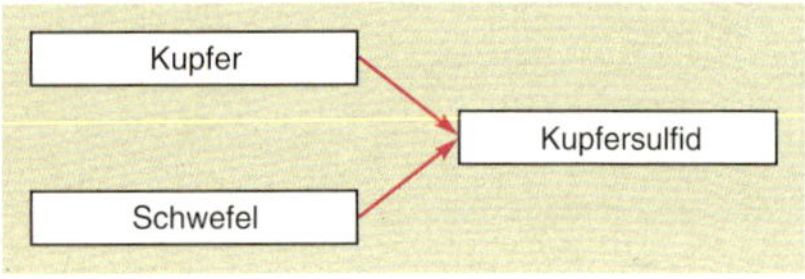

1

Im **Teilchenmodell**, das du aus dem Physikunterricht kennst, können wir uns diese Reaktion so vorstellen (Bild 2):

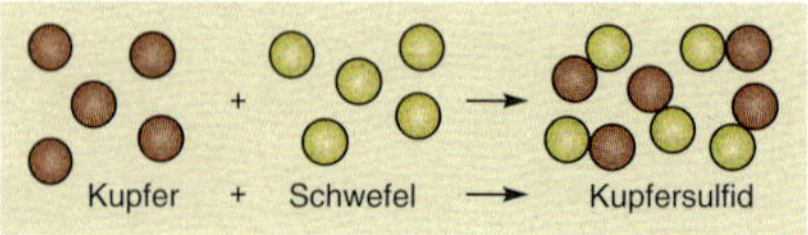

2

Der Chemiker schreibt für diese chemische Reaktion:

Kupfer + Schwefel → Kupfersulfid.

(Lies: „Kupfer und Schwefel reagieren zu Kupfersulfid.")

Diese Schreibweise bezeichnet man als **Reaktionsgleichung** oder vereinfacht auch als **Wortgleichung.** Mit einer Reaktions- oder Wortgleichung kann man eine chemische Reaktion kurz und übersichtlich beschreiben.

Den Pfeil in der Reaktionsgleichung nennt man **Reaktionspfeil**. Auf der linken Seite des Pfeils stehen die **Ausgangsstoffe** und auf der rechten die neu entstandenen **Reaktionsprodukte**.

Der Reaktionspfeil darf nicht durch ein Gleichheitszeichen ersetzt werden, denn die Stoffe auf der linken Seite sind andere als die auf der rechten Seite.

Wenn sich die Stoffe Kupfer und Schwefel miteinander verbinden, entsteht also Kupfersulfid.

Einen solchen Vorgang – nämlich den *Aufbau eines Stoffes aus seinen Bestandteilen* – nennt man in der chemischen Fachsprache **Synthese** (griech. *synthesis:* Zusammensetzung).

(Im Bereich *Technik* hat dieser Begriff jedoch eine weitergehende Bedeutung: Man versteht dort unter einer Synthese ganz allgemein die *Herstellung von Stoffen auf chemischem Wege*, z. B. die Herstellung von Kunststoffen.)

Schwefel kann sich nicht nur mit Kupfer verbinden, sondern auch mit vielen anderen Metallen. Jedesmal entsteht dabei ein *neuer Stoff* – allgemein ausgedrückt: ein **Metallsulfid**.

Alle Metallsulfide sind *chemische Verbindungen*:

Eisen + Schwefel → Eisensulfid,
Zink + Schwefel → Zinksulfid,
Silber + Schwefel → Silbersulfid,
Blei + Schwefel → Bleisulfid.

Die allgemeine Reaktionsgleichung für die Sulfidbildung lautet:

Metall + Schwefel → Metallsulfid.

Aufgaben

1 Stelle einen Steckbrief (wie auf der Vorseite) für Kupfersulfid auf.

Vergleiche anschließend die Eigenschaften von Kupfer, Schwefel und Kupfersulfid.

2 Woran kann man erkennen, daß bei einem Versuch eine chemische Reaktion abläuft?

3 Vergleiche einige Eigenschaften von Eisen, Schwefel und Eisensulfid. Lege dazu eine Tabelle an, und trage die Eigenschaften darin ein.

4 Woran kannst du ein Gemisch aus Eisen- und Schwefelpulver von einer *Verbindung* dieser beiden Stoffe unterscheiden?

5 Auch wenn sich das Metall Nickel mit Schwefel verbindet, entsteht ein neuer Stoff. Wie heißt er?

6 Bild 3 zeigt einen Versuch, bei dem *Silbersulfid* hergestellt wird.

a) Beschreibe die Ausgangsstoffe und das Reaktionsprodukt.

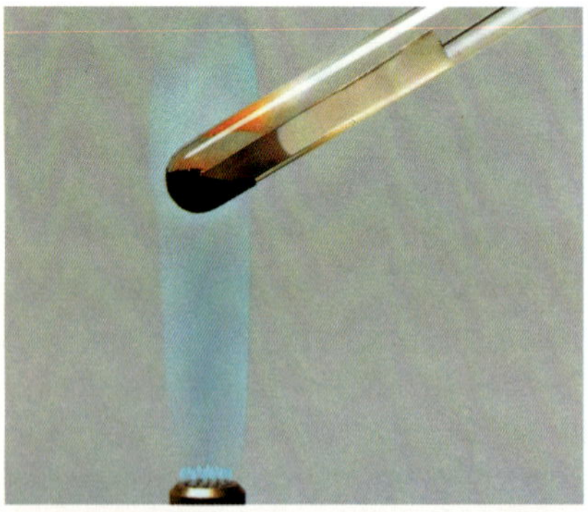
3

4

b) Schreibe zu dieser Reaktion die Reaktionsgleichung auf.

7 Erkläre, weshalb man statt des Reaktionspfeils in der Reaktionsgleichung kein Gleichheitszeichen setzt.

8 Bild 4 zeigt, wie ein Gemisch aus Bleipulver und Schwefelpulver erhitzt wird. Dabei entsteht ein neuer Stoff, das *Bleisulfid.*

Vergleiche diese Reaktion mit der von Eisen und Schwefel.

9 Was sagt der Name *Quecksilbersulfid* über die Zusammensetzung dieses Stoffes aus?

10 Erkläre am Beispiel der Entstehung von Silbersulfid (Bild 3) den Begriff *Synthese*.

11 Sieh dir die Bilder zur Reaktion von Schwefel mit Kupfer auf der Vorseite noch einmal an. Wo sind dort *Reinstoffe* abgebildet?

7221

3 Stoffe lassen sich zerlegen

5

6

7

In der Natur kommen viele Metallsulfide in *Erzen* vor.
Sie sind schon seit Jahrhunderten bekannt und tragen noch ihre alten Namen, z. B. *Pyrit* (Eisensulfid; Bild 5), *Bleiglanz* (Bleisulfid; Bild 6) und *Zinkblende* (Zinksulfid; Bild 7).
Aus diesen Erzen kann man in großtechnischen Verfahren das jeweilige Metall gewinnen.
Überlege dir, wie man das machen könnte.

V 10 Wir füllen etwas Silbersulfid in ein dünnes Quarzrohr. Dieses wird auf einer Seite mit einem Stopfen verschlossen. Dann erhitzen wir das Silbersulfid kräftig. (Dazu muß ein Gebläsebrenner benutzt werden.)

a) Beobachte, was sich an dem verschlossenen Ende des Quarzrohres absetzt.

b) Beschreibe die Vorgänge, die bei der Reaktion ablaufen. Versuche, die Reaktionsgleichung aufzustellen.

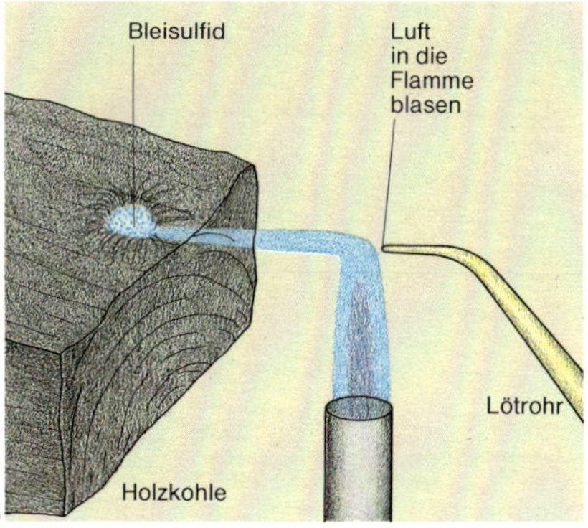

8

V 11 *(Lehrerversuch)* Diesmal soll versucht werden, aus einer Probe Bleisulfid Xn Blei Xn zu gewinnen.

Dazu wird zuerst ein Stück Holzkohle etwa 3 mm tief ausgehöhlt. In diese kleine Grube kommt dann eine erbsengroße Menge Bleisulfid.

Mit Hilfe von Brenner und Lötrohr wird zunächst die Umgebung der Grube zum Glühen gebracht (Bild 8), dann die Grube selbst (Abzug!).

Wie könnte man feststellen, ob tatsächlich Blei entstanden ist?

Metallsulfide werden zerlegt

Silbersulfid läßt sich durch Erhitzen in seine Ausgangsstoffe Silber und Schwefel zerlegen. Dabei läuft folgende chemische Reaktion ab (Bild 9):

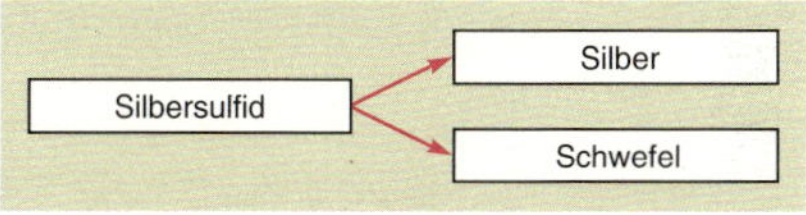

9

Im Teilchenmodell stellen wir uns diese Reaktion so vor (Bild 10):

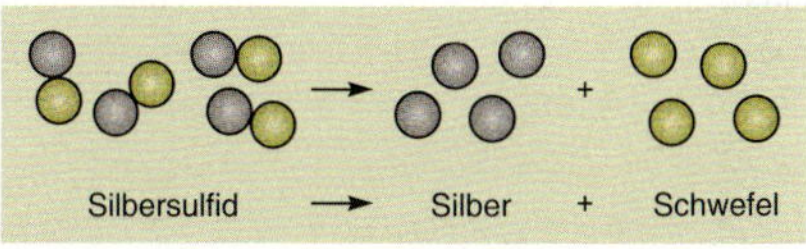

10

Die Reaktionsgleichung dazu lautet:
Silbersulfid → Silber + Schwefel.
(Lies: „Silbersulfid wird zerlegt in Silber und Schwefel.")

In der chemischen Fachsprache nennt man die *Zerlegung eines Stoffes in seine Bestandteile* **Analyse** (von griech. *analysis:* Auflösung, Zergliederung).

(In der *Technik* versteht man aber unter einer Analyse jedoch etwas anderes, nämlich die *Bestimmung von Art und Menge der Bestandteile eines Stoffes.*)

Meist sind für die Zerlegung eines Stoffes (für seine Analyse) so hohe Temperaturen erforderlich, daß man sie im Schulversuch nicht erreichen kann. Oder es müssen bestimmte andere Stoffe vorhanden sein. (Davon später mehr.)

Dabei ist es noch verhältnismäßig einfach, nur das Metall aus einer Verbindung Metallsulfid zu gewinnen (z. B. das Blei aus der Verbindung Bleisulfid). Aus dem Schwefel entsteht nämlich beim Erhitzen ein gasförmiges Reaktionsprodukt, das in die Luft entweicht.

Aufgaben

1 An welchem Merkmal kann man erkennen, daß bei der Analyse eines Metallsulfids eine chemische Reaktion abläuft?

2 Was haben die Versuche 10 u. 11 gemeinsam, und worin unterscheiden sie sich?

3 Silbersulfid wurde durch kräftiges Erhitzen zerlegt.
Welche Aggregatzustände haben die Reaktionsprodukte?

4 Auch Eisensulfid läßt sich in seine Ausgangsstoffe zerlegen.
Zeichne ein Schema, in dem sowohl die Synthese als auch die Analyse von Eisensulfid enthalten ist.

4 Die Wasserzerlegung – auch eine chemische Reaktion?

V 12 Die Bilder 1 u. 2 zeigen *Wasserzersetzungsapparate.*

Mit ihrer Hilfe kann man Wasser zerlegen.

a) Die Gase, die sich in den Rohren über den Elektroden gesammelt haben, werden jeweils über Wasser aufgefangen.

b) Dann werden die Gase nach Bild 5 mit einem glimmenden Holzspan oder so wie in Bild 6 geprüft.

c) Ist die Wasserzerlegung nur eine Zustandsänderung oder eine chemische Reaktion? Begründe!

V 13 Wasser, das in feuchtem Sand enthalten ist, kann folgendermaßen zerlegt werden:

Zunächst wird in einem schwerschmelzbaren Reagenzglas ein kleines Stückchen Magnesiumband bis zum Glühen erhitzt. Dann erhitzen wir auch den feuchten Sand (Bild 3).

Wir fangen das entstehende Gas auf und prüfen, ob es Wasserdampf oder ein anderes Gas ist (Bilder 5 u. 6). Wie beantwortest du nun die Frage in der obigen Überschrift?

V 14 *(Lehrerversuch)* Der Aufbau erfolgt nach Bild 4. In den Rundkolben strömt Luft (und damit Sauerstoff [O]) ein. Der Wasserstoff [F] wird am Ende des Röhrchens entzündet.

Welcher Stoff entsteht im Kolben? Wie könnte man ihn nachweisen?

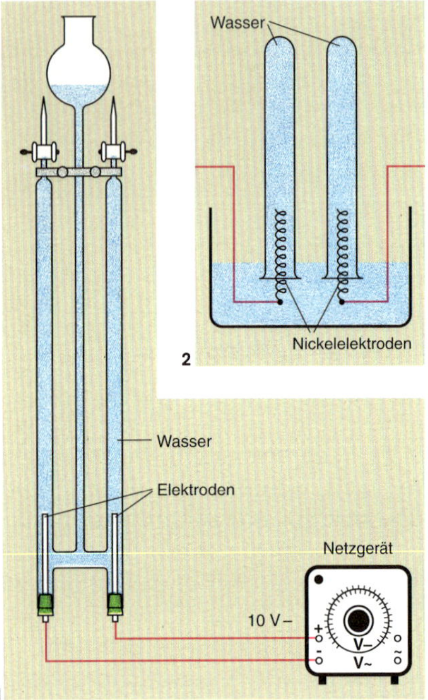

1
2

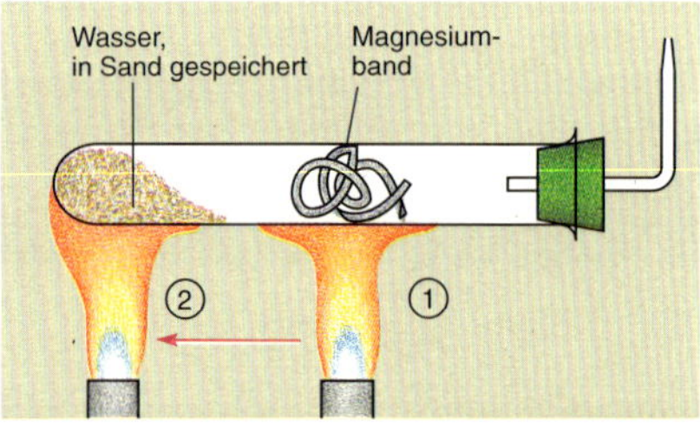

3

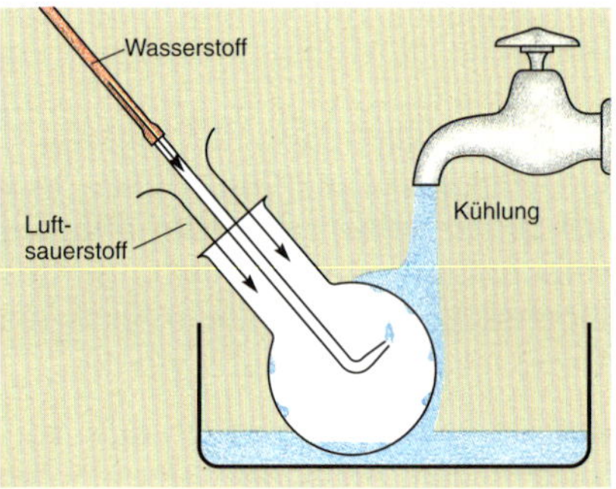

4

Nachweismethoden für zwei wichtige Gase

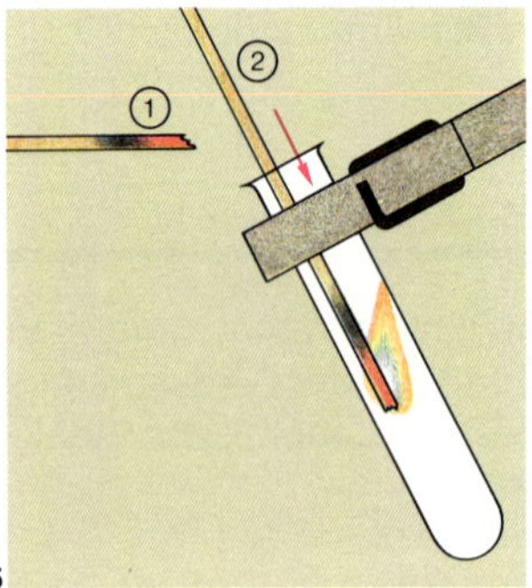

5

Mit einem glimmenden Holzspan kann man **Sauerstoff** durch die sog. **Glimmspanprobe** *nachweisen*: Zunächst wird ein dünner Holzspan entzündet. Wenn er richtig brennt, wird die Flamme ausgeblasen, so daß das Holz gerade noch glimmt.

Führt man nun diesen glimmenden Span in Sauerstoff ein, so fängt der Span wieder an zu brennen (Bild 5).

Mit der **Knallgasprobe** wird **Wasserstoff** nachgewiesen:

Wenn Wasserstoff mit Luft oder Sauerstoff vermischt wird, entsteht ein leicht explosives Gemisch, das *Knallgas*. Wird es in einem kleinen Gefäß (z. B. einem Reagenzglas) entzündet, hört man ein leises Pfeifen oder Knallen. Reiner Wasserstoff brennt dagegen ruhig und langsam mit bläulicher Flamme (Bild 6).

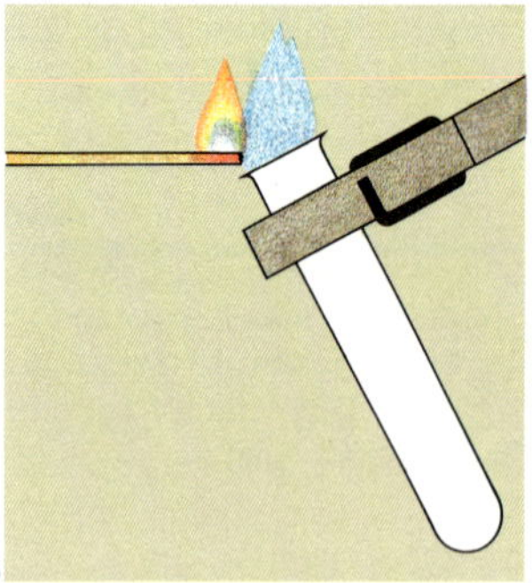
6

Die Analyse und Synthese von Wasser

Wenn man in einem Experiment Wasser zerlegt, kann man anschließend zwei Gase nachweisen, nämlich *Sauerstoff* und *Wasserstoff.* Dabei sind also zwei **neue Stoffe** entstanden.

Folglich stellt die Wasserzerlegung eine **chemische Reaktion** und nicht nur eine Zustandsänderung dar.

Die Wasserzerlegung ist wie jede andere Zerlegung eines Stoffes auch eine **Analyse.**

Vereinfacht können wir die die Analyse (Zerlegung) von Wasser so darstellen:

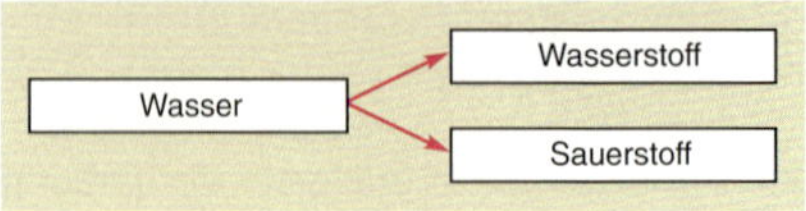

Man schreibt für die **Analyse** von Wasser in die Ausgangsstoffe Wasserstoff und Sauerstoff folgende Wortgleichung:

Wasser → Wasserstoff + Sauerstoff.

Die **Synthese** (Aufbau) von Wasser aus Wasserstoff und Sauerstoff ist der umgekehrte Vorgang. Wir können sie vereinfacht auf diese Weise darstellen:

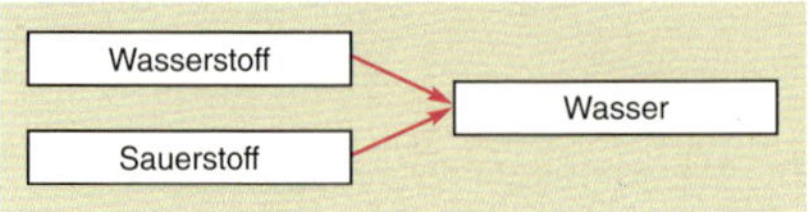

Die Wortgleichung dafür lautet:

Wasserstoff + Sauerstoff → Wasser.

7223

5 Chemische Elemente – chemische Verbindungen

Wir unterscheiden zwei wichtige Stoffgruppen

Wir kennen bereits einige **Metallsulfide**. Sie sind durch chemische Reaktionen der Metalle mit Schwefel entstanden.

Metallsulfide sind **Reinstoffe**. Aus ihnen lassen sich die Ausgangsstoffe durch chemische Reaktionen *wiedergewinnen.*

Die Metalle und der Schwefel, die man zurückerhält, sind ebenfalls Reinstoffe. *Diese* kann man nicht mehr in andere Stoffe zerlegen. Man bezeichnet sie als **chemische Elemente** (Bild 7).

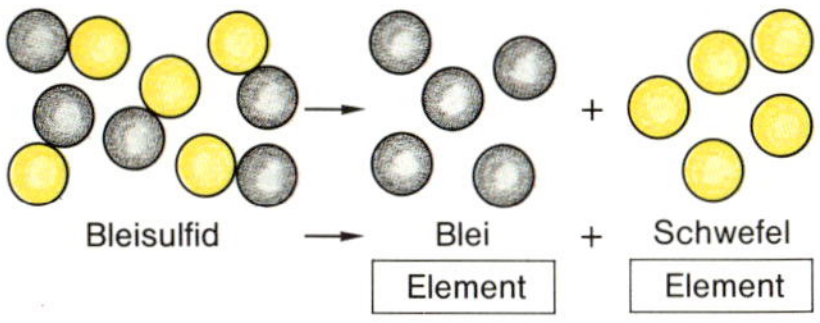

Zu den Elementen gehören neben den Metallen z. B. auch die Nichtmetalle Kohlenstoff und Schwefel.

Es gibt 92 natürlich vorkommende Elemente. Außer ihnen sind noch weitere Elemente künstlich hergestellt und auch benannt worden (→ Anhang); einige davon existierten aber nur für Bruchteile von Sekunden.

96,8 % der Masse der Erdkruste mit den Meeren und der Lufthülle sind aus nur neun Elementen aufgebaut! Du findest sie in der folgenden Tabelle. Alle übrigen Elemente machen nur 1,4 % aus.

Häufigkeit der Elemente

Element	Wie häufig?	In welcher Form?
Sauerstoff	49,5% (Massenanteile)	frei in der Luft, gelöst im Wasser, gebunden in Oxiden
Silicium	25,8%	in Verbindungen (Sand u. Gestein)
Aluminium	7,6%	in Verbindungen
Eisen	4,7%	in Verbindungen
Calcium	3,4%	in Verbindungen
Natrium	2,6%	in Verbindungen
Kalium	2,1%	in Verbindungen
Magnesium	2,0%	in Verbindungen
Wasserstoff	0,9%	in Verbindungen

Viele chemische Elemente lassen sich untereinander *mischen*; so entstehen die *Gemische*.

Elemente können sich aber auch durch chemische Reaktionen miteinander *verbinden.* Auf diese Weise entstehen dann **chemische Verbindungen** (z. B. Sulfide). *Eine* Verbindung kann sich aus zwei oder mehreren Elementen aufbauen (Bild 8).

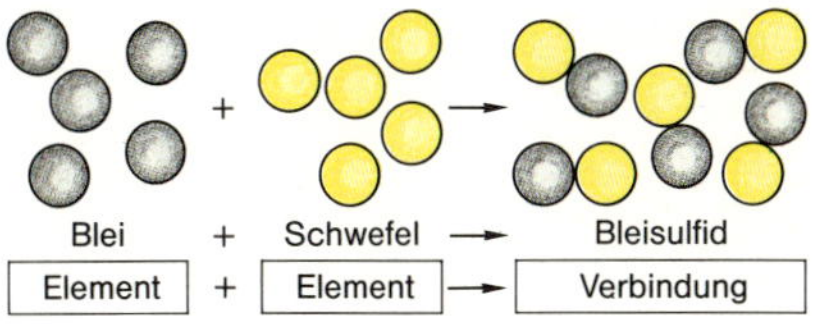

Wie viele chemische Verbindungen mag es geben? Überlege einmal, wie vielfältig die Natur ist! Denke dabei an Tiere, Pflanzen und Gesteine, aber auch an Gerüche und Aromastoffe, künstlich hergestellte Farben und Medikamente, Nahrungsmittel und Werkstoffe.

So wie wir aus den wenigen Buchstaben des Alphabets viele tausend Wörter bilden können, so können auch aus der begrenzten Zahl von Elementen die verschiedensten Verbindungen entstehen.

Vor etwa fünfzig Jahren kannte man „nur" etwa 400 000 Verbindungen. Heute sind es bereits über 12 000 000!

Noch immer werden weitere Verbindungen in der Natur entdeckt, und Chemiker aus aller Welt stellen neue künstliche Verbindungen her.

Aufgaben

1 Es gibt Reinstoffe, die weder durch unsere Trennverfahren noch durch chemische Reaktionen in andere Stoffe zerlegt werden können.

a) Wie heißen diese Reinstoffe? Nenne Beispiele.

b) Die Stoffe dieser Gruppe lassen sich in Metalle und Nichtmetalle einteilen. Ordne die Stoffe, die du genannt hast, entsprechend.

2 Wir kennen über hundert chemische Elemente. Viele können miteinander reagieren; dabei entstehen neue Stoffe mit neuen Eigenschaften.

Wie nennt man diese neuen Stoffe? Nenne auch zu dieser Stoffgruppe Beispiele.

3 Außer den Reinstoffen gibt es eine weitere große Stoffgruppe, zu der z. B. Salzwasser und Luft gehören.

Nenne diese Stoffgruppe, und suche auch dazu weitere Beispiele.

4 Wir müssen zwischen *Stoffgemischen* und *Verbindungen* unterscheiden.

a) Erkläre, wie Stoffgemische entstehen. Was kannst du über die Eigenschaften der Bestandteile eines Stoffgemisches sagen?

b) Wie entstehen chemische Verbindungen? Sage etwas über die Eigenschaften der Ausgangsstoffe und der Reaktionsprodukte bei einer Reaktion aus.

5 In der Übersicht unten sind einige Stoffgruppen zusammengestellt. Ordne die folgenden Stoffe den richtigen Gruppen zu. (Achte darauf, daß einige Stoffe zu mehreren Gruppen gehören.)

Eisen, Eisensulfid, Schwefel, Kohlenstoff, Aluminium, Silber, Silbersulfid, Phosphor, Salzwasser, Hautcreme, Blei, Zuckerwasser, Kupfer.

9
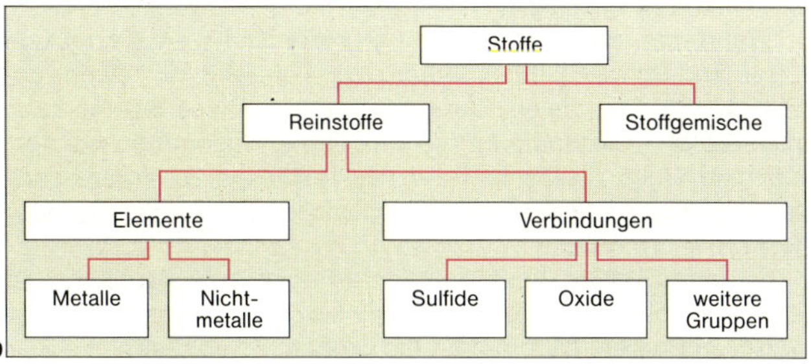

6 Chemische Reaktionen und Energie

1

2

3

4

Hier reagieren Zink und Schwefel miteinander.
Welche Rolle spielt die Energie bei einer chemischen Reaktion?

V 15 Wir mischen 2 g Zinkpulver [F] und 1 g Schwefelpulver sorgfältig miteinander. Anschließend entzünden wir einen Spatellöffel des Gemisches auf einem Eisenblech mit einem glühenden Metallstab (Schutzbrille! Abzug!).

Reagiert das Gemisch nach dem Entzünden weiter, wenn der glühende Metallstab entfernt wird? Beobachte und beschreibe genau.

V 16 Diesmal soll Silberblech mit Schwefelpulver reagieren.

Der Versuch kann wie V 8 durchgeführt werden. Allerdings sollte der Chemieraum abgedunkelt sein. Vergleiche mit V 8.

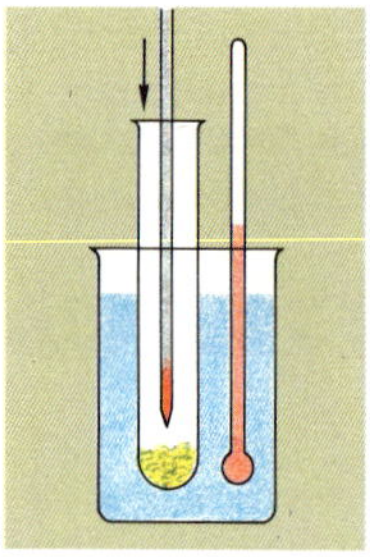
5

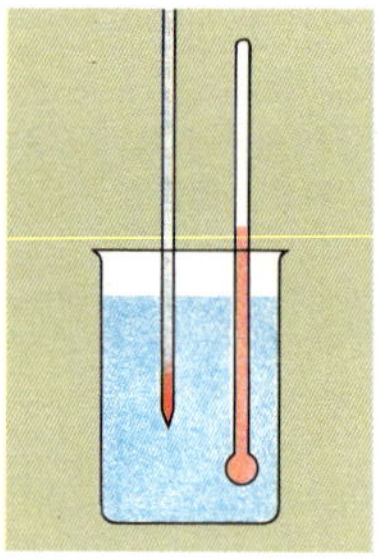
6

V 17 Nun geben wir in ein schwerschmelzbares Reagenzglas ein Gemisch aus 2 g Schwefelpulver und 3,5 g Eisenpulver. Der Versuch wird nach Bild 5 aufgebaut. Lies die Wassertemperatur ab.

Das Gemisch wird dann mit einem glühenden Metallstab gezündet. Lies die Wassertemperatur nach Ablauf der Reaktion ab. Was kannst du daraus schließen?

Tauche zum Vergleich den glühenden Metallstab „nur so" ins Wasser (Bild 6). Erkläre!

Keine chemische Reaktion ohne Energie!

Wenn man einem Stoffgemisch, z. B. aus Eisen- und Schwefelpulver, an einer Stelle Wärme zuführt, glüht das Gemisch an dieser Stelle auf.

Die Wärmequelle kann danach entfernt werden. Trotzdem glüht das gesamte Stoffgemisch nach und nach durch.

Das Reaktionsprodukt Eisensulfid ist zunächst sehr heiß. Es kühlt langsam ab und paßt sich der Umgebungstemperatur an. Dabei wird Wärme an die Umgebung abgegeben. Das konnten wir auch an der Temperaturerhöhung in Versuch 17 feststellen.

Wie kommt es, daß das Stoffgemisch weiterglüht, obwohl wir nicht ständig Wärme zuführen?

Aus dem Physikunterricht weißt du, daß Wärme eine *Energieform* ist. Jeder Stoff besitzt eine bestimmte Energie, und auch in dem Gemisch aus Eisen und Schwefel ist Energie vorhanden („gespeichert"). Man sagt auch: Das Gemisch hat einen bestimmten **Energieinhalt**.

Wenn man nun das Gemisch an einer Stelle entzündet und Eisen und Schwefel miteinander reagieren, wird ein Teil der gespeicherten Energie als Wärme freigesetzt. Diese Wärme kann nicht sofort vollständig an die Umgebung abgegeben werden. Deshalb steigt die Temperatur des restlichen Stoffgemisches an: Die Bestandteile reagieren ebenfalls miteinander. So wird weitere Wärme frei.

Da man Energie weder vernichten noch erzeugen kann, ist das Reaktionsprodukt *energieärmer* als die Ausgangsstoffe – es wurde ja Energie (Wärme) an die Umgebung abgegeben.

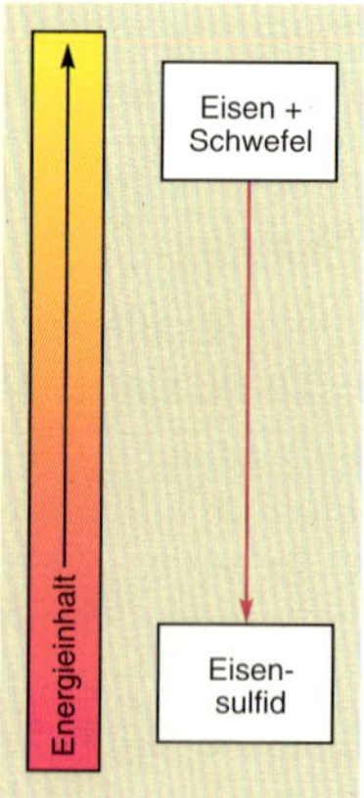

7

Dies kannst du auch der Darstellung von Bild 7 entnehmen: Das Eisensulfid hat einen geringeren Energieinhalt als die Ausgangsstoffe Eisen und Schwefel.

Bei der Reaktion von Eisen mit Schwefel wird also **Energie** in Form von Wärme an die Umgebung abgegeben.

Solche Reaktionen werden **exotherme Reaktionen** genannt (griech. *exo:* außerhalb; *therme:* Wärme).

Es gibt auch Reaktionen, bei denen keine Wärme frei wird, sondern ständig zugeführt werden muß.

Solche Reaktionen bezeichnet man als **endotherme Reaktionen** (griech. *endon:* drinnen). Ein Beispiel dafür ist die Zerlegung von Silbersulfid in Silber und Schwefel. Dabei sind dann die Reaktionsprodukte insgesamt *energiereicher* als der Ausgangsstoff.

Die **Energie** wird auch **in der Reaktionsgleichung** berücksichtigt. Dazu setzt man die Begriffe *exotherm* oder *endotherm* hinter die Gleichung und trennt sie durch einen senkrechten Strich ab.

Eisen + Schwefel → Eisensulfid | *exotherm*
Zink + Schwefel → Zinksulfid | *exotherm*
Silbersulfid → Silber + Schwefel | *endotherm*

7225

Die Aktivierungsenergie

Eine chemische Reaktion setzt erst ein, wenn die Ausgangsstoffe eine bestimmte *Mindestenergie* haben. Damit sie diese erreichen, müssen sie meistens erst „aktiviert" werden (lat. *activus:* tätig). Das heißt: Man muß diese Stoffe in einen **reaktionsbereiten Zustand** versetzen.

Um das zu erreichen, führt man ihnen z. B. Wärme zu. Das kann – wie in unseren Versuchen – durch eine Brennerflamme oder durch einen glühenden Metallstab geschehen.

Die zum „Start" der Reaktion erforderliche Energie wird **Aktivierungsenergie** genannt.

Dazu ein Beispiel: Ein Gemisch aus Zinkpulver und Schwefelpulver kann man

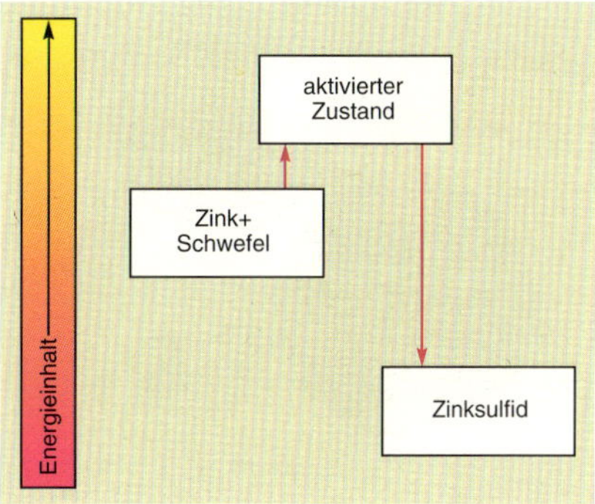

8

bei Raumtemperatur lange aufbewahren, ohne daß es sich merklich verändert. Erst wenn man das Gemisch erhitzt (ihm also Aktivierungsenergie zuführt), erreichen die Bestandteile des Gemisches die notwendige Mindestenergie. Nun erst setzt die chemische Reaktion ein.

Wie wir uns diesen Sachverhalt vorstellen können, zeigt Bild 8.

Sobald das Gemisch an einer Stelle entzündet ist, läuft die Reaktion ab, ohne daß weiter erwärmt werden muß. Es wird ja ständig Energie frei, und diese aktiviert die Stoffe des Stoffgemisches in benachbarten Bereichen.

Nicht nur durch zugeführte Wärme können Stoffe aktiviert werden, auch andere Energieformen sind dafür geeignet. Dazu gehören z. B. natürliches und künstliches Licht sowie elektrische Energie.

Aufgaben

1 Was versteht man unter dem Begriff *Aktivierungsenergie*?

2 Erkläre, warum eine angezündete Kerze „von selbst" weiterbrennt.

3 Warum mußte man bei V 17 in das Gemisch aus Eisen und Schwefel erst eine glühende Stricknadel halten, damit beide Stoffe miteinander reagierten? (Verwende bei deiner Erklärung auch den Begriff *Mindestenergie.*)

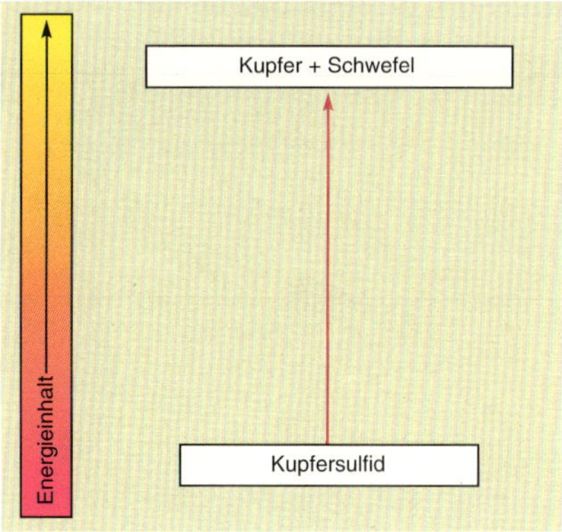

9

4 Eine Reaktion von Schwefel mit Eisen verläuft *exotherm.* Was bedeutet diese Angabe? Wann bezeichnet man eine Reaktion als *endotherm*?

5 Beschreibe ausführlich die Reaktion, die in Bild 9 dargestellt ist.

6 Um eine Verbindung zu zerlegen, ist soviel Energie erforderlich, wie zur Bildung der Verbindung gebraucht wurde. Dahinter steckt ein chemisches Grundgesetz . . .

Was ein Katalysator bewirkt

Noch vor kurzem war das Wort „Katalysator" in der Umgangssprache fast unbekannt. Heute aber weiß jeder, daß ein Katalysator im Auto hilft, den Schadstoffausstoß zu verringern. (Davon später mehr.) Aber was bewirkt ein Katalysator?

Dazu ein Beispiel: Wenn man ein Stück Würfelzucker anzünden will, schmilzt der Zucker nur, er brennt aber nicht an. Erst wenn man ihn vorher in Zigarrenasche taucht, läßt er sich entzünden (Bild 10).

Daß nun eine Reaktion einsetzt, bewirkt allein die Anwesenheit der Zigarrenasche.

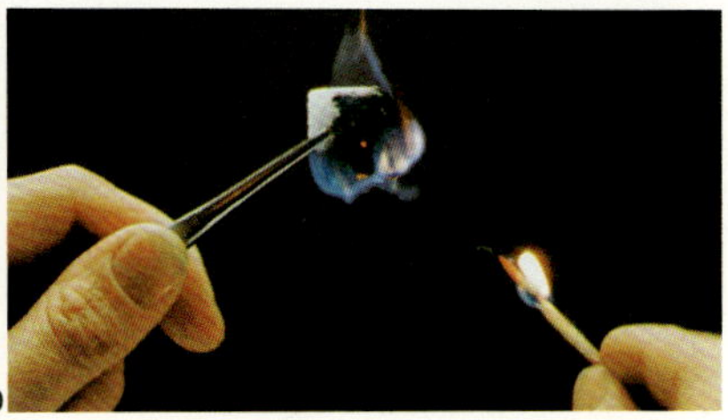
0

Sie beeinflußt die Reaktion, indem sie z. B. die Aktivierungsenergie herabsetzt und die Reaktionsdauer verkürzt.

Einen solchen Stoff, der eine chemische Reaktion so beeinflußt, nennt man **Katalysator**. Der Katalysator selbst wird dabei nicht verändert.

Die dabei ablaufende chemische Reaktion wird **Katalyse** genannt.

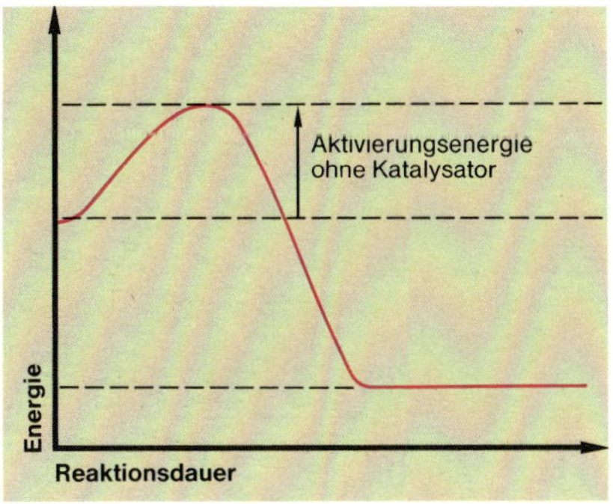

11

Die Wirkung von Katalysatoren zeigt ein Vergleich von Energiediagrammen mit und ohne Katalysator (Bilder 11 u. 12).

Es gibt viele Stoffe, die als Katalysatoren dienen können. Im Auto-Katalysator ist das Metall *Platin* der eigentliche Katalysator. Es bewirkt, daß aus Benzinresten und giftigen Bestandteilen der Abgase ungiftige Stoffe entstehen.

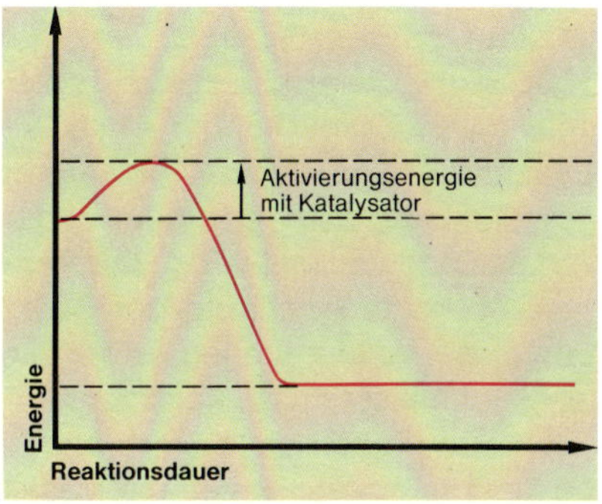

12

7 Das Gesetz von der Erhaltung der Masse

Wenn Eisen und Schwefel miteinander reagieren, bildet sich Eisensulfid (Bild 1).

Die Frage ist nun: Ist die *Masse* des so entstandenen Eisensulfids genauso groß wie die Masse beider Ausgangsstoffe zusammengenommen? Oder ist sie größer oder womöglich sogar kleiner geworden?

1

V 18 Wir mischen sorgfältig 7 g Eisenpulver und 4 g Schwefelpulver. Dann füllen wir das Gemisch in ein schwerschmelzbares Reagenzglas. Über die Öffnung des Glases stülpen wir einen Luftballon. Mit einer empfindlichen Waage wird die Masse des Reagenzglases bestimmt. Dann erhitzen wir das Glas, so daß die Stoffe miteinander reagieren können. Nach dem Abkühlen wird die Masse erneut bestimmt. Was stellst du nun fest?

Ein chemisches Grundgesetz

Beim Experimentieren stellt man folgendes fest: Wenn Stoffe (in einem verschlossenen Gefäß) miteinander reagieren, geht nichts verloren; es kommt aber auch nichts hinzu (wenngleich sich die Stoffe verändern). Mit anderen Worten:

Die Gesamtmasse sämtlicher Stoffe, die an der chemischen Reaktion beteiligt sind, bleibt immer gleich.

Dieses Versuchsergebnis wird in der Chemie als ein wichtiges *Grundgesetz* formuliert. Es heißt **Gesetz von der Erhaltung der Masse** und lautet so:

Bei chemischen Reaktionen ist die Masse der Ausgangsstoffe gleich der Masse der Reaktionsprodukte.

Aufgaben

1 In Versuch 18 haben Eisenpulver und Schwefelpulver reagiert. Stelle dazu die Wortgleichung auf.

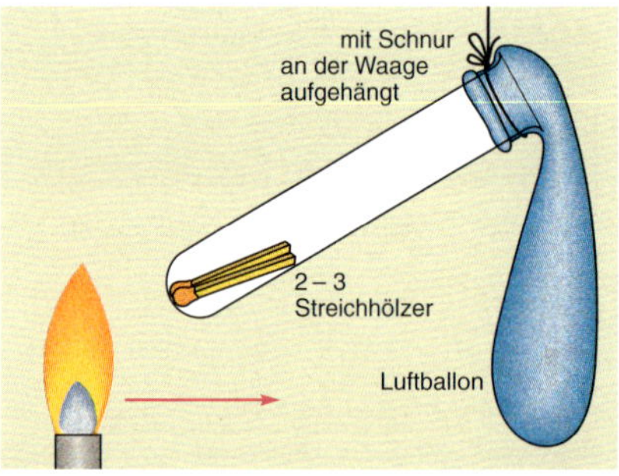

2

2 Was wird die in Bild 2 erwähnte Waage anzeigen, wenn die Streichhölzer im Glas verbrannt sind? Welche Rolle spielt der Luftballon?

3 Wenn eine Kerze brennt, wird sie kleiner und leichter. Widerspricht das nicht dem Gesetz von der Erhaltung der Masse? Begründe!

4 Beschreibe noch einmal die Reaktion von Kupferblech mit Schwefelpulver. Wende dabei das Gesetz von der Erhaltung der Masse an.

Aus der Geschichte: **Lomonossow und Landolt wollten es wissen**

Mitte des 18. Jahrhunderts waren bereits viele chemische Reaktionen bekannt – darunter auch Verbrennungsvorgänge. Dabei hatte man auch bereits *Massenveränderungen* der beteiligten Stoffe beobachtet:

So ergab sich z. B. bei der Verbrennung von Holz oder Kohle ein *Verlust* an Masse; bei der Verbrennung von Metallen kam es dagegen zu einer *Massenzunahme*.

Auch der russische Gelehrte *Michail Lomonossow* kannte diese Beobachtungen. Im Jahre 1756 kam er auf die Idee, Zinn in einem zugeschmolzenen Glasgefäß zu verbrennen. So konnte während der Reaktion nichts verlorengehen, es konnte aber auch nichts hinzukommen.

Vor und nach dem Verbrennen bestimmte er sehr genau die Masse des Gefäßes mit seinem Inhalt. Und tatsächlich: Diesmal stellte er weder eine Zunahme noch eine Abnahme der Masse fest, obwohl aus dem Zinn ein neuer Stoff entstanden war!

Wiederholungen des Experiments ergaben stets das gleiche Ergebnis. Lomonossow hatte das **Gesetz von der Erhaltung der Masse** gefunden.

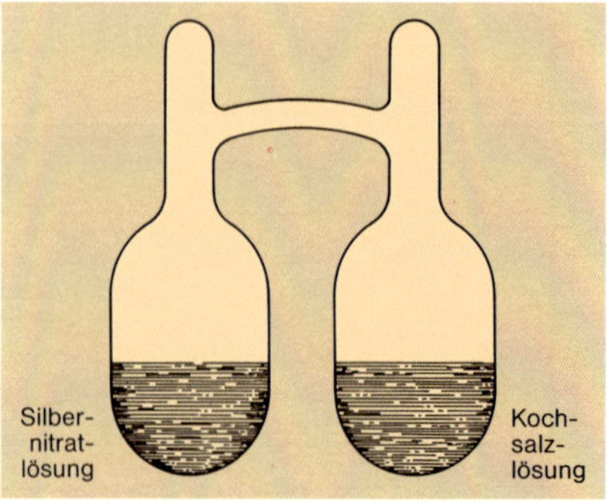

3

In der Folgezeit prüften Chemiker, ob dieses Gesetz für *alle* chemischen Reaktionen gültig ist.

Sehr genaue Messungen wurden z. B. zu Beginn dieses Jahrhunderts von dem deutschen Chemiker *Hans Heinrich Landolt* durchgeführt:

Er füllte zwei unterschiedliche Lösungen in ein zweiteiliges Glasgefäß und schmolz die Öffnungen des Gefäßes zu (Bild 3). Die Gesamtmasse der beiden Lösungen betrug 300 g.

Dann kippte Landolt das Gefäß um, so daß beide Lösungen miteinander reagieren konnten. Nach der Reaktion konnte er nicht einmal mit seiner sehr empfindlichen Waage (Fehlergrenze: 0,000003 g) Massenänderungen feststellen. Dadurch bestätigte er die Gültigkeit des Gesetzes von der Erhaltung der Masse.

7227

Alles klar?

1 Nenne jeweils ein Beispiel für die *Synthese* und die *Analyse* eines Sulfids.

2 Beschreibe folgende Reaktionen; gib auch hier Analyse und Synthese an:
Silber + Schwefel → Silbersulfid;
Blei + Schwefel → Bleisulfid;
Bleisulfid → Blei + Schwefel.

3 Überlege, woran man chemische Reaktionen und Zustandsänderungen unterscheiden kann. Sieh dir dazu auch die beiden Versuchsfotos auf dieser Seite an.

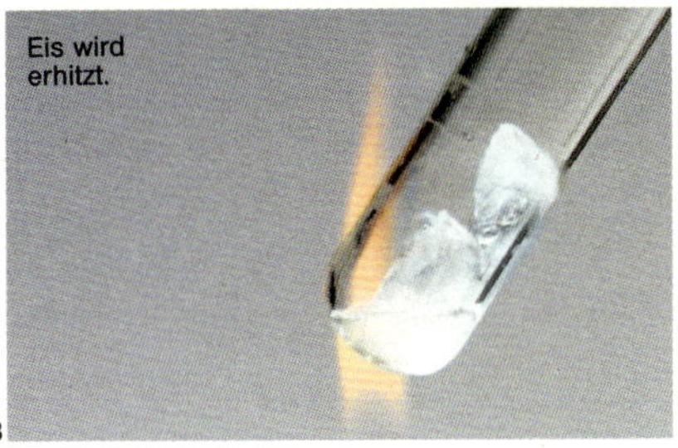

3

4 Worin unterscheiden sich Elemente und Verbindungen? Nenne Beispiele.

5 Chemische Reaktionen, ja oder nein?
a) Verbrennen von Holz;
b) die Explosion des Kraftstoff-Luft-Gemisches im Motor des Autos;
c) Schmelzen von Blei;
d) Herstellen einer Zuckerlösung;
e) Destillieren von Wasser;
f) Trennen von Sand und Wasser;
g) Sauerwerden von Milch;
h) Verdauung von Speisen im Körper;
i) Gären von Obstsaft;
j) Feilen von Eisenblech.

6 Beobachte eine brennende Kerze. Wo findet eine Zustandsänderung statt und wo eine chemische Reaktion?

7 Bei der Zerlegung von Silbersulfid muß erhitzt werden. Auch bei der Reaktion von Zink mit Schwefel muß man zunächst erhitzen. Vergleiche die Bedeutung des Erhitzens bei den Reaktionen.

8 In der Wunderkerze verbrennen winzige Eisen- und Aluminiumstückchen. Wenn man die Wunderkerze mit einer Streichholzflamme entzündet hat, brennt sie selbständig weiter. Erkläre diesen Vorgang mit Hilfe der Begriffe *Aktivierungsenergie* und *freiwerdende Energie.*

9 Für welche Reaktionen gilt das Gesetz von der Erhaltung der Masse?

4

8 Zusammenfassung

Neue Stoffe durch chemische Reaktionen

Wenn zwei Stoffe miteinander reagieren, entstehen neue Stoffe. Diese haben andere Eigenschaften als die Ausgangsstoffe.

Alle Vorgänge, bei denen neue Stoffe entstehen, sind **chemische Reaktionen**.

Wenn z. B. Metalle mit Schwefel reagieren, läuft eine chemische Reaktion ab. Es entstehen die **Metallsulfide**. Dabei reagieren jeweils zwei **Elemente** miteinander; es entsteht eine **Verbindung**.

Kupfer + Schwefel → Kupfersulfid
Blei + Schwefel → Bleisulfid
Metall + Schwefel → Metallsulfid

Wenn durch eine chemische Reaktion eine Verbindung *aufgebaut* wird, spricht man in der Chemie von einer **Synthese**.

Element A + Element B → chemische Verbindung AB
Reaktionsgleichung: Eisen + Schwefel → Eisensulfid.

Eine Verbindung läßt sich durch eine chemische Reaktion wieder in ihre Ausgangsstoffe *zerlegen*. Das wird in der Chemie **Analyse** genannt.

Chemische Verbindung AB → Element A + Element B
Reaktionsgleichung: Silbersulfid → Silber + Schwefel.

Metallsulfide sind **Reinstoffe**; sie enthalten keine anderen Bestandteile.

Chemische Reaktionen und Energie

Bei chemischen Reaktionen wird auch Energie (meist in Form von Wärme) aufgenommen oder an die Umgebung abgegeben.

Wenn dabei Wärme abgegeben wird, ist die Reaktion **exotherm**. Wenn ständig Wärme zugeführt werden muß, verläuft sie **endotherm**:

Eisen + Schwefel → Eisensulfid | *exotherm*
Silbersulfid → Silber + Schwefel | *endotherm*

Um eine Reaktion in Gang zu bringen, ist die Zufuhr von **Aktivierungsenergie** erforderlich. Dadurch werden die Ausgangsstoffe reaktionsbereit. Einigen Stoffen muß dabei viel und anderen wenig Energie zugeführt werden.

Eine chemische Reaktion, die unter Mithilfe eines **Katalysators** abläuft, heißt **Katalyse**. Der Katalysator setzt z. B. die Aktivierungsenergie herab und verkürzt so die Reaktionsdauer; er wird dabei selbst nicht verändert.

Ein wichtiges chemisches Grundgesetz

Bei chemischen Reaktionen in abgeschlossenen Systemen geht nichts verloren, es kommt auch nichts hinzu. Im **Gesetz von der Erhaltung der Masse** heißt das so:

Bei chemischen Reaktionen ist die Masse der Ausgangsstoffe gleich der Masse der Reaktionsprodukte.

Die Zeichensprache des Chemikers

1 Zeichen und Symbole

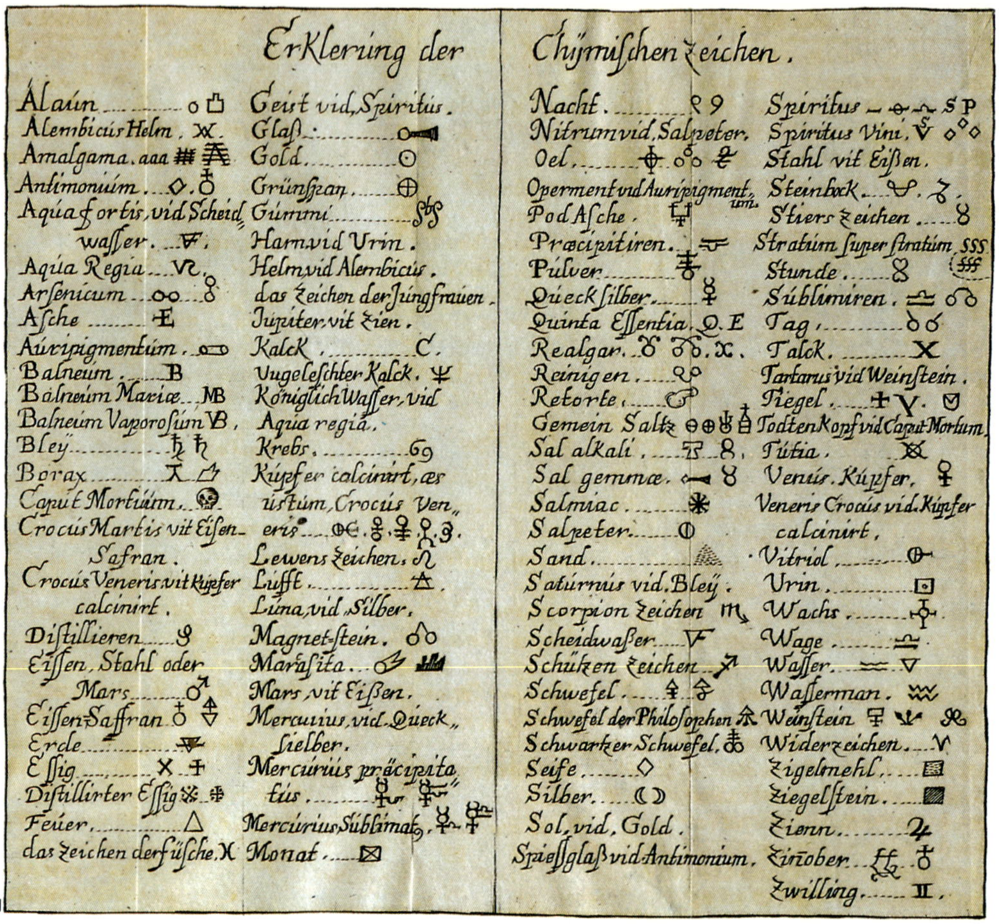

Erklerung der Chymischen Zeichen.

Alaun; Alembicus Helm; Amalgama; Antimonium; Aqua fortis, vid Scheidwasser; Aqua Regia; Arsenicum; Asche; Auripigmentum; Balneum; Balneum Mariae; Balneum Vaporosum; Bley; Borax; Caput Mortuum; Crocus Martis vit Eisen-Safran; Crocus Veneris vit Kupfer calcinirt; Distillieren; Eissen, Stahl oder Mars; Eissen Saffran; Erde; Essig; Distillirter Essig; Feuer; das Zeichen der Fische.

Geist vid. Spiritus; Glass; Gold; Grünspan; Gummi; Harn vid Urin; Helm vid Alembicus; das Zeichen der Jungfrauen; Jupiter vit Zien; Kalck; Ungeleschter Kalck; Königlich Wasser, vid Aqua regia; Krebs; Kupfer calcinirt, aes ustum, Crocus Veneris; Lewens Zeichen; Lufft; Luna vid Silber; Magnet-stein; Marcasita; Mars vit Eisen; Mercurius vid Queck-silber; Mercurius praecipitatus; Mercurius Sublimat; Monat.

Nacht; Nitrum vid Salpeter; Oel; Operment und Auripigment; Pod Asche; Praecipitiren; Pulver; Queck silber; Quinta Essentia; Realgar; Reinigen; Retorte; Gemein Saltz; Sal alkali; Sal gemmae; Salmiac; Salpeter; Sand; Saturnus vid Bley; Scorpion Zeichen; Scheidwasser; Schützen Zeichen; Schwefel; Schwefel der Philosophen; Schwartzer Schwefel; Seife; Silber; Sol vid Gold; Spiessglass vid Antimonium.

Spiritus; Spiritus Vini; Stahl vit Eissen; Steinbock; Stiers Zeichen; Stratum super stratum; Stunde; Sublimiren; Tag; Talck; Tartarus vid Weinstein; Tiegel; Todten Kopf vid Caput Mortuum; Tutia; Veneris Kupfer; Veneris Crocus vid Kupfer calcinirt; Vitriol; Urin; Wachs; Wage; Wasser; Wasserman; Weinstein; Widerzeichen; Zigelmehl; Ziegelstein; Zienn; Zinober; Zwilling.

1

Diese „Erklärung der chemischen Zeichen" stammt aus dem Jahre 1676. Die damals verwendeten Symbole bezeichneten nicht nur Stoffe, sondern auch Geräte und chemische Vorgänge.

Heutige Symbole in der Chemie

Schon lange benutzen die Chemiker bestimmte Symbole zur Beschreibung ihrer Versuche und Ergebnisse (Bild 1).

Die chemischen Symbole, die wir heute verwenden, wurden im Jahre 1814 von dem schwedischen Chemiker *Jöns Jakob Berzelius* vorgeschlagen. Sie galten zunächst als Abkürzungen für die Namen der Elemente.

Berzelius ging von den lateinischen oder griechischen Namen der Elemente aus, da diese Sprachen damals den Gelehrten in vielen Ländern geläufig waren. Dabei benutzte er nur Buchstaben.

Seine Symbole werden von Chemikern in aller Welt verwendet; sie sind international gültig (Bild 2). Dabei gelten sie jedoch nicht mehr nur als Abkürzungen von Elementnamen. Das hat sich als zu ungenau herausgestellt. Heute gilt:

Ein Symbol ist das Kennzeichen für **ein Atom eines chemischen Elements**.

Um die „kleinste Baueinheit" von Verbindungen zu kennzeichnen, reichen einzelne Symbole nicht aus. Man fügt deshalb die Symbole der Atome, aus denen die Verbindung besteht, zu **Formeln** zusammen (Bild 2). Die Beschriftungen enthalten den Stoffnamen (Eisensulfid) und die Formel für die „kleinste Baueinheit" (FeS).

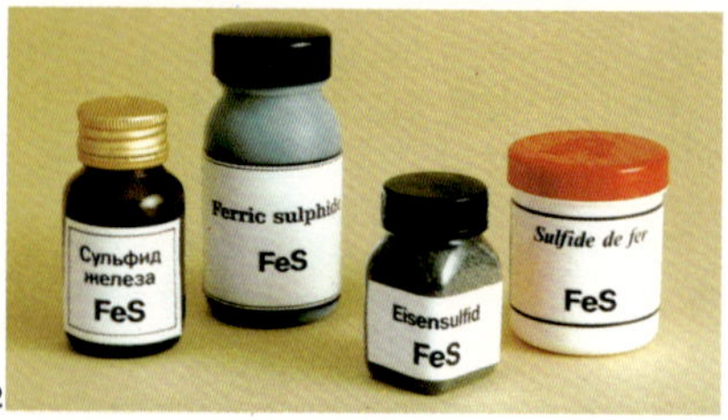

2

Symbole für die Atome von Elementen

Name des Elements	Symbol für das Atom
Gold (**Au**rum)	Au
Silber (**A**r**g**entum)	Ag
Kupfer (**Cu**prum)	Cu
Eisen (**Fe**rrum)	Fe
Zinn (**S**ta**n**num)	Sn
Blei (**P**lum**b**um)	Pb
Cobalt (**Co**baltum)	Co
Kohlenstoff (**C**arboneum)	C
Schwefel (**S**ulfur)	S
Sauerstoff (**O**xygenium)	O
Wasserstoff (**H**ydrogenium)	H
Stickstoff (**N**itrogenium)	N
Phosphor (**P**hosphoros)	P
Calcium	Ca
Helium	He
Ma**g**nesium	Mg

Aus der Geschichte: **Von der Geheimniskrämerei zur chemischen Zeichensprache**

Du hast bereits von den Alchemisten, den Chemikern des Mittelalters, gehört. Sie suchten nach dem *Stein der Weisen,* einem Stoff, mit dessen Hilfe sie aus unedlen Metallen Gold herstellen konnten.

Da jeder dieses Ziel als erster erreichen wollte, entwickelte er für seine Notizen und Versuchsbeschreibungen eine eigene Geheimschrift (Bild 3). Nur er selbst und einige Eingeweihte konnten sie lesen.

Einige *Metalle* wiesen vergleichbare Zeichen auf. Du kennst sie vielleicht aus anderem Zusammenhang:

Im Altertum kannte man sieben Metalle: Gold, Silber, Quecksilber, Kupfer, Eisen, Zinn und Blei. Wichtig waren auch sieben besondere Himmelskörper: Sonne, Mond, Merkur, Venus, Mars, Jupiter und Saturn. Jedes Metall ordnete man nun einem dieser Himmelskörper zu und gab ihm das entsprechende astrologische Symbol.

Je weiter sich aber die Wissenschaft entwickelte, desto mehr bemühten sich auch die Chemiker, eine einheitliche, für jedermann *verständliche* Zeichensprache zu finden. Diese sollte auch Hinweise auf die Zusammensetzung der Stoffe geben.

So ordnete z.B. *John Dalton* im Jahre 1803 jedem Element ein eigenes Symbol zu. Seine Symbole waren jedoch immer noch eher Zeichen als Buchstaben (Tabelle unten).

Der schwedische Chemiker *Jöns Jacob Berzelius* half diesem Mangel 1814 ab: Er gab den Elementen keine bildhaften Zeichen mehr, sondern ein abkürzendes Symbol des lateinischen oder griechischen Namens. Dazu schrieb Berzelius:

„Die chemischen Zeichen müssen aus Buchstaben bestehen, damit sie leicht geschrieben werden können und beim Druck den Text nicht verunstalten. Wenn auch dieser letzte Umstand nicht wesentlich ist, so muß er gleichwohl so viel als möglich beachtet werden. Ich wähle daher die Anfangsbuchstaben der lateinischen Benennungen der Körper zu chemischen Zeichen, und da mehrere von ihnen einerlei Anfangsbuchstaben haben, so unterscheide ich sie auf folgende Weise:

a) Die einfachen nichtmetallischen Körper bezeichne ich bloß mit dem Anfangsbuchstaben, wenn er sich auch unter den Metallen wieder finden sollte.

b) Bei den Metallen aber wird dem Anfangsbuchstaben, wenn er unter den Metallen oder Nichtmetallen ein oder mehrere Male vorkommt, der zweite Buchstabe, oder wenn dieser nicht bezeichnend genug seyn sollte, der nächste Consonant im Worte hinzugefügt. Zum Beispiel: C = Carbonicum; Co = Cobaltum; Cu = Cuprum."

Seine Idee erwies sich als sehr praktisch. Man konnte nämlich auch später entdeckten Elementen entsprechende Symbole zuordnen.

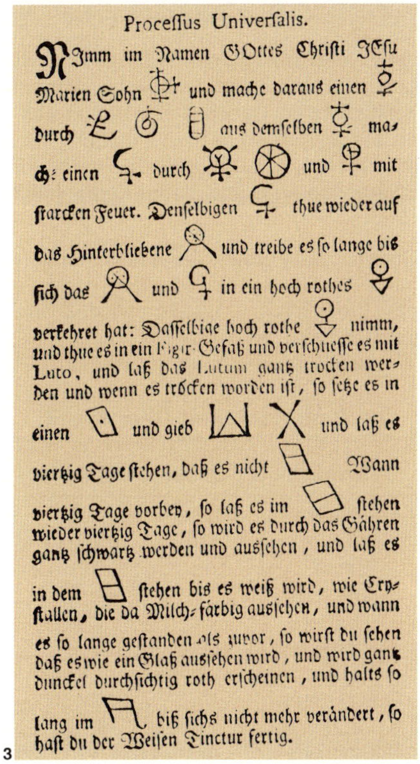
Proceſſus Univerſalis.

Nimm im Namen GOttes Chriſti JEſu Marien Sohn und mache daraus einen durch aus demſelben mache einen durch und mit ſtarcken Feuer. Denſelbigen thue wieder auf das Hinterbliebene und treibe es ſo lange bis ſich das und in ein hoch rothes verkehret hat: Daſſelbige hoch rothe nimm, und thue es in ein Figir-Gefaß und verſchlieſſe es mit Luto, und laß das Lutum gantz trocken werden und wenn es trocken worden iſt, ſo ſetze es in einen und gieb und laß es viertzig Tage ſtehen, daß es nicht Wann viertzig Tage vorbey, ſo laß es im ſtehen wieder viertzig Tage, ſo wird es durch das Gähren gantz ſchwartz werden und ausſehen, und laß es in dem ſtehen bis es weiß wird, wie Cryſtallen, die da Milch-färbig ausſehen, und wann es ſo lange geſtanden als zuvor, ſo wirſt du ſehen daß es wie ein Glaß ausſehen wird, und wird gantz dunckel durchſichtig roth erſcheinen, und halts ſo lang im biß ſichs nicht mehr verändert, ſo haſt du der Weiſen Tinctur fertig.

3

Fragen und Aufgaben zum Text

1 Die chemischen Symbole sind international gültig. Welche Vorteile hat das?

2 Warum lassen sich die Atome der chemischen Elemente meist nicht durch *einen* Buchstaben kennzeichnen? Erläutere!

3 Nenne die Elemente, deren Atome folgendermaßen abgekürzt werden: Zn, Fe, Al, Au, O, N, Ag.

4 In Bild 1 wird Kochsalz „Gemein Saltz" genannt. Wie wird es gekennzeichnet?

5 Nach der Anleitung von Bild 3 konnte man angeblich den „Stein der Weisen" herstellen. Versuche, sie mit Hilfe der folgenden Erläuterungen zu übersetzen.

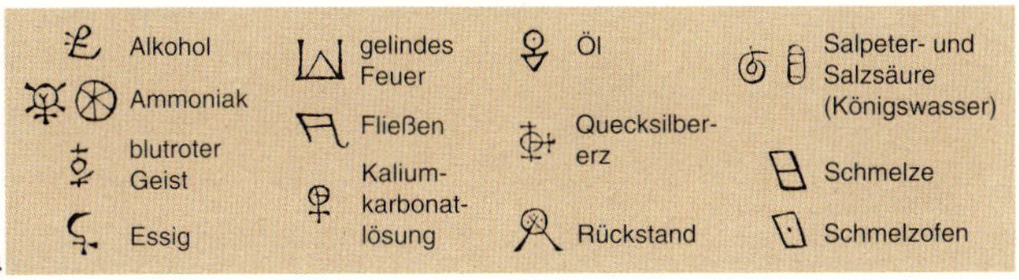

4

6 Vergleiche jede Spalte der folgenden Tabelle mit der links daneben stehenden Spalte.
a) In welcher Spalte zeigt sich der größte Zuwachs an chemischen Kenntnissen? Begründe deine Antwort.
b) In der Tabelle findest du auch leere Felder. Woran liegt das?
c) Welches Symbol aus der Tabelle findet man gelegentlich auf der Rückseite von silbernen Gegenständen? Woher kommt es?

Entwicklung der chemischen Symbole

	bis 1770	1787	1803 (Dalton)	1814 (Berzelius)
Gold	☉	(Au)	(G)	Au
Silber	☾	(A)	(S)	Ag
Kupfer	♀	(C)	(K)	Cu
Wasserstoff		☽	⊙	H
Sauerstoff		—	○	O
Schwefel	🜍	◡	⊕	S
Wasser	▽	☽	⊙○	H^2O

5

2 Formeln und Reaktionsgleichungen

Beide Stoffe sind Verbindungen von Kupfer mit Sauerstoff (Bilder 1 u. 2) – dennoch zweierlei Formeln! ...

1

2

Aussagen von chemischen Formeln

Chemische **Symbole** haben wir bereits als Kennzeichen für die Atome der chemischen Elemente kennengelernt – z. B. Fe für Eisenatome, Ag für Silberatome und S für Schwefelatome.

Auch von chemischen **Formeln** für „kleinste Baueinheiten" chemischer Verbindungen hast du bereits gehört – z. B. FeS für die „Baueinheit" Eisensulfid.

Jede Verbindung kann man mit ihrer eigenen, für sie charakteristischen Formel kennzeichnen. Dabei ist es völlig unwichtig, auf welche Weise die Verbindung entstanden ist. So lautet z. B. die Formel für Silbersulfid Ag_2S und die für Kupfersulfid Cu_2S.

Chemischen Formeln kann man mehr als nur eine Information entnehmen. Wenn ein Chemiker z. B. die Formel FeS verwendet, meint er:

○ Diese chemische Verbindung besteht aus *Eisen- und Schwefelatomen.*

○ Das *Zahlenverhältnis* der beteiligten Atome beträgt 1 : 1.

FeS bedeutet *eine Formeleinheit* der chemischen Verbindung Eisensulfid; diese Formeleinheit besteht aus 1 Eisenatom und 1 Schwefelatom.

Ag_2S bedeutet *eine Formeleinheit* der chemischen Verbindung Silbersulfid; diese Formeleinheit besteht aus 2 Silberatomen und 1 Schwefelatom.

Darauf weist auch die tiefgestellte 2 (der *Index*) am Symbol des Silberatoms hin: Die Formeleinheit Ag_2S enthält zwei Silberatome. (Genauso weist die Formel H_2O auf zwei Wasserstoffatome hin.)

Da in der Formel das Zahlenverhältnis der Atome wiedergegeben ist, spricht man hier von einer *Verhältnisformel.*

Die Bindefähigkeit (Wertigkeit)

Die folgenden Verbindungen haben wir bereits kennengelernt:

Verbindung	Formel
Wasser	H_2O
Bleisulfid	PbS
Eisensulfid	FeS
Sibersulfid	Ag_2S
Kupfersulfid	Cu_2S

Wenn du dir die Formeln für diese Verbindungen anschaust, stellst du fest, daß ein Schwefelatom sowohl mit *einem* als auch mit *zwei* anderen Atomen verbunden sein kann. Woran liegt das?

Die einzelnen Atomarten besitzen ganz **unterschiedliche Bindefähigkeiten**. Um besser beschreiben zu können, wie groß die Bindefähigkeit jeder Atomart ist, benutzt man den Begriff der **Wertigkeit**.

Die Wertigkeit ist eine Zahl, die jedem Element zugeordnet wurde. So ist z. B. der **Wasserstoff einwertig**. Diese Bindefähigkeit des Wasserstoffs wurde als *Einheit der Wertigkeit* festgelegt.

Die Wertigkeit der anderen Elemente sagt aus, wie viele Wasserstoffatome von einem Atom dieses Elements gebunden werden könnten. Der Sauerstoff ist z. B. zweiwertig; das heißt, daß 1 Sauerstoffatom 2 Wasserstoffatome binden kann.

Einige Elemente haben mehrere Wertigkeiten, z. B. Schwefel.

In der folgenden Übersicht sind die hauptsächlich auftretenden Wertigkeiten einiger Elemente zusammengestellt:

Element	Symbol	Wertigkeit
Wasserstoff	H	1
Natrium	Na	1
Silber	Ag	1
Sauerstoff	O	2
Blei	Pb	2 (4)
Magnesium	Mg	2
Kupfer	Cu	2 (1)
Quecksilber	Hg	2
Zink	Zn	2
Aluminium	Al	3
Eisen	Fe	3 (2; 6)
Kohlenstoff	C	4
Schwefel	S	4 (2; 6)

In jeder chemischen Verbindung sind die Wertigkeiten ausgeglichen. Was damit gemeint ist, können wir uns klarmachen, wenn wir für die Wertigkeiten Kästchen zeichnen, z. B. wie in Bild 3:

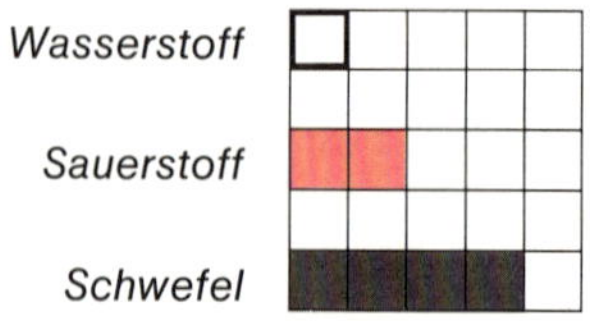

3

Wir prüfen an zwei Beispielen, ob die Wertigkeiten jeweils ausgeglichen sind:

a) Bleisulfid (Bild 4) hat die Formel PbS;

1 Bleiatom,
Wertigkeit: 2
1 Schwefelatom,
Wertigkeit: 2

4

b) Kupfersulfid (Bild 5) hat die Formel Cu_2S;

2 Kupferatome,
Wertigkeit: je 2
1 Schwefelatom,
Wertigkeit: 4

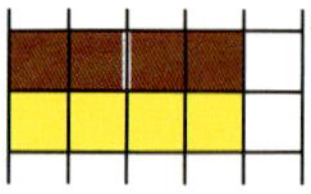

5

Die Wertigkeiten sind bei beiden Beispielen ausgeglichen.

Hier wird noch einmal deutlich, daß die Formel jeweils für die kleinstmögliche Verbindungseinheit steht.

Wenn du mit einem Molekülmodell wie in Bild 6 arbeitest, hast du es leichter: Jeder Stift entspricht nämlich einer Wertigkeit. Deshalb kannst du sofort sagen, welche Wertigkeiten die hier dargestellten Stoffe haben.

An jedem Stift kann jeweils eine Kugel angebracht werden. Wenn eine Verbindung dargestellt werden soll, müssen alle Stifte mit Kugeln besetzt sein ; dann erst sind die Wertigkeiten ausgeglichen.

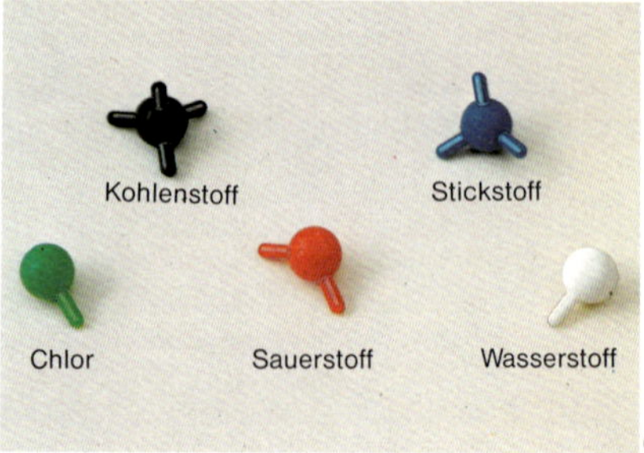

6

7235

Die Symbolgleichung

Wenn du chemische Reaktionen möglichst kurz in einer Reaktionsgleichung beschreiben wolltest, hast du das bisher in Form von *Wortgleichungen* getan.

Aber genau wie für die Elemente und Verbindungen gibt es auch für die Reaktionsgleichung eine Kurzschreibweise. Diese Kurzschreibweise bezeichnet man als **Symbolgleichung** oder auch als *Formelgleichung*.

Wie stellt man eine Symbolgleichung oder Formelgleichung für die **Reaktion von Eisen mit Schwefel** auf? Wir wählen am besten diese *Schrittfolge:*

1. Zunächst schreiben wir die Wortgleichung auf:
Eisen + Schwefel → Eisensulfid | exotherm

2. Dann setzen wir die Symbole bzw. die Formel für die beteiligten Stoffe ein. Dabei steht jedes *Symbol* für 1 Atom des betreffenden Elements.

Die *Formel* gibt die „kleinste Baueinheit" der Verbindung an; aus ihr geht hervor, in welchem Zahlenverhältnis die Atome der betreffenden Stoffe miteinander reagieren.

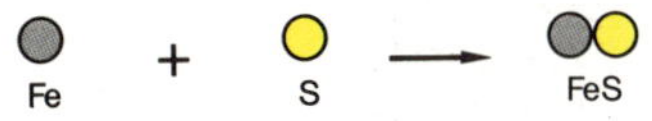

3. Da bei der Reaktion keine Atome verlorengehen oder hinzukommen, muß auf beiden Seiten des Reaktionspfeils die gleiche Anzahl Atome stehen.

Das ist in unserem Beispiel der Fall – die Symbolgleichung stimmt also.

4. Der Chemiker schreibt diese Reaktionsgleichung (Symbolgleichung) folgendermaßen, indem er auch die freiwerdende Energie berücksichtigt:
Fe + S → FeS | exotherm.

Bei der **Reaktion von Wasserstoff mit Sauerstoff** (also bei der **Synthese** von Wasser) gehen wir folgendermaßen vor:

1. Zunächst schreiben wir die Wortgleichung auf:
Wasserstoff + Sauerstoff → Wasser | exotherm

2. Dann setzen wir die Symbole bzw. die Formel der Stoffe ein. Dabei müssen wir berücksichtigen, daß Wasserstoff und Sauerstoff als *Moleküle* (und nicht als Atome) vorkommen:

3. Da auf beiden Seiten des Reaktionspfeils dieselbe Anzahl von Atomen stehen muß, müssen wir auf der rechten Seite noch ein Wassermolekül ergänzen:

Doch jetzt stimmt die linke Seite nicht mehr. Wir müssen also links noch ein Wasserstoffmolekül ergänzen:

4. Das ist nun die richtige Symbolgleichung, wie sie auch der Chemiker schreibt:
$2\,H_2 + O_2 \rightarrow 2\,H_2O$ | exotherm.

Bei allen chemischen Reaktionen sind große Mengen an Atomen und Molekülen beteiligt. Atome gehen jedoch nicht verloren. Es erfolgt nur eine **Umordnung der Teilchen**, so daß neue Moleküle oder Atomverbände entstehen. Da man die Zahl der beteiligten Atome und Moleküle nicht kennt, berücksichtigt man beim Aufstellen einer Symbolgleichung nur die jeweils kleinste Anzahl von Teilchen, die miteinander reagieren können (Bild 7).

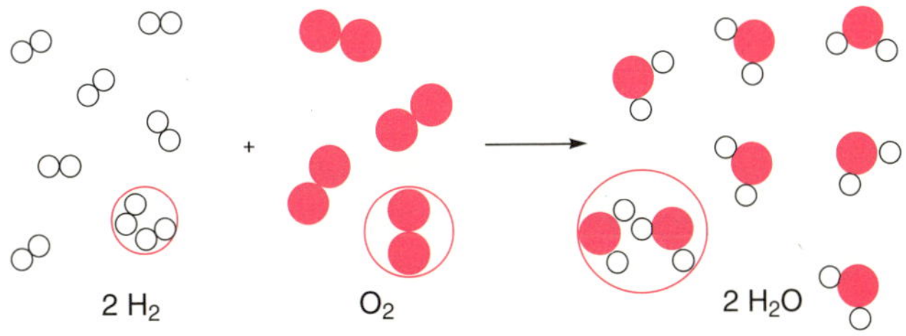

7

Aufgaben

1 Beschreibe den Unterschied zwischen einem chemischen *Symbol* und einer chemischen *Formel.*

2 Wasser hat die Formel H_2O, Kupfersulfid hat die Formel Cu_2S. Was sagen diese Formeln aus?

3 Was bedeutet es, wenn in einer Symbolgleichung die Formeln H_2, $3\,H_2$ bzw. $3\,H_2O$ angegeben sind?

4 Könnte es auch ein Eisensulfid mit der Formel FeS_2 (statt FeS) geben? Begründe deine Antwort.

5 Sulfide bestehen aus *zwei* Elementen. Solche Verbindungen heißen **binäre Verbindungen** (lat. *bis:* zweimal). Trifft diese Bezeichnung auch auf *Wasser* zu? Begründe!

6 Worauf soll die tiefgestellte 2 am Symbol O_2 hinweisen?

7 Welche Reaktionen beschreiben die folgenden Symbolgleichungen?
$Zn + S \rightarrow ZnS$ $\quad Ag_2S \rightarrow 2\,Ag + S$

8 Wofür verwendet der Chemiker den Begriff *Wertigkeit*?

9 Was meint man mit der Aussage, daß in jeder chemischen Verbindung die Wertigkeiten *ausgeglichen* sind?

10 Erkläre mit Hilfe des Begriffes *Wertigkeit*, warum die Formel für Eisensulfid FeS lautet.

Erkläre in gleicher Weise, weshalb für Silbersulfid die Formel Ag_2S gilt.

11 Was heißt *„Zink ist zweiwertig"*?

12 Stelle für die Bildung von Kupfersulfid und Bleisulfid die jeweilige Symbolgleichung auf.

Woraus besteht die Luft?

1 Bedeutung und Zusammensetzung der Luft

Nur eine dünne Lufthülle umgibt die Erde –
doch wie sehr wird sie gebraucht
und wie stark ist sie gefährdet ...

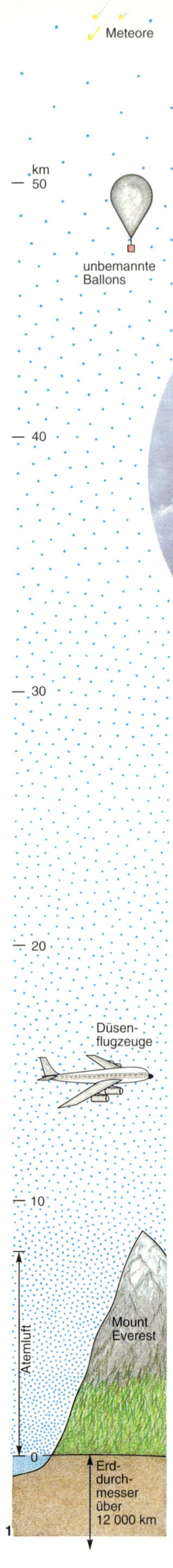

1

2

Die Untersuchung der Luft ist in unserer Zeit ein wichtiger Gegenstand der Chemie. Die Luft hat so viele besondere Eigenschaften, daß sie demjenigen, der mit ihr Versuche anstellt, genug neue Entdeckungen bietet. Auch das Feuer zeigt uns, daß es nicht ohne Luft erzeugt werden kann.

Ich sah die Notwendigkeit ein, das Feuer zu kennen, weil ohne dieses kein Versuch anzustellen ist. Ich machte eine Menge von Versuchen, um diese Erscheinung so genau wie möglich zu ergründen. Ich merkte aber bald, daß man ohne Kenntnis der Luft kein wahres Urteil über das Feuer fällen könnte.

Ich lernte also, daß ein Aufsatz vom Feuer, ohne die Luft mit in die Überlegungen mit einzubeziehen, nicht mit der nötigen Gründlichkeit geschrieben werden kann ...

Carl Wilhelm Scheele (1742–1786)

3

Was haben Feuer und Luft miteinander zu tun?

6149

V 1 Stelle eine kleine Kerze (oder ein Teelicht) auf eine glatte Unterlage, und entzünde die Kerze. Stülpe ein Glas darüber (Bild 4).

Beschreibe genau und in der richtigen Reihenfolge, was geschieht.

4

V 2 Über eine brennende Kerze soll ein ca. 20 cm hohes Glasrohr gestülpt werden. Beobachte jeweils zwei Minuten lang, was bei den Versuchsanordnungen geschieht (Bilder 5-7):

a) Zuerst steht das Glasrohr direkt auf dem Tisch (Bild 5).

b) Dann liegen zwei Holzklötzchen unter dem Rohr (Bild 6).

c) Schließlich wird das Rohr oben durch eine Glasscheibe dicht abgeschlossen (Bild 7).

d) Was hat das Versuchsergebnis mit den Bildern 1–3 zu tun?

V 3 Eine Glasglocke steht auf drei Klötzchen und ist unten offen. Auf dem schwimmenden Blechdeckel brennt ein Wattebausch (Bild 8).

Überlege, was bei diesem Versuch geschehen wird.

8

V 4 Die Kerze unter dem Becherglas ist mit etwas Wachs auf einer Glasplatte befestigt. Wenn die Flamme erloschen ist, wird das Becherglas zusammen mit der Glasplatte umgedreht. Dann wird diese etwas angehoben und eine brennende Kerze in das Glas eingeführt (Bild 9). Versuche, das Ergebnis zu erklären.

Aufgaben

1 Um Feuer richtig in Gang zu bringen, bläst man Luft hinein. Warum?

2 Nenne Eigenschaften der Luft.

3 Alte Kohleöfen hatten an der unteren Klappe einen *Schieberegler* (bei modernen Öfen meist nicht sichtbar). Damit lassen sich Luftlöcher öffnen und schließen. Warum ist er wichtig?

10

4 Wie ist wohl der Stickstoff zu seinem Namen gekommen?

5 Weshalb sind Petroleumlampen und Stövchen mit Löchern versehen? Beschreibe den Weg der Luft.

6 Welche der folgenden Kerzen gehen aus, welche brennen weiter?

5

6

7

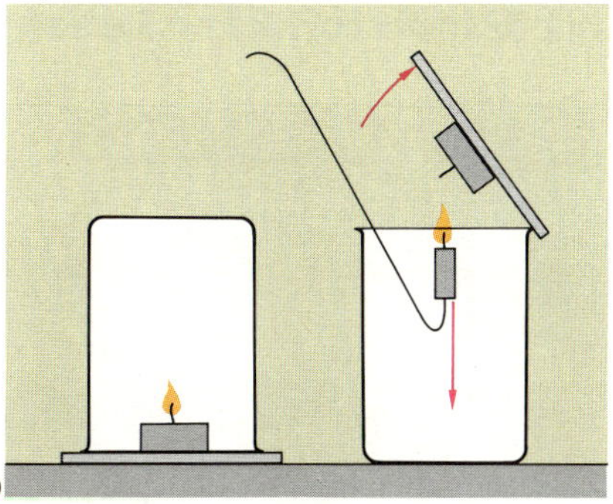
9

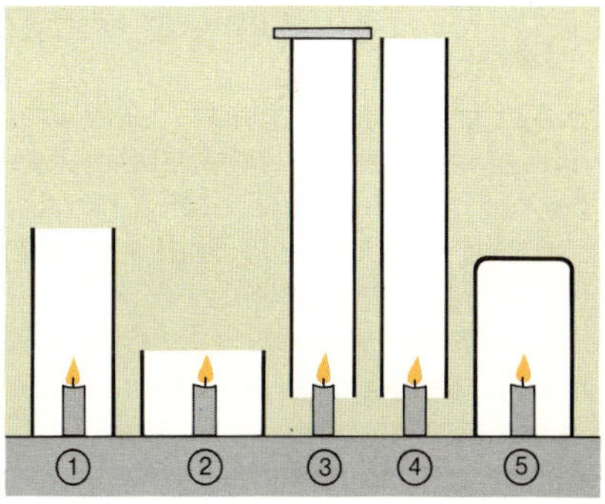

11

Die Bestandteile der Luft

Unsere Versuche haben uns den Eindruck vermittelt, daß die Luft aus zwei verschiedenen Gasen besteht. Genauere Untersuchungen haben jedoch gezeigt, daß die **Luft aus mehreren Gasen zusammengesetzt** ist.

In Bild 12 sind die Bestandteile der Luft hintereinandergezeichnet. Wir dürfen uns dadurch aber nicht täuschen lassen; in Wirklichkeit sind alle Gase der Luft miteinander *vermischt* (Bild 13).

Aus dem Streifendiagramm (Bild 12) können wir ablesen, daß 100 Liter saubere Luft neben dem **Sauerstoff** und dem **Stickstoff** noch 1 Liter andere Bestandteile enthalten. Das sind vor allem **Kohlenstoffdioxid** (oft auch *Kohlendioxid* genannt), die sogenannten **Edelgase** und **Wasserdampf**.

Die Edelgase heißen *Argon*, *Neon*, *Helium*, *Krypton* und *Xenon*. Sie wurden im vorigen Jahrhundert entdeckt, als man genauere Untersuchungsmethoden und Geräte entwickelt hatte.

Das Kohlenstoffdioxid ist zwar bekannter als die anderen Gase, es kommt aber in der Luft nur in geringen Mengen vor. Deshalb konnte es in Bild 12 nicht eingezeichnet werden.

Die genauen Anteile der verschiedenen Gase an der Zusammensetzung der Luft findest du in einer Tabelle im Anhang.

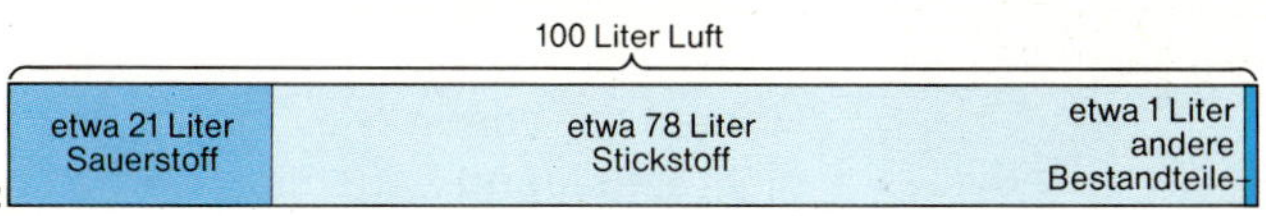

12

13

205

2 Eigenschaften und Verwendung von Sauerstoff

V 4 Normalerweise wird Sauerstoff [O] in blauen Stahlflaschen aufbewahrt. Durch ein Ventil kann man das Gas in kleinen Portionen entnehmen. Es wird über Wasser aufgefangen.

Wie sieht Sauerstoff aus, und wie riecht er?

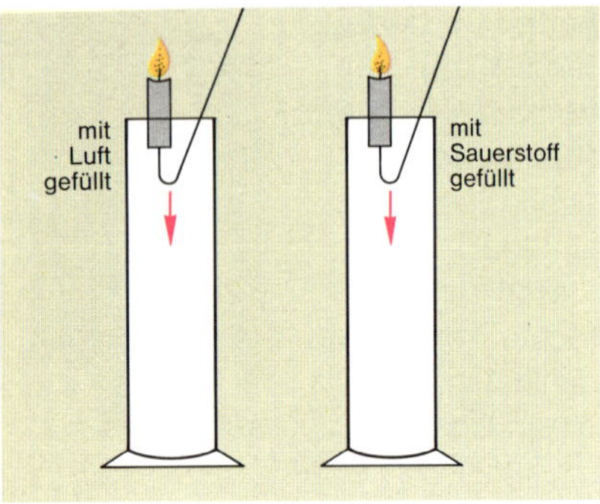

1

V 5 Eine brennende Kerze wird erst in ein mit *Luft* gefülltes Glas gehalten und dann in ein mit *Sauerstoff* [O] gefülltes Glas getaucht (Bild 1).

Beobachte die jeweilige Kerzenflamme, und vergleiche!

V 6 Zwei Reagenzgläser werden mit Sauerstoff [O] gefüllt. Das erste stellst du mit der Öffnung nach oben auf, das andere hältst du mit der Öffnung nach unten (Bild 2).

Nach einer Minute führst du jeweils die *Glimmspanprobe* durch.

Suche eine Erklärung für deine Beobachtungen.

Schreibe alle von euch herausgefundenen Eigenschaften des Sauerstoffs auf.

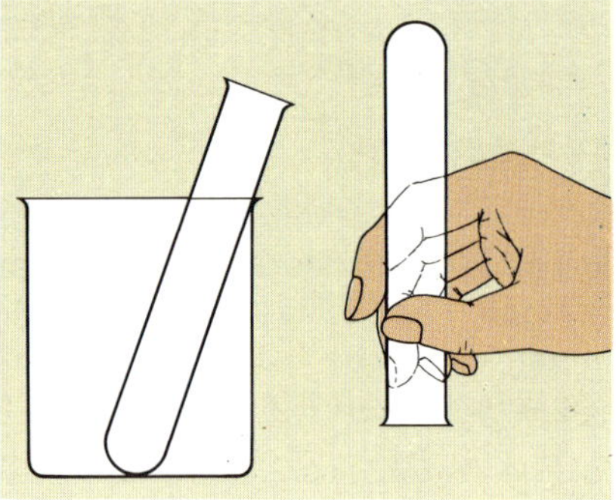

2

Aufgaben

1 In einem von zwei Reagenzgläsern befindet sich Sauerstoff, in dem anderen ist Luft. Wie bekommst du heraus, worin der Sauerstoff ist?

2 Brennt Sauerstoff eigentlich selber, oder unterstützt er lediglich die Verbrennung? Überlege dir dazu einen Versuch.

3 Sauerstoff ist ein Element, das in Wasser löslich ist.

Überlege, welche biologische Bedeutung das hat.

Aus Umwelt und Technik: **Sauerstoff kann Leben retten und schützen**

Unfall im Schwimmbad – eine Frau hat einen Herzanfall erlitten. Zwar konnte die Frau vor dem Ertrinken gerettet werden, nun liegt sie aber bewußtlos am Beckenrand . . .

Ein Glück, wenn in solchen Situationen rechtzeitig ein Unfallwagen kommt; er ist mit einem **Sauerstoffgerät zur künstlichen Beatmung** ausgerüstet (Bild 3). Dieses Gerät hat schon manch einem das Leben gerettet.

Ein Sauerstoffgerät kann sogar dann noch helfen, wenn die verunglückte Person überhaupt nicht mehr atmet.

Das Gerät muß dann aber sehr schnell eingesetzt werden, denn der menschliche Körper kann nur wenige Minuten lang ohne Sauerstoff auskommen.

Wenn ein Verunglückter 4–6 Minuten lang gar nicht atmet, bleiben bei ihm Hirnschäden zurück – falls er überhaupt noch ins Leben zurückgerufen werden kann.

3

4

Feuerwehrleute sind mit tragbaren **Atemschutzgeräten** ausgerüstet.

Diese Geräte benutzen sie, wenn sie Räume betreten, in denen Rauch oder giftige Gase ein normales Atmen unmöglich machen.

Die Atemschutzgeräte sind so gebaut, daß jeder Feuerwehrmann unabhängig von der Umgebungsluft ist. Der zum Atmen nötige Sauerstoff wird ihm aus einer Preßluftflasche, die er auf dem Rücken trägt, zugeführt (Bild 4). So kann er 30–60 Minuten lang im Einsatz sein.

Ein weiteres Sauerstoffgerät ist der **Höhenatmer**. Ob man hohe Berggipfel besteigt, in Freiluftballons oder Sportflugzeugen ohne Druckkabine mitreist – ab 4000 m Höhe ist man auf dieses Gerät, mit dem man der Atemluft Sauerstoff zusetzen kann, angewiesen.

Das liegt daran, daß die Luft in Höhen, in denen sie „dünn“ wird, nicht genügend Sauerstoff enthält.

7230

Aus Umwelt und Technik: **Sauerstoff und Stickstoff aus flüssiger Luft**

Reiner Sauerstoff und Stickstoff werden heute in großen Mengen aus flüssiger Luft gewonnen. Diese stellt man nach dem *Linde-Verfahren* her.

Bei diesem Verfahren nutzt man eine besondere Eigenschaft von Gasen: Wenn sich ein zusammengepreßtes Gas plötzlich entspannt – d. h., wenn der Druck nachläßt – kühlt es sich ab. Die Temperatur sinkt um so mehr, je kühler das Gas vor dem Entspannen ist.

5

Das kannst du z. B. beobachten, wenn du eine Mineralwasser- oder Bierflasche öffnest, die einen *Patentverschluß* (Bild 5) besitzt: Über der Flaschenöffnung siehst du für kurze Zeit einen weißen Nebel. An dieser Stelle kondensiert das entweichende, abgekühlte Gas; es bildet winzige Tröpfchen.

In der Anlage (Bild 6), die *Carl von Linde* erfand, wird die Luft im Kompressor zunächst stark zusammengepreßt. Dabei erwärmt sie sich und muß deshalb wieder bis zur Ausgangstemperatur gekühlt werden.

Die Hochdruckluft wird anschließend durch das innere Rohr des Gegenströmers gepreßt. In dem weiten Gefäß hinter dem Drosselventil entspannt sie sich wieder und kühlt sich dabei ab.

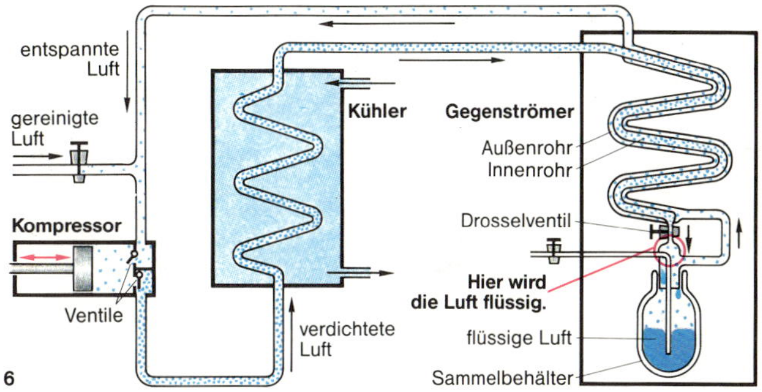

6

Nun strömt sie durch das Außenrohr des Gegenströmers zum Kompressor zurück. Dabei kühlt sie die entgegenkommende Hochdruckluft ab.

Wenn der Kreislauf erneut beginnt, ist die Luft schon *vorgekühlt*. Deshalb sinkt die Temperatur beim Entspannen noch tiefer ab. Das wiederholt sich mehrmals, bis die Luft bei etwa −200 °C flüssig wird.

Um aus der flüssigen Luft nun Sauerstoff und Stickstoff zu gewinnen, wird sie in eine andere Anlage umgefüllt. Wenn man sie vorsichtig erwärmt, siedet bei −196 °C der Stickstoff. Der Sauerstoff bleibt jedoch noch flüssig; er geht erst bei −183 °C in den gasförmigen Zustand über.

Beide Gase werden getrennt aufgefangen. Der Sauerstoff wird dann in blaue Stahlflaschen gepreßt.

Aus Umwelt und Technik: **Sauerstoff zum Schneiden und Schweißen**

Beim **Brennschneiden** und **Schweißen** spielt der Sauerstoff eine wichtige Rolle. Außer dem Sauerstoff braucht man dazu ein brennbares Gas. (Der Sauerstoff brennt ja nicht selbst, er *unterstützt* nur die Verbrennung.)

Meist verwendet man als Brenngas das *Acetylen*. Es wird einer gelben Stahlflasche entnommen und strömt durch einen Schlauch in den Schneidbrenner. An der Öffnung des Brenners wird das Gas entzündet.

Die Temperatur der Flamme reicht noch nicht aus, um damit Metall zu schweißen oder zu schneiden. Deshalb leitet man noch reinen Sauerstoff in die Flamme (Bild 7).

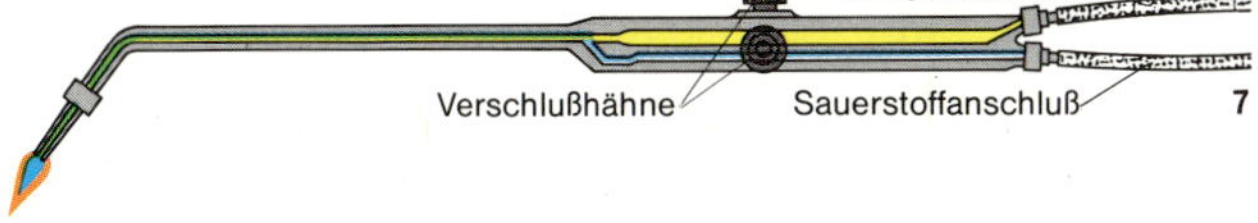

7

Das Acetylen verbrennt dadurch viel heftiger, und die Temperatur der Flamme steigt auf etwa 3000 °C an. Wenn man jetzt mehr Sauerstoff als Acetylen in die Flamme leitet, schmilzt das Metall nicht nur, sondern es *verbrennt*.

Die Brennerflamme kann so genau eingestellt werden, daß nur ein schmaler „Metallstreifen" verbrennt. Man kann bei diesem Vorgang tatsächlich von **Schneiden** (Brennschneiden) sprechen, denn dabei entsteht ein Spalt, der schließlich das Metallstück teilt.

Beim **Schweißen** wird gleichzeitig mit dem Metall ein Stück Schweißdraht erhitzt (Bild 8). Das Metall des Drahtes schmilzt und läuft in die Fuge zwischen den Metallstücken, die man zusammenschweißen will. Wenn sich dann das Metall wieder abkühlt, entsteht eine Schweißnaht, die die Metallstücke fest zusammenhält.

8

3 Stickstoff – der Hauptbestandteil der Luft

Eigenschaften von Stickstoff

Die Luft besteht zu 78% aus Stickstoff, einem farblosen, geruchlosen Gas. Es ist zwar ungiftig, unterstützt aber nicht die Atmung. Außerdem ist Stickstoff nicht brennbar; er unterhält (oder unterstützt) auch nicht die Verbrennung.

Carl Wilhelm Scheele wählte deshalb bei seinen Experimenten zur Verbrennung für diesen Teil der Luft die Bezeichnung „verdorbene Luft".

Stickstoff kondensiert unter Normaldruck bei – 196 °C zu einer wasserklaren, ebenfalls farb- und geruchlosen Flüssigkeit. Wenn der Stickstoff noch weiter abgekühlt wird, bildet er bei –210 °C farblose Kristalle.

1

Der Stickstoff wird als sehr *reaktionsträge* bezeichnet. Das bedeutet, daß er (bei Zimmertemperatur) keine anderen Stoffe „angreift" und sich auch nicht mit ihnen verbindet.

Reiner Stickstoff (oder ein Gemisch aus 80% Stickstoff und 20% Kohlenstoffdioxid) kann deshalb als „Schutzgas" dienen, z. B. beim Verpacken von Lebensmitteln (Bild 1).

Aus Umwelt und Technik: **Verwendungsmöglichkeiten des Stickstoffs**

2

3

4

Stickstoff findet wegen seiner günstigen Eigenschaften in verschiedenen Bereichen Verwendung.

In der **Bauindustrie** nutzt man die Kühlmöglichkeiten mit Stickstoff. So lassen sich z. B. *Wassereinbrüche* in tiefen Baugruben und beim U-Bahnbau verhindern bzw. stoppen: Dazu wird flüssiger Stickstoff über sog. *Gefrierlanzen* ins Erdreich eingebracht. Dort verdampft er, und das Gas wird ins Freie abgeleitet. Die benötigte Wärmeenergie wird dem umgebenden Erdreich entzogen. Dadurch gefriert das dort vorhandene Wasser. Nach diesem Verfahren kann innerhalb von 3 Tagen ein Eismantel von ca. 1 m Dicke erzeugt werden.

Das sog. *Rohrfrosten* (Bild 2) wird angewendet, wenn Reparaturen an Rohrleitungen durchgeführt werden müssen und kein Ventil zum Absperren der Flüssigkeit vorhanden ist: Ein mit flüssigem Stickstoff gefrorener Pfropfen der Rohrleitungsflüssigkeit verschließt dabei das Rohr und hält so die Flüssigkeit zurück.

In der **industriellen Fertigung** wird flüssiger Stickstoff z. B. in *Lackierbetrieben* eingesetzt. Dort werden Serienteile gespritzt oder durch Eintauchen lackiert. Der Stickstoff dient dazu, ungewollte Lacküberzüge auf den Aufhängevorrichtungen zu entfernen (Bild 3):

Durch das Unterkühlen mit flüssigem Stickstoff wird der Lack spröde und läßt sich dann leicht von den Stahlgehängen entfernen. Auf diese Weise wird der Einsatz chemischer Lösungsmittel überflüssig.

In der **Sicherheitstechnik** werden z. B. Rohrleitungen für brennbare Chemikalien vor ihrer Inbetriebnahme mit flüssigem oder gasförmigem Stickstoff gespült. Andere Beispiele aus diesem Bereich sind der vorbeugende Brand- und Explosionsschutz, das Löschen von Glimmbränden und die Erschließung von Erdgaslagerstätten.

In der **Lebensmitteltechnik** ist das Kühlen und Gefrieren von Lebensmitteln mit flüssigem Stickstoff seit mehr als 20 Jahren gebräuchlich. Die kurzen Gefrierzeiten ermöglichen es, in kleinen Anlagen große Mengen einzufrieren (Bild 4).

Da Stickstoff geschmacksneutral, geruchlos und unschädlich ist, werden zahlreiche Lebensmittel unter diesem Gas gelagert und verpackt. So bleiben sie länger frisch.

In der **Medizin** nutzt man den flüssigen Stickstoff z. B. zum Konservieren von Blut, Gewebeproben, Impfstoffen und Bakterienkulturen. Auch für kleine chirurgische Eingriffe bei örtlicher Betäubung ist er geeignet.

7458

Alles klar?

1 Erkläre folgende Aussage: Luft unterhält die Verbrennung.

2 Carl Wilhelm Scheele entdeckte 1772 den Sauerstoff. Er nannte ihn „Feuerluft". Wie kam er wohl auf diesen Namen?

3 In welcher der Glaskugeln von Bild 5 ist Luft, in welcher Sauerstoff?

5

4 Beim Probestart einer *Saturn*-Rakete ereignete sich im Jahr 1967 ein tragischer Unfall: Drei amerikanische Astronauten verbrannten in ihrer Raumkapsel.

Die Raumkapsel an der Spitze der Rakete war mit reinem Sauerstoff gefüllt. Das Feuer entstand wahrscheinlich durch einen Kurzschluß und breitete sich mit rasender Geschwindigkeit aus.

Warum hätte sich in einer mit Luft gefüllten Raumkapsel das Feuer nicht so schnell ausgebreitet?

5 Zwei Reagenzgläser sind jeweils mit einem Gas gefüllt. Wie bekommst du heraus, in welchem sich Sauerstoff befindet? Beschreibe einen Versuch dazu.

6 Brennt Sauerstoff eigentlich selbst, oder unterstützt er die Verbrennung? Überlege dir dazu einen Versuch.

7 Warum kann ein Kranker unter einem Sauerstoffzelt leichter atmen als in einem Krankenzimmer mit normaler Luft?

8 Warum muß ein Mensch, der nach einem Unfall nicht mehr atmet, sofort an ein Sauerstoffgerät angeschlossen werden?

9 Stickstoff ist der Hauptbestandteil der Luft. Nenne einige Eigenschaften des Gases.

10 Der gasförmige Stickstoff kann Reifenbrände verhindern (Bild 6). Woran liegt das?

11 Stickstoff wird vielfach in der Industrie verwendet. Nenne mehrere Beispiele dafür. Welche Eigenschaften nutzt man dabei jeweils?

6

4 Zusammenfassung

Luft und Verbrennung

Die **Luft** ist ein **Gemisch** aus mehreren gasförmigen Stoffen.

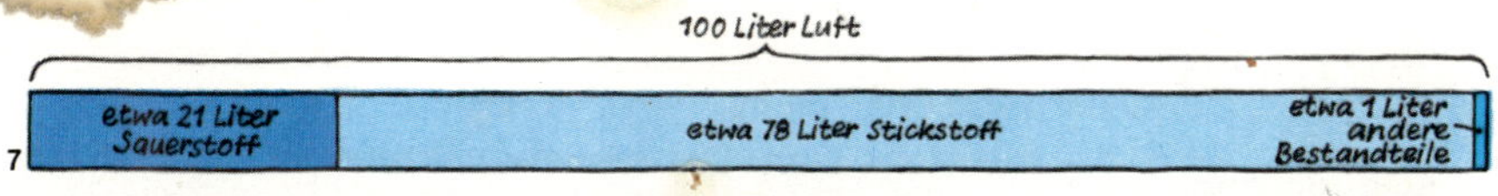

7

100 Liter Luft (trocken und sauber) bestehen aus 78 l **Stickstoff** und 21 l **Sauerstoff**. Den Rest bilden **Kohlenstoffdioxid** und die **Edelgase**. (Feuchte Luft enthält noch wechselnde Mengen **Wasserdampf**.)

Die Gase sind miteinander vermischt. Sie haben mehrere *gemeinsame Eigenschaften*: Alle sind unsichtbar, geruchlos und geschmacklos.

Eine **Verbrennung** kann nur stattfinden, wenn Luft (oder reiner Sauerstoff) vorhanden ist.

Immer, wenn ein Stoff an der Luft verbrennt, wird ein Teil der Luft (nämlich der Sauerstoff) verbraucht.

Wenn die Luft schließlich nicht mehr genügend Sauerstoff enthält, erlischt die Flamme.

Einige Eigenschaften von Stickstoff und Sauerstoff

Stickstoff, der Hauptbestandteil der Luft, ist sehr reaktionsträge. Er ist nicht brennbar und unterstützt auch nicht die Verbrennung.

Sauerstoff ist ein besonders wichtiger Bestandteil der Luft: Er ist lebensnotwendig. Der Sauerstoff ist etwas schwerer als Luft.

8

Sauerstoff brennt nicht selbst, aber er ist für die Verbrennung notwendig. Jede Verbrennung verläuft in reinem Sauerstoff heftiger und mit hellerem Licht als an der Luft.

Aus dieser Eigenschaft ergibt sich auch der **Nachweis** für Sauerstoff:

Ein glimmernder Holzspan flammt in reinem Sauerstoff auf.

Entzünden und Löschen

1 Was brennt eigentlich in einer Flamme?

1

V 1 Besorge dir eine Kerze, bei der der Docht abgebrochen ist. Stelle sie auf eine feuerfeste Unterlage.

a) Versuche, die *Kerze ohne Docht* zu entzünden.

b) Ersetze den Docht durch ein Stückchen Holz. Dazu steckst du ein Streichholz ohne Kopf neben dem Dochtrest in die Kerze. Das Hölzchen soll nur etwa 1 cm aus dem Kerzenwachs herausragen.

Läßt sich deine Kerze nun mit dem Hölzchen als „Docht" anzünden?

V 2 Erhitze etwas *Kerzenwachs* in einem Porzellantiegel (Bild 2).

a) Versuche mehrmals, das Wachs zu entzünden (Bilder 3 u. 4).

b) Beschreibe genau, was mit dem Wachs geschieht. Wann beginnt es zu brennen?

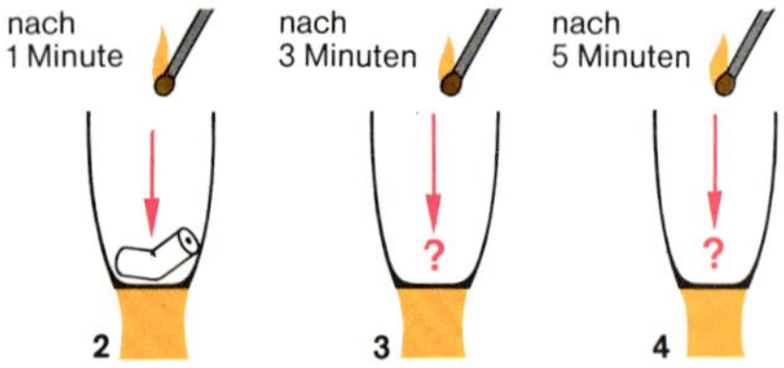

2 3 4

V 3 Zünde eine Kerze an und warte, bis das Wachs rund um den Docht geschmolzen ist. Blase dann die Flamme aus. Vom Docht steigt jetzt weißer *Wachsdampf* auf.

a) Entzünde schnell ein Streichholz, und halte es etwa *2 cm* über dem Docht in den Wachsdampf (Bild 5).

b) Halte die Streichholzflamme jetzt *5 cm* hoch über dem Docht in den Wachsdampf (Bild 6).

c) Stülpe ein Glasrohr über die brennende Kerze, so daß der obere Glasrand etwa 10 cm vom Docht entfernt ist. Wenn du die Kerzenflamme ausgeblasen hast, hältst du die Streichholzflamme am oberen Glasrand in den Wachsdampf (Bild 7).

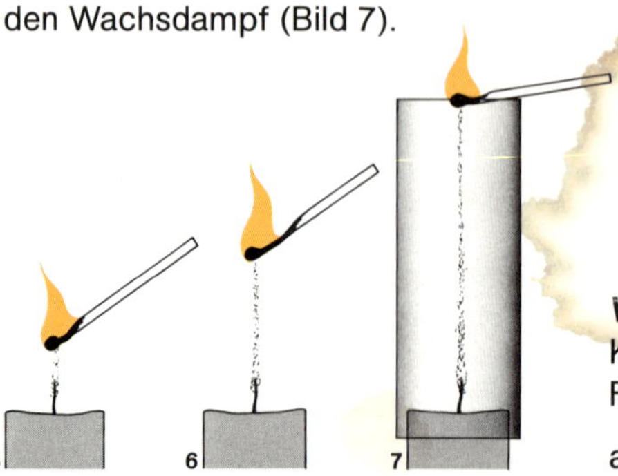
5 6 7

V 4 Sieh dir einmal eine *Kerzenflamme* genau an. Du kannst zwei *Zonen* deutlich unterscheiden.

a) Halte für etwa eine Sekunde ein Streichholz quer in die Flamme (Bild 8). Achte darauf, daß du es dicht über dem Docht in die dunkle Zone der Flamme hältst!

b) Halte einen Streichholzkopf für knapp eine Sekunde in die innere Zone der Flamme (Bild 9). Halte ihn dann genauso lange in die Spitze der Flamme.

c) Versuche, deine Beobachtungen zu erklären.

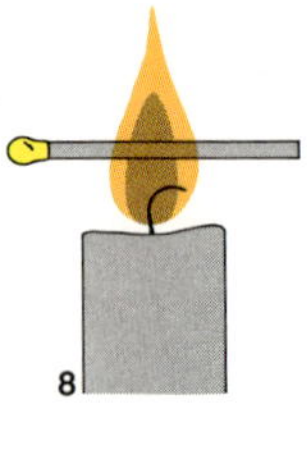
8

9

V 5 In Bild 10 lassen wir etwas *Holz* in einem Reagenzglas *verschwelen* (Abzug!). Das Feuer kann so nicht direkt an das Holz herankommen.

a) Beobachte genau, wie sich das Holz beim Verschwelen verhält. Was verändert sich? Was passiert, wenn du nach kurzer Zeit ein brennendes Streichholz an die Öffnung des Glasröhrchens hältst?

b) Erhitze auf die gleiche Weise etwas Holzkohle (Zeichenkohle oder Grillkohle). Vergleiche!

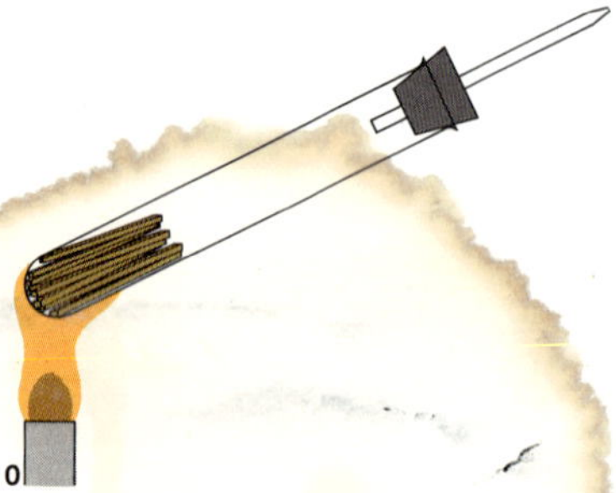
10

V 6 Wir erhitzen eine kleine Menge Kerzenwachs in einem Tiegel, bis eine Flamme entsteht (Bild 11).

a) Dann nehmen wir den Brenner weg und decken den Tiegel mit dem Deckel zu (Bild 12). Nach ein paar Sekunden heben wir den Deckel mit der Tiegelzange wieder ab (Bild 13).

b) Das Öffnen und Schließen des Tiegels kann man mehrere Male wiederholen – mit dem gleichen Ergebnis.

Wie kannst du dieses Ergebnis erklären?

11 12 13

2737

Die Bedeutung der Entzündungstemperatur

Für ein Feuer wird ein **brennbarer Stoff** benötigt, z. B. Papier, Holz, Kohle, Benzin, Spiritus, Heizöl, Erdgas. Der Brennstoff allein genügt aber nicht.

Jeder Brennstoff braucht auch eine bestimmte Temperatur, damit er überhaupt zu brennen anfängt. Man nennt sie die **Entzündungstemperatur**. Jeder Stoff hat eine andere Entzündungstemperatur.

In der folgenden Tabelle sind einige brennbare Stoffe mit ihren Entzündungstemperaturen aufgeführt:

Brennbarer Stoff	Entzündungstemperatur
Streichholzkopf	etwa 60 °C
Papier	etwa 250 °C
Holzkohle	150–220 °C
Benzin	220–300 °C
Heizöl	250 °C
Paraffin (Kerzenwachs)	250 °C
trockenes Holz	etwa 300 °C
Butangas (Flüssiggas für Feuerzeuge)	400 °C
Spiritus	425 °C
Propangas	460 °C
Erdgas	etwa 600 °C
Steinkohle	350–600 °C
Koks	700 °C

Flüssige Brennstoffe, die sehr leicht Gase oder Dämpfe bilden, entzünden sich viel schneller als feste Brennstoffe. Sie sind deshalb **feuergefährlich** (z. B. Benzin).

Wenn die Brennstoffe schon gasförmig sind, genügt oft ein Funke, um sie zu entzünden. Es bildet sich eine Flamme, häufig sogar eine Stichflamme, die Menschen und Dinge in Brand setzen kann.

Wenn wir **Feuer machen** wollen (Bild 14), spielt z. B. die Entzündungstemperatur eine wichtige Rolle:

Zunächst legen wir locker zerknülltes *Papier* in den Ofen. Darauf kommen einige dünne Stücke *trockenes Holz*. Dann folgen ein paar *dickere Holzscheite*, und zuletzt kommt die *Kohle*.

Dann wird ein *Streichholz* entzündet. Die Flamme greift vom Streichholz auf das *Papier* über.

Das brennende Papier liefert so viel Wärme, daß die Entzündungstemperatur des Holzes erreicht wird. Das *fein zerteilte Holz* fängt zuerst Feuer, denn es kommt gut mit Luft in Berührung. Danach entzünden sich die dicken *Holzscheite*. Auch der sogenannte **Zerteilungsgrad** spielt also eine Rolle.

Beim Brennen des Holzes wird so viel Wärme frei, daß schließlich die Entzündungstemperatur der *Kohle* erreicht wird. Bald ist das Feuer in vollem Gange.

14

Aufgaben

1 Was brennt nun eigentlich, wenn du eine Kerze angezündet hast?
Beschreibe, welche Aufgabe der Docht bei der Kerze hat.

2 Die folgenden Sätze beschreiben, was beim Anzünden einer Kerze geschieht. Aber nur der erste Satz steht richtig. Wie muß die Reihenfolge lauten?

a) Am Docht befindet sich festes Wachs. Es brennt nicht.
b) Der Wachsdampf entzündet sich und beginnt zu brennen.
c) Das flüssige Wachs steigt im Docht nach oben (ähnlich wie Tinte im Löschpapier).
d) Der Wachsdampf erreicht seine Entzündungstemperatur.
e) Wenn man eine Streichholzflamme an den Docht hält, wird das Wachs erhitzt und schmilzt.
f) Das Wachs beginnt zu sieden und verdampft.

3 Lies im Anhang nach, wie man mit dem Brenner richtig umgeht. Vergleiche dann die Flammen von Brenner und Kerze.

4 Die Versuche 2 u. 6 haben etwas gemeinsam. Verwende bei deiner Erklärung den Begriff *Entzündungstemperatur.*

5 Es müssen drei Voraussetzungen erfüllt sein, damit etwas brennt. Schreibe sie auf.

6 Hier ist eine alte Pfadfinderaufgabe: Du hast nur drei Streichhölzer und sollst ein Lagerfeuer machen. Beschreibe, wie du vorgehst.

7 Beim Gas genügt der kleine Funke eines Gasanzünders, um es zu entzünden.
Könntest du auch eine Kerze mit einem Gasanzünder entzünden? Begründe deine Antwort.

8 Manche Stoffe dürfen nur in heißem Wasser oder Sand erhitzt werden. Welche Stoffe könnten das deiner Meinung nach sein?

Aus Umwelt und Technik: **Von Selbstentzündungen und Staubexplosionen**

Scheune ausgebrannt

Am vergangenen Donnerstag brannte eine Scheune in Bayerbach innerhalb kurzer Zeit bis auf die Grundmauern nieder. Das gesamte Heu der letzten Ernte wurde in wenigen Minuten ein Raub der Flammen. Die herbeigerufene Feuerwehr konnte nichts mehr retten.

Einige Brandschutzexperten vermuten, daß zu feucht eingelagertes Heu sich selbst entzündet hat. Brandstiftung erscheint ausgeschlossen.

Zu feucht eingelagertes Heu entzündet sich leicht von selbst. Eine solche **Selbstentzündung** kommt daher, daß auf feuchtem Heu Bakterien und Schimmelpilze ideale Lebensbedingungen finden.

Solche Kleinstlebewesen atmen auch. Die Vorgänge, die dabei ablaufen, sind den Verbrennungsvorgängen ähnlich: Es entsteht Wärme. Aus dicht gepacktem Heu kann diese Wärme nicht abgeführt werden. Die Temperatur steigt immer weiter an. Schließlich wird die Entzündungstemperatur des Heues erreicht (Bild 1).

In trockenem Heu kann das nicht passieren. Bei Trockenheit stellen nämlich Bakterien und Schimmelpilze ihre Lebensvorgänge ein. So entsteht auch keine Wärme.

Für die Selbstentzündung gibt es weitere Beispiele:

Frisch eingelagertes Getreide muß „umgeschaufelt" werden, wenn es vorher nicht ganz trocken war.

Bei Kohle, die zu Halden aufgehäuft wurde, können kleinste Kohleteilchen mit dem Sauerstoff der Luft reagieren; dabei entsteht Wärme. Kohlehalden werden deshalb ab und zu mit Wasser bespritzt.

Auch Bratfett entzündet sich bei hoher Temperatur von selbst – sogar auf dem Elektroherd (Bild 2).

Sechs Tote bei Staubexplosion

Bei einer Aluminiumstaub-Explosion in einer Metallschleiferei in Velbert (Rheinland) sind am Mittwochnachmittag sechs Menschen getötet und zwei verletzt worden.

Die Ursache des Unglücks war am Nachmittag noch ungeklärt.

Erst am 6. Februar dieses Jahres waren in Bremen bei einer Mehlstaub-Explosion in einer Getreidemühle 14 Menschen ums Leben gekommen.

Stoffe in fein zerteilter Form – so zum Beispiel trockener Staub von Mehl, Holz, Kohle oder einigen Metallen – können sehr heftig mit dem Sauerstoff aus der Luft reagieren.

Für solche **Staubexplosionen** genügt die Flamme eines Feuerzeugs oder der Funke eines Schalters.

Bild 3 zeigt einen dazu passenden **Lehrerversuch** .

1

2

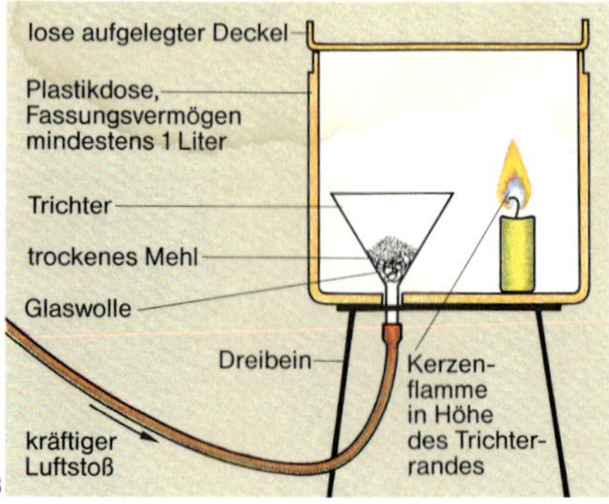

3

Aus der Geschichte: **Autofahren mit Holzgas**

Wenn Holz verschwelt, entsteht nicht nur Holzkohle. Es entweichen dabei auch brennbare **Schwelgase**. Wenn diese Gase aufgefangen und verbrannt werden, kann man damit sogar Automotoren antreiben!

In Zeiten, in denen das Benzin knapp war (z. B. während des zweiten Weltkrieges und kurz danach), fuhren viele Autos auf unseren Straßen mit **Holzgasantrieb**. Jedes dieser Autos hatte einen Anbau mit einem eigenen Holzschwelofen. In regelmäßigen Abständen mußte er mit kleinen Holzstückchen gefüllt werden (Bild 4). Große Wagen wurden mit Holzscheiten „gefüttert".

4

Die Schwelgase wurden durch einen Filter gereinigt und dem Motor zugeführt. Weil die Filter nicht alle Verunreinigungen zurückhalten konnten, verschmutzten die Motoren schnell und mußten immer wieder mühsam gereinigt werden.

Sobald es genug preiswertes Benzin gab, verschwanden die Autos mit Holzgasantrieb von den Straßen.

Heute versuchen Wissenschaftler, das Verfahren des Holzverschwelens weiterzuentwickeln. Benzin ist zwar nicht knapp, aber teuer. Vielleicht rollen in gar nicht allzu langer Zeit wieder Autos mit Holzgasantrieb über unsere Straßen ...

2232

2 Über die Verhütung und Bekämpfung von Bränden

5

6

7

Drei unterschiedliche Löschmethoden – eine fehlt ...

V 7 *(Lehrerversuch)* Auf einer feuerfesten Unterlage steht eine kleine Metallschale (oder ein Blechdeckel). Darin brennt etwas Reinigungsbenzin [F].

Überlege dir eine Möglichkeit, wie man das Benzin ganz einfach löschen könnte.

V 8 (Lehrerversuch) In einer kleinen Metallschale wird wenig Bratfett erhitzt. Wenn die Entzündungstemperatur erreicht ist, beginnt es zu brennen.

Wie könnte man es löschen? Man darf dafür *auf gar keinen Fall* Wasser nehmen!

Die Bekämpfung von Bränden

Du kennst bereits die **drei Voraussetzungen**, die erfüllt sein müssen, wenn etwas brennen soll. Unter den gleichen Voraussetzungen entstehen Brände und breiten sich aus.

Beim Löschen versucht die Feuerwehr, dem Feuer mindestens eine der drei Voraussetzungen zum Brennen zu **entziehen**. Es gibt daher **drei Methoden, einen Brand zu bekämpfen**. Wenn möglich, werden alle drei Methoden gleichzeitig angewandt.

1 Dem Feuer wird die „Nahrung" entzogen: Alles erreichbare Material wird vom Brandherd weggeschafft.

2 Die brennenden Stoffe werden bis unter ihre Entzündungstemperatur abgekühlt.

Dazu wird meistens kaltes Wasser in die Flammen gespritzt. Brände von feuergefährlichen Flüssigkeiten oder elektrischen Anlagen dürfen jedoch nicht mit Wasser gelöscht werden!

3 Man verhindert, daß frische Luft an das Feuer herankommt. Oft werden Schaumlöscher eingesetzt. Der Schaum deckt den Brandherd luftdicht ab. Einen kleinen Brand kann man auch mit Decken, Sand oder Erde ersticken.

Aufgaben

1 Es gibt Vorschriften über das Verhalten bei Bränden in der Schule. Was mußt *du* bei einem Brand tun?

2 Versuche, zu den drei Löschmethoden Beispiele zu finden.

3 Sieh dir die Fotos oben auf dieser Seite noch einmal an. Nach welcher Methode wird jeweils gelöscht?

4 Ordne die folgenden Regeln nach Brand*verhütung* und *-bekämpfung*. Gib bei der Brandbekämpfung an, was jeweils erreicht werden soll:

a) In Hochhäusern muß zwischen Treppenhaus und Fluren eine dicht schließende Tür eingebaut sein!

b) Türen und Fenster von Räumen, in denen es brennt, nicht öffnen!

c) In Garagen, in Autowerkstätten und an Tankstellen sind das Rauchen und der Gebrauch von offenem Feuer verboten!

d) Brennbare Flüssigkeiten niemals als Feueranzünder benutzen!

e) Brände feuergefährlicher Flüssigkeiten nicht mit Wasser bekämpfen!

f) Für Brände in elektrischen Anlagen nur Spezialfeuerlöscher ohne Wasser benutzen!

g) Im Chemieraum außer dem Feuerlöscher einen Kasten mit Sand und eine Löschdecke bereithalten!

h) Personen mit brennenden Kleidern nicht weglaufen lassen! Schnell in etwas einwickeln (Decke)!

i) Heiße Bügeleisen in Arbeitspausen auf eine feuerfeste Unterlage stellen!

k) Keine heiße Asche in Mülleimer aus Kunststoff werfen!

Aus Umwelt und Technik: **Ist Wasser immer das richtige Löschmittel?**

Ein Lkw, der Chemikalien transportiert, ist verunglückt (Bild 1). Welche Auswirkungen kann das haben?

Die schnell herbeigerufene Feuerwehr weiß zunächst nicht: Besteht Explosionsgefahr? Können giftige oder ätzende Flüssigkeiten auslaufen? Wie würde die Chemikalie mit Wasser reagieren?

Das orangefarbene Schild, das vorne und hinten am Lkw angebracht ist, gibt Auskunft über die Ladung des Fahrzeugs. Ein Feuerwehrmann sieht im **Gefahrgut-Schlüssel** nach – dann weiß er, was zu tun ist ...

Vielleicht sind dir schon einmal Fahrzeuge mit solchen orangefarbenen Warnschildern aufgefallen. Die Ziffern auf den Schildern geben den Namen des transportierten Stoffes an; sie sagen auch etwas über seine Gefährlichkeit aus (Bild 2).

Jede Chemikalie, die mit der Bahn oder auf der Straße transportiert wird, hat eine Nummer. Alle Nummern sind im Gefahrgut-Schlüssel gesammelt; das ist ein kleines handliches Buch.

Wenn man nun wissen will, welcher Stoff in einem Fahrzeug transportiert wird, schlägt man die *Nummer zur Kennzeichnung des Stoffes* im Gefahrgut-Schlüssel auf (→ *Auszug aus dem Gefahrgut-Schlüssel*, Bild 2). Dort findet man den Namen des Stoffes sowie Hinweise auf seine Eigenschaften. Außerdem kann man nachlesen, welche Maßnahmen bei einem Schadens- oder Brandfall getroffen werden müssen.

1

Der Gefahrgut-Schlüssel ist deswegen für Feuerwehrleute, Polizeibeamte und Einsatzkräfte der Notfalldienste eine wichtige Arbeitshilfe. Er soll helfen, daß bei einem Unfall durch Chemikalien der entstandene Schaden nicht durch falsches Verhalten noch vergrößert wird.

Erste Ziffer: **Hauptgefahr**

2	Entweichen von Gas
3	Entzündbarkeit von Flüssigkeiten oder Gasen
4	Entzündbarkeit fester Stoffe
5	brandfördernde (oxidierende) Wirkung
6	Giftigkeit
8	Ätzwirkung

X vor der Nummer: Stoff nicht mit Wasser in Berührung bringen!

Zweite und dritte Ziffer: **Zusätzliche Gefahren**

0	ohne Bedeutung
1	Explosion
2	Entweichen von Gas
3	Entzündbarkeit von Flüssigkeiten oder Gasen
4	Entzündbarkeit fester Stoffe
5	brandfördernde (oxidierende) Wirkung
6	Giftigkeit
8	Ätzwirkung
9	Gefahr einer heftigen Reaktion

Nummer zur Kennzeichnung der **Gefahr**

Nummer zur Kennzeichnung des **Stoffes**

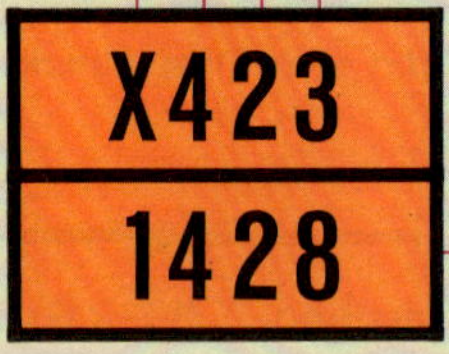

Unser **Beispiel:**
X – Nicht mit Wasser in Berühung bringen, denn damit reagiert
4 – der entzündbare feste Stoff,
2 – und dabei entweichen Gase,
3 – die entzündbar sind.

Unser **Beispiel:**
1428 – Natrium.

Auszug aus dem Gefahrgut-Schlüssel

Nummer	Stoff
0080	Dynamit
1017	Chlor
1073	Sauerstoff, flüssig
1114	Benzol
1170	Ethanol (Alkohol)
1202	Heizöl, Dieselkraftstoff
1203	Benzin
1418	Magnesiumpulver
1428	Natrium
1436	Zinkpulver
1789	Salzsäure
1824	Natronlauge
1830	Schwefelsäure
1869	Magnesiumspäne oder -band
1944	Zündhölzer

2

Fragen und Aufgaben zum Text

1 Lies noch einmal die Überschrift zu dieser Seite. Wie beantwortest du die Frage jetzt? Begründe deine Antwort.

2 Hier geht es um den Unfall von Bild 1.

a) Womit ist das Fahrzeug beladen?

b) Welche Gefahren drohen hier?

c) Was wird die Feuerwehr deiner Meinung nach unternehmen?

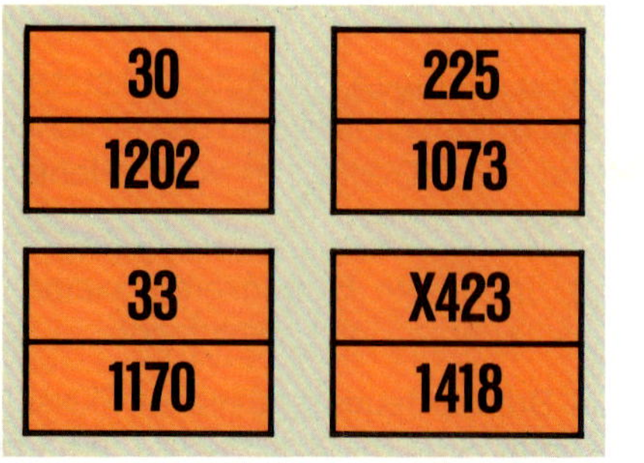

3

3 Es kann jedem von uns passieren, daß er Zeuge eines Unfalls mit einem Chemikalientransporter wird und dann schnell handeln muß.

Wie verhältst du dich in einem solchen Fall richtig? (Nimm als Beispiel den Unfall von Bild 1.)

4 Versuche, die vier Warnschilder von Bild 3 richtig zu „lesen". Bild 2 mit dem *Auszug aus dem Gefahrgut-Schlüssel* hilft dir dabei.

2234

Alles klar?

1 Wenn du Daumen und Zeigefinger anfeuchtest, kannst du damit eine Kerzenflamme löschen, ohne dich zu verbrennen. Wie ist das möglich?

2 Dies ist ein zweckmäßiges Gerät, mit dem man Kerzen löschen kann. Wie funktioniert es?

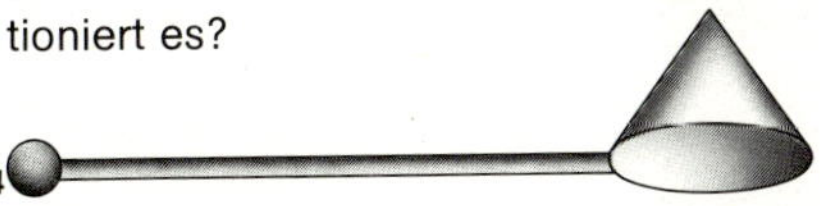
4

3 Harry Schlaumeier behauptet: „Ich kann eine Kerzenflamme auslöschen, ohne sie auszublasen oder zu berühren." Schafft er das wirklich?

4 Ein Benzinfeuerzeug hat einen Feuerstein. Damit läßt sich ein Funke erzeugen, der das Benzin entzündet. Warum ließ sich das Petroleum in den alten Petroleumlampen nicht auch so entzünden?

5 Holz kann verbrennen oder verschwelen. Worin besteht der Unterschied?

6 Manche Gefäße (z. B. für Farben, Lacke, Lösungsmittel) tragen dieses Gefahrensymbol. Welche Eigenschaft hat also der Inhalt?

5

7 Oft sagt man: „Das *Feuer* brennt." – Was meinst du dazu, nachdem du jetzt mehr darüber weißt?

8 Die Feuerversicherung für ein Haus mit Strohdach ist viel teurer als für ein Haus mit Ziegeldach. Warum nimmt die Versicherung eine höhere Brandgefahr beim Strohdach an?

9 Im Kunstunterricht erhitzte die „Batikgruppe" Wachs in einem Gefäß auf einer *elektrischen* Kochplatte. Dabei entstand ein gefährlicher Zimmerbrand. Wie konnte das geschehen?

3 Zusammenfassung

Was brennt in einer Flamme?

Festes Kerzenwachs brennt nicht. Wenn man das Wachs erhitzt, wird es zunächst flüssig.

Das **flüssige Wachs** brennt auch nicht. Wenn man es weiter erhitzt, siedet es und wird gasförmig.

Erst der **Wachsdampf** entzündet sich – und zwar dann, wenn seine Entzündungstemperatur erreicht ist und der Dampf zusätzlich mit Luft in Berührung kommt.

6

7

8

Der **Docht** der Kerze sorgt dafür, daß das flüssige Wachs nach oben steigt und zur Flamme gelangt. Der Docht allein (also ohne das Wachs) würde sehr schnell verglühen.

Was für Kerzenwachs gilt, trifft auch auf viele andere Brennstoffe zu: Die brennbaren Stoffe (z. B. Holz, Kohle, Heizöl) werden erhitzt und bilden Dämpfe. Bei Erreichen ihrer Entzündungstemperatur beginnen sie zu brennen.

Flammen sind brennende Gase.

Für die Feuergefährlichkeit eines Stoffes spielen vor allem sein Flammpunkt und der Zerteilungsgrad eine bedeutende Rolle.

Wann brennt etwas – wann erlischt ein Feuer?

Drei **Voraussetzungen** müssen erfüllt sein, damit etwas brennt:	Daraus ergeben sich drei **Löschmethoden**:
1. Ein brennbarer Stoff muß vorhanden sein. **und** **2.** Die Entzündungstemperatur des Stoffes muß erreicht sein. **und** **3.** Es muß Luft (Sauerstoff) an das Feuer herankommen.	**1.** Alle brennbaren Stoffe müssen vom Brandherd entfernt werden. **oder** **2.** Die brennenden Stoffe müssen bis unter die Entzündungstemperatur abgekühlt werden. **oder** **3.** Man muß dafür sorgen, daß keine Luft an das Feuer herankommen kann. Es muß erstickt werden.

Metalle reagieren mit Sauerstoff

1 Sogar Eisen ist brennbar

1

Eisen verbrennt nicht mit einer Flamme – es *verglüht*.
Aber unter welchen Bedingungen? Und was entsteht dabei?

V 1 Wie verhält sich Eisen in der Brennerflamme?

a) Blase vorsichtig etwas Eisen*pulver* durch die Brennerflamme (wie in Bild 1). Benutze dabei Schutzbrille und feuerfeste Unterlage!

b) Halte nun ein Bündel Eisen*wolle* (Stahlwolle) mit der Tiegelzange in die Brennerflamme (Bild 2). (Wieder Schutzbrille und feuerfeste Unterlage benutzen!) Vergleiche das erhitzte Eisen mit nicht erhitztem.

c) Ersetze nun die Eisenwolle durch ein Stück blankes Eisen*blech* (Bild 3). Vergleiche anschließend das Eisen vor und nach dem Erhitzen.

d) Beschreibe insgesamt, wie sich die Eisenproben in der Flamme verhalten und was dabei entsteht.

V 2 Wiederhole den Versuch mit der Eisenwolle. Halte das Bündel aber nur kurz mit seinem Rand in die Flamme. Blase dann vorsichtig mit einem Glasröhrchen Luft in die Eisenwolle. (Unbedingt mit Schutzbrille und feuerfester Unterlage!)

V 3 Nun wird der Versuch nach Bild 4 durchgeführt. Was wird die Waage anzeigen? Überlege dir eine Erklärung für das Versuchsergebnis.

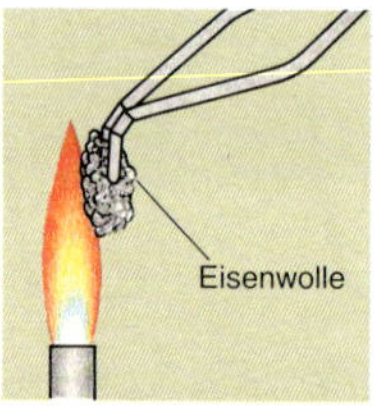

2

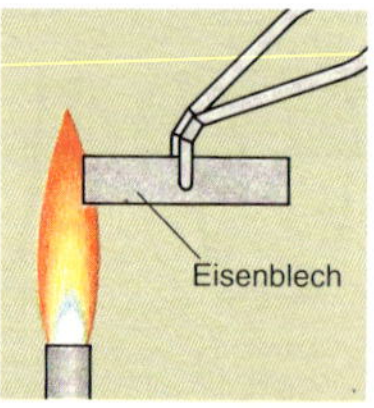

3

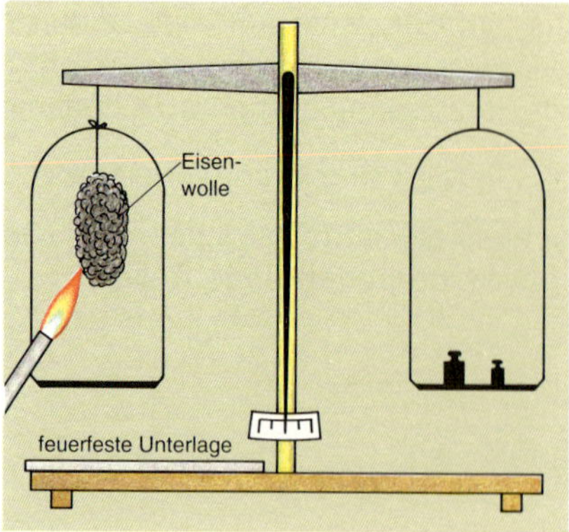

4

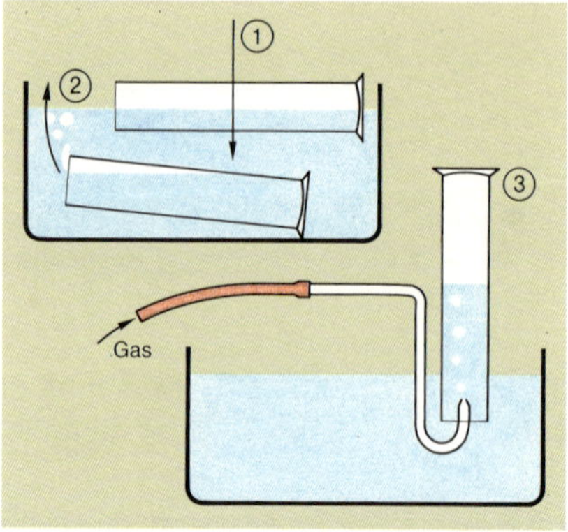

5

V 4 Wir füllen etwas fettfreie Eisenwolle (in Brennspiritus [F] oder Aceton [F] waschen und gut trocknen lassen) in ein Reagenzglas und erhitzen das Glas mit der Brennerflamme.

Vergleiche die erhitzte Eisenwolle mit der von Versuch 2 oder 3.

V 5 Ein schwer schmelzbares Glasrohr wird mit Eisenwolle gefüllt und an zwei Kolbenprober angeschlossen (Bild 6). Der eine Kolbenprober enthält genau 100 ml Luft. Die Eisenwolle wird erhitzt.

V 6 Die Restluft (Restgas) aus dem Kolbenprober von Versuch 5 wird über Wasser in einem Standzylinder aufgefangen (Bild 5; Gefäß unter Wasser mit Glasplatte verschließen). In das Restgas wird ein brennender Holzspan eingeführt.

a) Beschreibe, wie das Auffangen des Restgases vor sich geht. Ginge das nicht auch nur mit Luft im Glas?

b) Was kannst du aus deiner Beobachtung des Holzspans schließen?

V 7 Fettfreie Eisenwolle soll in reinem Sauerstoff [O] erhitzt werden.

Welchen Versuchsaufbau hältst du für günstig? Welche Beobachtungen erwartest du?

5861

Wir betrachten den Verbrennungsvorgang genauer

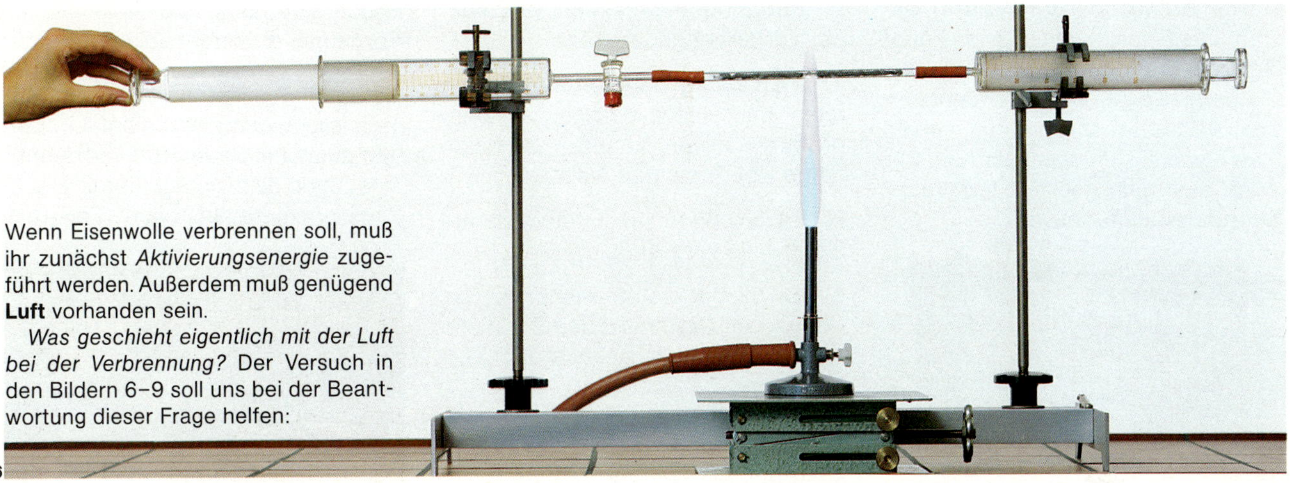

Wenn Eisenwolle verbrennen soll, muß ihr zunächst *Aktivierungsenergie* zugeführt werden. Außerdem muß genügend **Luft** vorhanden sein.

Was geschieht eigentlich mit der Luft bei der Verbrennung? Der Versuch in den Bildern 6–9 soll uns bei der Beantwortung dieser Frage helfen:

6

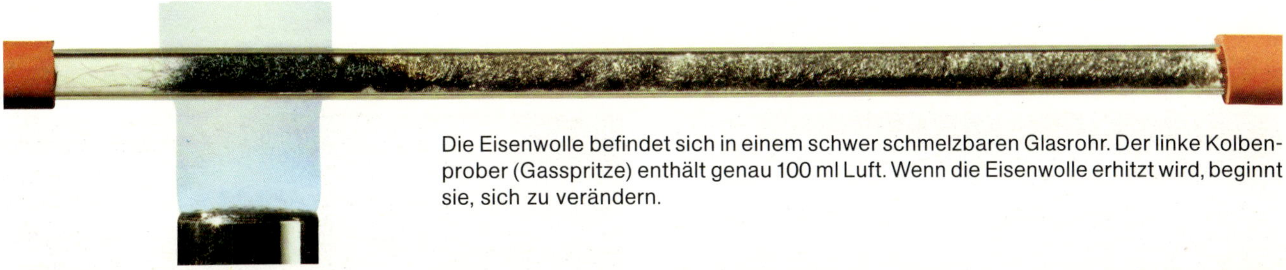

7

Die Eisenwolle befindet sich in einem schwer schmelzbaren Glasrohr. Der linke Kolbenprober (Gasspritze) enthält genau 100 ml Luft. Wenn die Eisenwolle erhitzt wird, beginnt sie, sich zu verändern.

8

Die erhitzte Eisenwolle wird langsam dunkler, sobald man die Luft aus dem Kolbenprober über die Eisenwolle drückt. Das geschieht auch weiter, wenn man den Brenner zur Seite gestellt hat.

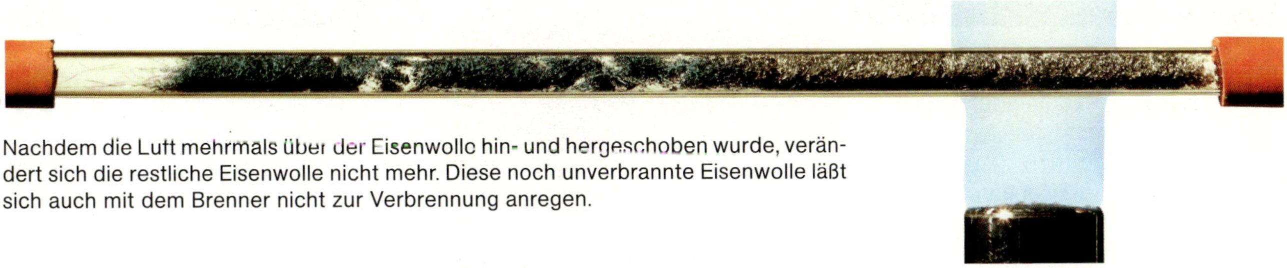

9

Nachdem die Luft mehrmals über der Eisenwolle hin- und hergeschoben wurde, verändert sich die restliche Eisenwolle nicht mehr. Diese noch unverbrannte Eisenwolle läßt sich auch mit dem Brenner nicht zur Verbrennung anregen.

Im Kolbenprober sind nur noch 80 ml *Restluft* übriggeblieben; 20 ml der Luft sind verbraucht worden.

Die **Luft** besteht also aus mindestens zwei verschiedenen Bestandteilen: In der *Restluft* ist eine Verbrennung nicht möglich, in ihr „erstickt" die Flamme. Die Restluft besteht hauptsächlich aus **Stickstoff**.

Der Bestandteil der Luft, der für die Verbrennung erforderlich ist, heißt **Sauerstoff** (chemische Bezeichnung: *Oxygenium*; von griech. *oxys:* scharf, sauer; *gennan:* erzeugen).

Wo ist nun in unserem Versuch der Sauerstoff geblieben?

Zwischen dem Eisen und dem Sauerstoff ist eine **chemische Reaktion** abgelaufen. Dabei haben sich Eisen und Sauerstoff miteinander zu einem neuen Stoff verbunden, dem **Eisenoxid**.

Diese chemische Reaktion kann man auch folgendermaßen ausdrücken:

Eisen + Sauerstoff → Eisenoxid | exotherm.

Eine solche Reaktion mit Sauerstoff wird **Verbrennung** genannt. Dabei kommt zum Eisen der Sauerstoff hinzu. Deswegen hat das Eisenoxid auch eine größere Masse als das eingesetzte Eisen. Das Eisenoxid ist das *Verbrennungsprodukt* des Eisens.

Die *Verbrennung* ist ein chemischer Vorgang, der unter Licht- und Wärmeabgabe erfolgt. Meistens verbindet sich dabei ein Stoff mit Sauerstoff; dann bezeichnet man diesen Vorgang als **Oxidation**. (Der Begriff wurde von der chemischen Bezeichnung für Sauerstoff abgeleitet.) Dabei entsteht ein **Oxid**.

Aufgaben

1 Die Brandschutztür (Bild 1) besteht aus *Eisen*, damit sich ein Feuer nicht ausbreiten kann.

Eisenwolle läßt sich leicht entzünden; sie brennt sogar heftig, sobald man etwas Luft hineinbläst (Bild 2).

Ist das nicht ein Widerspruch? Begründe deine Antwort.

1

2 Betrachte noch einmal Bild 6 auf der vorhergehenden Seite.

a) Ob man den Sauerstoffverbrauch auch mit einem einzigen Kolbenprober messen könnte? Schreibe deine Überlegungen auf.

b) Erkläre, warum nicht die gesamte Eisenwolle verbrennt.

c) 100 ml Sauerstoff wiegen 0,13 g. Um wieviel Gramm ist das Eisenoxid schwerer als das Eisen vor dem Verbrennen?

3 Nenne den chemischen Fachausdruck für eine Verbrennung.

Beschreibe dann die wesentlichen Vorgänge, die dabei ablaufen.

4 Erhältst du unterschiedliche Ergebnisse, wenn Eisen einmal in Luft und einmal in Sauerstoff verbrennt?

Mußt du dazu verschiedene Reaktionsschemata aufstellen? Erkläre!

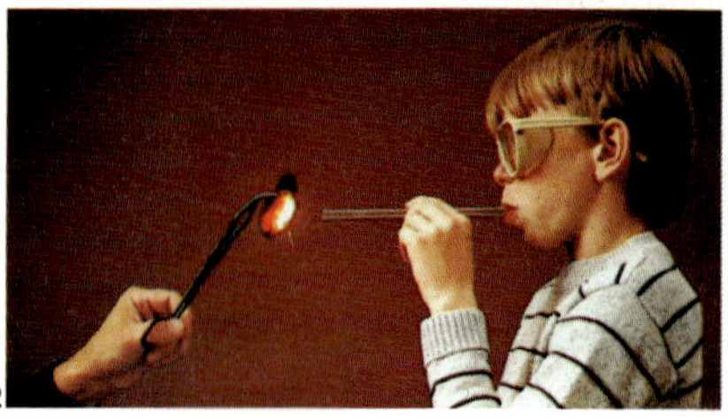
2

Aus Umwelt und Technik: **Schmieden und Schneiden von Eisen**

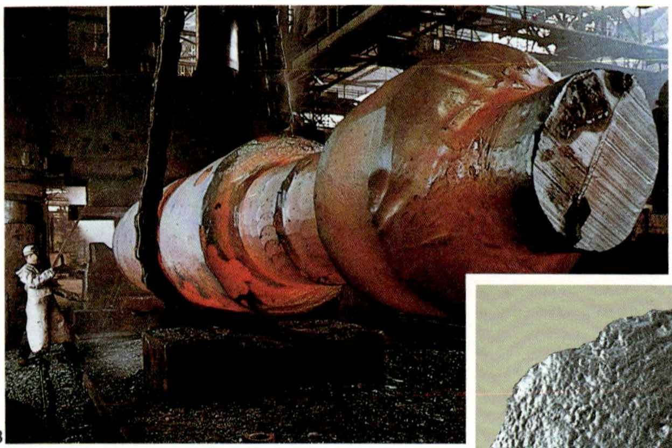
3

4

5

6

Auf den Bildern 3 u. 4 wird jedesmal ein Eisenstück geschmiedet. Das Eisen muß rotglühend sein, sonst läßt es sich nicht verformen.

Doch nicht das Eisenstück selbst soll uns hier interessieren, sondern das, was rundherum am Boden liegt: der **Hammerschlag** (Bild 5).

Der Begriff ist dir in dieser Bedeutung noch unbekannt, aber den Stoff selbst kennst du schon: Es ist ein Verbrennungsprodukt des Eisens, also Eisenoxid. Du kannst dir sicher vorstellen, daß das Eisen oxidiert wird, wenn man es bis zur Rotglut erhitzt. Es wird aber nur dort oxidiert, wo der Sauerstoff aus der Luft hinzukommen kann, also an der Oberfläche.

Der Schmied formt das Eisen auf dem Amboß durch Schläge mit dem Hammer. Dabei platzt das Eisenoxid von der Oberfläche ab und fällt als Hammerschlag zu Boden.

Im Stahlwerk geschieht das Formen des Eisenstückes z. B. in den sogenannten Schmiedepressen.

Eisenoxid spielt eine wichtige Rolle beim Schneiden dicker Eisen- oder Stahlblöcke (Bild 6): Das Eisenstück wird zunächst an der Stelle, an der es geschnitten werden soll, bis zum Glühen erhitzt. Dann bläst man reinen Sauerstoff auf die glühende Stelle.

Die Folge ist: Das Eisen verbrennt, und das Eisenoxid wird weggeschleudert. So entsteht ein schmaler Spalt, der schließlich das Eisenstück zerteilt. Auf diese Weise kann man sogar mehrere Meter dicke Eisenblöcke zerschneiden.

5863

2 Weitere Metalle reagieren mit Sauerstoff

V 8 Nun untersuchen wir, ob auch andere Metalle verbrennen oder verglühen. Vergleiche jedesmal die Eigenschaften (z. B. Farbe, Oberfläche, Biegsamkeit, elektrisches Leitvermögen) der Stoffe vor und nach dem Verbrennen.

Fertige zum Eintragen der Ergebnisse eine Tabelle an.

a) Zunächst werden ein paar Stückchen *Zink* in einem Verbrennungslöffel (oder einer Metallschale) aus Stahl kräftig erhitzt.

b) Halte nun einen kleinen Streifen *Magnesium*band mit der Tiegelzange in die Brennerflamme. Vorsicht, sieh dabei nicht direkt in die Flamme! Das helle Licht ist schädlich für die Augen.

c) Diesmal hältst du ein Stückchen *Kupfer*blech in die Brennerflamme.

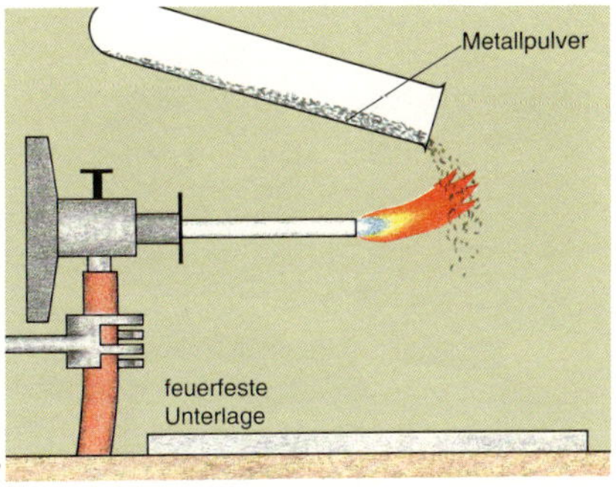

7

V 9 Mit dem Versuchsaufbau von Bild 7 können wir unterschiedliche Metallpulver untersuchen. Dazu wird der Brenner waagerecht am Stativ befestigt und eine rauschende Flamme eingestellt.

a) Wir geben eine Spatelspitze *Magnesium*pulver [F] in ein Reagenzglas. Dann lassen wir es aus dem Glas langsam durch die Flamme rieseln. (Schutzbrille! Eventuell mit den Fingern gegen das Glas klopfen.)

b) Auf die gleiche Weise lassen wir Pulver z. B. von Eisen, Kupfer, Zink [F] und Aluminium durch die Flamme rieseln. Vergleiche!

Wenn Metalle mit Sauerstoff reagieren

Nicht nur Eisen, sondern auch andere Metalle können mit Sauerstoff reagieren. Dabei entsteht jedesmal eine **Verbindung** des Metalls mit Sauerstoff, ein **Metalloxid**.

Magnesium + Sauerstoff → Magnesiumoxid
$2\,Mg + O_2 \rightarrow 2\,MgO$
Aluminium + Sauerstoff → Aluminiumoxid
$4\,Al + 3\,O_2 \rightarrow 2\,Al_2O_3$

Allgemeine Reaktionsgleichung für die Oxidation der Metalle:
Metall + Sauerstoff → Metalloxid.

Die Metalloxide sind also die **Oxidationsprodukte der Metalle**. Sie haben immer andere Eigenschaften und eine größere Masse als die Metalle, aus denen sie entstanden sind.

Bei der Oxidation der Metalle entstehen nicht nur neue Stoffe, es wird auch **Energie** in Form von Licht und Wärme frei.

So wird z. B. bei der Oxidation von Magnesium so viel Wärme frei, daß sich der Stoff stark aufheizt und grell leuchtet. Auch das Aufglühen des Eisens und der anderen Metalle beruht auf dieser freiwerdenden Wärme.

Die Reaktionen verlaufen also exotherm. Das drücken wir in der Reaktionsgleichung wie bisher aus:
Metall + Sauerstoff → Metalloxid | exotherm.

Allerdings beginnt die Reaktion eines Metalls mit Sauerstoff erst, wenn das Metall an einer Stelle stark erhitzt wird. Es muß also zunächst einmal *Aktivierungsenergie* zugeführt werden.

Aufgaben

1 Bei einem **Versuch** werden 6,5 g Zink verbrannt. Das Verbrennungsprodukt ist um 1,6 g schwerer als das Zink vor dem Verbrennen. Woran liegt das?

2 Zink, Kupfer und Magnesium werden verbrannt. Was haben diese Reaktionen gemeinsam, und worin unterscheiden sie sich?

3 Beim Turnen an bestimmten Geräten reibst du dir vielleicht die Hände mit *Magnesia* ein. Das ist ein lockeres, weißes Pulver; es ist häufig zu einem Klumpen zusammengepreßt.

Magnesia ist ein anderer Name für Magnesiumoxid. Wie könnte man es selbst herstellen?

4 Bei einem Versuch wurde ein blankes Stück Kupferblech zu einem „Briefchen" zusammengefaltet. Anschließend wurde es kräftig in der Brennerflamme erhitzt.

Bild 8 zeigt, wie das „Briefchen" nach dem Abkühlen und Auseinanderfalten aussah. Beschreibe und erkläre das Ergebnis.

8

5 Die Oxidation der Metalle verläuft *exotherm*. Erkläre, was man darunter versteht.

6 Beschreibe die Reaktion von Zink mit Sauerstoff. Verwende dabei den Begriff *Aktivierungsenergie*.

7 Früher gab es Blitzlampen, die aus einem kleinen Glaskolben bestanden. Darin befanden sich dünne Aluminiumfäden, die von Sauerstoff umgeben waren.

Beschreibe die Reaktion, die ablief, wenn eine solche Blitzlampe gezündet wurde.

Was kannst du über die Massen der beteiligten Ausgangsstoffe und der Reaktionsprodukte sagen?

Aus Umwelt und Technik: **Metalloxide gestalten unsere Umwelt farbig**

Vielleicht hast du schon einmal einen Töpferkurs besucht: Zuerst werden aus Ton die verschiedensten Gefäße und Figuren geformt; dann erhalten einige Stücke eine *Glasur*. Diese glasierten Gegenstände leuchten nach dem Brennen in den schönsten Farben (Bild 1).

1

2

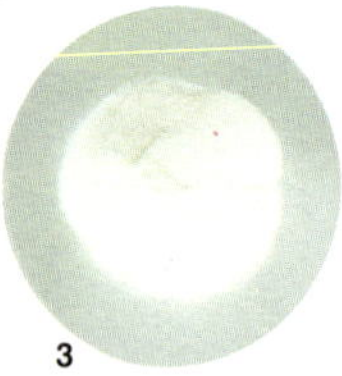
3

4

5

Die Glasuren sind glasähnliche Überzüge, die auf die Gegenstände aufgeschmolzen werden. Das geschieht in Brennöfen bei Temperaturen von über 1000 °C.

Für farbige Glasuren braucht man Färbemittel, die solche hohen Temperaturen aushalten. Es sind bestimmte Metalloxide (z. B. Bild 2: Bleioxid, Bild 3: Magnesiumoxid, Bild 4: Quecksilberoxid, Bild 5: Bleidioxid).

Ein farbiges Metalloxid kennst du vielleicht schon: Es ist die orangerote *Bleimennige* – ein Bleioxid, das zur Herstellung von Rostschutzfarbe verwendet wird.

Die folgende Übersicht zeigt, welche Farben man mit den verschiedenen Metalloxiden beim Glasieren erzeugen kann. Durch Mischen der Metalloxide untereinander kann man verschiedene Farben und Farbtöne erreichen.

Metalloxid	Farbe
Eisenoxid	rot, braun
Bleioxid	violett
Cobaltoxid	cobaltblau
Chromoxid	grün
Manganoxid	braun

6

Glasuren mit Metalloxiden werden nicht nur zum Verzieren selbstgetöpferter Gegenstände verwendet. In der Industrie stellt man auf ähnliche Weise farbiges Porzellan (Bild 6) her. Auch kunstvolle Gläser, Kacheln und Keramiken werden mit Metalloxiden gefärbt (Bild 7).

Einige Metalloxide sind jedoch giftig. Besondere Vorsicht ist geboten, wenn man Keramikgefäße benutzt, deren Glasuren *Bleioxide* enthalten. Solche Gefäße sollten nicht mit Lebensmitteln in Berührung kommen.

Bei uns werden meist ungiftige Metalloxide zum Glasieren von Gebrauchsgegenständen verwendet.

Diese Gefäße tragen einen entsprechenden Hinweis: z. B. *lebensmittelgeeignet*. Bei im Ausland gekauften, billigen Keramikgefäßen ist jedoch die Gefahr groß, daß die Glasuren giftige Metalloxide enthalten.

7

5869

Aus Umwelt und Technik: **Wunderkerzen und Magnesiumfackeln**

8

Wunderkerzen (Bild 8) sind nicht nur zur Weihnachtszeit sehr beliebt. Weißt du eigentlich, daß sie zum größten Teil aus Metall bestehen (→ Bauanleitung unten)?

Die hellen „Sterne" der Wunderkerze entstehen, wenn die winzigen Aluminium- und Eisenkörnchen mit hoher Temperatur „blitzartig" verbrennen. Das Bariumnitrat liefert dazu den Sauerstoff. Die Stärke ist nur als Bindemittel da, das die übrigen Bestandteile zusammenhält.

Mit Hilfe der Bauanleitung kannst du dir Wunderkerzen selbst herstellen. Du mußt dabei jedoch folgende Hinweise beachten: Wenn man Bariumnitrat einatmet oder verschluckt, ist es gesundheitsschädlich! Daher vorsichtig damit umgehen; Schutzbrille und Schutzhandschuhe tragen! Diese Wunderkerzen nicht in geschlossenen Räumen abbrennen!

Von Volksfesten oder Umzügen am Abend kennst du sicherlich die langen Fackeln, deren obere Enden mit offener Flamme brennen. Wenn diese Fackeln besonders hell leuchten, sind es meist **Magnesiumfackeln**.

Das Besondere an den Magnesiumfackeln ist, daß sie auch brennen, wenn sie nicht von Luft umgeben sind. Der zum Brennen notwendige Sauerstoff wird von einem Stoff geliefert, der schon mit dem Magnesium vermischt ist. Deshalb können Magnesiumfackeln sogar *unter Wasser* brennen (Bild 9).

9

Bauanleitung: **10 Wunderkerzen selbst gemacht**

Du brauchst dazu:

11 g Bariumnitratpulver [Xn],

1 g Aluminiumpulver [F],

5 g grobes Eisenpulver,

3 g Stärke,

10 dünne Eisenstäbe
(z. B. Stahlstricknadeln ohne Kunststoffüberzug, alte Fahrradspeichen, Stücke von dickem Blumendraht).

So wird's gemacht:

Zunächst werden die Zutaten in einem Becher sorgfältig miteinander vermischt. Dann gibst du ein wenig kochendes Wasser hinzu und verrührst alles zu einem steifen Brei. Damit überziehst du die Eisenstäbe gut zur Hälfte.

Nachdem du deine Wunderkerzen auf der (lauwarmen!) Heizung gut getrocknet hast, kannst du sie im Freien anzünden.

3 Metalle verändern sich an der Luft

1

An diesem alten Berliner Wohnhaus (Bild 1) mußte ein Teil des Daches erneuert werden. Konnte man da nicht etwas anderes nehmen als ausgerechnet *Kupfer*?! Das paßt doch gar nicht zu den alten grünen Teilen des Daches!

So denkst du vielleicht auch. Aber du wirst staunen: Das Kupfer „paßt" doch! Auch die grünen Teile waren nämlich einst blankes Kupfer!

V 10 Unsere 1-Pf- und 2-Pf-Münzen sind mit einer dünnen Schicht aus Kupfer überzogen.

Vergleiche alte und neue Münzen miteinander – und mit dem Kupfer von Bild 1.

Gelingt es dir, eine alte Münze mit feinem Sandpapier wieder blankzuschmirgeln?

V 11 Reibe ebenso ein altes Aluminiumgefäß oder ein Stück Aluminiumblech an einer Stelle sorgfältig mit Sandpapier ab.

Kannst du anschließend einen Unterschied erkennen?

V 12 *(Lehrerversuch)* Von einem Stück Blei [Xn] wird etwas abgeschnitten. Vergleiche die frische Schnittfläche mit der Oberfläche.

V 13 Baue den Versuch so auf, wie es Bild 2 zeigt.

Hat sich die *Eisen*wolle nach ein paar Tagen verändert? Beachte auch den Wasserspiegel. Versuche, das Ergebnis zu erklären.

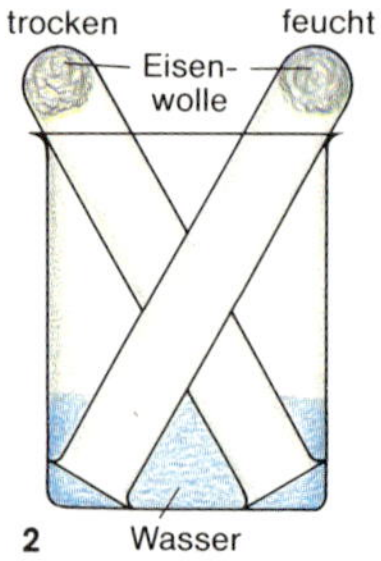

2

V 14 Wir bauen einen Stromkreis nach Bild 3 auf. In die Prüfstrecke klemmen wir ein Stück *Kupfer*draht und schließen kurz den Schalter.

Der Versuch wird mit *Aluminium*draht wiederholt. Vergleiche!

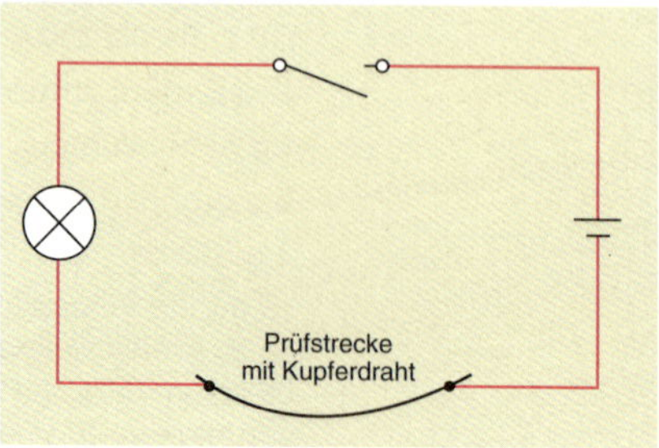

3

7585

Edle und unedle Metalle

Viele Metalle zeigen ein großes **Bestreben, sich mit Sauerstoff zu Oxiden zu verbinden**. Sie reagieren daher schon mit dem Sauerstoff aus der Luft, ohne erhitzt zu werden. Dabei überziehen sie sich mit einer Oxidschicht.

Diesen Vorgang nennt man **langsame** oder **stille** Oxidation. Sie läuft ohne Flammenerscheinung ab.

Das Bestreben, sich mit Sauerstoff zu verbinden, ist bei den verschiedenen Metallen unterschiedlich groß. Das kann man gut beobachten, wenn man nacheinander verschiedene Metallpulver z. B. wie in Bild 4 erhitzt oder – wie in Versuch 9 – durch eine Flamme rieseln läßt.

Die Beobachtungen sind in der nebenstehenden Übersicht zusammengestellt.

Je heller das Metall bei der Reaktion mit Sauerstoff in der Flamme leuchtet, desto größer ist sein Bestreben, sich mit Sauerstoff zu verbinden; man sagt auch: – desto **unedler** ist das Metall.

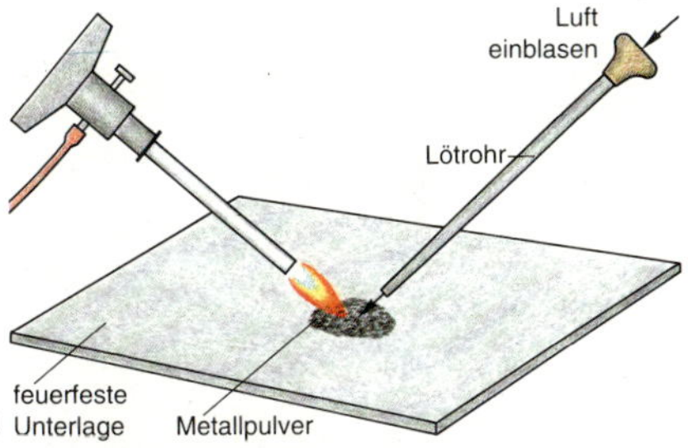

4

Metalle in der Brennerflamme

Metall	Leuchterscheinung
Aluminium	hellweiß
Eisen	rotgelb
Kupfer	dunkelrot, solange man erhitzt
Magnesium	grellweiß
Silber	keine, denn das Metall schmilzt nur
Zink	gelbweiß

Umgekehrt sagt man: Je **edler** ein Metall ist, desto geringer ist sein Bestreben, sich mit Sauerstoff zu verbinden. Das gilt sowohl für die Oxidation in der Brennerflamme als auch für die langsame (stille) Oxidation an der Luft.

Wenn wir das Verhalten einiger Metalle gegenüber dem Sauerstoff vergleichen, können wir die sogenannte **Oxidationsreihe der Metalle** aufstellen (Bild 5).

Als **Edelmetalle** bezeichnet man diejenigen Metalle, die weder in der Brennerflamme noch an der Luft oxidiert werden. Sie behalten immer ihren schönen metallischen Glanz. Das ist auch der Grund dafür, daß sie so begehrt sind.

Edelmetalle sind auch die einzigen Metalle, die man in der Natur rein (man sagt auch: *gediegen*) finden kann; sie kommen also als Elemente vor. Von allen übrigen Metallen gibt es dort nur Verbindungen mit anderen Stoffen.

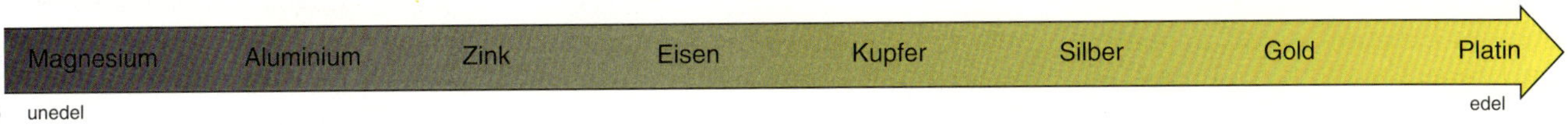

5

Aufgaben

1 Lege eine Tabelle mit folgenden Spalten an: Name des Metalls, Aussehen, Umwelteinfluß, Aussehen des Oxids. Trage darin alle Stoffe ein, die in den letzten Versuchen untersucht wurden.

2 Schreibe zu den Reaktionen in den letzten Versuchen jeweils die Wortgleichung auf. Denke daran, daß dabei Wärme frei wird.

3 Was haben die Verbrennung der Metalle und die stille Oxidation gemeinsam?

Gib auch an, wodurch sich die beiden chemischen Reaktionen voneinander unterscheiden.

4 Versuche zu erklären, warum der Rost von Versuch 13 anders aussieht als das Eisenoxid, das beim Verglühen von Eisen entstanden ist.

5 Der Haken von Bild 6 ist nur dort angerostet, wo er nicht im Holz steckte. Erkläre!

6 Erkläre, warum die unedlen Metalle in der Natur nicht als Elemente, sondern nur in Form von Verbindungen vorkommen.

6

7 Ordne die Metalle aus der Übersicht *Metalle in der Brennerflamme* nach der Heftigkeit der Reaktion. Beginne mit der heftigsten.

8 Wie würde reines Gold in der Brennerflamme reagieren? Begründe deine Antwort.

9 Warum bezeichnet man eine bestimmte Stahlsorte als *Edelstahl*?

10 Bild 7 zeigt einige alte Münzen. Welche sind vermutlich aus einem Edelmetall hergestellt worden? Begründe deine Annahme.

7

Aus Umwelt und Technik: **Umwelteinflüsse können Metalle zerstören**

Viele Metalle sind gegenüber Umwelteinflüssen äußerst empfindlich. Wasser und Luft können sie nämlich verändern: An der Oberfläche der Metalle bilden sich Oxide. Dies kann sich vorteilhaft auswirken, aber auch sehr unerwünscht sein.

Bei Aluminium, Blei, Kupfer oder Zink ist die Oxidbildung an der Oberfläche im allgemeinen **vorteilhaft.**

Beim Aluminium zum Beispiel wirkt die Oxidschicht wie eine Schutzhülle. Sie ist schon bei einer Dicke von nur einigen tausendstel Millimetern so fest und dicht, daß keine Luft mehr hindurchdringen kann. Dadurch wird das darunterliegende Metall vor weiterem Oxidieren geschützt.

Die Oxidschicht des Kupfers ist eigentlich schwarz; das konntest du in den Versuchen feststellen. Durch längeres Einwirken von Feuchtigkeit und chemischen Stoffen aus der Luft (z.B. Kohlenstoffdioxid oder Schadstoffe aus Industriebetrieben) entsteht jedoch an der Oberfläche des

1 Eisenoberfläche, durch die Lupe gesehen

2 Rost, durch die Lupe gesehen

Kupfers die grüne *Patina*. Sie ist aufgrund ihrer Farbe besonders beliebt.

Bei anderen Metallen wirken sich die Umwelteinflüsse jedoch **nachteilig** aus; Wasser und Luft können sie sogar zerstören.

Eisen (Bild 1) ist davon besonders betroffen: Durch das Rosten entstehen große Schäden. Alljährlich wird etwa ein Drittel des Eisens, das auf der Welt gewonnen wird, durch Rost (Bild 2) wieder vernichtet. Das sind etwa 300 Mio. t Eisen – soviel, wie in 333 Mio. Autos der Mittelklasse enthalten sind – eine unvorstellbar große Menge!

Auch der Rost ist ein Eisenoxid – aber ein anderes, als wir bisher kennengelernt haben. Nur bei der Oxidation von Eisen in *trockener* Luft entsteht das uns bekannte Eisenoxid, in *feuchter* Luft entsteht Rost. Chemiker bezeichnen den Rost deshalb als *wasserhaltiges Eisenoxid.*

Rost ist porös und bröckelig; Luft und Feuchtigkeit können die Rostschicht an der Oberfläche des Eisens durchdringen und auch das darunterliegende Eisen angreifen. Der Rostvorgang geht dann so lange weiter, bis der Gegenstand durch und durch verrostet ist.

Um das Rosten zu verhindern, muß die Oberfläche von Gegenständen aus Eisen und Stahl vor Umwelteinflüssen geschützt werden. In den Bildern 3–6 sind dazu verschiedene Möglichkeiten dargestellt.

3

4

5

6

Fragen und Aufgaben zum Text

1 Beschreibe, wie in den Bildern 3–6 Eisen vor Umwelteinflüssen geschützt wird.

2 Wieso kann man behaupten, Aluminium schütze sich selbst vor Umwelteinflüssen?

3 Viele Gegenstände (zum Beispiel Laternenpfähle, Zaunpfähle, Schrauben und Nägel) werden verzinkt, um so vor dem Rosten geschützt zu sein. Dabei ist Zink doch ein unedleres Metall als Eisen! Versuche, für dieses Verfahren eine Erklärung zu finden.

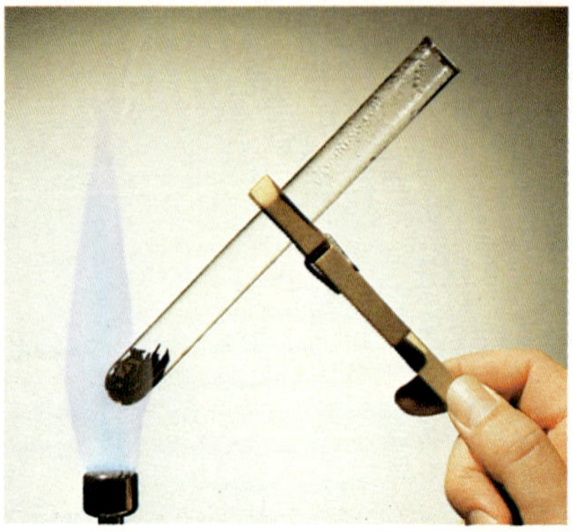

7

4 Wenn man in einem **Versuch** etwas Rost erhitzt, setzen sich im Reagenzglas Wassertröpfchen ab (Bild 7).

Überlege, woher wohl dieses Wasser kommen könnte.

5 Auch bei der langsamen Oxidation wird Wärme frei.

Warum macht sich diese Wärme nicht bemerkbar?

716

Alles klar?

1 Wenn man Zink verbrennt, erhält man Zinkoxid. Das ist ein anderer Stoff als Zink. Woran kann man das erkennen?
Schreibe die Wort- und Reaktionsgleichung für diese Reaktion auf.

2 Max fragt: „Was geschieht, wenn man Metall in einem, luftleeren Raum stark erhitzt?" Was würdest du antworten?

3 Sauerstoff wird als „brandfördernd" bezeichnet, obwohl das Gas selbst nicht brennt. Erkläre!

4 Nenne einige Verwendungsmöglichkeiten von Metalloxiden. Welche Eigenschaften nutzt man dabei aus?

5 Magnesiumfackeln können sogar unter Wasser brennen. Erkläre, wie das möglich ist.

6 Beim Turnen an Geräten reiben sich die Sportler manchmal die Hände mit *Magnesia* ein. Das ist ein lockeres, weißes Pulver, das oft zu einem Klumpen zusammengepreßt ist. Magnesia ist ein anderer Name für Magnesiumoxid. Wie könntest du es herstellen?

7 Tina meint: „Im Winter muß ein Auto viel häufiger gewaschen werden als im Sommer."
Harry ist entschieden dagegen: „Das lohnt sich doch gar nicht bei *dem* Matsch auf den Straßen!" Was meinst du?

8 Aluminium ist ein unedleres Metall als Eisen. Trotzdem rostet Eisen, Aluminium aber nicht. (Aluminium wird aufgrund dieser Eigenschaft gern im Haushalt und beim Bauen verwendet.)
Woran liegt das?

9 Wie würde reines Gold in einer Flamme reagieren?

10 Je unedler die Metalle sind, desto leichter oxidieren sie – desto schwieriger lassen sich aber die Metalle aus ihren Oxiden zurückgewinnen. Versuche, dies an einem Beispiel zu erklären.

11 Was versteht man unter „exotherm"?

12 Hier verbrennt zweimal ein Büschel Eisenwolle (Bilder 8 u. 9). In welchem Fall ist es von reinem Sauerstoff umgeben?

8

9

4 Zusammenfassung

Metalle reagieren mit Sauerstoff

Viele Metalle lassen sich durch starkes Erhitzen an der Luft entzünden.
Den Metallen wird so **Aktivierungsenergie** zugeführt, damit eine chemische Reaktion beginnt.

Die Metalle reagieren dann mit dem Sauerstoff der Luft. Dabei wird nach dem „Starten" der Reaktionen Energie (in Form von Licht und Wärme) frei. Die Reaktionen verlaufen also unter **Abgabe von Energie**; sie sind **exotherm**.

Wenn sich ein Metall mit Sauerstoff verbindet, findet eine **Oxidation** statt.
Das Reaktionsprodukt ist dann ein **Metalloxid**.

Die allgemeine Reaktionsgleichung für die Oxidation von Metallen lautet:
Metall + Sauerstoff → Metalloxid | exotherm

Auch an der Luft bilden viele Metalle eine Oxidschicht, ohne daß sie dabei erhitzt werden müssen.
Dieser Vorgang wird als *langsame Oxidation* oder als **stille Oxidation** bezeichnet.
Auch die stille Oxidation ist eine exotherme Reaktion.

10

Die Masse eines Oxids setzt sich zusammen aus der Masse des Metalls und der Masse des Sauerstoffs. Deshalb haben die **Oxide** eine **größere Masse** als die eingesetzten Metalle.
Die Oxide haben auch sonst ganz andere Eigenschaften als ihre Ausgangsstoffe.

Die Metalle haben ein unterschiedliches Bestreben, sich mit Sauerstoff zu verbinden. Wir unterscheiden daher zwischen unedlen und edlen Metallen:
Je *größer* dieses Bestreben ist, desto **unedler** ist das Metall. Umgekehrt: Je **edler** ein Metall ist, desto *geringer* ist dieses Bestreben.

Nichtmetalle reagieren mit Sauerstoff

1 Kohlenstoff wird verbrannt

1

In dem **Wärmekraftwerk** von Bild 1 wird Steinkohle verbrannt, um elektrische Energie zu gewinnen. Dabei wird die übrig bleibende Wärme für Heizzwecke genutzt.

Der Steinkohlenvorrat auf dem Lagerplatz (1) reicht für ca. vier Monate. In den vier Brennkammern (2) lodern mehr als 20 m hohe Flammen. Die Turbinen und Generatoren zur Erzeugung der elektrischen Energie befinden sich im Maschinenhaus (3).

Überlege einmal: Hier werden täglich etwa 4000 t Kohle verbrannt! (Für deren Transport braucht man rund 100 Güterwagen oder drei bis vier Binnenschiffe.) Welche riesigen Mengen an *Verbrennungsprodukten* müssen daraus entstehen! Was sind das für Stoffe, und wo bleiben sie?

V 1 Holzkohle ist fast reiner *Kohlenstoff*. Etwas davon soll verbrannt werden. Dazu wird ein kleines Stück Holzkohle auf einer Magnesiarinne gewogen, dann in die Brennerflamme gehalten und erneut gewogen.

Welche Beobachtungen erwartest du? Begründe deine Vermutungen.

V 2 Nun soll die Verbrennung von Holzkohle in einem „geschlossenen System" ablaufen (Bild 2) – so wie die Reaktion von Eisen mit Sauerstoff.

Dazu wird etwas Holzkohle (oder Aktivkohle) zunächst im Verbrennungsrohr erwärmt (damit sie trocknet). Dann wird ein Kolbenprober mit 100 ml Sauerstoff gefüllt, der zweite Kolbenprober bleibt leer.

Nun wird die Holzkohle erhitzt. Dabei schieben wir die Stempel in den Kolbenprobern langsam hin und her. Beschreibe deine Beobachtungen.

V 3 Damit wir das Ergebnis von Versuch 2 besser auswerten können, prüfen wir das Gas im Kolbenprober (Schutzbrille!).

a) Die Hälfte des Gases wird über Wasser aufgefangen (wie das Restgas bei der Reaktion von Eisen mit Sauerstoff). In das Gas wird ebenfalls ein brennender Holzspan eingeführt. Was erwartest du?

b) Wir geben in ein Reagenzglas etwa 2 cm hoch *Kalkwasser* [C]. Dann leiten wir den Rest des Gases aus dem Kolbenprober hindurch.

Zum Vergleich leiten wir etwas *Stickstoff* durch Kalkwasser.

V 4 Wir erhitzen noch einmal Holzkohle im Verbrennungsrohr und blasen ständig *Luft* hindurch (Bild 3). Das Verbrennungsprodukt leiten wir wieder durch Kalkwasser [C].

Erwartest du ein anderes Ergebnis als in den Versuchen 2 und 3? Begründe deine Antwort.

V 5 Feste *Brennstoffe* enthalten viel Kohlenstoff. Was entsteht bei ihrer Verbrennung?

Wir erhitzen *Holzspäne* wie in Bild 3; das Verbrennungsprodukt leiten wir durch Kalkwasser [C]. Beobachte auch das Verbrennungsrohr.

Der Versuch wird mit einigen *Papierkügelchen* und etwas *Steinkohle* wiederholt (Abzug!). Vergleiche!

V 6 Wir befestigen einen trockenen Standzylinder mit der Öffnung nach unten am Stativ. Unter die Öffnung stellen wir für kurze Zeit eine brennende *Kerze* und verschließen das Gefäß. Was kannst du beobachten?

Wie würdest du den Inhalt des Standzylinders untersuchen?

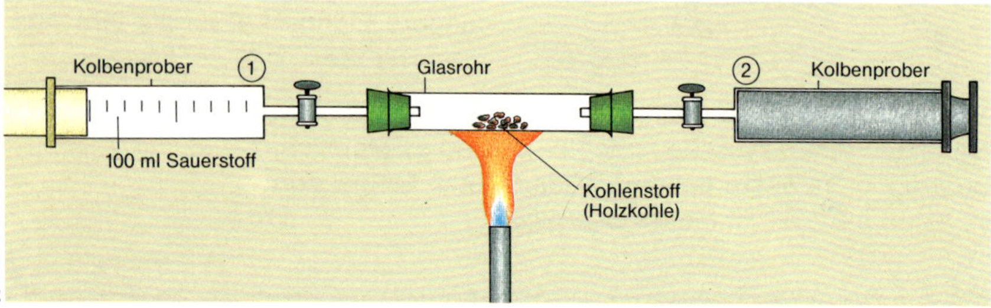

2

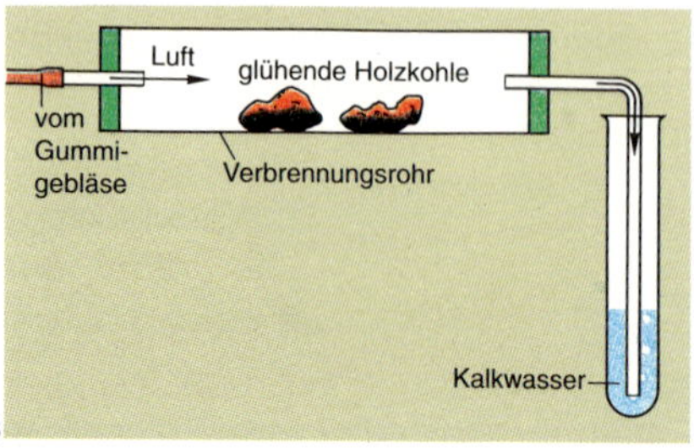

3

6117

Aus Umwelt und Technik: **Kohlenstoffdioxid bei der Brandbekämpfung**

Immer wieder kommt es zu Bränden, bei denen das Löschen mit Wasser nicht gelingt. Oft werden dabei sogar noch größere Schäden angerichtet als durch das Feuer selbst (→ dazu den nebenstehenden Zeitungsausschnitt).

> **Explosion in der Fettpfanne**
>
> Zwei Jungen im Alter von elf und fünfzehn Jahren lösten gestern bei der Zubereitung von Pommes frites eine Fettexplosion aus, die erhebliche Schäden anrichtete. Zur Explosion kam es, als die Jungen brennendes Fett mit Wasser löschen wollten. Eine Druckwelle ließ Decken und Wände einreißen. Auch die darüber und darunter liegenden Wohnungen wurden in Mitleidenschaft gezogen. Die Jungen blieben unverletzt.

Wie du aus dem **Brandklassenschema** weiter unten ablesen kannst, ist Wasser zum Löschen nur für Brände der Klasse A geeignet. Da durch die Flüssigkeit oft ein zusätzlicher, hoher Schaden entsteht, werden heute für kleinere Brände fast nur noch **Pulverlöscher** (Bild 4) verwendet.

Als Löschmittel dient häufig ein sehr feines Pulver, das die brennenden Stoffe ganz abdeckt. In der Hitze zersetzt es sich außerdem; dabei wird Kohlenstoffdioxid frei, das die Flammen erstickt. Um das Pulver aus einem solchen Löscher herauszutreiben, befindet sich innen ein Druckbehälter mit Kohlenstoffdioxid.

Diese Feuerlöscher (man bezeichnet sie auch als *Trockenlöscher*) lassen sich abstellen; man kann also z. B. mit kurzen Pulverstößen löschen. Reste kann man jedoch nicht aufheben; die Löscher verlieren nämlich innerhalb weniger Stunden den „Druck".

Für Brände der Klasse B werden sog. **Kohlenstoffdioxidlöscher** (Bild 5) verwendet. (Oft findet man noch die alte Bezeichnung *Kohlendioxidlöscher.*)

In den Stahlflaschen befindet sich das Kohlenstoffdioxid unter hohem Druck. Wenn die Feuerlöscher betätigt werden, strömt das Gas aus. Dabei bildet sich zum Teil weißer Kohlenstoffdioxid-Schnee.

Da Kohlenstoffdioxid keine Rückstände hinterläßt und den elektrischen Strom nicht leitet, werden solche Löscher häufig bei Bränden in elektrischen Schaltanlagen oder Computeranlagen, bei wertvollen Maschinen oder bei Flüssigkeitsbränden eingesetzt.

Bei Bränden der Klasse D darf nur ein **Spezialpulver** zum Löschen verwendet werden. Wasser, Kohlenstoffdioxid und andere Löschpulver können nämlich sehr heftig – zum Teil explosionsartig – mit brennenden Metallen reagieren.

4

Brandklassenschema	A	B	C	D
Folgende Löschmittel sind zugelassen:	**Brände fester Stoffe, die normalerweise unter Glutbildung verbrennen;** z. B. Holz, Papier, Stroh, Kohle, Textilien, Autoreifen	**Brände von flüssigen (flüssig werdenden) Stoffen;** z. B. Benzin, Öle, Fette, Lacke, Harze, Wachse, Teer, Ether, Alkohole, Kunststoffe	**Brände von Gasen;** z. B. Methan, Propan, Wasserstoff, Acetylen, Stadtgas	**Brände von Metallen;** z. B. Aluminium, Magnesium, Lithium, Natrium, Kalium, und deren Legierungen
ABC-Löschpulver	■	■	■	
D-Löschpulver				■
Wasser	■			
Schaum	■	■		
Kohlenstoffdioxid		■		

5

Bauanleitung: **Ein einfacher Schaumlöscher**

Du brauchst:

1 Erlenmeyerkolben (300 ml),
1 doppelt durchbohrten Stopfen,
1 Scheidetrichter,
1 rechtwinklig gebogenes Glasrohr,
3 Spatellöffel Natriumhydrogencarbonat,
2 Spatellöffel Weinsäure (kristallisiert) Xi,
1 Spatellöffel Saponin (oder Spülmittel),
Schutzbrille.

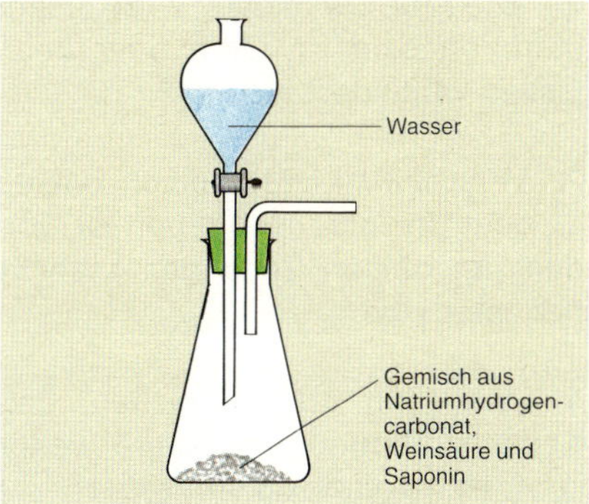

6

So wird's gemacht:

Zunächst werden die Chemikalien gründlich miteinander vermischt und in den Erlenmeyerkolben gefüllt. Dann bauen wir die Geräte nach Bild 6 zusammen.

Nun schütten wir Wasser in den Scheidetrichter. Der Hahn am Trichter muß dabei geschlossen sein.

Sobald wir das Wasser in den Kolben fließen lassen, entwickelt sich Kohlenstoffdioxid. Es bildet mit dem saponinhaltigen Wasser einen dichten Schaum, der aus dem Winkelrohr austritt.

3 Kohlenstoffmonooxid – ein gefährliches Verbrennungsprodukt

1 Wer Bescheid weiß, kann die Gefahr erkennen!

Tödlicher Grillabend

ap Frankfurt. Auf tragische Weise ist eine 39jährige Frau, Mutter von drei Kindern, nach einem Grillabend am Wochenende in Hattersheim bei Frankfurt ums Leben gekommen. Nach den Ermittlungen der Polizei hatte die Frau mit ihrem 37 Jahre alten Ehemann nach dem Grillen auf dem Balkon den Grillofen mit Restglut in das Wohnzimmer gestellt, möglicherweise um die Glut zum Aufwärmen des Raumes zu nutzen, denn die Fenster waren geschlossen. Die Restglut entwickelte giftiges Kohlenmonoxid, das die Eheleute bewußtlos machte und bei der Frau später zum Tod führte.

Was ist Kohlenstoffmonooxid, und wie wirkt es?

Beim Verbrennen von Kohle und anderen Brennstoffen entsteht nicht nur Kohlenstoffdioxid. Dabei bildet sich auch immer ein wenig **Kohlenstoffmonooxid**. (Früher wurde es *Kohlenmonoxid* oder nur kurz *Kohlenoxid* genannt.)

Wenn genügend frische Luft vorhanden ist, verbrennt dieses Gas sofort wieder zu Kohlenstoffdioxid.

Kohlenstoffmonooxid bildet sich nur, wenn Sauerstoffmangel herrscht.

Dieses Verbrennungsprodukt des Kohlenstoffs ist ein farbloses, geruchloses Gas. Es hat eine etwas geringere Dichte als Luft.

Im Gegensatz zum Kohlenstoffdioxid ist Kohlenstoffmonooxid brennbar. Es verbrennt mit blauer Flamme (Bild 2).

Kohlenstoffmonooxid ist ein **giftiges Gas**, denn es kann schon in ganz geringen Mengen großen Schaden anrichten. Zum Beispiel würden in einem Raum von 4 m Länge, 4 m Breite und 2,50 m Höhe bereits zwei Eimer voll Kohlenstoffmonooxid tödlich wirken.

Wie kommt es eigentlich zu der Giftwirkung dieses Gases?

Um diese Frage beantworten zu können, müssen wir uns zunächst klarmachen, was bei der **Atmung** im menschlichen Körper geschieht:

In der Lunge wird der Sauerstoff aus der Luft vom Blut aufgenommen. Er lagert sich an die roten Blutkörperchen an und wird durch das Blut im ganzen Körper verteilt. Damit steht der Sauerstoff überall für die lebensnotwendigen Verbrennungsvorgänge, die im Körper ablaufen, zur Verfügung.

2

Wenn jemand Luft mit Kohlenstoffmonooxid einatmet, setzt sich dieses Gas auf den roten Blutkörperchen fest. Es nimmt dort den Platz ein, den eigentlich der Sauerstoff innehaben müßte.

Das Blut dieses Menschen kann dann kaum noch Sauerstoff aufnehmen – die Verbrennungsvorgänge werden unterbrochen. Die Folgen sind Kopfschmerzen und Ohrensausen; auch Schwindelgefühl und sogar Bewußtlosigkeit und Tod können eintreten – je nachdem, wie lange er diesem Gas ausgesetzt war und wieviel er davon eingeatmet hat.

Das Kohlenstoffmonooxid im Blut kann nur schwer wieder durch Sauerstoff ersetzt werden. Bei einer schweren Kohlenstoffmonooxid-Vergiftung wird daher oftmals das Blut des Betroffenen ausgetauscht. Das heißt, man nimmt dem Verunglückten Blut ab und ersetzt es durch anderes von geeigneten Blutspendern.

Aufgaben

1 Trage die Eigenschaften von Kohlenstoffdioxid und Kohlenstoffmonooxid in eine Tabelle nach folgendem Muster ein.

Worin unterscheiden sich die beiden Gase, und was haben sie gemeinsam?

Eigenschaft	Kohlenstoffdioxid	Kohlenstoffmonooxid
Farbe	?	?
?	?	?

2 Wie kann die Bildung von Kohlenstoffmonooxid im Ofen oder beim Grillen verhindert werden?

3 Versuche zu beschreiben, wie es zu dem Unglück gekommen ist, von dem im obigen Zeitungsausschnitt berichtet wird.

4 Wie kann man erreichen, daß Kohlenstoffmonooxid sofort weiter zu Kohlenstoffdioxid verbrennt?

5 Was haben Kohlenstoffmonooxid und Kohlenstoffdioxid gemeinsam?

6 Warum ist Kohlenstoffmonooxid so gefährlich für den Menschen?

7 Auch in den Autoabgasen ist Kohlenstoffmonooxid enthalten. Beim TÜV werden die Abgase regelmäßig überprüft, ob der Anteil an diesem Gas nicht zu hoch ist. Begründe diese Maßnahme!

6119

Aus der Geschichte: **Als Kohlenstoffmonooxid noch unbekannt war**

Vor etwa 250 Jahren kannte man das Gas Kohlenstoffmonooxid noch gar nicht. Wohl aber wußte man von der giftigen Wirkung der „Ausdünstungen" schwelender Kohlen.

Damals wurde die folgende Geschichte einer Bäckerfamilie aufgeschrieben, die sich tatsächlich zugetragen haben soll.

Um den Text verstehen zu können, muß man wissen, daß die Backöfen früher mit Holz oder Kohle beheizt wurden. Damit man Heizmaterial sparte, verwendete man die Kohle, die beim Backen nicht vollständig verbrannt war, noch einmal.

Hier nun die Geschichte:

Wie giftige Dünste schwelender Kohlen den Tod etlicher Menschen herbeigeführet

Einst ließ ein Bäcker die Kohlen, so er aus seinem Ofen gezogen, in einen tiefen Keller schütten. Er schickte seinen Sohn, einen jungen starken Menschen, mit noch einem Korb Kohlen in den Keller, welcher sich auch mit einem brennenden Licht hinab begibet.

Als er die Treppen kaum halb hinunter ist, geht ihm schon das Licht aus, daher er ohne Verweilen umkehret und sein Licht wieder anbrennet. Ob es ihm hernach wieder ausgegangen, weiß man nicht: wohl aber, daß man ihn alsobald um Hilfe schreien gehöret.

Sein Bruder läuft ihm eiligst nach, fängt aber nicht lange danach an, um Hilfe zu rufen. Ihre Mutter und gleich nach ihr auch die Magd wollen sehen, was zu tun sei; es geht ihnen aber wie den beiden ersten, und niemand kommt wieder herauf.

In der Nachbarschaft wird gleich Lärmen laut, es drängt sich aber niemand groß darum, daß er helfen will, außer einem einzigen, der sich wollte sehen lassen, aber auch nach kurzem Geschrei um Hilfe zu den anderen niederfiel.

Endlich fasset ein Mann diesen Rat, daß er mit einem Haken versuchen solle, ob er nicht die Notleidenden herausziehen könne; es gelinget ihm auch mit der Magd, welche noch einige Lebenszeichen an der freien Luft verspüren ließ, daher man ihr ungesäumt durch Aderlassen helfen wolle, aber die Magd verschied unter ihren Händen.

Es wagt sich des Tages darauf ein Bauer, die entseelten Körper heraus zu holen, lässet sich deswegen ein Seil um den Leib binden und auf einer Leiter herunter lassen, mit der Abrede, man sollte ihn, wenn er schreien würde, alsobald herauf ziehen.

Er ist kaum hinab, da er schon wacker schreiet, allein zum größesten Unglück reißt das Seil, und der Bauer bleibet, wo die anderen waren, bis man ihn, weil er nicht weit hinein gelegen, mit dem Haken, aber tot, heraufgezogen..

Die Obrigkeit mußte endlich zutreten. Gab derowegen den Medicis, Chirurgis und Mäurern Befehl, die Sache zu untersuchen. Weil nun niemand anders glaubte, als es müßten die Kohlen etwa nicht recht ausgelöscht gewesen und im Keller wieder angegangen sein, ward Befehl erteilet, eine gute Quantität Wasser in den Keller zu lassen, damit solche ausgetan würden. Welches denn auch so weit glückete, daß man die Entseelten nach etlichen Tagen herauszog, auch konnte man nachdem ohne Gefahr im Keller aus- und eingehen.

Es könnten noch mehr von solchen Exempeln in ziemlicher Menge beigebracht werden, allein es wird wohl durch das schon angeführte genug erwiesen sein, daß ein solcher schädlicher Dampf in den Kohlen stecke, welcher eine so schlimme Wirkung verrichten kann.

Fragen und Aufgaben zum Text

1 Woran hätte der Sohn des Bäckers unbedingt denken müssen, als ihm beim Hinabsteigen in den Keller die Kerzenflamme ausging?

2 Wie hättest *du* dich verhalten, wenn du damals bei dem Unglück dabeigewesen wärest?

3 Welche Gase können sich im Keller des Bäckers befunden haben?

4 Was meinst du, warum die Magd an der frischen Luft nicht wieder zu sich gekommen ist?

5 Erkundige dich, was man unter „Aderlassen" versteht.

4 Schwefel und Schwefeldioxid

... Ein ganz alltäglicher Vorgang – aber was passiert da eigentlich?

1

V 11 In einem Verbrennungslöffel wird eine kleine Menge Schwefel entzündet. Er wird zuerst in einen Standzylinder mit Luft, dann in einen mit Sauerstoff getaucht. (Vorsicht, die Dämpfe nicht einatmen! Abzug!)

Beschreibe deine Beobachtungen, und vergleiche die Reaktionen.

V 12 Wir stellen uns ein Nachweismittel für Schwefeldioxid [T] her: Dazu tauchen wir einen Streifen Filterpapier in Stärkelösung und lassen es trocknen. Dann wird der Streifen in eine Iod-Kaliumiodidlösung [Xn] eingetaucht; dabei färbt er sich blau.

a) Noch einmal wird etwas Schwefel entzündet (Bild 2) und der Teststreifen in das Gefäß gehalten. Beschreibe deine Beobachtungen.

b) Wir befestigen einen Standzylinder mit der Öffnung nach unten am Stativ. Dann entzünden wir direkt unter der Öffnung drei Streichhölzer und fangen nur den „weißen Rauch“ auf (mehrmals wiederholen!). Wir prüfen ihn mit einem Teststreifen.

V 13 Manche Trockenfrüchte haben auf ihrer Verpackung den Hinweis „geschwefelt“. Mit einem neuen Teststreifen können wir untersuchen, ob diese Trockenfrüchte tatsächlich Schwefeldioxid enthalten:

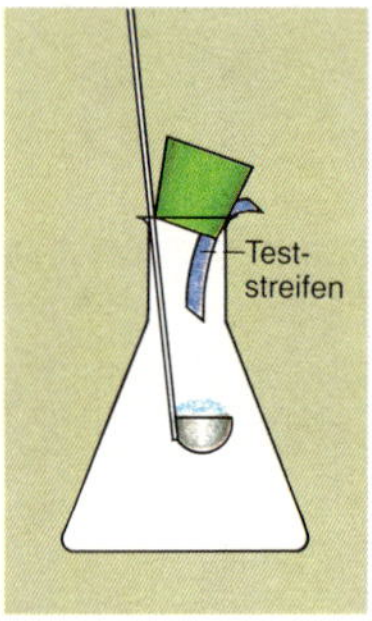

2

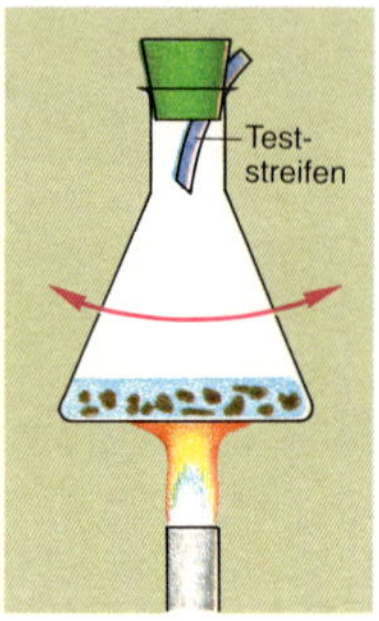

3

Dazu zerkleinern wir einige Trockenfrüchte (z. B. Sultaninen) und füllen sie in einen kleinen Erlenmeyerkolben. Anschließend übergießen wir sie mit etwa 50 ml Wasser.

Den Teststreifen klemmen wir mit einem Korkstopfen im Kolben fest (Bild 3). Dann erwärmen wir den Kolben vorsichtig. (Dabei hin und her schwenken!) Zu welchem Ergebnis kommst du?

V 14 Wir lassen nun noch einmal Schwefel wie in Bild 2 verbrennen.

Dann stecken wir angefeuchtete farbige Blütenblätter (z. B. von einer roten Nelke oder einem Usambaraveilchen), grüne Apfelschalen oder blaue Tintenschrift in den Kolben und verschließen ihn sofort.

Was geschieht in den nächsten Minuten mit den Farben? Welche Eigenschaft hat Schwefeldioxid also?

Entstehung und Eigenschaften von Schwefeldioxid

Außer Kohlenstoff kann auch das **Nichtmetall Schwefel** oxidiert werden. Dabei brennt Schwefel mit intensiv blauer Flamme; es entsteht **Schwefeldioxid**.

Schwefel + Sauerstoff → Schwefeldioxid | exotherm

$$S + O_2 \rightarrow SO_2$$

Schwefeldioxid entsteht aber nicht nur, wenn reiner Schwefel verbrennt. Es bildet sich auch bei der Verbrennung bestimmter *Brennstoffe* (z. B. Kohle, Heizöl, Benzin). Diese Stoffe enthalten immer auch geringe Mengen an Schwefelverbindungen.

Schwefeldioxid ist ein farbloses, stechend riechendes, giftiges Gas. Es ist nicht brennbar und unterhalb von –10 °C flüssig. Das Gas ist in Wasser löslich; es hat eine Dichte von 2,92 Gramm pro Liter.

Schwefeldioxid bleicht Farbstoffe und wirkt auf Bakterien und Schimmelpilze tödlich. Es ist auch für den Menschen nicht ungefährlich.

Aufgaben

1 Sieh dir die nebenstehende Reaktionsgleichung zur Oxidation von Schwefel noch einmal an. Was kannst du der Gleichung alles entnehmen?

Beschreibe den Ablauf des Versuches. Verwende dabei auch den Begriff *Aktivierungsenergie*.

2 Vergleiche einige Eigenschaften von Schwefeldioxid mit den entsprechenden Eigenschaften von Kohlenstoffdioxid. Lege dazu eine Tabelle an.

3 Schwefeldioxid wird in der chemischen Industrie in verschiedenen Bereichen eingesetzt: z. B. als *Bleichmittel* (für Wolle, Seide, Federn, Stroh) und als *Konservierungsmittel.* Welche Eigenschaften macht man sich dabei zunutze?

7589

Aus Umwelt und Technik: **Haltbarmachen mit Schwefeldioxid**

Schon immer waren die Menschen darauf angewiesen, sich Vorräte an Lebensmitteln anzulegen.

Das **Trocknen** ist eine der ältesten Methoden, Lebensmittel haltbar zu machen. Dabei wird den Lebensmitteln ganz einfach Feuchtigkeit entzogen. Schimmelpilze und Bakterien verlieren so eine wichtige Lebensgrundlage. Sie können sich nicht vermehren und sterben ab. Einen *Nachteil* hat das Trocknen allerdings: Die Früchte verlieren an Farbe und werden dadurch meist unansehnlich.

Hier hat sich die Lebensmittelindustrie die Eigenschaften von Schwefeldioxid zunutze gemacht: Trockenobst aus hellen Früchten (z. B. aus Äpfeln, Aprikosen und Pfirsichen) wird **mit Schwefeldioxid behandelt**; so behält es die helle Farbe. Außerdem verhindert dieses „*Schwefeln*", daß die Früchte von Schimmelpilzen befallen werden.

Nach dem Lebensmittelrecht muß das so behandelte Obst gekennzeichnet werden. Die betreffenden Packungen müssen die Aufschrift „geschwefelt" oder „stark geschwefelt" erhalten (bei mehr als 500 mg Schwefeldioxid pro kg Obst). Außerdem dürfen bestimmte Höchstmengen an Schwefeldioxid nicht überschritten werden.

Auch in der Most- und Weinherstellung benutzt man Schwefeldioxid. Die Getränke werden auf diese Weise haltbar gemacht. Man spricht auch hier vom *Schwefeln.*

Das Konservieren durch **Verbrennen von Schwefel** ist seit dem Mittelalter üblich: Man verbrennt Schwefel in einem Weinfaß, bevor man den neuen Wein einfüllt. Heute gibt es dafür vorgefertigte *Schwefelschnitten* von 2,5 g; wenn sie verbrennen, entstehen 5 g Schwefeldioxid.

Verflüssigtes Schwefeldioxid gilt als bestes Mittel für das Schwefeln von Most und Wein: Man gibt es einfach dazu, allerdings nur in gesetzlich festgelegten Mengen. Nach dem Weingesetz dürfen z. B. Rotweine nicht mehr als 175 mg/l Schwefeldioxid enthalten.

Aus Umwelt und Technik: **Wie ein Stoff zum Gift wird**

Von dem aus Hohenheim kommenden Arzt und Naturforscher *Paracelsus* (1493–1543) stammt der Ausspruch, den du in Bild 4 lesen kannst.

4

In einem Lexikon ist über **Gifte** folgendes zu lesen:

Gifte sind unbelebte Stoffe, die erfahrungsgemäß bei Zufuhr zu Gesundheitsschäden bei Mensch und Tier führen können.

Für die Giftwirkung sind die Menge des Giftes, die Form, in der es zur Einwirkung gelangt, der Ort der Einwirkung und die Aufnahme in den Körper maßgebend. Neben der Menge ist die Konzentration von Bedeutung.

Hast du alles verstanden? Es ist gar nicht so schwer wie es scheint:

Bei einem schädlichen Stoff – nehmen wir als Beispiel Schwefeldioxid – kommt es in erster Linie darauf an, in welcher **Konzentration** er vorliegt.

Wenn z. B. eine erbsengroße Menge Schwefel verbrannt wird, entsteht nur wenig Schwefeldioxid. Direkt über dem Verbrennungslöffel ist die *Konzentration* des Gases trotzdem sehr hoch. Wenn sich das Gas jedoch im Klassenraum verteilt, ist die Konzentration in der Raumluft dann nur noch gering.

Je konzentrierter das Schwefeldioxid ist, desto größer ist die Menge, die man in einer bestimmten Zeit einatmet. Man sagt auch: desto höher ist die **Dosis** des eingeatmeten Schwefeldioxids.

Du kannst dir sicher vorstellen, daß es auch eine Rolle spielt, wie und wo das Schwefeldioxid einwirkt: Wenn du das Gas einatmest, hat es eine andere Wirkung, als wenn nur deine Haut damit in Berührung kommt. Und *verflüssigtes* Schwefeldioxid wirkt im Körper und auf der Haut wieder anders als *gasförmiges*.

Für uns ist es wichtig zu wissen, wieviel Schwefeldioxid wir zu uns nehmen können, ohne dadurch geschädigt zu werden.

Langzeituntersuchungen an Tieren haben folgendes gezeigt: 70 mg Schwefeldioxid pro Kilogramm Körpergewicht und pro Tag rufen noch keine Schädigungen hervor.

Wissenschaftler gehen jedoch davon aus, daß der Mensch zehnmal empfindlicher reagieren könnte als ein Versuchstier – und Kinder, alte oder kranke Menschen noch zehnmal empfindlicher. Daher teilt man den in Tierversuchen ermittelten Wert durch 100. Das ergibt dann die Menge *(Dosis)*, die ein Mensch täglich, Zeit seines Lebens ohne Wirkung zu sich nehmen kann. Diese Dosis beträgt bei Schwefeldioxid also 0,7 mg pro kg Körpergewicht.

Wenn wir zuviel Schwefeldioxid zu uns nehmen, kann das zu Kopfschmerzen, Übelkeit und Durchfall führen. Es können aber auch Langzeitschäden auftreten.

Es gibt eine große Zahl von Stoffen, die man als Gifte bezeichnet. Viele werden in der Industrie hergestellt, viele kommen aber auch in der Natur vor. (Denke nur an die vielen giftigen Pilze oder wildwachsenden Früchte!)

Die natürlichen Gifte dienen Pflanzen und Tieren zur Abwehr von Bakterien, Insekten und anderen Schädlingen. Sie sind giftig – aber nur in entsprechender Dosis.

5 Wie Stickstoffoxide entstehen

Stickstoff reagiert mit Sauerstoff

1

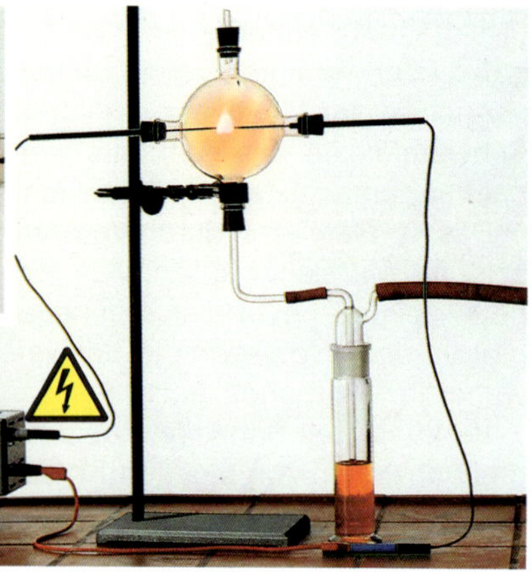
2

Stickstoff ist so wenig reaktionsfähig, daß er sich nicht ohne weiteres „entzünden" läßt. Um ihn zu verbrennen, muß ihm sehr viel Energie zugeführt werden. Das gelingt z. B. bei der *Luftverbrennung* im elektrischen Lichtbogen (Bilder 1 u. 2).

Es entsteht **Stickstoffdioxid**, ein rotbraunes, giftiges Gas mit einem typischen Geruch. Bei dieser Reaktion muß ständig Energie zugeführt werden; sie verläuft *endotherm*.

Stickstoff + Sauerstoff → Stickstoffdioxid | endotherm

$$N_2 + 2\,O_2 \rightarrow 2\,NO_2$$

Außer dem Stickstoffdioxid gibt es noch andere Stickstoffoxide. Sie werden umgangssprachlich auch *Stickoxide* genannt.

Stickstoffoxide entstehen überall dort, wo Verbrennungen in Gegenwart von Luft bei sehr hohen Temperaturen stattfinden (Stickstoff ist ja der Hauptbestandteil der Luft): z. B. bei Gewitter, in Feuerungsanlagen von Kraftwerken und im Automotor. Dabei bildet sich stets ein Gemisch dieser Oxide.

Was geschieht, wenn Nichtmetalle verbrennen?

Wie die Oxide von Schwefel und Stickstoff entstehen, wissen wir bereits.

Auch **Phosphor** kann mit Sauerstoff reagieren. Der Versuch dazu (Bild 3) darf jedoch nur vom Lehrer unter dem Abzug durchgeführt werden.

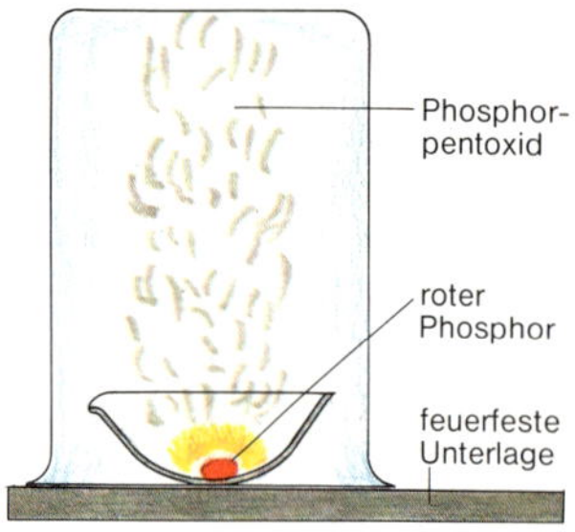

3

An der Wand des Becherglases setzt sich ein weißes Pulver ab – das Oxid des Phosphors; es heißt **Phosphorpentoxid**. Bei der Reaktion wird insgesamt Energie frei; sie verläuft also exotherm.

Du weißt bereits, daß Kohlenstoff, Schwefel und Phosphor zu den **Nichtmetallen** gehören. Wenn sie verbrennen, geschieht dasselbe wie bei den Metallen: Auch sie verbinden sich mit Sauerstoff; es entstehen **Nichtmetalloxide**. Außerdem wird bei diesen Reaktionen meist Wärme frei.

Kohlenstoff + Sauerstoff → Kohlenstoffdioxid | exotherm
Schwefel + Sauerstoff → Schwefeldioxid | exotherm
Phosphor + Sauerstoff → Phosphorpentoxid | exotherm
Stickstoff + Sauerstoff → Stickstoffdioxid | endotherm

Die meisten Nichtmetalle verbrennen nach dem Entzünden in exothermen Reaktionen. Stickstoff verbrennt dagegen nur bei ständiger Energiezufuhr in einer endothermen Reaktion. Die *allgemeine* Reaktionsgleichung lautet deshalb:

Nichtmetall + Sauerstoff → Nichtmetalloxid.

Wir wissen bereits, daß Metalloxide immer eine größere Masse haben als die Metalle vor dem Verbrennen. Von den Nichtmetalloxiden können wir dasselbe erwarten. Nur ist es schwierig, bei ihnen eine Massezunahme nachzuweisen. Wenn die Nichtmetalloxide gasförmig sind, entweichen sie nämlich in die Luft.

Erst wenn man alle Verbrennungsprodukte auffängt und ihre Masse bestimmt, stellt man fest: Die **Nichtmetalloxide** haben eine **größere Masse** als die Nichtmetalle vor der Verbrennung.

Alles klar?

1 Wenn ein Metall verbrennt, entsteht ein Verbrennungsprodukt – genau wie beim Kohlenstoff. Trotzdem unterscheiden sich die Verbrennungsprodukte …

2 Tina behauptet: „Wenn Kohlenstoff verbrennt, wird er leichter – das zeigt die Waage ganz deutlich. Also verbindet sich der Kohlenstoff nicht mit Sauerstoff."

Wie könntest du Tina davon überzeugen, daß ihre Ansicht falsch ist?

3 Kohlenstoff kann zwei Oxide bilden. Beschreibe, unter welchen Voraussetzungen das jeweilige Oxid entsteht. Vergleiche auch die Eigenschaften der beiden Oxide.

4 In dem Standzylinder von Bild 4 befindet sich Kohlenstoffdioxid. Was wird mit der Flamme geschehen, wenn die Kerze in den Standzylinder eingeführt wird?

5 Schwebende Seifenblasen in dem Gefäß von Bild 5! Welche Erklärung hast du dafür?

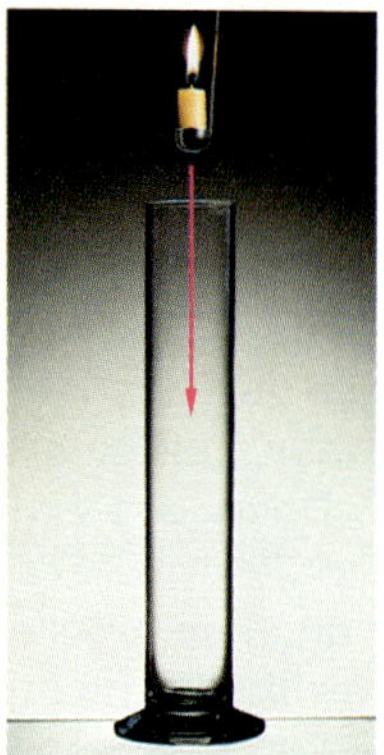
4

5

7590

6 Bei der Weinherstellung entsteht Kohlenstoffdioxid. Es sammelt sich im Gärkeller am Boden und zieht meist schlecht ab.

Wenn der Winzer nach seinem Wein sehen will, geht er meist mit einer brennenden Kerze in den Gärkeller, obwohl die elektrische Beleuchtung eingeschaltet ist. Welche Bedeutung hat die Kerze? Beschreibe!

7 Vergleiche die Verbrennung von Kohlenstoff und Schwefel mit der Verbrennung von Phosphor und von Stickstoff. Was haben sie gemeinsam, und worin unterscheiden sie sich?

8 Der größte Teil der Luft besteht aus Stickstoff. Trotzdem ist es schwierig, ihn zur Herstellung von Stickstoffverbindungen zu nutzen. Auf welche Eigenschaft des Stickstoffs ist das zurückzuführen?

9 Beschreibe, wo und unter welchen Voraussetzungen Stickstoffoxide entstehen können.

10 Stickstoff kann auch zwei Oxide bilden, die den beiden Oxiden des Kohlenstoffs vom Namen her ähnlich sind. Wie heißen diese Stickstoffoxide?

11 Wenn Brennstoffe verbrennen, entsteht neben Kohlenstoffdioxid oft auch Schwefeldioxid. Woran liegt das?

12 Warum kann man bei der allgemeinen Reaktionsgleichung für die Verbrennung von Nichtmetallen nicht auch die Energie angeben?

6 Zusammenfassung

Die Verbrennungsprodukte des Kohlenstoffs

Wenn **Kohlenstoff** verbrennt, entsteht als Verbrennungsprodukt *Kohlenstoffdioxid.*
Außerdem wird Energie frei.

Die dazugehörige Reaktionsgleichung lautet:
Kohlenstoff + Sauerstoff → Kohlenstoffdioxid | exotherm

$$C + O_2 \rightarrow CO_2$$

Wenn die Verbrennung von Kohlenstoff bei Sauerstoffmangel stattfindet, entsteht *Kohlenstoffmonooxid.*

Kohlenstoff kann also **zwei Oxide** bilden: Kohlenstoffdioxid und Kohlenstoffmonooxid.

Kohlenstoffmonooxid ist ein sehr giftiges brennbares Gas; es löst sich kaum in Wasser.

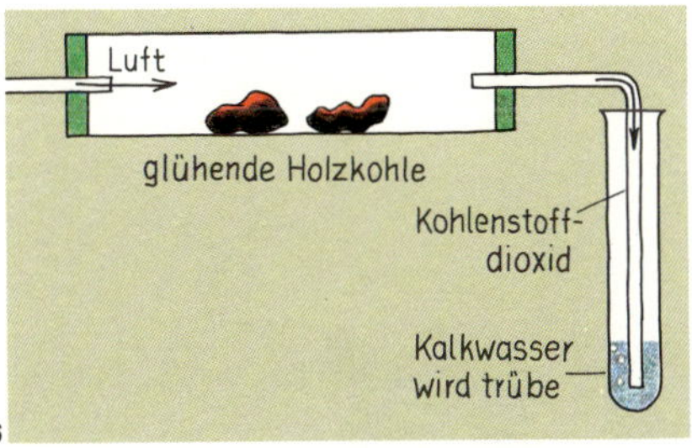

6

Kohlenstoffdioxid ist dagegen nicht brennbar; es verhindert sogar die Verbrennung und löscht eine Flamme. Aufgrund dieser Eigenschaft wird es in bestimmten Fällen zur Brandbekämpfung eingesetzt.

Das Gas ist in Wasser löslich. Es hat eine größere Dichte als Luft und läßt sich daher wie Wasser „gießen".

Nachweis: Kohlenstoffdioxid trübt Kalkwasser

Nichtmetalle verbrennen

Wenn Nichtmetalle verbrennen, entstehen als Verbrennungsprodukte
Nichtmetalloxide, die meist gasförmig sind.
Die Reaktionen verlaufen meist exotherm.

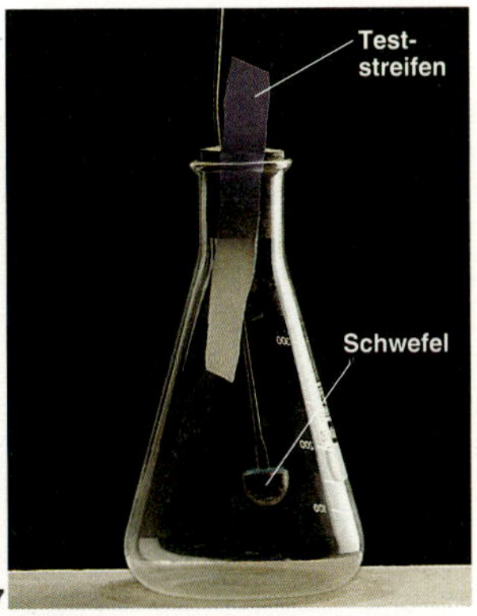

7

Schwefel verbrennt zu **Schwefeldioxid** (Bild 7). Das ist bei Raumtemperatur ein farbloses, stechend riechendes, giftiges Gas. Es bleicht einige Farbstoffe und wirkt auf Bakterien und Schimmelpilze tödlich.

Schwefeldioxid entsteht auch bei der Verbrennung schwefelhaltiger Verbindungen (z. B. einige Brennstoffe).

Phosphor verbrennt zu **Phosphorpentoxid** (Bild 8). Dieses Oxid ist ein weißes Pulver.

Auch Stickstoff gehört zu den Nichtmetallen. Es ist der Hauptbestandteil der Luft. Wenn das Gas bei hohen Temperaturen verbrennt, entstehen mehrere **Stickstoffoxide**. Sie bilden ein Gemisch, in dem die einzelnen Oxide in unterschiedlichen Mengen enthalten sind.

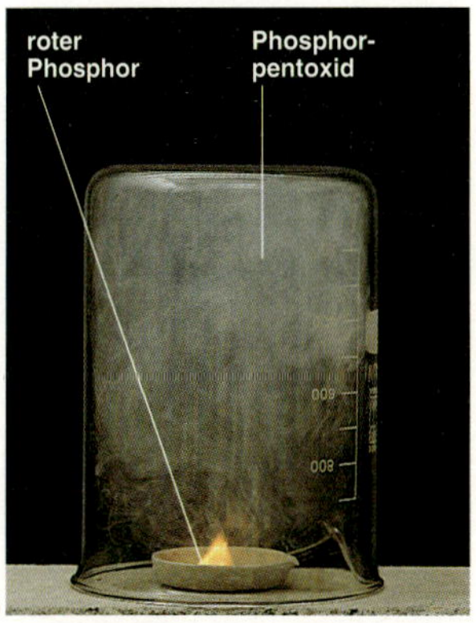

8

Luftverschmutzung durch gasförmige Verbrennungsprodukte

1 Ist die Luft unser Abfalleimer?

1 Auf dem Schulweg im Jahr 2000 ... Ob es soweit kommt?

Abgasmessungen mit einem Gasspürgerät

Die gasförmigen Nichtmetalloxide, die unsere Luft belasten, sind **Schadstoffe**. Sie können mit **Gasspürgeräten** nachgewiesen und genau gemessen werden. Zu jedem Gasspürgerät gehören *Gasspürpumpe* und *Meßröhrchen* (Bilder 2 u. 3). Für jeden Schadstoff gibt es bestimmte Meßröhrchen (Bild 4), die unterschiedliche *Meßbereiche* haben können.

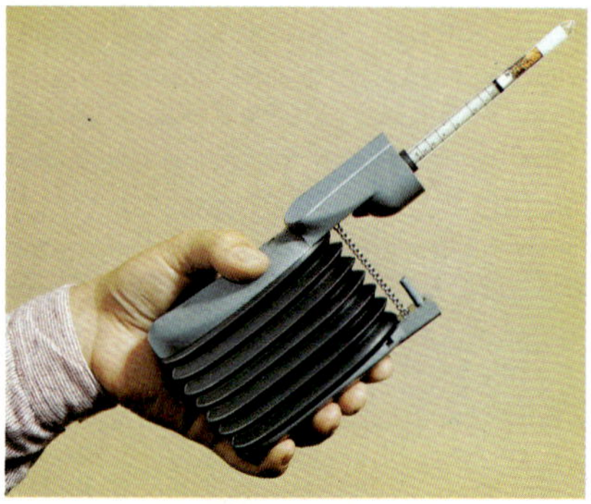

2

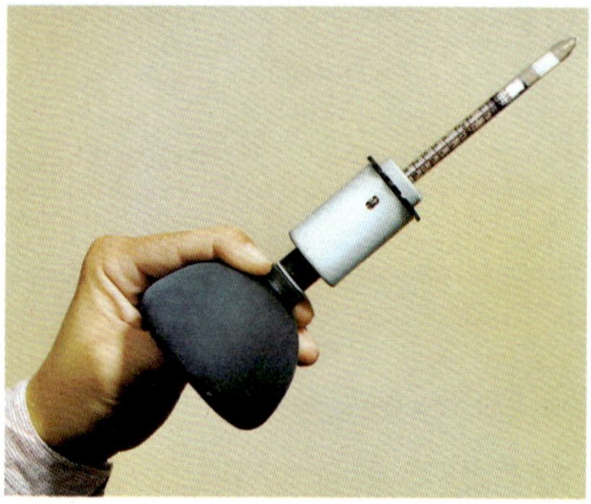

3

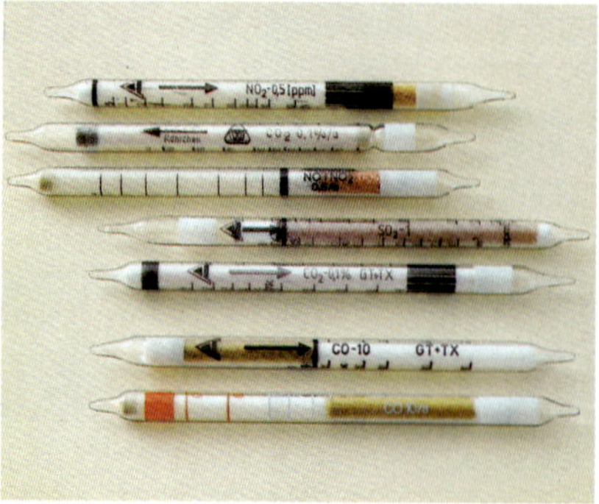

4

5

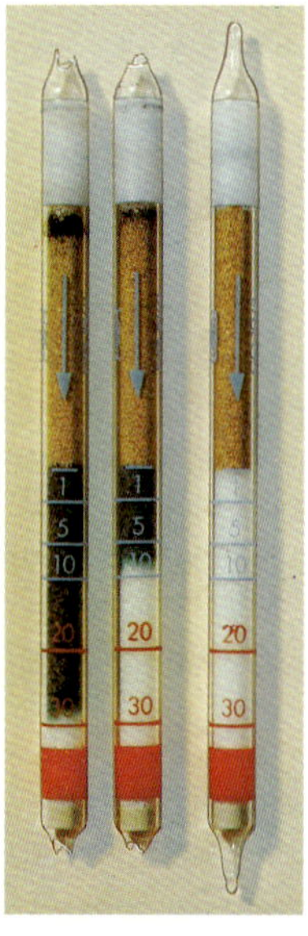

6

Das folgende **Beispiel** zeigt, wie ein Gasspürgerät arbeitet: Einige Schülerinnen und Schüler prüfen an einer stark befahrenen Kreuzung den Gehalt der Luft an gasförmigen Schadstoffen (Bild 5).

Zuerst wollen sie die Luft auf **Kohlenstoffmonooxid** überprüfen. Dazu setzen sie ein geeignetes Meßröhrchen in die Gasspürpumpe ein. Dann betätigen sie die Pumpe. Dabei strömt ein bestimmtes Volumen Luft durch das Meßröhrchen.

Wenn Kohlenstoffmonooxid in der Luft vorhanden ist, verfärbt sich der Stoff im Meßröhrchen. Auf der Skala des Röhrchens wird an der Stelle, bis zu der die Verfärbung geht, der Gehalt des Gases pro Kubikmeter Luft abgelesen (Bild 6).

Nun kann das Meßröhrchen gegen ein anderes (z. B. zur Messung von **Schwefeldioxid**, **Stickstoffdioxid** oder **Kohlenstoffdioxid**) ausgetauscht werden.

5931

Fragen und Aufgaben zum Text

1 Du kannst selbst in einem **Versuch** feststellen, wie viele Staub- und Rußteilchen sich in der Luft befinden.

Klebe dazu über die Öffnung eines Trinkglases zwei Streifen Tesafilm® – aber so, daß die Klebeflächen nach oben zeigen (Bild 7). Dann stellst du das Gefäß draußen an einen ruhigen Platz (z.B. auf den Balkon oder aufs Fensterbrett), aber möglichst nicht auf den Boden. Nach drei Tagen nimmst du den einen Streifen ab und nach sechs Tagen den anderen.

Wenn du die beiden Klebestreifen auf Millimeterpapier klebst und mit einer Lupe betrachtest, kannst du sie miteinander vergleichen:

Wie viele Staub- und Rußteilchen zählst du jeweils auf einer Fläche von 1 cm^2?

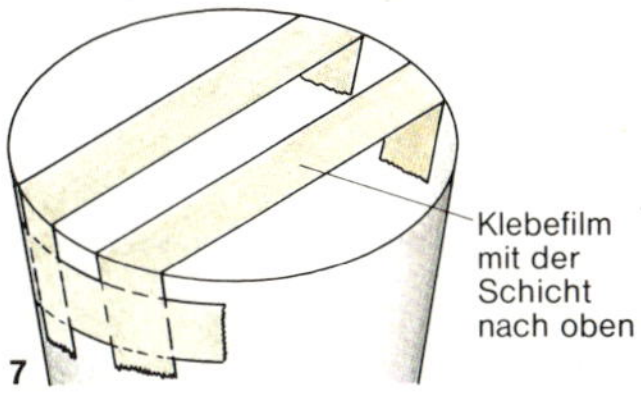

7

2 Mit der Gasspürpumpe und einem Meßröhrchen (Meßbereich 1 – 25 ppm) läßt sich *Schwefeldioxid* feststellen: Dazu wird eine erbsengroße Menge Schwefel verbrannt und das Meßröhrchen in das aufsteigende Gas gehalten. Beobachte den Farbstoff im Meßröhrchen.

3 *Stickstoffdioxid* entsteht, wenn sich Stickstoff aus der Luft mit Sauerstoff verbindet. Das geschieht nur bei hohen Temperaturen, z.B. durch den Blitz bei einem Gewitter. Ein ähnlicher Vorgang vollzieht sich aber auch in Benzinmotoren durch die Funken der Zündkerzen.

Im **Lehrerversuch** läßt sich Stickstoffdioxid auf folgende Weise einfacher herstellen: Man dampft etwas Salpetersäure so lange ein, bis Stickstoffdioxid daraus entweicht. Das aufsteigende Gas wird mit dem Gaspürgerät (Meßbereich des Röhrchens: 2 – 100 ppm) nachgewiesen.

4 Mit einer Gasspürpumpe und geeigneten Meßröhrchen können die Auspuffgase eines Mofas untersucht werden (Bild 8). Welche der folgenden schädlichen Gase lassen sich nachweisen: Kohlenstoffdioxid (Meßbereich: 5000 – 100 000 ppm), Kohlenstoffmonooxid (Meßbereich: 100 bis 3000 ppm), Schwefeldioxid (Meßbereich: 1 – 25 ppm) oder Stickstoffdioxid (Meßbereich: 2 – 100 ppm)?

5 Auch die Luft (z.B. an einer belebten Straßenkreuzung oder in der Nähe einer Großfeuerungsanlage) kann überprüft werden (Meßbereiche: Kohlenstoffdioxid 100 – 12 000 ppm, Kohlenstoffmonooxid 5 – 150 ppm, Schwefeldioxid 0,1 – 3 ppm, Stickstoffdioxid 0,5 – 25 ppm).

6 Aus den Heizungsanlagen der Wohnhäuser entweichen ebenfalls Abgase. Bei einem Kohleofen in der Wohnung oder einer Ölheizung im Keller könnten wir sie mit den Gasspürgeräten leicht nachweisen. Überlege dir einen **Versuch** dazu.

7 Auch die Verbrennungsprodukte von Braunkohle und Holzkohle (Grillkohle) können mit geeigneten Meßröhrchen (Meßbereiche wie bei Aufgabe 4) geprüft werden (Bild 9).

8 Wenn man eine Zigarette mit den geeigneten Meßröhrchen verbindet (Bild 10), läßt sich auch der Zigarettenrauch untersuchen (Meßbereiche: Kohlenstoffdioxid und Stickstoffdioxid wie in Aufgabe 4, Kohlenstoffmonooxid 5000 – 70 000 ppm, Schwefeldioxid 20 – 200 ppm).

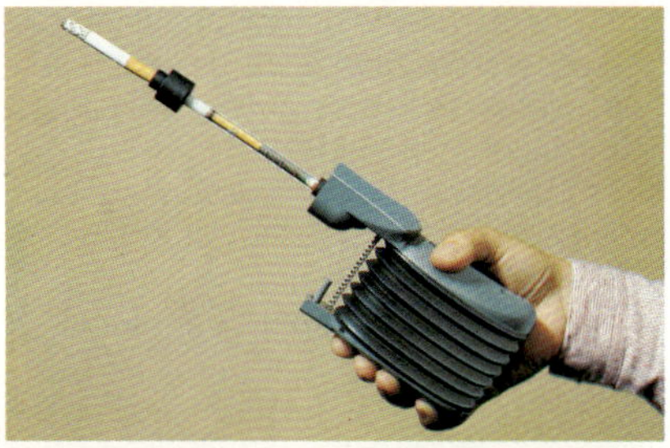
10

9

8

Was ist eigentlich „ppm“?

Bei Abgasmessungen mit Gasspürgeräten werden Meßröhrchen verwendet. Sie sind jeweils für einen bestimmten Meßbereich geeignet. Dieser wird in **ppm** angegeben. *Was bedeutet diese Angabe?*

Nehmen wir ein Beispiel: Die Auspuffgase eines Mofas sollen mit einem Meßröhrchen des Meßbereiches 1–25 ppm auf *Schwefeldioxid* untersucht werden.

Das Meßröhrchen zeigt 1 ppm an, wenn 1 m^3 (Kubikmeter) Luft genau 1 ml Schwefeldioxid enthält (Bild 1).

1 ml ist der millionste Teil von 1 m^3. Man sagt dazu auch:

1 Teil von 1 Million Teilen =
1 **p**art **p**er **m**illion (engl.) = **1 ppm**.

Wenn du dir Bild 1 ansiehst, meinst du bestimmt auch, daß 1 ppm Schwefeldioxid in der Luft eigentlich sehr wenig ist. Aber

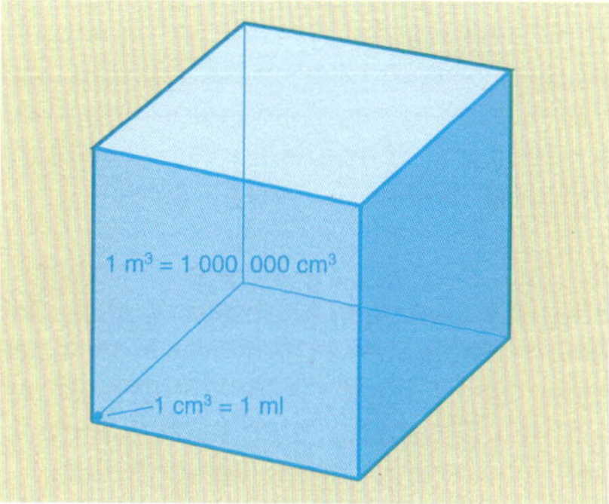

1

schon bei einem Gehalt von 10 ppm Schwefeldioxid – das ist ja auch noch wenig – kann es bei längerem Einatmen zu gesundheitlichen Schäden kommen!

Besonders in Fabriken und Betrieben kann die Luft durch Gase und Dämpfe verunreinigt sein. Wenn der Gehalt der Luft an solchen Schadstoffen zu hoch wird, besteht Gefahr für die Gesundheit der Beschäftigten.

Deshalb wurde durch Gesetze festgelegt, daß an den Arbeitsplätzen bestimmte **Grenzwerte** – gemessen in ppm – nicht überschritten werden dürfen.

Einige dieser Grenzwerte zeigt die folgende Tabelle.

Einige Schadstoff-Grenzwerte

Schadstoff	Wert in ppm
Kohlenstoffdioxid	5000
Ammoniak	50
Kohlenstoffmonooxid	30
Stickstoffdioxid	5
Schwefeldioxid	2
Chlor	0,5

Von Emissionen und Immissionen

Täglich werden große Mengen Schadstoffe an die Luft abgegeben. Dazu zählen sowohl gasförmige Stoffe als auch Staub und Ruß. Man spricht hier von einer **Emission** von Schadstoffen (lat. *emissio:* das Entsenden, Herauslassen).

Ein Teil dieser Schadstoffe steigt hoch in die Luft auf und wird mit dem Wind abtransportiert. Oft gelangen sie erst viele hundert Kilometer weiter wieder zur Erde zurück. Sie machen natürlich auch vor Ländergrenzen nicht halt.

Ein anderer Teil der Schadstoffe verteilt sich gleich in der Nähe ihrer Emission. Auf diese Weise ist die Luft bei uns sowohl durch „nationale" als auch durch „internationale" Schadstoffe belastet.

Emissionen, die wieder zur Erde zurückgelangen, werden **Immissionen** genannt (lat. *immissio:* das Hineinlassen). Sie wirken in irgendeiner Weise auf Menschen, Tiere und Pflanzen ein.

Die Immissionen werden in Atemhöhe des Menschen gemessen. Dazu dienen ortsfeste und mobile Meßstationen.

Es werden Immissionswerte für Langzeitwirkungen und für Kurzzeitwirkungen ermittelt. Die Langzeitwerte geben einen Jahresmittelwert an, die Kurzzeitwerte ergeben sich aus monatlichen Messungen.

Um den Menschen vor gesundheitlichen Schäden durch Luftverunreinigungen zu bewahren, hat man **Richtwerte** für Immissionen entwickelt.

Man geht davon aus, daß der Mensch nicht gefährdet ist, wenn die Konzentration der Schadstoffe in der Luft unterhalb dieser Richtwerte liegt.

Richtwerte für Immissionen

Gasart	Langzeitwert in		Kurzzeitwert in	
	mg/m^3	ppm	mg/m^3	ppm
Kohlenstoffmonooxid	10,0	8,0	30,0	24,0
Schwefeldioxid	0,14	0,05	0,40	0,14
Stickstoffdioxid	0,08	0,04	0,20	0,1
Chlor	0,10	0,03	0,60	0,19

Aufgaben

1 In einem Labor ist unsachgemäß experimentiert worden. Durch Verbrennung von Schwefel ist der Gehalt an Schwefeldioxid in der Luft auf 45 ppm angestiegen. Wurde der Höchstwert bereits überschritten?

Welche Auswirkungen hat das Schwefeldioxid in diesem Raum (→ nebenstehende Tabelle).

2 In einem Nachschlagewerk heißt es: Als *Emission* bezeichnet man die von einer Anlage oder einem Produkt ausgehenden Luftverunreinigungen, Gerüche, Geräusche, Strahlen, Erschütterungen, Wärme-, Licht- und ähnliche Erscheinungen.

Wie würdest du demnach den Begriff *Immission* erweitern?

Wirkung von Schwefeldioxid auf den Menschen

Gehalt in der Luft	Wirkung
1–2 ppm	nicht nachgewiesen
10 ppm	bei längerem Einatmen gesundheitsschädigend
20 ppm	Reizung der Augen
50–100 ppm	schon nach 30minütigem Einatmen gesundheitsschädigend
400–500 ppm	schon bei kurzzeitigem Einatmen gesundheitsschädigend

3 Stelle den Zusammenhang Emission – Immission zeichnerisch dar.

4 Vergleiche die Werte von Bild 2 mit den Schadstoff-Grenzwerten.

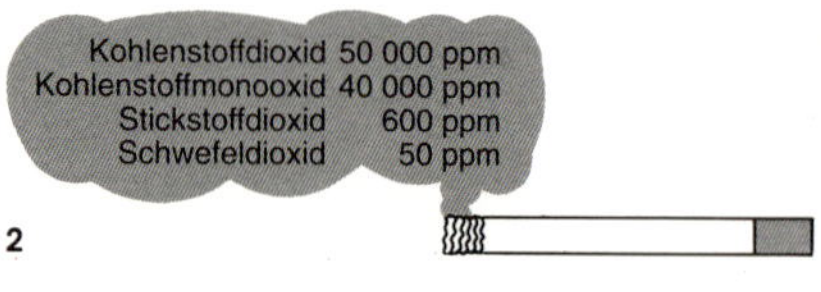

2

5888

Aus Umwelt und Technik: **Wer verschmutzt unsere Luft womit?**

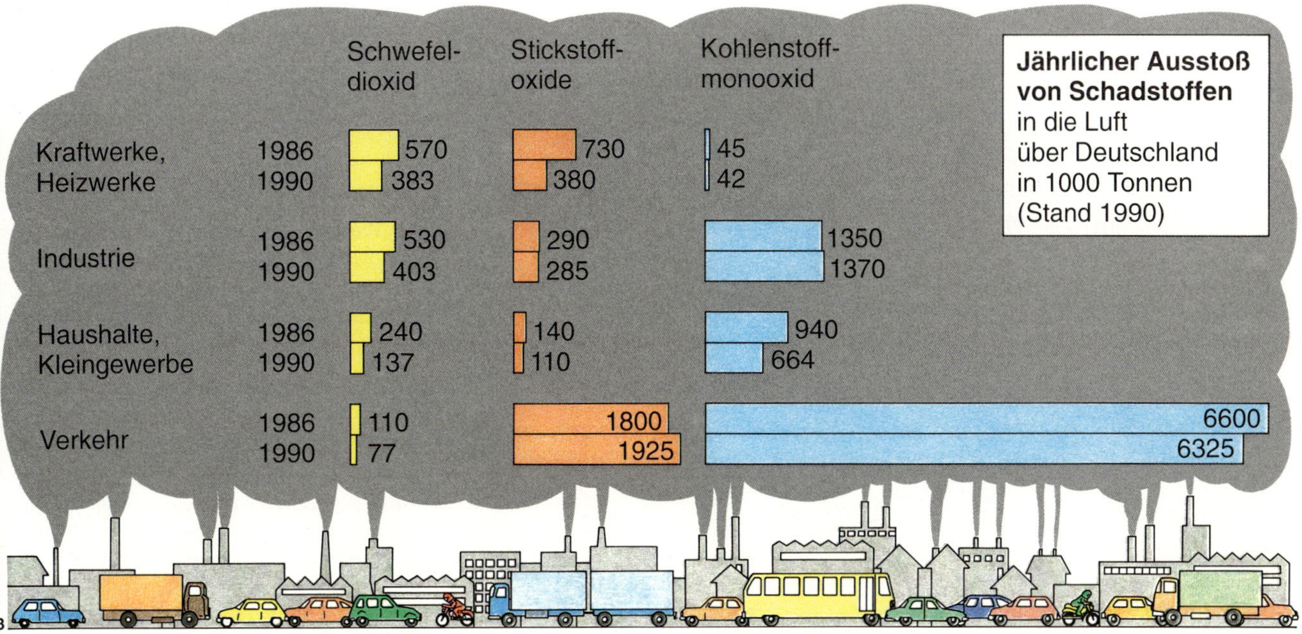

3

In jedem Jahr gelangen große Mengen an **gasförmigen Schadstoffen** wie *Schwefeldioxid*, *Stickstoffoxide* und *Kohlenstoffmonooxid* in die Luft. Wer diese Emissionen verursacht, zeigt Bild 3.

Außer den gasförmigen Schadstoffen verschmutzen noch große Mengen **Staub und Ruß** unsere Luft. Allein mit dem Staub und Ruß, der in einem einzigen Jahr aus der Luft auf die gesamte Fläche Deutschlands fällt, könnte man 100 000 Güterwagen füllen. Wenn man diese Güterwagen aneinanderkoppeln würde, so reichte der Zug etwa von Hamburg bis zum Bodensee.

Staub und Ruß sind zwar unangenehm, sie haben aber nicht so gefährliche Wirkungen wie die gasförmigen Schadstoffe. Deshalb werden in den Großfeuerungsanlagen der Kraft- und Heizwerke vor allem Schwefeldioxid und Stickstoffoxide aus den Abgasen entfernt.

Dabei sind in den letzten Jahren schon große Fortschritte erzielt worden (→ Zeitungsausschnitt). Außerdem kannst du das auch in Bild 3 erkennen, wenn du die Werte von 1986 und 1990 miteinander vergleichst.

Es ist sehr wichtig, daß die Emissionen verringert werden, denn nur so werden auch die Immissionen geringer.

„Schlote rauchen schon sauberer“

1983 setzte die Bundesregierung die **Verordnung über Großfeuerungsanlagen** in Kraft. Sie schreibt eine Begrenzung der Emission aller Luftschadstoffe vor. Der Schadstoffausstoß wurde seitdem – besonders in den alten Bundesländern – erheblich verringert.

Schon 1988 ist es gelungen, die Emission der Kraftwerke an **Schwefeldioxid** um fast 90 % gegenüber dem Wert von 1982 zu senken.

Anfang der 80er Jahre war mit 750 000 Tonnen der höchste Stand der Emissionen an **Stickstoffoxiden** aus Kraftwerken ermittelt worden. Im Jahre 1991 wurde ein Wert von unter 200 000 Tonnen erreicht. Das entspricht einer Verminderung der Emission von über 70 % gegenüber dem Wert von 1982.

Insgesamt wurden für den Bau von Anlagen zur Rauchgasreinigung etwa 22 Milliarden DM ausgegeben, davon rund 7 Milliarden für die Verminderung der Stickstoffoxidemission.

Fragen und Aufgaben zum Text

1 Sieh dir noch einmal Bild 3 an:
a) Woher stammt das meiste Schwefeldioxid in der Luft?
b) Was bedeutet die Zahl 403?
c) Vergleiche die Angaben über die Schwefeldioxidemission von 1990 mit denen von 1986.

2 Wer verursacht die größte Menge an Stickstoffoxiden und an Kohlenstoffmonooxid? Vergleiche die Werte für 1990 mit denen für 1986.

3 In welchen Bereichen konnte der Ausstoß aller drei Schadstoffe von 1986 bis 1990 verringert werden?

4 Lies an Bild 3 ab, wo noch dringend etwas für die Verringerung der Schadstoffe in den Abgasen getan werden muß.
Überlege auch, was du selbst dazu tun könntest.

5 Die chemische Industrie gilt nach Ansicht vieler Leute als besonders großer Luftverschmutzer. 1990 gelangten von ihr folgende Schadstoffmengen in die Luft:
Schwefeldioxid 43 000 t,
Stickstoffoxide 70 200 t,
Kohlenstoffmonooxid 75 600 t.
Vergleiche diese Werte mit denen, die du in Bild 3 bei *Industrie* findest. Wie beurteilst du anschließend die „Ansicht vieler Leute“?

Aus Umwelt und Technik: **Vom Kampf gegen die Luftverschmutzung**

In den vergangenen Jahren wurden verschiedene Möglichkeiten entwickelt, um die Verschmutzung der Luft einzuschränken.

Ein wichtiges Gerät, das dazu beiträgt, findest du wahrscheinlich in deiner näheren Umgebung: Es ist der **Dreiwege-Katalysator** für Autos (Bild 1). Damit lassen sich die Schadstoffe aus Autoabgasen verringern. Der Katalysator muß zwischen Motor und Auspuff montiert werden.

Der Katalysator besteht aus einem Keramik- oder Metalleinsatz, der von winzigen Kanälen durchzogen ist. Auf der rauhen Oberfläche der Kanäle befinden sich fein verteilt die Metalle *Platin* und *Rhodium*.

Die Metalle bewirken, daß der größte Teil der Schadstoffe in Kohlenstoffdioxid, Wasserdampf und Stickstoff umgewandelt wird. (Genaueres über den Dreiwege-Katalysator erfährst du später.)

Auch in Kraftwerken und Großbetrieben der Industrie wurde inzwischen der Ausstoß von Schadstoffen in die Luft verringert.

So baute man z. B. in Braunkohlekraftwerken **Rauchgasentschwefelungsanlagen** (Bild 2) ein. In anderen Kraftwerken modernisierte man die Feuerungsanlagen, indem man z. B. auf **Wirbelschichtfeuerung** (Bild 3) umstellte. Auf diese Weise wird vor allem *Schwefeldioxid* in den Abgasen verringert.

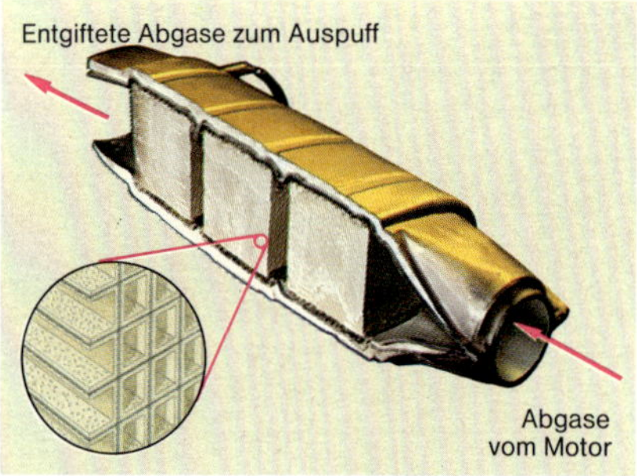

1

Der Einbau von Anlagen zur Verringerung der *Stickstoffoxide* in den Abgasen ist noch nicht überall abgeschlossen.

Um die Verschmutzung der Luft weiter einzuschränken, wird die Schadstoffbelastung vor allem in dicht besiedelten Gebieten überwacht.

In dicht besiedelten Gebieten gibt es eine große Zahl von **Meßstationen** oder **Meßwagen**, die Tag und Nacht im Einsatz sind. Die Meßstationen arbeiten meist automatisch und messen in jeder Minute, wie hoch der Gehalt an Schadstoffen in der Luft ist. Die gemessenen Werte werden an eine zentrale Überwachungsstelle weitergeleitet.

Dort hat man somit zu jeder Zeit einen genauen Überblick über den Schadstoffgehalt der Luft. Wenn er zu groß wird, können sofort Gegenmaßnahmen veranlaßt werden (wie z. B. das Auslösen von Smogalarm).

Fragen und Aufgaben zum Text

1 Welche Wirkung hat der Dreiwege-Katalysator auf die Abgase der Autos?

2 Bei der Zerlegung der Stickstoffoxide zu Stickstoff im Katalysator entsteht Sauerstoff. Wozu wird er wohl dienen?

3 Durch welche Maßnahmen wird der Anteil an Schadstoffen in den Abgasen von Kraftwerken verringert?

4 Die Kosten für die Abgasreinigung in den Kraftwerken werden auf die Kosten für elektrische Energie „umgelegt". Sie betragen für 1 Kilowattstunde (kWh) ein bis zwei Pfennig.

Ein Haushalt benötigt im Monat etwa 240 kWh elektrische Energie.

Rechne aus, mit welchem Betrag dieser Haushalt monatlich an der Abgasreinigung – und damit am Umweltschutz – beteiligt ist.

5 Die Heizungsanlagen von Wohnhäusern werden regelmäßig vom Schornsteinfeger überprüft, ob sie schädliche Abgase enthalten. Er fertigt darüber einen Prüfbericht an. Erkundige dich, was jedesmal durch ihn kontrolliert wird.

6 Jeder einzelne von uns muß im Rahmen seiner Möglichkeiten mithelfen, die Luftverschmutzung zu verringern. Mache Vorschläge dazu.

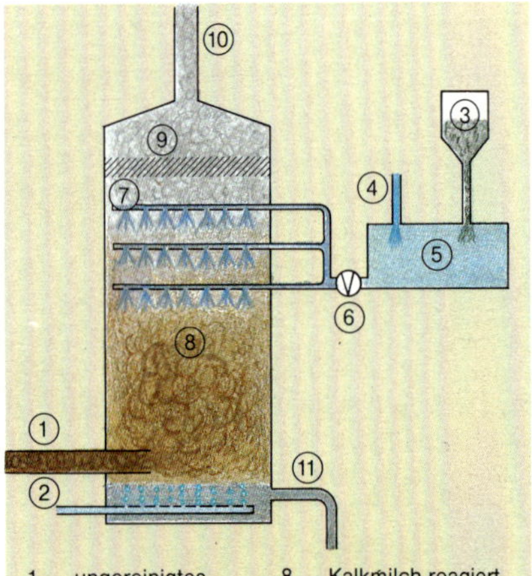

1	ungereinigtes Rauchgas	8	Kalkmilch reagiert mit Schwefeldioxid
2	Luft	9	Tropfenabscheider
3	Kalkstein	10	gereinigte Abgase (zum Kamin)
4	Wasser	11	Abwasser mit Rückständen
5	Kalkmilch		
6	Pumpe		
7	Sprühdüsen		

2

◁
Rauchgasentschwefelung (z. B. in Braunkohlekraftwerken): Bevor der Rauch den Schornstein verläßt, strömt er durch einen Gaswäscher. Dort bindet versprühte Kalkmilch (das ist Löschkalk, gelöst in Wasser) das Schwefeldioxid. Auf diese Weise kann fast das gesamte Schwefeldioxid aus den Abgasen entfernt werden.

▷
Wirbelschichtfeuerung: Gemahlene Kohle wird mit Kalk vermischt und mit Preßluft in die Flammen geblasen. Wenn die Kohle verbrennt, entsteht aus den Schwefelverbindungen, die in der Kohle enthalten sind, Schwefeldioxid. Dieses verbindet sich mit dem beigemischten Kalk zu einem festen Stoff, der sich mit der Asche vermischt. Die Abgase sind fast frei von Schwefeldioxid.

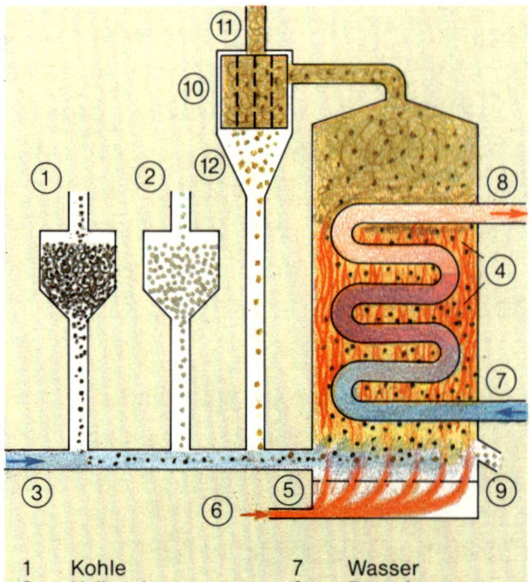

1	Kohle	7	Wasser
2	Kalkstein	8	Dampf
3	Förderluft	9	Ascheabzug
4	Wirbelschicht	10	Staubfilter
5	Düsenboden	11	Abgas
6	Verbrennungsluft	12	Feststoffrücklauf

3

5892

Aus Umwelt und Technik: **Ozonalarm!**

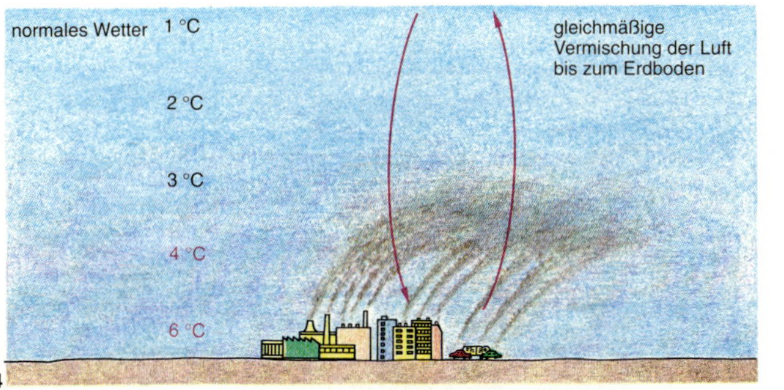

4

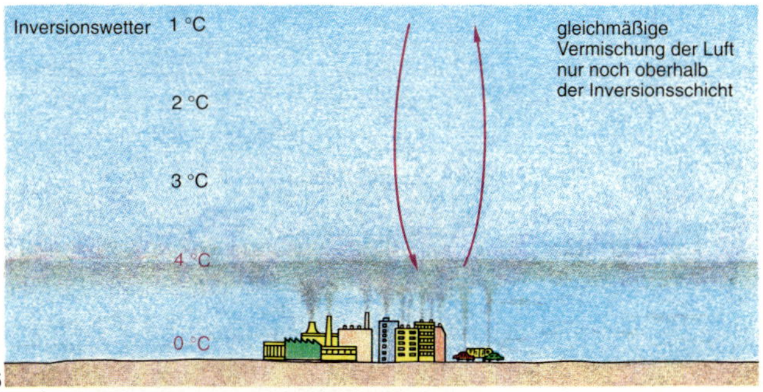

5

Bei leichtem Wind steigen die Abgase von Autos und bestimmten Fabriken schnell in höhere Luftschichten auf (Bild 4). Bei einer ganz bestimmten Wetterlage – bei *Inversionswetter* (lat. *inversio:* Umkehrung) – kann es jedoch vorkommen, daß diese Abgase nicht nach oben entweichen können.

Eine solche Wetterlage entsteht z. B., wenn an windstillen Tagen eine wärmere Luftschicht über der kühleren Bodenluft liegt (Bild 5). Diese warme Luft wirkt dann ähnlich wie ein Deckel auf einem Topf: Sie verhindert, daß die Abgase in höhere Luftschichten aufsteigen und abziehen können. Die Folge ist, daß sich unter der wärmeren Luftschicht ein giftiges Gemisch aus *Ozon* und anderen *Schadstoffen* bildet – der **Smog** (aus engl. *smoke:* Rauch; *fog:* Nebel). Als „Dunstglocke" kann man ihn dann z. B. besonders gut über großen Städten sehen (Bild 6).

Ozon (O_3) entsteht dabei durch die Reaktion von Stickstoffoxiden (NO_x) mit Sauerstoff unter Einwirkung von UV-Licht *(Photoreaktion)*. Als *Katalysatoren* wirken hierbei bestimmte Bestandteile von Autoabgasen, wie z. B. Kohlenstoffmonooxid, mit.

$$NO_2 + O_2 \rightarrow NO + O_3$$

Ozon ist bei direkter Einwirkung gefährlich. Schon eine Konzentration von 160 µg/m³ (= 0,16 mg/m³) kann bei Kindern zu Atembeschwerden führen.

Meßstationen überwachen laufend den Grad der Luftbelastung durch Schwefeldioxid, Stickstoffoxide, Kohlenstoffmonooxid, Staub und Ozon.

Dabei wurde z. B. im Jahr 1994 in einer süddeutschen Meßstation ein Ozon-Spitzenwert von 346 µg/m³ gemessen, allerdings nur eine Stunde lang. Solche hohen Werte von über 200 µg/m³ kommen jedoch recht selten vor.

Um Schäden für Umwelt und Gesundheit durch diesen sog. „Sommersmog" gering zu halten, ist am 1. August 1995 das **Ozongesetz** in Kraft getreten. Darin wird der Grenzwert für Fahrverbote bei nicht schadstoffarmen Autos auf 240 µg/m³ festgesetzt.

Wenn dieser Wert überschritten ist, wird **Ozonalarm** ausgerufen. Dann heißt es für alle nicht schadstoffarmen Fahrzeuge (z. Zt. noch ca. 15 Millionen): „Stehenbleiben!" Aber selbst bei Ozonalarm gibt es Ausnahmen, z. B. für Leute, die ihr Fahrzeug dringend benötigen.

Maßnahmen bei Ozonalarm

Wenn an drei von 50–250 km voneinander entfernten Meßstellen der Grenzwert von 240 µg/m³ gemessen und für den Folgetag keine bessere Wetterlage erwartet wird, gilt Fahrverbot für nicht schadstoffarme Autos. Nur Autos mit einer G-Kat-Plakette (orange, sechseckig) dürfen dann fahren. Das gilt auch für schadstoffarme Dieselfahrzeuge.

Das Fahrverbot wird über Presse, Hörfunk und Fernsehen bekanntgegeben und gilt am folgenden Tag ab 6 Uhr morgens für 24 Stunden.

Ausnahmen:
- Fahrten zum und vom Arbeitsplatz, wenn nicht anders zumutbar,
- Urlaubsfahrten, wenn nur so zumutbar,
- Taxen, Rettungsfahrzeuge, Hilfs- und Versorgungsfahrzeuge u. a.,
- Schwerbehinderte.

Motorräder haben generell Fahrverbot. (Ausnahmen regeln in Einzelfällen die Länderbehörden.)

Lastkraftwagen müssen stehenbleiben, wenn sie älter als 5 Jahre sind (Ausnahmen: verderbliche Ladung, lebende Tiere, Fahrzeuge von öffentlichen Versorgungsunternehmen).

Wohnmobile bis zu 2,8 t gelten als Personenwagen. Über 2,8 t gilt: Fahrverbot, wenn das Wohnmobil älter als 5 Jahre ist. (Ausnahmen: Im Regelfall darf das Wohnmobil benutzt werden, wenn es für Fahrten zum Arbeitsplatz als einziges Fahrzeug zur Verfügung steht. Es ist auch dann zulässig, wenn es gerade zum Urlaub benutzt wird.)

Einige Auswirkungen von bodennahem Ozon

Ozonkonzentration	Auswirkungen
etwa 20 µg/m³	Geruchsschwellenwert
ab 200 µg/m³	Reizung der Atemwege, Kopfschmerzen
240 µg/m³	Grenzwert für Fahrverbote
ab 240–300 µg/m³	Zunahme der Häufigkeit von Asthmaanfällen
ab 800 µg/m³	entzündliche Reaktion des Gewebes

6

Reduktionen und Redoxreaktionen

1 Oxide werden reduziert

1 Kupfererz

2 Bleierz

Die meisten Metalle kommen in der Natur nur selten oder gar nicht als Elemente vor.
Man gewinnt sie aus ihren **Erzen** (Bilder 1 u. 2).
Viele Erze enthalten als Hauptbestandteil das **Oxid** des betreffenden Metalls.

Wie kann man aus einem Metalloxid das Metall gewinnen?

V 1 Bild 3 zeigt den Versuchsaufbau. Das Gemisch aus *Kupferoxid* und Holzkohlepulver muß kräftig durchglühen. Beschreibe, was mit dem Gemisch geschieht.

a) Worauf weist die chemische Reaktion mit Kalkwasser [C] hin?

b) Welche Ausgangsstoffe waren an der Reaktion beteiligt, und welche Reaktionsprodukte sind dabei entstanden? Stelle die Wortgleichung für diese Reaktion auf.

c) Versuche, die Vorgänge bei der Reaktion zu erklären.

d) Ob man Kupfer gewinnen kann, wenn man *nur* das Kupferoxid (ohne die Holzkohle) erhitzt?

V 2 Hier wird auf die gleiche Weise *Bleioxid* [Xn] untersucht:

Zunächst stellen wir ein Gemisch aus gleichen Teilen Bleioxid und Holzkohlepulver her. Das Gemisch wird so lange *kräftig* erhitzt, bis es glüht. Entsteht dadurch Blei?

V 3 Auch so ist eine Zerlegung von *Kupferoxid* möglich:

Wir geben in ein schwerschmelzbares Reagenzglas eine Spatelspitze Kupferoxidpulver und darüber etwa 1 cm hoch Zinkpulver [F]. Beide Stoffe werden vermischt und erhitzt, bis sie glühen. Welche Stoffe entstehen?

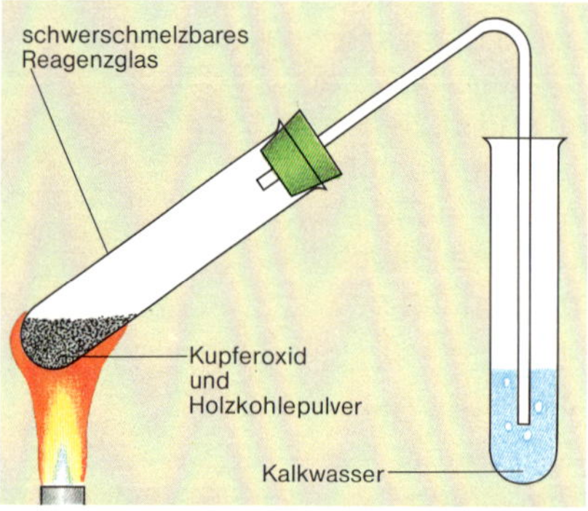

3

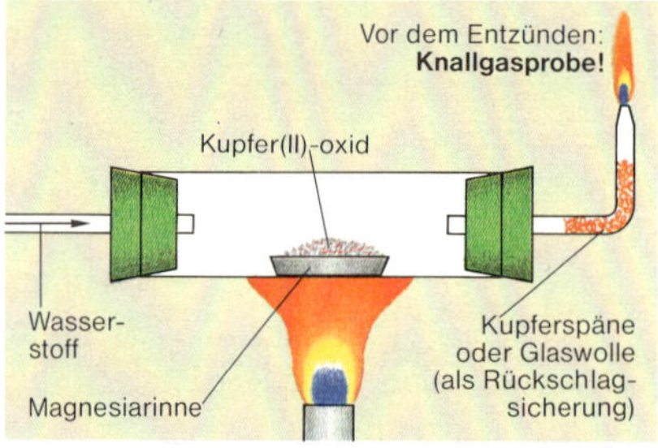

4

V 4 *(Lehrerversuch)* So kann Kupferoxid auch durch einen anderen Stoff zerlegt werden (Bild 4).

a) Zuerst läßt man *Wasserstoff* [F] durch das Verbrennungsrohr (und damit über das Kupferoxid) strömen.

Bevor er am Rohrende entzündet wird, muß unbedingt die Knallgasprobe durchgeführt werden!

b) Sobald die Wasserstoffflamme ruhig brennt, wird das Kupferoxid im Verbrennungsrohr erhitzt. Beobachte die Wasserstoffflamme während des Erhitzens.

c) Welche Veränderungen im Verbrennungsrohr stellst du fest?

d) Das Pulver aus der Rinne wird nach dem Abkühlen auf eine weiße Pappe geschüttet. Was stellst du fest, wenn du es mit einem Messer unter leichtem Druck glattstreichst?

V 5 Diesmal füllen wir einen Glaskolben mit Kohlenstoffdioxid aus der Stahlflasche oder Druckdose.

Dann tauchen wir ein Stück brennendes Magnesiumband mit der Tiegelzange in das Kohlenstoffdioxid.

Wie erklärst du die Beobachtung, die du hierbei machen kannst?

V 6 *(Lehrerversuch)* Ein Reagenzglas wird etwa 1,5 cm hoch mit *Kaliumnitrat* (KNO_3) [O] gefüllt. Das Kaliumnitrat wird so lange erhitzt, bis eine Schmelze entstanden ist.

a) Was zeigt sich, wenn ein glimmender Holzspan ins Reagenzglas eingeführt wird?

b) Nun läßt der Lehrer ein kleines Stückchen glühende Holzkohle auf die Schmelze fallen (Schutzbrille und Schutzscheibe!). Anschließend wird die Glimmspanprobe wiederholt.

Versuche, deine Beobachtung zu erklären.

2263

Wenn Oxide reduziert werden ...

Nur wenige **Metalloxide** können einfach durch Erhitzen in ihre Ausgangsstoffe zerlegt werden.

Für die meisten Zerlegungen braucht man einen Stoff, der sich **leichter mit Sauerstoff verbindet** als das Metall des betreffenden Oxids. Bei der Zerlegung von Kupferoxid (Bild 3) ist dies zum Beispiel der Kohlenstoff.

Während der Reaktion wird das Kupferoxid in Kupfer und Sauerstoff zerlegt. Das Kupfer wird dabei sichtbar. Den Sauerstoff können wir nicht nachweisen, da er sich sofort mit dem Kohlenstoff zu Kohlenstoffdioxid verbindet (Bild 5).

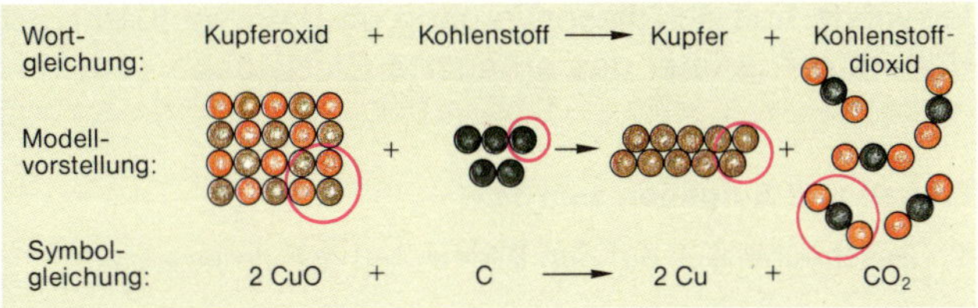

5

Deutung: Das Kupferoxid kann durch den Kohlenstoff zu Kupfer **reduziert** werden (lat. *reducere:* zurückführen). Der Kohlenstoff hat nämlich ein größeres Bestreben, sich mit Sauerstoff zu verbinden, als das Kupfer.

Beim Erhitzen – wenn also mit Hilfe des Brenners Aktivierungsenergie zugeführt wird – lockern sich die Atomverbände; die Atome von Kohlenstoff und Sauerstoff lagern sich zusammen.

Beim Zerlegen von Kupferoxid laufen also **zwei chemische Reaktionen gleichzeitig** ab; nämlich

- ○ eine **Reduktion**, bei der dem Kupferoxid der Sauerstoff entzogen wird (d. h., das Kupferoxid wird zu Kupfer *reduziert*);
- ○ eine **Oxidation**, bei der sich Kohlenstoff mit Sauerstoff verbindet (d. h., der Kohlenstoff *oxidiert* zu Kohlenstoffdioxid).

Chemische Reaktionen, bei denen *gleichzeitig eine Reduktion und eine Oxidation* ablaufen, werden **Red**uktions-**Ox**idations-**Reaktionen** genannt oder kurz **Redoxreaktionen**.

Redoxreaktionen sind somit chemische Reaktionen, bei denen *Sauerstoff sowohl abgegeben als auch aufgenommen* wird:

Reaktionspartner, die dabei Sauerstoff *abgeben*, bezeichnet man als **Oxidationsmittel**. Reaktionspartner, die diesen Sauerstoff *aufnehmen*, heißen **Reduktionsmittel**. (In unserem Beispiel ist das Kupferoxid das Oxidationsmittel und der Kohlenstoff das Reduktionsmittel.)

Oxidationsmittel wird reduziert (Kupferoxid → Kupfer)

Kupferoxid + Kohlenstoff → Kupfer + Kohlenstoffdioxid

$2\,CuO + C \rightarrow 2\,Cu + CO_2$

Reduktionsmittel wird oxidiert (Kohlenstoff → Kohlenstoffdioxid)

Zur Reduktion von Kupferoxid sind auch **Metalle** und **Wasserstoff** geeignet. Die Metalle müssen sich jedoch leichter mit Sauerstoff verbinden als Kupfer. Ein Beispiel dafür ist das Metall Zink.

Reduktion (Kupferoxid → Kupfer)

Kupferoxid + Zink → Kupfer + Zinkoxid

$CuO + Zn \rightarrow Cu + ZnO$

Oxidation (Zink → Zinkoxid)

Auch **Nichtmetalloxide** können reduziert werden. Ein Beispiel dafür ist die *Reduktion von Kohlenstoffdioxid mit Magnesium.* Dabei entstehen Kohlenstoff und Magnesiumoxid. Auch das ist eine **Redoxreaktion**.

Reduktion (Kohlenstoffdioxid → Kohlenstoff)

Kohlenstoffdioxid + Magnesium → Kohlenstoff + Magnesiumoxid

$CO_2 + 2\,Mg \rightarrow C + 2\,MgO$

Oxidation (Magnesium → Magnesiumoxid)

Aufgaben

1 Welcher Unterschied besteht zwischen einer *Oxidation* und einer *Reduktion*? Welche Reaktionen werden als *Redoxreaktionen* bezeichnet?

2 Schreibe zu den Reaktionen in den Versuchen 1–4 die Wort- und Formelgleichungen auf.

Überlege jeweils, welcher Stoff das *Reduktionsmittel* und welcher das *Oxidationsmittel* ist.

3 Welche Eigenschaften haben alle Reduktionsmittel gemeinsam?

4 Schreibe die Wort- und Formelgleichung für die Reduktion von Kupferoxid mit Wasserstoff auf.

Kennzeichne außerdem die Reduktion und die Oxidation.

5 Warum wird bei der Reaktion in V4 die Wasserstoffflamme kleiner?

6 Zur Reaktion in Versuch 3 meint Martina: „Der Sauerstoff hat seinen Reaktionspartner gewechselt." Was meinst du dazu?

Gilt Martinas Überlegung auch für die anderen Versuche?

7 Du kennst schon die Reihe der Metalle (→ auch in der Zusammenfassung). Welche dieser Metalle sind als Reduktionsmittel bei der Reduktion von Kupferoxid geeignet?

8 Bleioxid läßt sich nicht mit Silber, wohl aber mit Zink reduzieren.

An welcher Stelle in der Metallreihe müßte Blei demnach stehen?

9 Was sagen die folgenden Reaktionsgleichungen aus?

$ZnO + Mg \rightarrow Zn + MgO$

$CO_2 + 2\,Mg \rightarrow C + 2\,MgO$

10 Welche Bedeutung hat das Kaliumnitrat (KNO_3) bei Versuch 6?

Welches Reaktionsprodukt muß dabei entstehen?

11 Versuch 6 gelingt auch mit einem Stückchen Stangenschwefel anstelle der Holzkohle. Welches Reaktionsprodukt entsteht dabei?

12 Zinkoxid läßt sich mit Holzkohle reduzieren. Kohlenstoffdioxid kann mit Magnesium reduziert werden. An welcher Stelle der Oxidationsreihe könnte man Kohlenstoff einordnen?

Aus Umwelt und Technik: **Wie Eisenbahnschienen verschweißt werden**

Es ist acht Uhr morgens auf dem Hauptbahnhof. Das schadhafte „Herzstück“ einer Weiche soll ausgewechselt werden. In zwei Stunden muß die Arbeit getan sein.

Die Reparatur soll mit Hilfe des *Thermitverfahrens* durchgeführt werden. Du wirst gleich sehen, daß auch dabei eine **Redoxreaktion** abläuft.

Zu Beginn schneiden die Männer des Schweißtrupps das alte Schienenstück mit einem Schneidbrenner heraus. Der entstehende Spalt („Stoß“) wird noch auf 25 mm verbreitert. Das ist notwendig, damit beim Thermitschweißen der flüssige Stahl gut hineinfließen kann.

„Was ist eigentlich *Thermit?*“ Diese Frage beantwortet der Oberbauschweißer so:

„Thermit ist ein Gemisch aus Eisenoxid und Aluminiumpulver. Wenn man es entzündet, reagieren beide Stoffe zu Eisen und Aluminiumoxid. Aus 1000 g Thermit entstehen dabei 425 g Eisen.

Bei dieser Reaktion wird sehr viel Wärmeenergie frei. Es entstehen Temperaturen bis zu 2400 °C. Das ist jedoch zum Schweißen zu heiß. Deshalb mischt man dem Thermitgemisch feinen Stahlschrott zum „Kühlen“ bei. Außerdem kommen noch Vanadium, Mangan, Titan, Silicium und Kohlenstoff dazu. Der Schweißstahl wird dadurch etwas härter als der Schienenstahl selbst.“

Währenddessen füllt der Schweißer eine Portion von 9 kg Thermitgemisch in den Gießofen.

An der Schweißstelle ist inzwischen eine vorgefertigte Gießform aus gepreßtem Quarzsand über dem Schienenspalt befestigt worden. Mit einem Propangasbrenner werden nun die Form und die Schienenenden auf 900 °C vorgewärmt. Dann wird der Gießofen aufgesetzt.

„Einige Schritte zurücktreten!“ heißt es plötzlich. Mit einer besonderen „Wunderkerze“ wird das Thermitgemisch gezündet. Innerhalb weniger Sekunden glüht es im Ofen hellweiß auf. Nach etwa 3-4 Minuten fließt der weißglühende Stahl in die Form. Dabei füllt er den „Stoß“ zwischen den Schienenenden von unten nach oben.

Die Gießform wird schließlich zerschlagen, und die Schweißnaht liegt frei. Überstehendes Eisen wird noch rotglühend „abgeschert“ und die Schienenoberfläche glattgeschliffen.

Der ganze Schweißvorgang hat nur knapp 20 Minuten gedauert. Eine schnelle und saubere Arbeit! An drei Stellen wiederholt sich dieser Vorgang, und kurz vor 10 Uhr rollt der erste Zug über das erneuerte Gleisstück.

Fragen und Aufgaben zum Text

1 Beschreibe, was auf den Bildern 1–6 gerade geschieht.

2 Um die Thermitreaktion in Gang zu bringen, mußte Aktivierungsenergie zugeführt werden. Wodurch geschah das?

3 Hast du erkannt, welche Redoxreaktion beim Thermitschweißen abläuft? Schreibe dazu die Wortgleichung auf. Markiere dabei Reduktion und Oxidation. Gib auch Reduktions- und Oxidationsmittel an.

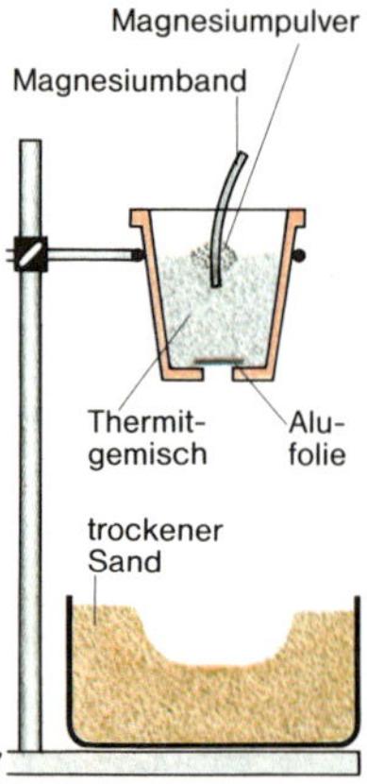

7

4 Im Freien läßt sich ein **Modellversuch** zum Thermitverfahren als *Lehrerversuch* durchführen (Bild 7):

Das Thermitgemisch besteht aus 40 g trockenem Eisen(III)-oxid und 14 g trockenem, frischem Aluminiumgrieß. Das Loch im Blumentopf wird vorher mit Alufolie abgedeckt. Das Gemisch läßt sich mit Magnesiumband oder einer Wunderkerze entzünden. Das flüssige Eisen fließt in ein Blechgefäß mit einer *trockenen* Sandschicht. (Vorsicht! Mindestabstand 3 m!) Nach dem Abkühlen kann man das Eisen mit einem Magneten prüfen.

1

2

3

4

5

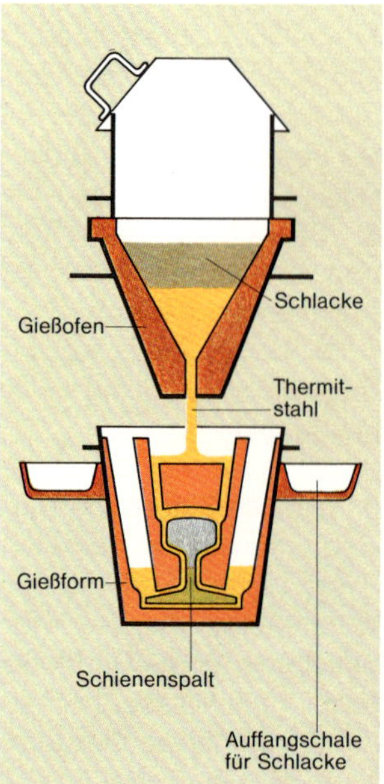

6

Alles klar?

1 Worin unterscheiden sich Oxidation und Reduktion grundsätzlich?

2 Erkläre das Wort *Redoxreaktion* an einem Beispiel (mit Formelgleichung).

3 Was geschieht bei einer Redoxreaktion mit dem Reduktionsmittel und dem Oxidationsmittel?

4 Aluminium reduziert viele Oxide. Was läßt sich daher über das „Bindungsbestreben" von Aluminium zu Sauerstoff sagen?

5 Quecksilber kann ohne Reduktionsmittel (also nur durch Erhitzen) reduziert werden. Was sagt das über das „Bindungsbestreben" von Quecksilber zu Sauerstoff aus?

6 Folgende Formelgleichung gibt die Reaktion beim Thermitschweißen wieder. Erläutere sie.

$Fe_2O_3 + 2\ Al \rightarrow 2\ Fe + Al_2O_3$

7 Gibt es grundsätzliche Unterschiede bei der Reduktion von Metalloxiden und Nichtmetalloxiden? Begründe deine Antwort anhand von Beispielen.

2 Zusammenfassung

Metalloxide werden reduziert

Die meisten Metalloxide können nur durch chemische Reaktionen mit Hilfe geeigneter **Reduktionsmittel** in ihre Ausgangsstoffe zerlegt werden.

Das dabei jeweils verwendete Reduktionsmittel muß ein größeres Bestreben haben, sich mit Sauerstoff zu verbinden, als das Metall des Oxids, das reduziert werden soll.

Zur Reduktion von Metalloxiden sind andere **Metalle** und die Nichtmetalle **Kohlenstoff** und **Wasserstoff** als Reduktionsmittel geeignet.

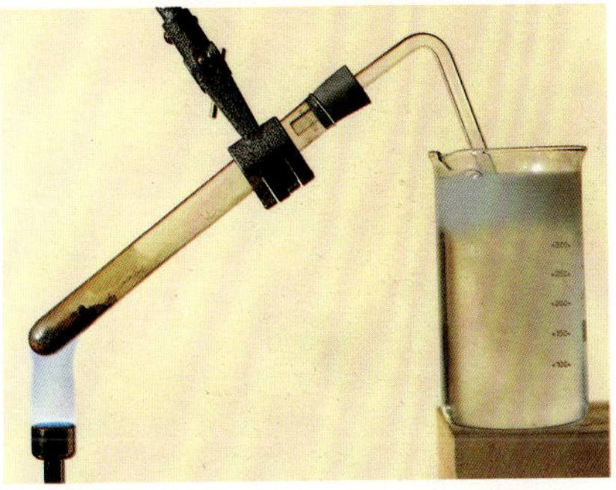

8

Bei jeder Reduktion (Abgabe von Sauerstoff) läuft gleichzeitig auch eine Oxidation (Aufnahme von Sauerstoff) ab. Solche Vorgänge nennt man deshalb **Redoxreaktionen**.

Dabei wird das Oxid, das den Sauerstoff abgibt, als **Oxidationsmittel** bezeichnet; es ist jeweils der Stoff, der reduziert wird.

Bei jeder **Redoxreaktion** läuft gleichzeitig eine Reduktion und eine Oxidation ab.

Reduktion (Bleioxid → Blei)

Bleioxid *(Oxidationsmittel)*	+	Kohlenstoff *(Reduktionsmittel)*	→	Blei	+	Kohlenstoffdioxid
2 PbO	+	C	→	2 Pb	+	CO_2

Oxidation (Kohlenstoff → Kohlenstoffdioxid)

Die verschiedenen Reduktionen von Metalloxiden verlaufen unterschiedlich heftig. Demnach ist das Bindungsbestreben der beteiligten Metalle zu Sauerstoff unterschiedlich. Daraus läßt sich eine **Oxidationsreihe der Metalle** ableiten:

9

Auch Nichtmetalloxide können reduziert werden

Ein Beispiel für die Reduktion von Nichtmetalloxiden ist die Reduktion von Wasser (Wasserstoffoxid) mit Magnesium. Dabei entstehen Magnesiumoxid und Wasserstoff. Auch das ist eine **Redoxreaktion**.

Reduktion (Wasserstoffoxid → Wasserstoff)

Wasserstoffoxid *(Oxidationsmittel)*	+	Magnesium *(Reduktionsmittel)*	→	Wasserstoff	+	Magnesiumoxid
H_2O	+	Mg	→	H_2	+	MgO

Oxidation (Magnesium → Magnesiumoxid)

Metalle und Metallgewinnung

1 Metalle in der Geschichte der Menschheit

Aus der Geschichte: **Kupfer – der erste metallische Werkstoff**

Das rötliche Kupfer ist ein recht weiches Metall; es läßt sich schon mit einfachen Werkzeugen gut bearbeiten. Aus diesem Grunde sind auch **Schmuckstücke aus Kupfer** die ältesten Metallgegenstände, die man bisher gefunden hat (Bild 1). Es gibt Funde von Anhängern, Ohrringen, Haarspangen und Nadeln, die älter als die ägyptischen Pyramiden sind.

Die frühesten Fundorte liegen am Persischen Golf, in Ägypten, Anatolien, der Schweiz und an der unteren Donau. Dort hatte man zunächst in Flüssen kleine Klumpen aus „gediegenem", reinem Kupfer gefunden; es war aus den umliegenden Uferfelsen ausgewaschen worden.

Erst um 4000 v. Chr. wurde entdeckt (vielleicht beim Brennen farbiger Glasuren im Töpferofen), daß sich Kupfer auch aus **Kupfererzen** gewinnen läßt. Dabei können sowohl *Kupferoxide* als auch *Kupfersulfide* als Ausgangsstoffe für die Kupfergewinnung dienen.

Kupferkies ist eine Verbindung aus Kupfer, Eisen und Schwefel. Dieses messing- bis goldgelbe Mineral ist zwar eines der häufigsten Mineralien – für die Kupfergewinnung ist jedoch *Kupferglanz* das wichtigste Erz. Diese Kupfer-Schwefel-Verbindung ist fast schwarz.

1

Der blaue *Azurit* und der grüne *Malachit* sind Kupferverbindungen, die heute nur als Schmucksteine dienen.

Auf der Suche nach Kupfer und später nach Kupfererzen begann man schon um 4500 v. Chr. mit dem **Kupferbergbau**. Bedeutende Gruben befanden sich z. B. seit ungefähr 1800 v. Chr. in Österreich.

Etwa tausend Jahre lang wurde hier Kupfererz abgebaut. Dazu trieb man kilometerlange Stollen in den Berg, bis in 100 m Tiefe – und alles mit Werkzeugen aus Stein!

Träger schleppten das Erz ans Tageslicht. Als Leitern benutzten sie dabei Baumstämme mit eingeschlagenen Stufen. Über Tage wurde das Erz in Hunderten kleiner Schmelzöfen „verhüttet". Bei den Oxiden gelang das bereits durch starkes Erhitzen mit Holzkohle.

Händler verbreiteten das Kupfer in Mitteleuropa. Schmuckstücke wurden meist mit dem Hammer „getrieben", Werkzeuge wurden gegossen.

Fragen und Aufgaben zum Text

1 Bild 2 zeigt Arbeiten in einer griechischen Tongrube um 600 v. Chr. In ähnlicher Weise wurde damals auch der Erzbergbau betrieben.

Beschreibe, welche Arbeiten du erkennen kannst.

2 Suche im Atlas die heutigen Länder, in denen *damals* Kupfer gewonnen wurde: Irak, Iran, Türkei, Jugoslawien, Österreich, Schweiz, Ägypten, Kreta, Zypern.

Vergleiche dann mit der Weltwirtschaftskarte, ob diese Länder auch heute noch Kupfererze abbauen oder Kupfer gewinnen.

2

3 Plane einen Versuch, bei dem aus Kupferoxid mit Hilfe von Holzkohlepulver Kupfer gewonnen werden kann.

Beschreibe die Reaktionen, die dabei ablaufen. Stelle auch eine entsprechende Reaktionsgleichung auf.

4 Stelle alle Eigenschaften von Kupfer, die du bisher kennengelernt hast, übersichtlich zusammen (z. B. in Form einer Tabelle oder eines „Steckbriefes").

Denke dabei an alle Methoden, mit deren Hilfe du die Eigenschaften von Stoffen feststellen kannst.

5 Kupfer hat nicht immer seine typische kupferrote Farbe. An der Luft verändert sich nämlich seine Oberfläche.

Schreibe auf, was du über die langsame Oxidation von Kupfer weißt.

6 Noch heute wird Kupfer beim Hausbau verwendet. Nenne die wichtigsten Bereiche.

7 Mit den in Bild 3 dargestellten Werkzeugen kann man aus einem runden Stück Kupferblech eine Schale treiben.

Entwickle dazu eine Arbeitsanleitung. Vielleicht kannst du selbst danach eine Schale hämmern?

8 Werkzeuge aus Kupfer wurden früher gegossen. Überlege, wie man wohl dabei vorgegangen ist.

Beschreibe auch, welche Nachteile diese Werkzeuge hatten. (Denke an die Eigenschaften des Metalls.)

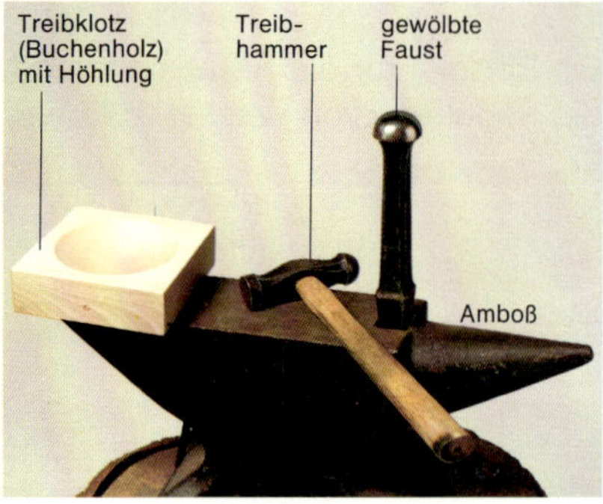

3

5467

Aus der Geschichte: **Die Bronzezeit löst die Steinzeit ab**

4 Die zwei Schalen einer Gußform aus Speckstein. Wenn sie zusammengeklappt sind, kann darin eine Bronzeaxt mit gebogener und verzierter Schneide gegossen werden.

5 Schwert, Schild (Durchmesser 38 cm) und Lanzenspitze aus der Bronzezeit (um 1000 v. Chr.), gefunden in der Oder nahe ihrer Mündung in die Ostsee.

Im Jahr 1961 entdeckten Forscher an einer Steilküste des Toten Meeres eine wahre Schatzhöhle: Aus der Zeit um 3000 v. Chr. lagen hier Königskronen, Speerspitzen, Meißel und Äxte – insgesamt mehr als 400 Metallgegenstände.

Fast alle Fundstücke bestehen aus einem für jene Zeit neuen Metall. Die „Hüttenmeister" hatten es durch Verschmelzen bestimmter Mengen Kupfer und Arsen (im Verhältnis 9 : 1) hergestellt.

Miteinander verschmolzene Metalle nennt man **Legierungen**. Wenn eine solche Legierung aus *Kupfer und Arsen* oder aus *Kupfer und Zinn* entstanden ist, heißt sie **Bronze**.

Die Bronze ist härter und auch widerstandsfähiger gegenüber Witterungseinflüssen als Kupfer. Außerdem ist sie viel härter als Zinn. Aus zwei weichen Metallen ist also durch das Legieren ein harter Werkstoff geworden.

Auch die folgenden Eigenschaften der Bronze bedeuten einen Vorteil gegenüber den Ausgangsmetallen: Bronze hat eine Schmelztemperatur von 930 °C, Kupfer von 1083 °C und Zinn von 232 °C. Außerdem ist die glühend heiße Bronze dünnflüssiger als eine Kupferschmelze. Daher läßt sich Bronze leichter in Formen gießen als Kupfer (Bild 4).

Weil Arsendämpfe giftig sind, wurde die Bronze später nur noch aus Kupfer und Zinn hergestellt.

Doch Zinn war und ist ein seltenes Metall. Damals mußten es die Herrscher am Nil, am Euphrat und Tigris sowie in Anatolien von weit her holen lassen: aus England, Spanien und dem Erzgebirge in Böhmen. So wurden ganze Völker durch den Erz- und Bronzehandel reich und mächtig.

Wegen ihrer vorteilhafteren Eigenschaften setzte sich die Bronze etwa ab 2000 v. Chr. in ganz Europa durch. Sie bereitete damit der Steinzeit ein Ende; es begann die **Bronzezeit**.

Gegen einen Krieger, der ein langes Bronzeschwert (Bild 5) besaß, hatte ein Gegner mit einem Dolch aus Feuerstein keine Chance. Schilde aus Bronze boten zusätzlichen Schutz. Und wer Sieger war, wollte natürlich feiern: In Frankreich wurde ein riesiger Weinkrug aus Bronze gefunden; er ist 164 cm hoch und faßt mehr als 1000 Liter!

Fragen und Aufgaben zum Text

1 Fasse alle Eigenschaften der Bronze in einer Übersicht zusammen.

2 Nenne Vor- und Nachteile von Bronze gegenüber reinem Kupfer.

3 Vor etwa 4000 Jahren: Eine wertvolle Steinaxt (mit Bohrung) und eine Bronzeaxt sind zerbrochen.
Welchen Vorteil bietet das Werkzeug aus Metall dem Benutzer trotzdem noch?

4 Bronzeäxte wurden oft in zweigeteilten Formen (Bild 4) gegossen. Warum brauchten solche Gußformen außer der Einfüllöffnung noch Luftkanäle?

5 Bronze war nicht nur in der Bronzezeit *das* Material, aus dem Gebrauchsgegenstände, Waffen und Werkzeuge hergestellt wurden. Auch heute findet Bronze noch Verwendung.
Schreibe mehrere Verwendungsmöglichkeiten für Bronze auf.

6 Versuche herauszufinden, wie Bronzeglocken gegossen werden.

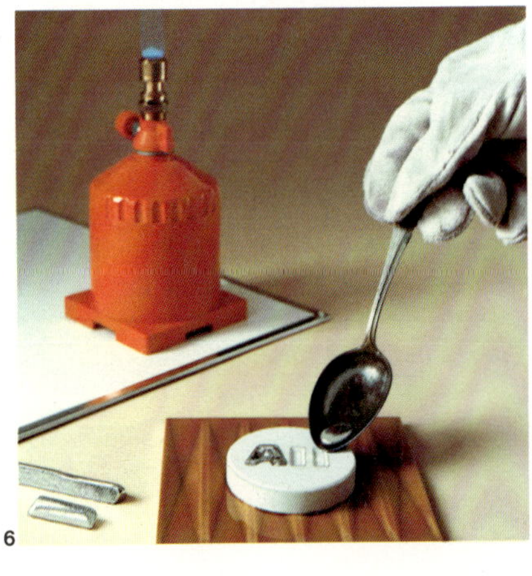

6

7 Nach Bild 6 und der folgenden Anleitung kannst du selbst Metall gießen. Geeignet ist statt Bronze *Gießzinn* (in Bastelgeschäften erhältlich).

Stelle zunächst die *Gießform* her: Rühre dazu *Gips* in Wasser ein (nicht umgekehrt!), bis der Brei dickflüssig und krümelfrei ist. Gieße ihn dann etwa 1 cm hoch in ein glattes Kunststoffgefäß.

Schüttle den Gipsbrei kräftig, damit die Luftblasen entweichen. Wenn der Gips nach ein paar Tagen trocken ist, kannst du die gewünschte Form hineinkratzen.

Für den *Guß* erhitzt du das Zinn in einem alten Eßlöffel (Lederhandschuhe tragen, und feuerfeste Unterlage benutzen!). Gieße die Form langsam aus.

Das erkaltete Zinn löst sich später leicht aus der Gußform. Du kannst das fertige Stück noch mit Feile oder Schleifpapier bearbeiten. (In der Bronzezeit benutzte man dafür Sand.)

Aus der Geschichte: **Eisen – ein Werkstoff erobert die Welt**

„Metall des Himmels" nannten es die alten Völker, für sie war es doppelt so teuer wie Gold – und es war doch nichts anderes als einfaches **Eisen**.

Allerdings war dieses Eisen tatsächlich vom Himmel gefallen; manche Meteoriten, die aus dem Weltall auf die Erde stürzen, bestehen nämlich aus Eisen.

Um 3000 v. Chr. entdeckten die Menschen, daß sich solche Brocken durch Schläge verformen lassen und trotzdem hart genug für die Herstellung von Dolchen sind. Waffen aus „himmlischem Stoff" konnten sich natürlich nur Könige leisten.

Auf und unter dem Erdboden gibt es so reines Eisen wie in den Meteoriten nie; es wäre längst verrostet. Hier gibt es nur **Eisenerz**.

Um daraus Eisen zu gewinnen, muß man das Erz zusammen mit Holzkohle schmelzen. Das ist aber leichter gesagt als getan, denn dafür muß das Feuer 1535 °C heiß sein.

Die hohe Schmelztemperatur von Eisen erreicht man nur in besonderen Öfen mit ständiger Luftzufuhr (Bild 1), z. B. durch Blasebälge.

Aus Eisen wird **Stahl**, wenn ihm Kohlenstoff in geringer Menge zugesetzt wird. Wenn dann ein Schmied

1

solchen Stahl bis auf Rotglut erhitzt und langsam abkühlen läßt, wird der Stahl schließlich weich und formbar.

Wenn der Schmied den Stahl aber abschreckt (ihn also noch glühend in kaltes Wasser oder Öl wirft), wird der Stahl hart und spröde.

Manche Schmiede galten früher als wahre Hexenmeister: Sie taten in das Abschreckwasser allerlei geheimnisvolle Zutaten, die sie niemandem verrieten. War es etwa Kot oder Urin von Tieren und Menschen? Man wußte es nicht. Oder sie vergruben neugeschmiedete Schwerter in der Erde, ließen alles „Schlechte herausrosten" und schmiedeten den Stahl danach neu.

Die Hethiter beherrschten schon um 1400 v. Chr. alle Tricks der Eisenbearbeitung. Weit und breit stellten sie die besten Dolche her. Das gelang Ihnen, weil sie den Stahl nur kurz abschreckten. Dadurch wurde er außen hart, blieb aber innen weich. Solche Klingen brachen nicht so schnell ab und waren trotzdem scharf.

Mit der Verbreitung eiserner Waffen traten die ersten *Umweltschäden* auf: Um Holzkohle für die Schmelzöfen zu gewinnen, wurden Pinien- und Akazienwälder abgeholzt; sie erholten sich nicht wieder. Wind und Regen trugen die fruchtbare Erdkrume fort – und zurück blieb die steinige, unfruchtbare Landschaft, die man rund ums Mittelmeer findet.

Zugleich wuchs die Zahl der *Kriege*: Die Assyrer schlugen die Ägypter und die Perser die Babylonier; die Griechen bekämpften die Perser und die Kelten die Germanen; schließlich beherrschten die Römer alle Länder am Mittelmeer – sie überquerten die Alpen und zogen über Gallien bis nach Britannien.

Jede römische Legion bestand aus 6000 Soldaten, und jeder Soldat trug eiserne Waffen im Gewicht von 5 kg.

Eisen und Stahl „eroberten" also buchstäblich die Welt – so gesehen, ist die **Eisenzeit** also noch immer nicht zu Ende…

Fragen und Aufgaben zum Text

1 Wieso galt Eisen als „Himmelsmetall"?

2 Bild 2 zeigt ein Schwert aus Stahl, das die Wikinger in Norddeutschland zurückließen. Warum gibt nur wenige solcher Fundstücke aus Eisen?

3 Um 5 kg Eisen z. B. für ein Schwert zu erhalten, mußten unsere Vorfahren 40 kg Eisenerz und 40 kg Holzkohle für rund 24 Stunden in einen Schmelzofen geben. Und für diese 40 kg Holzkohle mußten vorher Köhler in den Wäldern 150 kg Buchenholz in ihren Kohlenmeiler stecken.

Weshalb war Holzkohle bis zu 8mal teurer als Eisenerz?

Wieviel Buchenholz war nötig, um eine römische Legion mit eisernen Waffen auszurüsten?

4 Warum wachsen auf vielen Bergen am Mittelmeer keine Bäume mehr?

5 Du kannst mit einem einfachen Trick **weichen Stahl härten**: Besorge dir dazu Nägel aus Eisen (5 cm lang; 2,2 mm dick). Fasse sie mit einer Zange an, und bringe sie dann in einer Gasflamme zum Glühen (Bild 3). Laß einen glühenden Nagel in kaltes Wasser fallen und einen anderen auf einem Stein langsam abkühlen.

Prüfe durch Verbiegen die *Härte* und die *Biegsamkeit* der Nägel. Vergleiche!

2

3

7287

2 Metallgewinnung aus den Erzen

Aus Umwelt und Technik: **Der lange Weg vom Erz zum Metall**

Wenn du auf der Wirtschaftskarte im Atlas nachschaust, findest du z. B. in Deutschland nur selten die Buchstaben B oder BZ. Das bedeutet, daß bei uns nur an ganz wenigen Stellen **Bleierz** (B) oder **Blei-Zink-Erz** (BZ) abgebaut wird.

Reines Bleierz ist sehr selten. Es kommt meist gemeinsam mit Zinkerz vor. Solche Erzlagerstätten gibt es z. B. im *Harz* (in Rammelsberg und Bad Grund) sowie im *Rheinischen Schiefergebirge* (in Ramsbeck und Lennestadt-Meggen).

Bleierz und Zinkerz sind miteinander vermischt – und außerdem mit dem Gestein, das sie umgibt.

Das *Trennen* des Gemisches in seine Bestandteile **Erz** und **Gestein** erfolgt in mehreren Schritten (Bild 4):

Zunächst wird das erzhaltige Gestein *zerkleinert*. Das geschieht stufenweise in Backenbrechern und Kugelmühlen – bis die Stückchen höchstens noch 0,5 mm groß sind.

Um das Gemisch zu *trennen*, wendet man bei uns fast ausschließlich das *Schaumschwimmverfahren* an. Es wird in der Technik **Flotation** (von franz. *flot:* Flut) genannt.

Dieses Verfahren funktioniert folgendermaßen: Das Gemisch kommt zunächst in Wasser, dem man vorher bestimmte chemische Substanzen (z. B. sog. *Schaumbildner*) zugesetzt hat. Als Schaumbildner werden verschiedene Substanzen verwendet.

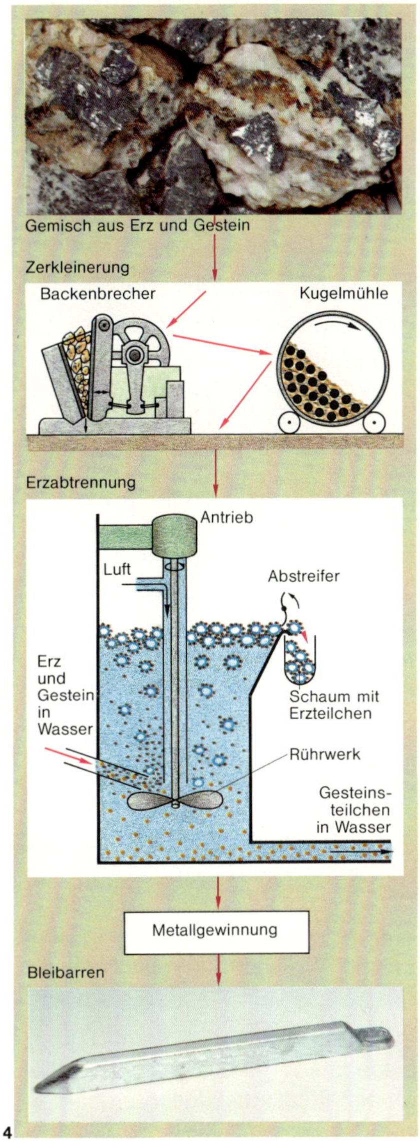

4

Sie richten sich nach dem Erz, das abgetrennt werden soll.

Wenn nun von unten Luft in die Flotationszelle geblasen wird, perlen die Luftblasen durch das Wasser nach oben. Die Schaumbildner bewirken dabei, daß sich die winzigen Erzteilchen an die Luftblasen anlagern. Auf diese Weise gelangen die Erzteilchen an die Wasseroberfläche. Die Gesteinsteilchen sinken bei diesem Verfahren zu Boden.

An der Wasseroberfläche bildet sich eine dicke Schaumschicht, in der sich die Erzteilchen *ansammeln (konzentrieren)*. Dieses sogenannte **Erzkonzentrat** wird dann von der Oberfläche abgezogen. Es hat jetzt nur noch einen geringen Gehalt an Gesteinsteilchen.

Im Erzkonzentrat sind aber noch Blei- und Zinkerz miteinander vermischt. Durch eine weitere Flotation werden sie voneinander getrennt.

Anschließend werden die Erzkonzentrate in großen Filterpressen *entwässert* und dann getrocknet.

Nun endlich kann man aus den Erzen die **Metalle** gewinnen. Dazu gibt es verschiedene Verfahren.

Die Metallgewinnung gelingt z. B. durch Erhitzen mit Holzkohle- oder Aktivkohlepulver. Wenn das Metall jedoch besonders rein sein muß, gewinnt man es durch Elektrolyse.

Wirklich ein langer Weg vom Erz zum Metall!

Fragen und Aufgaben zum Text

1 Schlage im Lexikon nach, was man unter *Erz* versteht.

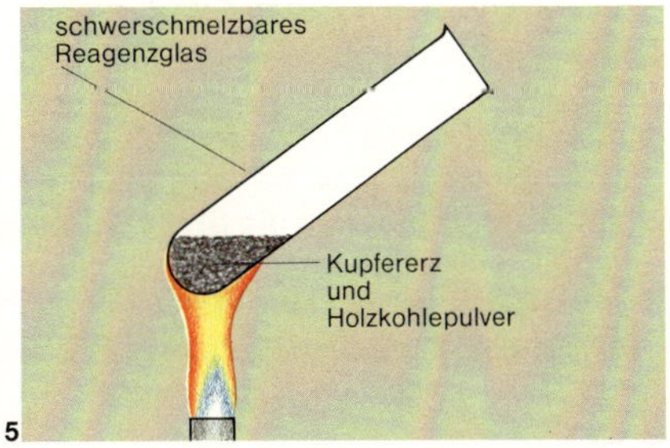

5

2 Beschreibe anhand eines Beispiels, in welcher Form sich die Metalle in den Erzen befinden.

3 Die Flotation kann man als *Vorstufe der Metallgewinnung* bezeichnen. Was ist damit gemeint?

4 Die Bilder 5 u. 6 zeigen Versuche, bei denen das Metall aus seinen Erzen gewonnen werden kann. Die Erze enthalten hauptsächlich *Metalloxide*.

Bei den Versuchen laufen *Redoxreaktionen* ab. Beschreibe den Ablauf der Reaktionen, und stelle die entsprechenden Reaktionsgleichungen auf.

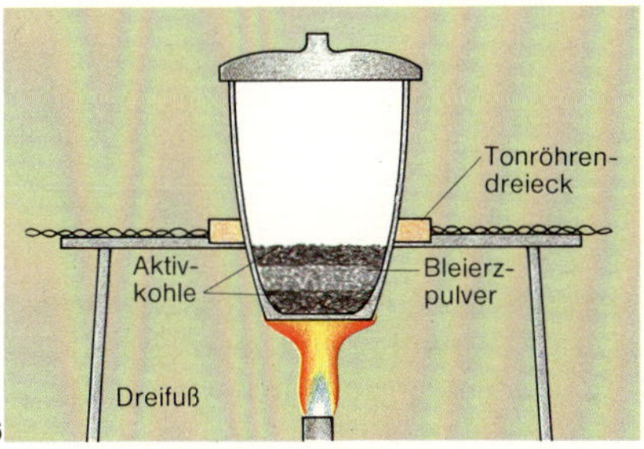

6

Eisen und Stahl

1 Stahl – ein unentbehrlicher Werkstoff unserer Zeit

1

2

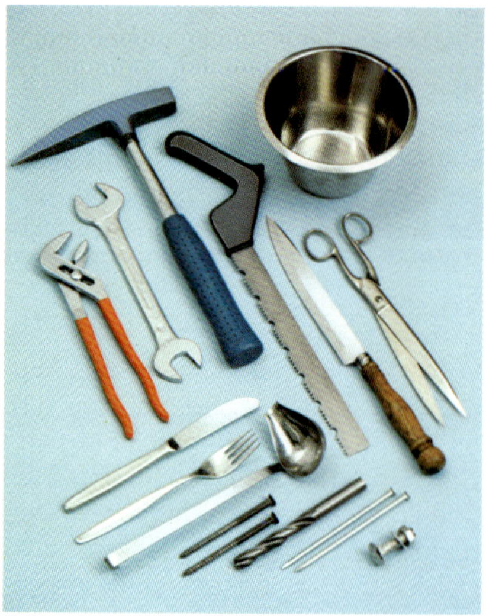
3

Das sind nur wenige Beispiele für die vielfältigen Verwendungsmöglichkeiten von Stahl. Gleichzeitig werden schon einige Eigenschaften dieses Werkstoffes deutlich. Welche Eigenschaften kennst *du* bereits?

V 1 Wir untersuchen Stahl:

a) Zunächst *biegen* wir vorsichtig einen Stahlstab (z. B. Fahrradspeiche, große Stopfnadel).

b) Dann versuchen wir, damit eine Glasplatte zu *ritzen*.

c) Nun wird der Stahlstab in der nichtleuchtenden Brennerflamme so stark erhitzt, daß er rotgelb glüht. (Die Temperatur beträgt dabei etwa 900 °C.) Dann wird der Stab schnell in kaltes Wasser getaucht.

Wie verhält sich der Stahlstab nun, wenn du versuchst, ihn zu biegen und eine Glasplatte zu ritzen?

d) Ein anderer Stahlstab wird mit Sandpapier blankgeschmirgelt und ebenfalls erhitzt. Diesmal soll der Stab jedoch nicht glühen. (Die Temperatur beträgt nun ca. 500 °C.) Der Stab wird langsam abgekühlt.

Verhält er sich beim Biegen und Ritzen anders als der schnell abgekühlte Stab?

V 2 Mit diesem Versuch kann man Eisen in Verbindungen nachweisen:

a) Wir prüfen einige Metallstücke mit einem Magneten. Kannst du auf diese Weise *ganz sicher* feststellen, ob ein Metallstück Eisen enthält?

b) Ein Stück Eisen (oder Stahl) wird mit Sandpapier blankgeschmirgelt. Wenn man ein paar Tropfen Salpetersäure (20–70 %) [C] auf die blanke Stelle gibt, reagieren Säure und Eisen miteinander: Es entsteht ein Eisen*salz*.

Nun wird auf das Eisensalz ein Tropfen einer verdünnten Lösung von gelbem Blutlaugensalz gegeben. (Diese Reaktion ist ein **Nachweis für Eisen**.) Was kannst du beobachten?

c) Wir untersuchen noch andere Metallstücke, Nägel oder Drahtstükke nach dem Verfahren von b). Enthalten sie Eisen?

Was ist Eisen – was ist Stahl?

Eisen ist ein chemisches Element. In der Natur kommt es nicht als reines Metall vor. (Eine Ausnahme bilden nur die Funde von Meteor-Eisen.) Weil Eisen unedel ist, verbindet es sich leicht mit anderen Elementen. Chemisch *reines* Eisen kann man nur im Labor herstellen. Es wird deshalb nicht als Werkstoff verwendet.

Was wir im allgemeinen mit dem Wort *Eisen* bezeichnen, ist eigentlich **Stahl**; das ist eine **Legierung** des Eisens.

Eine Legierung entsteht, wenn z. B. zwei oder mehrere Metalle (oder Metalle und Nichtmetalle) miteinander vermischt und dann geschmolzen werden. Die Legierung ist also keine chemische Verbindung, sondern ein **Gemisch**.

Das wichtigste Element, mit dem Eisen legiert wird, ist der **Kohlenstoff**. Durch den Gehalt an Kohlenstoff – er sollte höchstens 2 % betragen – werden die **Eigenschaften** des Stahls weitgehend bestimmt: z. B. seine Härte.

Andere Elemente, mit denen Eisen legiert wird, rufen andere Eigenschaften hervor. Die Elemente Chrom und Nickel bewirken zum Beispiel, daß der Stahl später nicht rostet. Solche Legierungen kennst du wahrscheinlich schon unter dem Namen *Edelstahl*.

Aufgrund der vielen Legierungsmöglichkeiten gibt es mehr als 400 verschiedene Stahlsorten. Dabei sind die Stoffe so miteinander legiert, daß die Eigenschaften den Verwendungszwecken der jeweiligen Stahlsorte entsprechen. Auf diese Weise wird Stahl zu einem sehr vielseitigen Werkstoff.

1007

Selbst winzige Spuren von Eisen lassen sich nachweisen

Bei Nägeln, Eisenbahnschienen oder Werkzeug kannst du meist sofort sagen, ob sie aus Eisen sind.

Eisen *in Verbindungen,* z. B. als Bestandteil von Gesteinen und Erzen, ist dagegen viel schwerer zu erkennen. Aber dafür gibt es eine **Nachweismethode**. Sie wird in der Technik häufig eingesetzt.

Wenn man den Nachweis durchführt, muß man unbedingt eine *Schutzbrille* tragen! Nach folgenden **Schritten** kann man dabei vorgehen:

1. Eine etwa erbsengroße Menge des zu untersuchenden Stoffes in ein Reagenzglas geben.
2. Eine kleine Menge (4–5 ml) verdünnte Salzsäure dazugeben.
3. Eine Spatelspitze Kaliumnitrat oder ein paar Tropfen von einer Wasserstoffperoxidlösung hinzufügen.

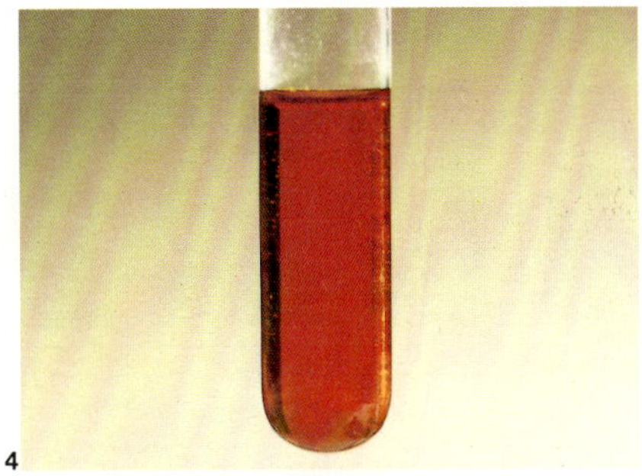
4

4. Die Flüssigkeit vorsichtig bis zum Sieden erhitzen. Das Reagenzglas mit der Flüssigkeit dazu am besten in siedendes Wasser stellen.
5. Die Flüssigkeit abkühlen lassen und anschließend filtrieren.
6. Einige Tropfen einer 10%igen Kaliumthiocyanatlösung in das Filtrat tropfen.

Wenn nun eine **Rotfärbung** eintritt, ist das ein Zeichen dafür, daß die Probe Eisen enthält (Bild 4). Die Rotfärbung kann dabei von hellrosa bis schwarzrot reichen: Je mehr Eisen, desto dunkler die Rotfärbung der Probe.

Mit diesem Nachweis können sogar Spuren von nur $\frac{1}{1\,000\,000}$ g Eisen sicher erkannt werden.

Man kann damit nun die verschiedensten Stoffproben untersuchen, z. B. eisenhaltiges Mineralwasser, Sand, Ackerboden oder ein Stück Eisenerz.

In der Technik werden solche Nachweisreaktionen häufig auch mit **Teststreifen** durchgeführt. Das ist viel einfacher und wird meist dann gemacht, wenn die Untersuchung schnell gehen soll und der Eisengehalt der Probe nicht ganz genau bestimmt werden muß.

2 Die Gewinnung von Roheisen

Reines Eisen kommt in der Natur nur sehr selten vor. Man gewinnt es deshalb aus *Erzen.*

Es gibt verschiedene Eisenerze. Einige von ihnen enthalten als Hauptbestandteil Eisenoxid.

Die Gewinnung von Eisen aus Eisenerzen erfolgt in *Hochöfen.* Die Vorgänge, die dabei ablaufen, kann man in dem folgenden vereinfachten Versuch nachvollziehen.

V 3 Ein feuerfestes Reagenzglas wird wie in Bild 5 gefüllt. Die drei Schichten dürfen sich dabei nicht vermischen. (Der trockene Sand ist nur zur Trennung der beiden anderen Schichten da.)

a) Überlege, welches Gas entsteht, wenn man das Kaliumpermanganat [O, Xn] erhitzt. (Das hast du schon gemacht, um das Gas nachzuweisen.)

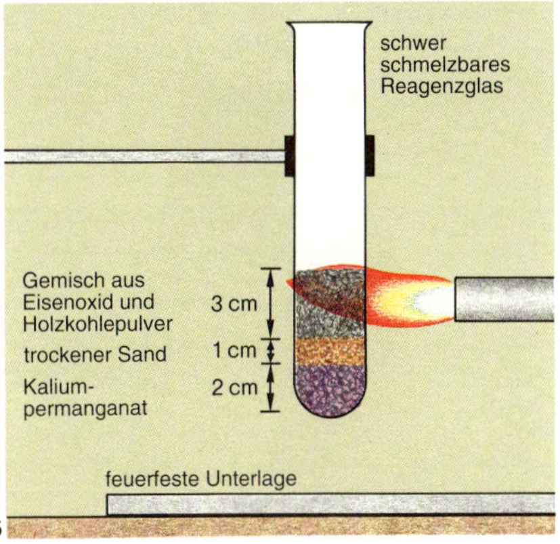

5

b) Was kannst du direkt über der Sandschicht beobachten, wenn das Kaliumpermanganat erhitzt wird?

c) In den Rauch wird ein brennender Holzspan gehalten. Was schließt du aus der Reaktion?

d) Der Inhalt des Reagenzglases wird schließlich auf eine feuerfeste Unterlage geschüttet und mit einem Magneten geprüft.

e) Fasse stichwortartig zusammen.

◄ *Hinweise zu Versuch 3:* Reagenzglas unbedingt *senkrecht* halten. Zunächst nur das Gemisch aus Eisenoxid und Holzkohlepulver erhitzen, bis es rot glüht. Dann erst mit einem zweiten Brenner das Kaliumpermanganat so lange erhitzen, bis die Reaktion beendet ist. (Schutzbrille! Raum gut lüften!)

Kohlenstoffmonooxid – ein weiteres Reduktionsmittel

Wenn Kohlenstoff bei zu geringer Luftzufuhr verbrennt, entsteht als Verbrennungsprodukt **Kohlenstoffmonooxid**:

$$2\,C + O_2 \rightarrow 2\,CO.$$

Dieses kann sich noch mit weiterem Sauerstoff verbinden. Dabei entsteht als zweites Verbrennungsprodukt des Kohlenstoffs das **Kohlenstoffdioxid**:

Kohlenstoffmonooxid + Sauerstoff
→ Kohlenstoffdioxid.

$$2\,CO + O_2 \rightarrow 2\,CO_2$$

Kohlenstoffmonooxid entsteht auch, wenn Kohlenstoffdioxid bei hoher Temperatur (1000 °C) über glühenden Kohlenstoff streicht. Das geschieht z. B. bei der Verbrennung von Braunkohle und Steinkohle in Kohleöfen.

Bei dieser Reaktion ist der *Kohlenstoff* das **Reduktionsmittel:**

Kohlenstoffdioxid + Kohlenstoff
→ Kohlenstoffmonooxid.

$$CO_2 + C \rightarrow 2\,CO$$

Kohlenstoffmonooxid ist ebenfalls ein gutes Reduktionsmittel. Es ist z. B. bei der Gewinnung von Eisen aus Eisenoxid im Hochofen beteiligt:

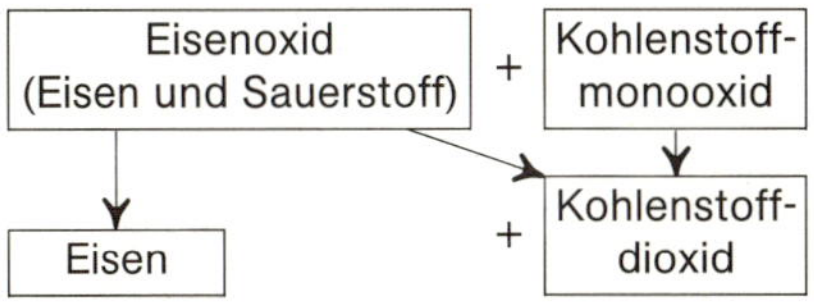

$$FeO + CO \rightarrow Fe + CO_2$$

Der Hochofenprozeß

Es gibt verschiedene **Eisenerze**, aus denen das Eisen gewonnen wird:

Aussehen	 1	 2	 3	 4
Name	Magneteisenerz Fe_3O_4	Roteisenerz Fe_2O_3	Brauneisenerz $Fe_2O_3 \cdot H_2O$	Spateisenerz $FeCO_3$
Eisengehalt	60 – 70 %	45 – 60 %	25 – 40 %	30 – 40 %
Fundorte (Beispiele)	Schweden, UdSSR	USA, Brasilien	Frankreich, BR Deutschland	Österreich

Bau und Funktionsweise

Über die *Gicht*, den oberen Teil des Hochofens, wird der Hochofen in regelmäßigen Zeitabständen abwechselnd mit *Koks, Eisenerz* sowie *Zuschlägen* beschickt. Die Zuschläge (meist Kalkstein) sollen Verunreinigungen (Gesteinsreste) des Erzes binden.

Bei Temperaturen von 200–400 °C werden die festen Stoffe durch aufsteigende heiße Gase getrocknet und vorgewärmt (Gegenstromprinzip).

Bei ca. 900 °C beginnt die Reduktion der Eisenoxide zu festem Roheisen.

Das so entstandene Roheisen schmilzt, wenn 1200–1500 °C erreicht sind; dabei nimmt es Kohlenstoff auf.

Der in den *Winderhitzern* auf ca. 1300 °C vorgewärmte *Gebläsewind* wird der ringförmigen *Windleitung* zugeführt; von dort aus wird er durch die *Winddüsen* in den Ofen gedrückt. Der Gebläsewind liefert den Sauerstoff für die Koksverbrennung (1800–2000 °C).

Auf dem Roheisen schwimmt Schlacke. Sie schützt das Roheisen vor dem oxidierenden Gebläsewind. Ein Teil fließt ständig durch die *Schlackenrinne* ab.

Das flüssige Roheisen sammelt sich im unteren Teil des Hochofens (ca. 1400 °C). Hier wird das Roheisen alle 3–5 Stunden an der *Abstichöffnung* abgelassen (abgestochen).

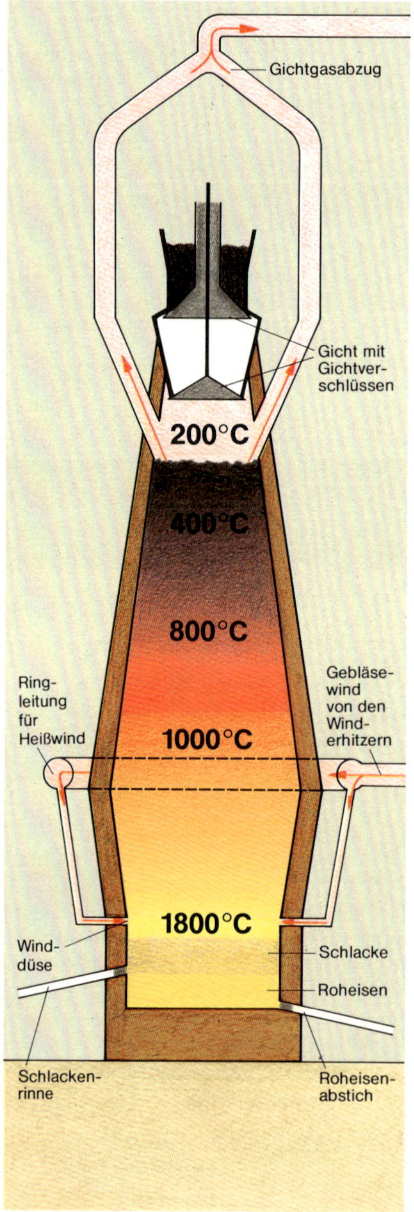

5

Chemische Vorgänge

Bei der Reduktion von Eisenoxid wird nicht alles Kohlenstoffmonooxid verbraucht. Ein Teil bildet, mit anderen Gasen vermischt, das brennbare *Gichtgas*.

Zusammensetzung des Gichtgases:
ca. 21 % Kohlenstoffmonooxid (CO),
ca. 19 % Kohlenstoffdioxid (CO_2),
ca. 5 % Wasserstoff (H_2),
ca. 55 % Stickstoff (N_2).

Das aufsteigende **Kohlenstoffmonooxid** ist ein starkes Reduktionsmittel. Es **reduziert das Eisenerz (Eisenoxid) zu Eisen**, wobei es selbst zu Kohlenstoffdioxid oxidiert wird:

Eisenoxid + Kohlenstoffmonooxid → Eisen + Kohlenstoffdioxid

$$FeO + CO \rightarrow Fe + CO_2 \quad (3)$$

Die Zuschläge bilden mit den Verunreinigungen des Erzes eine flüssige Schlacke.

Der Koks (Kohlenstoff) verbrennt mit dem Sauerstoff des heißen Gebläsewindes zunächst **zu Kohlenstoffdioxid**:

Kohlenstoff + Sauerstoff → Kohlenstoffdioxid

$$C + O_2 \rightarrow CO_2 \quad (1)$$

Das **Kohlenstoffdioxid wird** jedoch durch den glühenden Koks sofort **zu Kohlenstoffmonooxid reduziert**:

Kohlenstoffdioxid + Kohlenstoff → Kohlenstoffmonooxid

$$CO_2 + C \rightarrow 2\,CO \quad (2)$$

1009

Aus Umwelt und Technik: **Hochofen und Winderhitzer**

6

① Erzgüterwagen
② Erzlager
③ Erzmühle
④ Hochofen
⑤ Winderhitzer

Bild 6 zeigt eine vollständige Hochofenanlage. Zu ihren wichtigsten Teilen gehört der **Hochofen**. Da er meist über 30 m hoch ist, wird er von einem Stahlgerüst gehalten. Einschließlich der Vorrichtungen zum Füllen des Schachtes und zum Ableiten des Gichtgases erreicht die Anlage oft eine Höhe von mehr als 100 m! Der größte Durchmesser des Ofens kann 10–15 m betragen.

Der Hochofen ist innen mit feuerfesten Steinen ausgemauert und außen von verschweißten Stahlblechen umgeben. Im unteren Teil ist die Ausmauerung mehr als 1 m dick! Durch die Wände zieht sich ein System von Wasserrohren; der Hochofen muß dauernd gekühlt werden.

Ein Hochofen arbeitet oft 20 Jahre lang ohne Unterbrechung. Damit er nicht ausgeht, muß er in regelmäßigen Zeitabständen mit Koks, Eisenerz und Zuschlägen *beschickt* (nachgefüllt) werden.

Große, moderne Hochöfen erzeugen pro Tag mehr als 10 000 t Roheisen. Um dafür das Eisenerz, den Koks und die Zuschläge heranzuschaffen sowie das fertige Roheisen und die Schlacke abzutransportieren, müssen täglich mehr als 2000 Eisenbahnwagen zur Verfügung stehen! Zur Kühlung braucht *ein* Hochofen pro Tag so viel Wasser wie eine mittelgroße Stadt in gleicher Zeit (→ Übersicht).

Zur Gewinnung von 1 t (1000 kg) Roheisen braucht man:

1,65 t Erz und Zuschläge,
0,5 t Koks,
1,5–2,5 t Heißluft,
10 m^3 Kühlwasser.

Dabei entstehen außerdem:

0,3 t Schlacke,
3–3,5 t Gichtgas und Staub.

Wenn das *Roheisen* abgestochen wird, ist es glühend heiß und flüssig. Es wird zunächst in großen **Pfannen** ins Stahlwerk transportiert und dort in sogenannte **Roheisenmischer** gekippt. Dadurch werden Unterschiede in der Zusammensetzung des Roheisens aus verschiedenen Abstichen ausgeglichen.

Roheisen ist kein reines Eisen. Welche Bestandteile es enthält, zeigt die folgende Übersicht.

Bestandteile des Roheisens

Eisen	90 %
Kohlenstoff	2 – 5 %
Silicium	0,2 – 4 %
Phosphor	0,1 – 3 %
Mangan	0,5 – 6 %
Schwefel	0,01– 0,05 %

Die Schlacke, die ständig im Hochofen entsteht, ist im festen Zustand hart und spröde. Früher hielt man sie für wertlos und schüttete sie zu riesigen Halden auf. Heute wird sie so verwendet: Etwa 60 % dient als Schotter beim Straßenbau, ca. 20 % zur Zementherstellung, der Rest wird zu verschiedenen Produkten verarbeitet (z. B. Steine für die Bauindustrie).

Neben dem Hochofen spielen die **Winderhitzer** eine große Rolle. Das sind bis zu 40 m hohe, mit einem Stahlmantel versehene Türme. Ihr Durchmesser beträgt 6–8 m. Innen haben sie ein Gitterwerk aus feuerfesten Steinen.

Zum Aufheizen des Winderhitzers wird das Gichtgas aus dem Hochofen verwendet. Es wird entstaubt, danach mit Frischluft vermischt und so verbrannt. Dabei wird die Ausmauerung im Innern allmählich rotglühend.

Nun wird kalte Luft durch den heißen Winderhitzer geblasen. Dabei erwärmt sie sich auf 1000–1300 °C und wird als *Heißwind* (oder *Gebläsewind*) zum Hochofen geleitet.

Zu jedem Hochofen gehören mindestens *drei* Winderhitzer. Während der eine aufgeheizt wird, gibt der zweite seine gespeicherte Wärme an die durchgeleitete Luft ab. Nach etwa einer Stunde wird gewechselt. Der dritte Winderhitzer steht in Reserve.

Aufgaben

1 Welche Metalle kommen in der Natur *rein* vor und müssen nicht erst aus Erzen gewonnen werden?

2 Häufig kann man lesen: „Aus dem Erz wird das Metall herausgeschmolzen." Was meinst du dazu?

3 Warum kann man aus dem Eisenoxid nicht *beide* Ausgangsstoffe gleichzeitig gewinnen?

4 Vergleiche Aufbau und Ablauf von Versuch 3 mit der Eisengewinnung im Hochofen. Sieh dir dazu die entsprechenden Bilder an.

5 Im Hochofen laufen nacheinander zwei Reduktionen ab. Suche sie heraus, und beschreibe sie.

Ist an beiden Reduktionen dasselbe Reduktionsmittel beteiligt?

6 Schreibe die Wort- und Symbolgleichung zur Reduktion von Eisenoxid mit Kohlenstoffmonooxid auf. Ordne dann die Begriffe *Reduktion* und *Oxidation* richtig zu.

7 Der Hochofen ist oben durch den *Gichtverschluß* dicht abgeschlossen. Er funktioniert wie eine Schleuse. Was ist damit gemeint?

8 In der *Ringleitung*, die den Hochofen umgibt, befindet sich Heißluft. Wozu wird sie gebraucht?

9 Ein großer Hochofen produziert täglich 10 000 t Roheisen. Wieviel Erz, Kohle, Heißluft und Kühlwasser werden dazu benötigt? Wieviel Schlacke und Gichtgas entstehen?

Aus Umwelt und Technik: **Eisengewinnung ohne Hochofen**

Seit einigen Jahren gibt es Verfahren zur Eisengewinnung, die ohne Hochofen und Koks auskommen. Man verwendet **Erdgas**, ein Gemisch unterschiedlicher Verbindungen aus Kohlenstoff und Wasserstoff.

Man läßt das Erdgas bei hoher Temperatur auf zerkleinertes Eisenerz einwirken. Dabei werden einige Verbindungen aus dem Erdgas in Kohlenstoff und Wasserstoff zerlegt. Beide Elemente entziehen dem Eisenoxid den Sauerstoff: Das Eisenoxid wird so zu Eisen reduziert. Außerdem entstehen Kohlenstoffdioxid und Wasser.

1 Eisenschwamm

2 Roheisen

Bei diesem Verfahren gewinnt man das Eisen in fester Form. Da das gewonnene Eisen porös ist und wie ein Schwamm aussieht, nennt man es **Eisenschwamm** (Bilder 1 u. 2). Der Eisenschwamm muß erst noch zu Stahl weiterverarbeitet werden.

Dieses Verfahren hat die folgenden *Vorteile:*

- ○ Das entstehende Eisen ist von hoher Reinheit;
- ○ die Kosten für den sehr teuren Hochofen werden dabei eingespart;
- ○ es wird kein Koks benötigt. (Damit ist das Verfahren für Länder geeignet, die Erdgas, aber keine Kohle haben.)

Die *Nachteile* sind:

- ○ Nur Eisenerze mit einem hohen Eisengehalt können verwendet werden; sie dürfen nur geringe Beimengungen an Gestein aufweisen;
- ○ die Erze müssen besonders vorbereitet werden.

In der Bundesrepublik Deutschland werden bereits 10% des Eisens nach diesem Verfahren gewonnen. Seine Bedeutung nimmt zu, weil es eine kostensparende Alternative zum Hochofenprozeß darstellt.

3 Aus Roheisen wird Stahl

Aus Umwelt und Technik: **Die wichtigsten Frischverfahren**

Das aus dem Hochofen kommende **Roheisen** ist als Werkstoff noch ungeeignet. Es ist in festem Zustand spröde: Wenn man kräftig draufschlägt, zerspringt es in viele Stücke. Außerdem kann man es weder schmieden noch schweißen. Nur ein kleiner Teil des Roheisens wird deshalb als **Gußeisen** verarbeitet.

Der weitaus größte Teil des Roheisens wird zu **Stahl** veredelt. Das bedeutet: Die im Roheisen enthaltenen unerwünschten Stoffe (z. B. Schwefel und Phosphor) werden „herausgebrannt". Auch der Kohlenstoffgehalt des Roheisens wird gesenkt. In der Stahlindustrie wird dieser Verbrennungsvorgang als **Frischen** bezeichnet; chemisch gesehen, ist das eine *Oxidation*.

Schließlich werden durch Legieren mit anderen Metallen bestimmte Eigenschaften des Stahls erzielt.

Es gibt mehrere Frischverfahren. Die beiden folgenden haben in der Stahlindustrie der Bundesrepublik Deutschland die größte Bedeutung.

1750

1. Das **Sauerstoffblas-Verfahren** (Bilder 3–6). Es ist besonders wirtschaftlich: Hier wird kein zusätzlicher Brennstoff gebraucht, da durch den Verbrennungsvorgang genügend Wärme entsteht. Dem Roheisen kann Stahlschrott zugesetzt werden. Der gesamte Vorgang dauert weniger als eine Stunde.

3

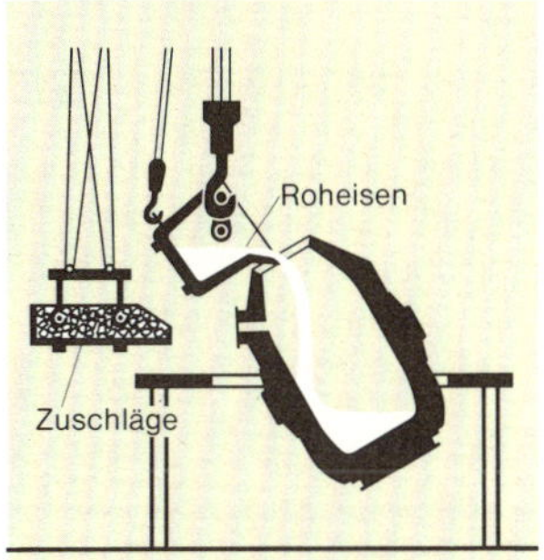

Der Konverter wird mit Roheisen und Zuschlägen beschickt.
4

◄ Das flüssige Roheisen kommt in ein kippbares Stahlgefäß, den *Konverter* (lat. *convertere*: umwandeln). Zur Kühlung der Schmelze wird außerdem Schrott zugegeben. Der Konverter hat ein Fassungsvermögen von 50–400 Tonnen.

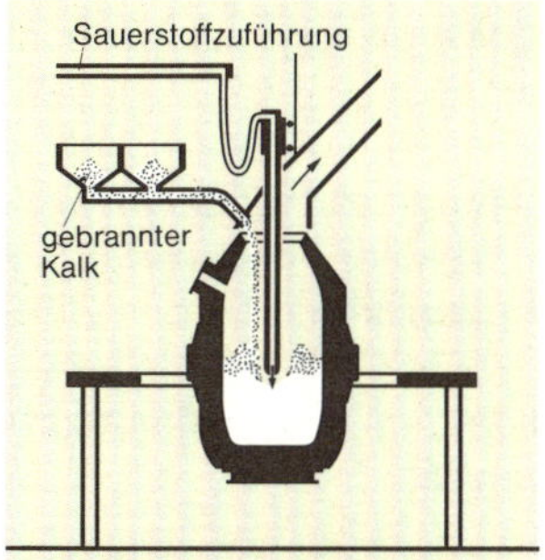

Das Frischen geschieht durch Einblasen von Sauerstoff.
5

◄ Durch ein wassergekühltes Blasrohr, die *Sauerstofflanze*, wird reiner Sauerstoff unter hohem Druck auf die Schmelze geblasen. An dieser Stelle, dem *Brennfleck*, erhitzt sich die Schmelze bis auf 3000 °C. Sie gerät in heftige Bewegung; die *un*erwünschten Stoffe verbrennen. Die Verbrennungsprodukte bilden mit zugeführtem Kalk eine Schlacke. Nach ca. 15 min ist der *Frischvorgang* beendet.

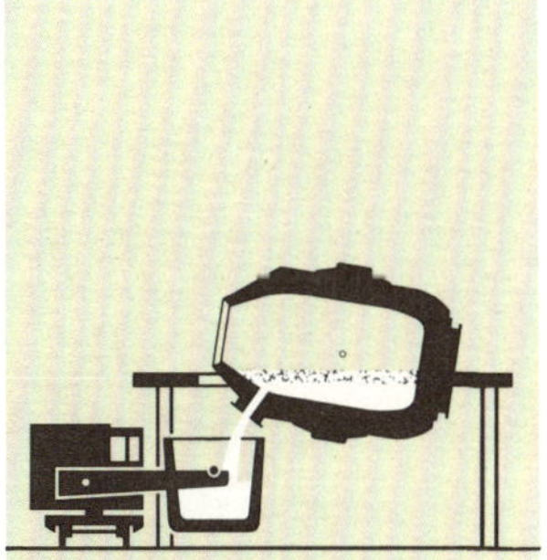
Beim Abstich fließt der gefrischte Stahl in eine Gießpfanne.
6

◄ Durch das Abstichloch fließt der Stahl aus dem Konverter in eine *Gießpfanne.* Gleichzeitig werden in die Gießpfanne andere verflüssigte Metalle hinzugegeben, bis die gewünschte Stahlzusammensetzung erreicht ist.
Die während des Abstichs im Konverter zurückgebliebene Schlacke wird in die *Schlackenkübel* ausgeleert, und der Konverter kann wieder neu gefüllt werden.

2. Das **Elektrolichtbogenofen-Verfahren** (Bilder 7–10). Mit ihm können alle gewünschten Stahlsorten erzeugt werden, darunter auch Spezialstähle. Dies sind Stahlsorten, die aufgrund ihrer Verwendung eine bestimmte Zusammensetzung oder einen hohen Reinheitsgrad haben müssen.

7

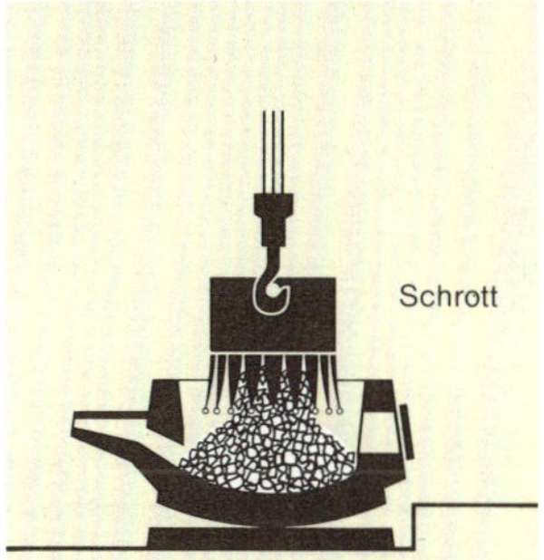

Der Elektroofen wird mit Hilfe eines Chargierkorbes beschickt.
8

◄ Der *Elektrolichtbogenofen* ist kreisrund gebaut und innen feuerfest ausgemauert. Er ist mit einer *Ausgußschnauze* und einer *Arbeitstür* versehen. Durch seinen abnehmbaren Deckel werden drei *Kohleelektroden* geführt. Dieser Ofen wird hauptsächlich mit Schrott der verschiedensten Stahlsorten und mit Eisenschwamm beschickt.

Nach der Schrottschmelze erfolgt das Frischen mit Sauerstoff.
9

◄ Die zum Frischen erforderliche Wärme wird durch *elektrischen Strom* erzeugt: Die drei Elektroden bilden einen *Lichtbogen* zum flüssigen Metall. Bei Temperaturen bis zu 3500 °C werden auch schwer schmelzende Legierungen flüssig.
Die unerwünschten Beimengungen entweichen als gasförmige Verbindungen oder bilden mit Kalk eine Schlacke.

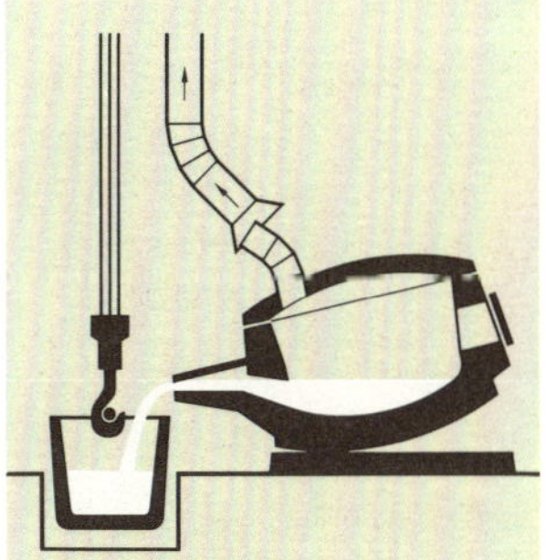
Abstich des Stahls. Danach kann der Ofen sofort neu beschickt werden.
10

◄ Nachdem die Schlacke abgegossen wurde, kommen die *Legierungsmetalle* in den Ofen. Anschließend werden mehrmals Stahlproben entnommen und untersucht, bis die gewünschte Zusammensetzung erreicht ist.
Nach etwa zwei Stunden kann der fertige Stahl abgegossen werden. Dazu wird der ganze Ofen gekippt. Der Stahl kommt auch hierbei in eine *Gießpfanne*.

Aus Umwelt und Technik: **Der Stahl wird weiterverarbeitet**

Die Spezialstähle aus dem Elektrolichtbogenofen werden zu kleineren Blöcken gegossen. Dabei verwendet man verschiedene Rechteck- und Rundformen, je nachdem, wie der Stahl weiterverarbeitet werden soll.

Aus dem nach anderen Verfahren hergestellten Stahl gießt man große Blöcke oder Stränge (Bilder 1 u. 2).

Die in den Gießanlagen entstandenen Blöcke müssen anschließend noch weitere Verarbeitungsverfahren durchlaufen. Das wichtigste ist das Umformen, das meist im Walzwerk durchgeführt wird. Dabei können die verschiedensten Fertigerzeugnisse hergestellt werden (Bild 3).

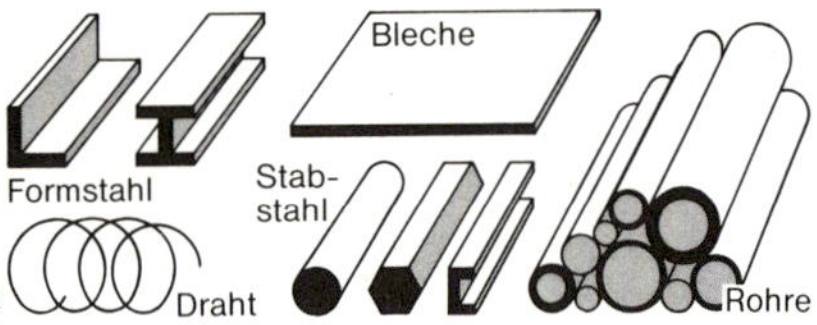

3

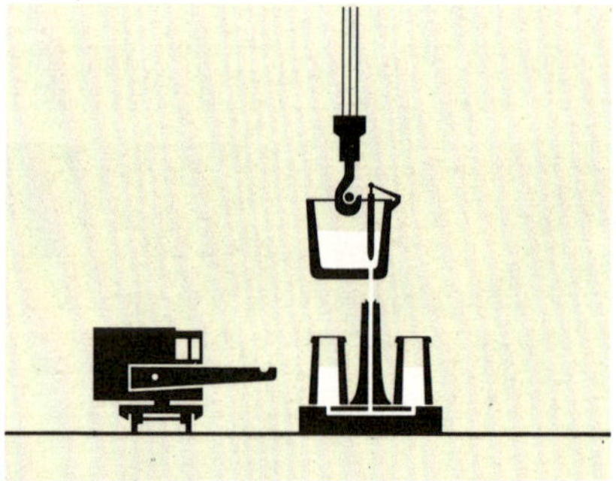

1

◄ Zu Bild 1: Etwa ein Drittel des gewonnenen Stahls wird zu *Blöcken* gegossen. Ein Trichter nimmt den flüssigen Stahl auf und verteilt ihn gleichzeitig auf mehrere *Gußformen*. Dabei steigt das Eisen von unten in die Formen hinein.

Wenn der Stahl erstarrt ist, werden die Formen abgezogen. Die Blöcke kommen noch heiß ins *Walzwerk* zur Weiterverarbeitung.

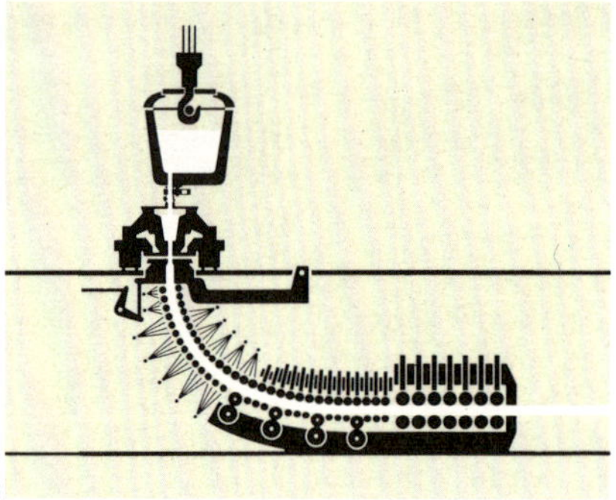

2

◄ Zu Bild 2: Der größte Teil des flüssigen Stahls gelangt zu den *Stranggießanlagen*. Dort wird er in wassergekühlte *Kupferformen* gegossen. Dabei entsteht eine Vielzahl von Rechteck- und Rundformaten, die hauptsächlich an die *Röhrenwerke* geliefert werden.

Aber auch dicke Platten lassen sich auf diese Weise gießen. Sie können 80–210 cm breit und 15–25 cm dick sein. Diese zunächst „endlosen" Stahlstränge werden dann in *Brennschneidemaschinen* in Stükke von 5,5–12 m Länge geschnitten.

Aufgaben

1 Die Herstellung von Stahl aus Roheisen wird *Frischen* genannt.

Kann das mit dem gebräuchlichen Wort *frisch* zusammenhängen?

2 Eisen und Stahl haben unterschiedliche Eigenschaften. Worin bestehen diese Unterschiede?

3 Welche Stoffe setzen die Qualität von Stahl herab, welche Stoffe erhöhen sie?

4 Roheisen wird im Englischen *pig iron* genannt. Warum hat es wohl diese abwertende Bezeichnung erhalten?

5 Durch welche *chemische Reaktion* werden die unerwünschten Beimischungen aus dem Roheisen entfernt?

Was geschieht mit den Reaktionsprodukten, die dabei entstehen?

6 Etwa alle zwei bis drei Wochen wird jeder Konverter für drei Tage stillgelegt. Dann muß die Ausmauerung mit feuerfestem Stein erneuert werden. Warum ist das nötig?

7 Beim Frischen nach dem Sauerstoffblas-Verfahren wird das Roheisen heißer, obwohl man keine Wärme zuführt. Woran liegt das?

8 Autoschrott, der durch Recycling gewonnen wurde, soll wiederverwertet werden. Welches Frischverfahren hältst du für geeignet?

9 Erkundige dich, wozu man Gußeisen verwendet.

10 Welche Verfahren der Stahlverarbeitung zeigen die Bilder 4 u. 5?

4

5

5901

Aus der Geschichte: **Gute Krieger – schlechtes Eisen**

Mutig waren sie schon, die germanischen Krieger. Trotzdem mußten sie im Kampf so manche Niederlage einstecken. Das lag nicht an den Kriegern. Diese schlugen mit ihren Schwertern kraftvoll zu – aber meistens nur einmal. Dann mußten sie die Schwerter erst wieder geradebiegen! Die Schwerter bestanden nämlich aus Eisen, das sich nicht härten ließ.

Damals erzeugten die Germanen Eisen in kleinen Lehmöfen, auch *Rennfeuer* genannt: Dazu wurden walnußgroße Erzstücke und Holzkohle abwechselnd in die Öfen geschichtet; dann setzte man das Ganze in Brand.

Die Temperatur reichte natürlich nicht aus, um guten Stahl zu erzeugen, denn auch die Luftzufuhr konnte nicht beeinflußt werden. Deshalb erhielten die Arbeiter am Ende meistens Eisen von schlechter Qualität: weich und leicht verformbar.

Aber manchmal hatten sie Glück: Ein Eisenklumpen war härter. Dieser Eisenklumpen enthielt nämlich mehr Kohlenstoff als gewöhnlich. Das wußten die Arbeiter allerdings nicht. Aber sie konnten diesen Eisenklumpen von den anderen unterscheiden.

Deshalb holten sie in einem solchen Fall den Schmied. Der befreite das Eisen zunächst mit kräftigen Hammerschlägen von der Schlacke. Im Schmiedefeuer brachte er das Eisen wieder zum Glühen. Anschließend schmiedete er daraus auf dem Amboß Werkzeuge und Waffen, z. B. ein Schwert.

Dazu hämmerte er zunächst die besten Stücke zu flachen Eisenstangen aus; diese legte er aufeinander. Dann hielt er das Eisen ins Feuer und hämmerte erneut. So baute er Schicht für Schicht die Klinge auf, bis sie die endgültige Form gewann. Durch Eintauchen in kaltes Wasser härtete der Schmied das Eisen. Schließlich setzte er den Schwertgriff an und schliff die Klinge auf einem nassen Stein. Nach vielen Stunden Arbeit war er endlich mit seinem Werk zufrieden.

Das Schmiedehandwerk war damals eine hochangesehene Kunst. Sogar die aus Heldensagen bekannten Fürstensöhne *Siegfried* und *Wieland* schmiedeten sich ihre berühmten Schwerter selbst.

Von Wieland wird übrigens berichtet, daß er mit einem besonderen Trick arbeitete: Er warf „zahmen Vögeln" Mehl mit winzigen Eisenspänen vor. Den Kot sammelte er und erhitzte ihn in einem Tiegel mit Eisenerz. Offenbar erhielt das Eisen dadurch Zusätze, die es verbesserten.

Aus der Geschichte: **Arbeitsplatz Hölle**

Der Schweiß rinnt wie Tränen in langen Bächen von den gequälten menschlichen Körpern. An zwanzig verschiedenen Stellen öffnen sich die Ofentüren, eine Vielzahl von mit Zangen bewaffneten Händen dringen in die Hölle ein und ziehen sonderbare, rauhe Batzen heraus, die mit weißblendenden Körnern bedeckt sind und die an einen Medusenkopf mit brennender Mähne erinnern. Die Puddler gehen einer nach dem anderen zu den Wassertrögen und tauchen ihren Kopf und den Körper bis zum Rücken hinein. Auf den Körperteilen sind Brandflecken zu sehen. Heiser heben sich die Brustkörbe, und mit heißen Strahlen dringt der Atem aus ihren ausgetrockneten Mündern.

So, wie ein Schriftsteller es beschrieb, war die Arbeit englischer Stahlwerker (engl.: *puddler*) bis zur Mitte des 19. Jahrhunderts.

Ohne es zu wollen, war der Engländer *Henry Cort* Urheber dieser qualvollen Arbeit gewesen. Er hatte 1784 ein neues Verfahren zur Herstellung von Stahl entwickelt – das Puddeln von Stahl.

Bis dahin wurde Stahl aus Roheisen dadurch gewonnen, daß es zwei oder gar dreimal in glühender Holzkohle erhitzt wurde. Bei diesem Verfahren brauchte man für die Umwandlung von 75 kg Eisen in Stahl über 150 kg beste Holzkohle. Ganze Wälder wurden daher Opfer der Stahlerzeugung.

6

Bei dem neuen Verfahren konnte statt des Holzes Steinkohle oder sogar die weniger wertvolle Braunkohle verwendet werden. Im Ofen selbst waren nun – im Gegensatz zu den Rennfeuern – Schmelz- und Feuerraum voneinander getrennt.

Das Abholzen der Wälder war damit zwar zu Ende, aber die Arbeit der Stahlwerker wurde zur „Höllenarbeit".

Sobald nämlich das Roheisen im Schmelzraum geschmolzen war, mußten die Puddler das Metallbad mit langen Stangen umrühren. Das allein war schon schwer genug! In dem Maße aber, wie der Kohlenstoff und andere Stoffe aus dem Metallbad herausbrannten, erhöhte sich seine Schmelztemperatur.

Das sich bildende reine Eisen verwandelte die Schmelze außerdem in einen zähen Teig. Das Puddeln erforderte jetzt übermenschliche Anstrengungen, und dazu kam die Gluthitze – wirklich ein „Arbeitsplatz Hölle".

Aus der Geschichte: **Stationen einer Erfindung**

Der Engländer *Henry Bessemer* wollte das schier Unmögliche: Er wollte Stahl aus Roheisen erzeugen – ganz ohne die schwere Arbeit der Puddler und auch ohne zusätzlichen Brennstoff.

Wochenlang schmolz er deshalb Eisen in Schmelzöfen ein. Ohne Erfolg! Dann kam ihm der Zufall zu Hilfe: Nahe der Feuertür eines Schmelzofens hatte sich ein Stück sprödes Roheisen in der Gluthitze wie durch Zauberhand in Stahl verwandelt.

Blitzartig begriff Bessemer: Der Kohlenstoff im Roheisen, der das Eisen spröde macht, war im Luftstrom oxidiert worden. Die gasförmigen Oxide konnten entweichen. Es war gerade so viel Kohlenstoff im Metall verblieben, daß daraus elastischer Stahl entstand.

Schon nahm seine Idee Gestalt an: Man müßte durch eine Roheisenschmelze Luft und damit Sauerstoff pressen. Dieser würde dann mit dem in der Schmelze befindlichen Kohlenstoff reagieren. Dabei würde auch gleich die notwendige Wärme gewonnen. Nur – es gab auf der ganzen Welt keinen dafür geeigneten Schmelzofen!

Also machte sich Bessemer daran, einen solchen Ofen zu konstruieren. Ein Ofen zum Kippen sollte es sein, ein sogenannter *Konverter*. 1856 war der Ofen endlich fertig, und Bessemer konnte den ersten Versuch starten:

Ein Assistent ließ das glühende Metall in den Konverter fließen. Bessemer selbst leitete die Luft in die Schmelze: Unsichtbar für die Männer trat sie unter Druck durch Düsen am Boden des Konverters ein; dann perlte sie durch die Schmelze.

Der Assistent war fassungslos. Die Kaltluft mußte doch alles zum Erstarren bringen! Bessemer aber befürchtete eher das Gegenteil: Würde der Kohlenstoff bei der Oxidation nicht so viel Wärme freisetzen, daß der ganze Ofen zusammenschmolz? Der Assistent staunte nicht schlecht, als er sah, daß die kalte Luft die Roheisenschmelze tatsächlich zur Weißglut brachte.

Zuerst verlief alles ruhig. Nach zehn Minuten aber (als der Kohlenstoff mit dem Luftsauerstoff reagierte) ging ein Inferno los: Wie aus dem Krater eines Vulkans flogen die glühenden Schlacke- und Eisenteilchen umher.

Viele kleine Explosionen erdröhnten und eine grellweiße Flamme bildete sich; sie lohte durch die Öffnung in der Hallendecke hoch zum Himmel.

Doch nach 10 Minuten war der Spuk vorbei. Die Flamme wurde kleiner und sank in den Ofen zurück. Bessemer konnte kaum an sich halten: War die Schmelze nun Stahl, oder würde sie nach dem Erkalten noch brüchig sein? Er mußte sich aber noch gedulden; er mußte abwarten, bis die Schmelze aus dem Konverter in die Gießpfannen und von dort in Kokillen (Formen) geflossen und schließlich erstarrt war.

Dann gab es für ihn kein Halten mehr. Wie von Sinnen schlug er mit einem Beil auf einen der entstandenen Blöcke ein. So sehr er auch dreinhieb, das Metall zersprang nicht. Bester Stahl war entstanden.

So große Blöcke hatte bisher noch niemand hergestellt. Das war ein Triumph! Die „Times" brachte diese Sensation auf ihrer Titelseite. *Bessemer-Stahl* wurde das „englische Gold" genannt.

Aber Bessemer erging es nicht besser als vielen anderen Wissenschaftlern und Erfindern: Nach dem anfänglichen Triumph kamen die Rückschläge.

In vielen Stahlwerken standen zwar bald Konverter, aus ihnen floß aber kein Stahl, sondern ein Produkt, das nach dem Erkalten spröde war. Bessemer wurde nun öffentlich als Betrüger hingestellt.

Verzweifelt suchte Bessemer nach der Ursache des Mißerfolges. Endlich fand er sie: In den meisten Stahlwerken wurde *phosphorhaltiges* Erz verhüttet. Das Roheisen, mit dem er so erfolgreich experimentiert hatte, war *phosphorfrei* gewesen. Das teilte er der Öffentlichkeit mit. Vergebens – für die blieb er ein Scharlatan.

Doch Bessemer gab nicht auf. Mitten in Sheffield, dort wo der weltberühmte englische Stahl erzeugt wurde, baute er innerhalb eines Jahres ein Stahlwerk auf: mit Hochöfen, Konvertern und Dampfhämmern.

Der Stahl, den er dort produzierte, war viel billiger und besser als der Puddelstahl. Eisenbahnschienen daraus hielten länger, und erst dieser Stahl war für die Kessel der Heißdampflokomotiven geeignet. Damit war der Siegeszug seines Verfahrens nicht mehr aufzuhalten.

1

5903

Alles klar?

1 Was ist der Unterschied zwischen Eisen und Stahl?

2 Ein bestimmter Brotaufstrich aus Nußnougatcreme soll Eisenverbindungen enthalten. Wie könnte man das nachweisen?

3 Sieh dir die Tabelle der Eisenerze weiter vorne an (→ Info *Der Hochofenprozeß*). Zu welcher Stoffgruppe gehören die Erze in den Bildern 1–3? (Du kannst es an ihren Formeln erkennen.)

4 Wie du auf dem Foto der Hochofenanlage erkennen kannst, führt zur Spitze des Hochofens eine verkleidete, schräge Vorrichtung. Es ist ein *Förderband*. Wozu dient es?

5 Bis aus Eisenerz schmiedbarer Stahl entstanden ist, sind zwei Arbeitsgänge abgelaufen. Was ist damit gemeint?

6 Welche wichtige Aufgabe hat der Koks im Hochofen?

7 Beschreibe die wesentlichen Vorgänge, die im Hochofen ablaufen.

8 Das Gichtgas aus dem Hochofen wird zum Aufheizen der Winderhitzer verwendet. Warum nimmt man es nicht für die Gasversorgung von Haushalten und Industriebetrieben? (Sieh dir dazu die Zusammensetzung des Gichtgases ein paar Seiten weiter vorne noch einmal an.)

6

9 Warum muß das Roheisen noch ein Frischverfahren durchlaufen, bevor es z. B. zu Blöcken ausgewalzt oder zu Stangen gegossen werden kann?

10 Das Frischen ist chemisch gesehen ein Oxidationsvorgang. Welcher Stoff wird denn dabei oxidiert?

11 Roheisen hat eine Schmelztemperatur von 1150 °C, reines Eisen schmilzt dagegen bei 1535 °C. Findest du eine Erklärung dafür?

12 Bild 6 zeigt ebenfalls ein Verfahren der Stahlverarbeitung. Welches könnte es sein? Lies dir dazu den Text auf der Nachbarseite noch einmal durch.

13 Auch aus Zinnerz (oder aus Bleierz) kann man das Metall gewinnen. Überlege dir dazu einen **Versuch**.
Wie kann deiner Meinung nach die Zinngewinnung (Bleigewinnung) in der Technik durchgeführt werden?

4 Zusammenfassung

Vom Eisenerz zum Stahl

Eisenerze haben einen hohen Gehalt an Eisenverbindungen. Man kann das Eisen in seinen Verbindungen mit einer Lösung von gelbem Blutlaugensalz nachweisen. Bei dieser Reaktion entsteht eine ganz besondere tiefblaue Färbung.

Aus Eisenerzen, Koks und Zuschlägen wird im Hochofen Roheisen gewonnen. Bei hoher Temperatur laufen gleichzeitig mehrere Vorgänge ab: Das Eisenerz (Eisenoxid) wird zu Eisen reduziert; der Koks (Kohlenstoff) dient dabei als Reduktionsmittel.

Der größte Teil des Roheisens wird nicht als Gußeisen verwendet, sondern zu Stahl weiterverarbeitet. Dabei werden unerwünschte Stoffe aus dem Roheisen entfernt; außerdem wird der Gehalt an Kohlenstoff auf höchstens 1,7 % gesenkt.

7

8

Durch Zugabe von Legierungsmetallen können verschiedene Stahlsorten hergestellt werden. Heute gibt es bereits einige hundert Stahlsorten für die unterschiedlichsten Verwendungszwecke.

Wasser – ein unentbehrlicher Stoff

1 Wasser ist überall

Bild 1 zeigt die Erde, wie man sie von einem Raumschiff aus sehen kann. Du erkennst deutlich Wasser, Kontinente (Erdteile) und weiße Wolkenfelder.

Etwa drei Viertel der Erde sind mit Wasser bedeckt. Trotzdem gibt es ausgedehnte Trockengebiete (Wüsten) auf der Erde.

Bild 2 zeigt, wie es sich auswirken kann, wenn der Regen in diesen Gebieten ausbleibt.

1

An Bild 3 siehst du aber auch, daß selbst in Wüsten vieles gedeihen kann, wenn ausreichend Wasser vorhanden ist.

○ Warum ist denn Wasser für das Leben auf der Erde so wichtig?

○ Was geschieht, wenn Pflanzen, Tiere und Menschen eine Zeitlang gar kein Wasser mehr bekommen?

2

3

Wasser in Lebewesen und Nahrungsmitteln

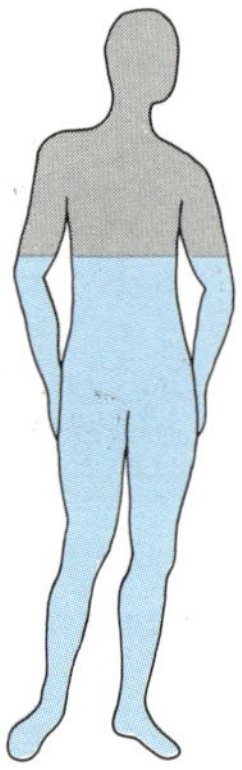
4

Menschen, Tiere und Pflanzen **enthalten viel Wasser**. Der Mensch z. B. besteht etwa zu zwei Dritteln aus Wasser. Ein Mensch von 75 kg Körpergewicht trägt also 50 kg Wasser mit sich herum (Bild 4).

Wir Menschen scheiden ständig Wasser aus, z. B. mit dem Schweiß und dem Urin. Diesen Wasserverlust müssen wir aber wieder ausgleichen: **Unser Körper braucht täglich etwa 3 Liter Flüssigkeit**.

Allerdings müssen wir nicht 3 Liter *trinken*. Wir nehmen auch beim *Essen* Flüssigkeit auf. Wieviel Wasser die verschiedenen Nahrungsmittel enthalten, kannst du aus der Tabelle ablesen.

Nahrungsmittel	Wassergehalt
100 g Gemüse (z. B. Möhren)	etwa 90 g Wasser
100 g Obst (z. B. 1 Apfel)	etwa 90 g Wasser
100 g Milch (1 große Tasse voll)	etwa 88 g Wasser
100 g Kartoffeln (1 Kartoffel)	etwa 80 g Wasser
100 g Fisch ohne Kopf und Schwanz	etwa 80 g Wasser
100 g Ei (etwa 2 Eier)	etwa 70 g Wasser
100 g Fleisch (1 kleines Schnitzel)	etwa 70 g Wasser
100 g Brot (2 Scheiben)	etwa 40 g Wasser
100 g Käse am Stück	etwa 40 g Wasser
100 g Butter	etwa 15 g Wasser
100 g Zucker	etwa 12 g Wasser
100 g Nüsse, geknackt	etwa 6 g Wasser
100 g Öl	kein Wasser

38

V 1 Schneide eine Kartoffel in dünne Scheiben, und erhitze sie auf einem Metalldeckel ohne Kunststoffüberzug.

Halte eine Glasschale (oder einen Teller) schräg darüber (Bild 5). Was kannst du beobachten?

Welche Beobachtung machst du, wenn du dünne Scheiben von Zwiebeln, Möhren oder Obst erhitzt?

5

V 2 Gieße eine halbe Tasse Milch in einen Topf, und erhitze sie vorsichtig, bis sie kocht. Halte einen kalten Deckel schräg darüber. Schaue ab und zu unter den Deckel.

V 3 Wiege genau 100 g Kartoffeln ab, und schneide sie in dünne Scheiben. Laß sie auf der Heizung oder im Backofen trocknen, bis sie ganz hart sind. Wenn du sie dann noch einmal wiegst, kannst du feststellen, wieviel Wasser darin enthalten war.

Vergleiche mit dem Wassergehalt in der Tabelle links unten.

V 4 Weißes Kupfersulfat [Xn] dient als **Nachweis für Wasser**. Es färbt sich blau, wenn es mit Wasser in Berührung kommt (Bild 6). Wie wird es sich verhalten, wenn wir etwas davon auf frische und getrocknete Kartoffelscheiben streuen?

Auch Milch, Speiseöl und Reinigungsbenzin [F] prüfen wir.

V 5 Manche Stoffe nehmen „begierig" Wasser auf. Mit ihnen kann man z. B. frische Blumen schnell trocknen.

Tauche eine frische Blüte für etwa eine halbe Stunde ganz in ein kleines Becherglas mit Silica-Gel (oder Kiesel-Gel). Beschreibe dann die Blüte.

6

Aufgaben

1 Das Bild der Erdkugel (Bild 1) vermittelt den Eindruck, als sei auf der Erde Wasser im Überfluß vorhanden. Das salzige Wasser der Ozeane kann jedoch kaum genutzt werden.

Bild 7 zeigt die Verteilung des gesamten Wassers auf der Erde.

a) Lies die Angaben von Bild 7. Gib dann an, wo auf der Erde *Süßwasser* zu finden ist.

b) Vergleiche die Mengen an Salzwasser und Süßwasser miteinander.

2 Nenne eine einfache Möglichkeit, wie du Wasser in Flüssigkeiten nachweisen kannst.

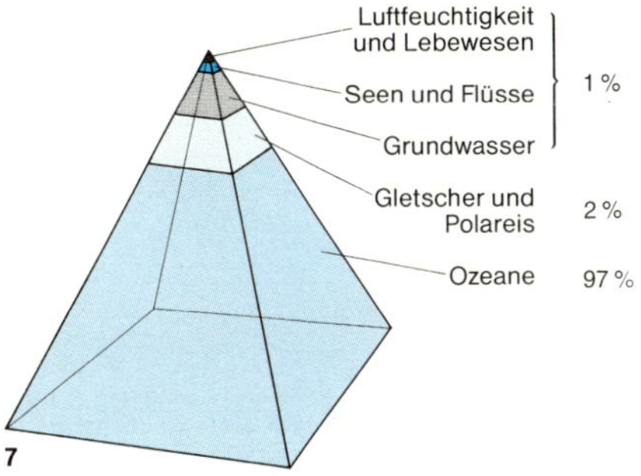

7

3 Das Wasser, das auf der Erde vorhanden ist, geht nicht verloren. Es befindet sich in einem ständigen Kreislauf. In Bild 8 ist dieser **Wasserkreislauf** dargestellt. Versuche, ihn zu beschreiben.

4 Wie könntest du mit weißem Kupfersulfat nachweisen, daß die Luft Feuchtigkeit enthält? Überlege dir dazu einen Versuch.

5 Wenn deinem Körper Wasser fehlt, hast du ein Durstgefühl. Berichte, unter welchen Bedingungen du besonders durstig bist.

6 Erkläre, wie der folgende Satz gemeint ist: „Wenn du ißt, gibst du deinem Körper auch zu trinken."

7 Schreibe einen Tag lang auf, was und wieviel du ißt. Errechne, wieviel Wasser du dabei zu dir nimmst.

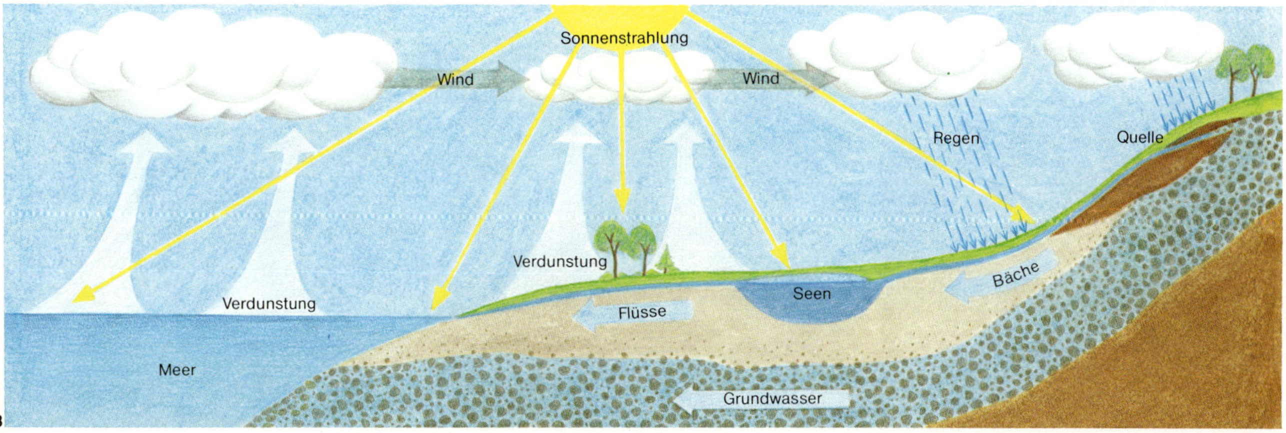

8

2 Wasser als Lösemittel

V 6 Gieße z. B. in Deckel von Einmachgläsern Leitungswasser, Mineralwasser, klare Salz- bzw. Zuckerlösung. Der Boden ist gerade bedeckt. Beobachte die Gefäße einige Tage.

V 7 Stelle Gläser mit Leitungswasser, abgekochtem Wasser bzw. Mineralwasser in die Sonne. Sieh dir nach 5 min deren Wände an. Erkläre!

V 8 Fülle ein Schraubglas halb voll Wasser, und gib einen Teelöffel Speiseöl hinein. Verschließe dann das Glas, und schüttle es kräftig. Wie sieht die Flüssigkeit direkt nach dem Schütteln aus? Was geschieht, wenn die Flüssigkeit etwa 5 min lang ruhig stehenbleibt?

V 9 So können Lösevorgänge beschleunigt werden:

Fülle zwei Bechergläser halb voll Wasser, und gib je einen Kristall Kaliumpermanganat [O, Xn] hinzu. Laß ein Glas ruhig stehen, rühre die Flüssigkeit im anderen um. Vergleiche!

Von zwei möglichst gleich großen Kristallen Kaliumpermanganat wird einer zerkleinert und in etwas Wasser geschüttet. Gleichzeitig geben wir den unzerkleinerten Kristall in eine gleich große Menge Wasser.

In zwei halb mit Wasser gefüllte Reagenzgläser geben wir je einen gleich großen Kristall Kaliumpermanganat. Das eine Glas bleibt stehen, das andere wird vorsichtig über einer Flamme erwärmt.

V 10 Ein Kolbenprober wird halb mit Wasser gefüllt und zugehalten.

Ziehe am Kolben, um das Wasser etwas „auseinanderzuziehen“. Was beobachtest du? Vergleiche mit V 7.

Wasser löst viele Stoffe

Ein Stück Zucker **löst** sich in Wasser. Dabei wird der Zucker in seine **kleinsten Teilchen** (Moleküle) zerlegt. Diese verteilen sich aufgrund der Wärmebewegung gleichmäßig zwischen den Wassermolekülen (Bild 1). Wenn das Wasser verdampft, wird der Zucker wieder sichtbar.

Ähnlich verhalten sich die Teilchen von Kochsalz und anderen in Wasser löslichen Stoffen. Das sieht man besonders gut, wenn sich ein farbiger Stoff in Wasser löst (z. B. Kaliumpermangant in Bild 2). Wenn das Wasser verdampft, entweichen die Wassermoleküle. Die Teilchen des festen Stoffes lagern sich dann wieder zusammen und bilden Kristalle (Bild 3).

Für viele Stoffe ist das Wasser ein gutes **Lösemittel** *(Lösungsmittel)*. Es bildet mit diesen Stoffen **wäßrige Lösungen**. Wenn eine Lösung nichts mehr von demselben Stoff aufnehmen kann, ist sie **gesättigt**: Der ungelöste Stoff bleibt dann als *Bodensatz (Bodenkörper)* im Gefäß liegen.

Nicht alle Stoffe lösen sich im Wasser gleich gut. Das heißt: Die **Löslichkeit** von Stoffen in Wasser ist unterschiedlich. Die Löslichkeit ist eine *meßbare Eigenschaft*

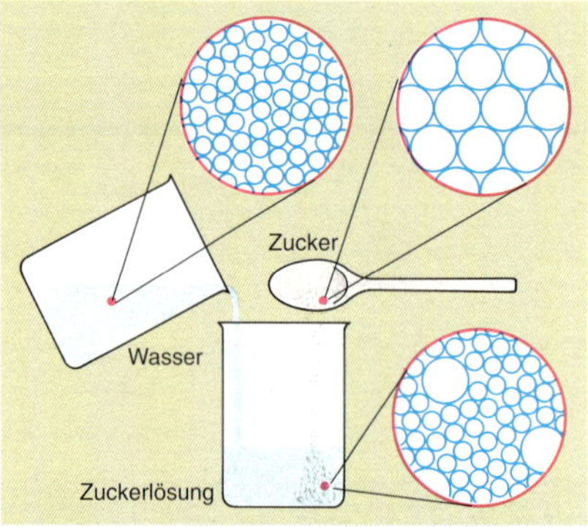

1

der Stoffe. Sie gibt an, wieviel Masse (in g) des betreffenden Stoffes sich in 100 g Wasser (bei 20 °C) löst (→ Tabelle).

Die Löslichkeit kann meist durch *Erwärmen* erhöht werden.

Löslichkeit fester Stoffe in Wasser

Stoff	in 100 g Wasser (20 °C)
Zucker	203,9 g
Kochsalz	36,0 g
Kupfersulfat	20,9 g
Gips	0,26 g
Kalkstein	0,0015 g

Eine *konzentrierte* Lösung enthält – im Verhältnis zur Masse des Lösemittels – einen hohen Anteil des gelösten Stoffes. Bei einer *verdünnten* Lösung ist dieser Anteil geringer.

Auch Flüssigkeiten und Gase können sich in Wasser lösen:

Manche **Flüssigkeiten** sind *in jedem Verhältnis mit Wasser mischbar* und *dauerhaft* ineinander löslich (so z. B. Frostschutzmittel in Wasser).

Mit bestimmten Flüssigkeiten (z. B. Öl, Benzin) läßt sich Wasser nur *vorübergehend* mischen: Es entsteht eine meist trübe *Emulsion*. Nach einiger Zeit entmischen sich diese Flüssigkeiten wieder.

Die Löslichkeit von **Gasen** in Wasser erkennt man z. B. an einem Glas mit frischem Leitungswasser in der Sonne: Die im Wasser gelöste Luft setzt sich in Form kleiner Bläschen an der Glaswand ab.

Die Löslichkeit von Gasen in Wasser hängt vom Druck und von der Temperatur ab: Je größer der *Druck*, desto mehr Gas wird im Wasser gelöst. Und je höher die *Temperatur* des Lösemittels, desto geringer ist die Löslichkeit.

2

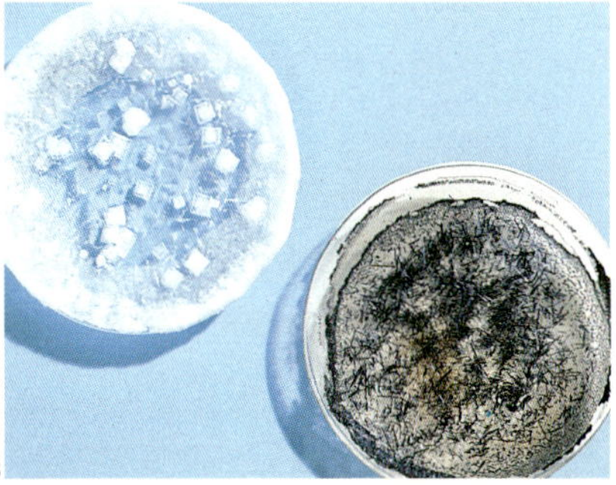
3

Fragen und Aufgaben zum Text

1 Wie könnte man den Bodensatz einer gesättigten Flüssigkeit doch noch lösen?

2 Was versteht man unter einer konzentrierten und was unter einer verdünnten Lösung?

3 Woran sterben Fische, wenn das Wasser zu warm wird?

4 Aus einer Mineralwasserflasche, die man öffnet, entweicht ein Gas. Weshalb?

7449

3 Wasser als Transportmittel

Aus Umwelt und Technik: **Das Wasser und die Lebensvorgänge im Menschen**

Die Körperflüssigkeiten des Menschen bestehen größtenteils aus Wasser. Sie dienen vor allem als *Transportmittel* zur Aufrechterhaltung wichtiger Lebensvorgänge:

Das Blut z. B. nimmt die Nährstoffe auf, die bei der Verdauung frei werden. Es transportiert diese Nährstoffe zusammen mit dem Sauerstoff, den die Lunge aus der Luft aufgenommen hat, zu den Körperzellen. Hier werden die Nährstoffe entweder für die Lebenstätigkeit des Körpers verbraucht oder eingelagert.

Gleichzeitig transportiert das Blut Abfallstoffe aus den Zellen ab. Es verhindert so, daß sich die Zellen nach und nach selbst vergiften.

Erwachsene Menschen verfügen über eine Blutmenge von 5–6 Litern. Blutverluste von über einem Liter sind lebensgefährlich. Patienten, die bei einer Operation größere Mengen Blut verloren haben, wird dieses fehlende Blut oft über eine *Bluttransfusion* ersetzt. Unfallopfer erhalten statt des Blutes zunächst eine *physiologische Kochsalzlösung*. Sie besteht hauptsächlich aus Wasser.

Eine weitere lebenswichtige Körperflüssigkeit ist die **Lymphe**. Das Blut dringt zwar bis in die kleinsten Blutgefäße *(Kapillaren)* vor, erreicht aber nicht jede Zelle. Die Lymphe füllt die Räume zwischen den Zellen aus. Du kennst die gelblich-klare Lymphe wahrscheinlich von den Hautabschürfungen oder Brandblasen her.

Die Lymphe ist zunächst Bestandteil des Blutes; sie dringt aber auch durch die Wände der Blutkapillaren in das Gewebe ein. Dort umspült sie die Zellen und führt ihnen Nährstoffe zu. Die Lymphe wird dann in eigenen Bahnen wieder abtransportiert.

Zu den lebenswichtigen Körperflüssigkeiten zählt auch **Harn** oder **Urin**. Er bildet sich in den Nieren.

Die Nieren entziehen dem Blut das Wasser, das es vorher im Darm (zusammen mit den Nährstoffen) aufgenommen hat. Insgesamt werden in den Nieren brauchbare Nährstoffe von den unbrauchbaren und teilweise giftigen Stoffwechselschlacken getrennt. Dazu durchströmt das gesamte Blut die Nieren täglich viele Male.

Die Stoffwechselschlacken werden mit dem Urin ausgeschieden. Wenn die Nieren ausfallen, kann eine lebensbedrohliche Vergiftung des Körpers eintreten.

Der Körper sondert ständig eine salzig schmeckende Flüssigkeit über die Haut ab, den **Schweiß**. Dieser wird in den Schweißdrüsen der Haut produziert. Auch er besteht vorwiegend aus Wasser.

Beim Schwitzen treten sichtbare Schweißperlen aus der Haut. Der Körper gibt aber auch Schweiß in Form von Wasserdampf ab – sogar bei völliger Ruhe. Da beim Schwitzen Salze ausgeschieden werden, steuert der Körper so seinen Wasser- und Mineralhaushalt.

Außerdem wird beim Schwitzen die Körpertemperatur reguliert, da beim Verdunsten des Schweißes auf der Haut dem Körper Wärme entzogen wird.

Der Körper gibt über den Schweiß täglich zwischen 0,5 Liter Flüssigkeit bei völliger Ruhe und 15 (!) Liter bei körperlicher Anstrengung in der Hitze ab.

Aus Umwelt und Technik: **Die Bedeutung des Wassers für Pflanzen**

Wie alle Lebewesen benötigen auch die **Pflanzen** für ihren komplizierten Stoffwechsel *Wasser.* Eine wichtige Aufgabe des Wassers in einer Pflanze besteht darin, gelöste Stoffe zu *transportieren.*

Ein Baum z. B. nimmt über seine Wurzeln aus dem Boden Mineralsalze auf; sie sind im Wasser gelöst. Diese werden in speziellen Leitungsbahnen bis in die kleinsten Zweige und Blattspitzen transportiert.

Den umgekehrten Weg nehmen in vielen Pflanzen Nährstoffe wie Zukker und Stärke. Diese Stoffe werden in den Blättern gebildet und in Knollen oder Wurzeln gespeichert (z. B. bei Kartoffeln und Zuckerrüben).

Im Frühjahr, wenn sich die neuen Blätter entfalten und frische Triebe wachsen, ist der Mineralsalz- und Nährstofftransport besonders groß. Das erkennt man, wenn ein Baum verletzt ist: Aus einer frischen „Wunde“ läuft dann viel Flüssigkeit aus.

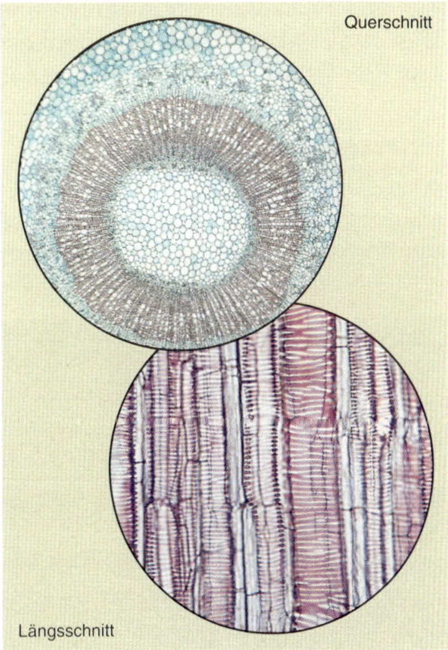

4

Wie kommt es, daß diese Flüssigkeit im Baum emporsteigt?

Ein Schnitt durch einen Pflanzenstengel zeigt unter dem Mikroskop, daß er aus vielen feinen Röhrchen aufgebaut ist (Bild 4). In diesen Kapillaren *(Haarröhrchen)* steigt die Flüssigkeit nach oben.

Die Kapillarwirkung allein genügt aber nicht, um gelöste Nährstoffe vom Boden zu den Blättern zu transportieren. (In Kapillaren steigt Wasser nur bis zu 1,5 m hoch.) Hierbei spielt auch noch der sog. *osmotische Druck* der Pflanzenzellen eine Rolle.

4 Die Verschmutzung des Wassers

Aus Umwelt und Technik: **Gefahren für „unsichtbare Wasserwerker"**

1

Probleme mit dem Trinkwasser dürfte es auf der Erde gar nicht geben. Zu etwa 71 % besteht nämlich die Oberfläche der Erde aus Wasser! Doch nur einen geringen Teil davon (etwa 0,02 %) kann der Mensch als Trinkwasser nutzen. Eigentlich müßte das trotzdem reichen, um alle Menschen mit Wasser zu versorgen.

Leider sind jedoch die nutzbaren Süßwasservorkommen der Erde recht ungleich verteilt: In vielen Gebieten ist frisches Trinkwasser ein außergewöhnlicher Luxus. Deutschland dagegen zählt hinsichtlich der Trinkwasserversorgung zu den bevorzugten Ländern.

Jahr für Jahr fallen etwa 300 Milliarden Kubikmeter *Niederschläge* allein auf Deutschland. Das entspricht der vierfachen Wassermenge des Bodensees.

Trotzdem wird das Grundwasser – unser Reservoir für Trinkwasser – immer knapper. An Rhein und Ruhr reicht es nur noch für ein Drittel der erforderlichen Trinkwassermenge aus. Es muß also überwiegend aus Flüssen, Seen und Talsperren entnommen werden.

In diese Gewässer ist aber teilweise schon Abwasser eingeleitet worden. Deshalb muß man sich fragen, ob denn unser Trinkwasser wirklich genießbar ist; es soll ja – nach unseren Vorschriften – farblos, klar, kühl, geruchlos und geschmacklich einwandfrei sein.

Die Antwort lautet „Ja. Das Trinkwasser aus Flüssen und Seen ist hygienisch einwandfrei." Das liegt daran, daß man das Wasser nicht mehr direkt aus den Gewässern ins Wasserwerk pumpt. Heute läßt man es zunächst in das Grundwasser einsickern, um dieses zu ergänzen.

Während des Versickerns treten „unsichtbare Wasserwerker" in Aktion: In großer Zahl (etwa 5000 je Kubikdezimeter) existieren nämlich Kleinlebewesen in den Hohlräumen des Gesteins. Sie ernähren sich von den Schmutzstoffen des Sickerwassers und wandeln diese dadurch in unschädliche Substanzen um.

Diese „unsichtbaren Wasserwerker" sind aber in Gefahr. Wenn z. B. *Nitrate* ins Sickerwasser gelangt sind, werden die Kleinlebewesen vergiftet. Nitrate sind Pflanzennährstoffe, die für die Pflanzen notwendig sind. Deshalb sind sie auch in Düngemitteln enthalten. Wenn nun ein Landwirt mehr davon düngt, als die Pflanzen aufnehmen, sickern die Nitrate mit dem Regen in den Boden ein – zum Schaden der Kleinlebewesen und des Grundwassers. Daraus entstandenes Trinkwasser ist dann *nitrathaltig* und damit gefährlich für Säuglinge und Kleinkinder.

Auch *Pflanzenschutzmittel* und *Chlorkohlenwasserstoffe* (z. B. aus Löse- und Reinigungsmitteln) sind für die Kleinlebewesen (und damit fürs Trinkwasser) gefährlich.

Noch ist unser Trinkwasser dank guter Aufbereitungstechniken meist einwandfrei. Aber die Belastung nimmt zu. Schadstoffe, die im Boden versickern, kommen erst nach Jahrzehnten im Grundwasser an. Wir müssen deshalb umdenken: Frisches Trinkwasser wird in Zukunft auch für uns keine Selbstverständlichkeit mehr sein!

Fragen und Aufgaben zum Text

1 Über die Hälfte der Erde ist mit Wasser bedeckt.

Warum gibt es trotzdem so große Probleme, alle Menschen mit genug Trinkwasser zu versorgen?

2 Noch vor 200 Jahren konnte man bedenkenlos bei uns Trinkwasser direkt aus den Flüssen schöpfen. Was hat dazu geführt, daß dies heute nicht mehr so ist?

3 Welche Stoffe gefährden das Grundwasser hauptsächlich?

Überlege, was gegen die Gewässerverschmutzung zu tun ist.

4 Welche Bedeutung hat das Verkehrsschild von Bild 2?

5 Jeder Einwohner Deutschlands verbraucht pro Tag ca. 140 l Wasser: 3–6 l zum Trinken und Kochen, 4–7 l zum Geschirrspülen, 2–10 l zur Wohnungsreinigung, 10–20 l zur Körperpflege, 20–40 l zum Baden oder Duschen und 20–50 l für die Toilettenspülung.

2

Wieviel Liter Trinkwasser müssen täglich für eine Großstadt wie Düsseldorf (ca. 600 000 Einwohner) bereitstehen?

Nenne Möglichkeiten, wie jeder einzelne von uns Wasser sparen kann.

6 Fange einmal das Wasser, das aus einem undichten Hahn tropft, eine Minute lang auf. Miß die Menge in einem Meßzylinder genau aus.

Berechne dann, wieviel Wasser durch den tropfenden Hahn in einer Stunde, an einem Tag und in einem Monat (30 Tage) verschwendet würde.

5794

Aus Umwelt und Technik: **Die Gewässer-Güteklassen**

Genau wie auf dem Land brauchen auch im Wasser fast alle Lebewesen Sauerstoff. Wie du weißt, würden z. B. Fische ohne Sauerstoff ersticken. Sie nehmen – wie auch Bakterien und Algen – den Sauerstoff auf, der im Wasser gelöst ist. Sauberes Süßwasser hat normalerweise genug Sauerstoff für alle Wasserlebewesen.

Abwässer enthalten viele Nährstoffe für Pflanzen und Bakterien. Die Bakterien vermehren sich deshalb darin stark und verbrauchen Sauerstoff. Wenn also ein Gewässer sehr stark verschmutzt wird, bleibt bald nicht mehr genug Sauerstoff für die Fische übrig; sie ersticken.

Welches Leben im Wasser möglich ist, hängt also sehr vom Sauerstoffgehalt des Wassers ab. Bei der Beschreibung der vier **Gewässer-Güteklassen** (Bilder 3–6) wird daher auch immer etwas über den Sauerstoffgehalt des Wassers ausgesagt. Auch an der Art der Kleinlebewesen (Bilder 7–10), die in den Gewässern vorkommen, kann man die Güte des Wassers erkennen.

3

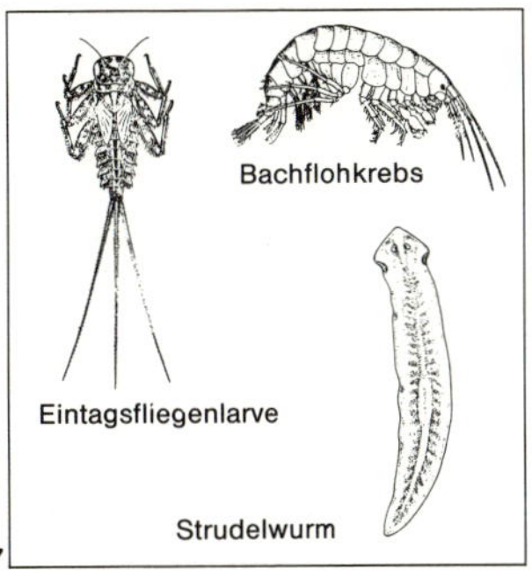

7

Güteklasse I: nicht verschmutzt

Das Wasser ist rein und klar. Es enthält viel Sauerstoff, aber wenig Nährstoffe. Daher leben hier nur wenige Bakterien, Tier- und Pflanzenarten.

Sauerstoff Bakterien

4

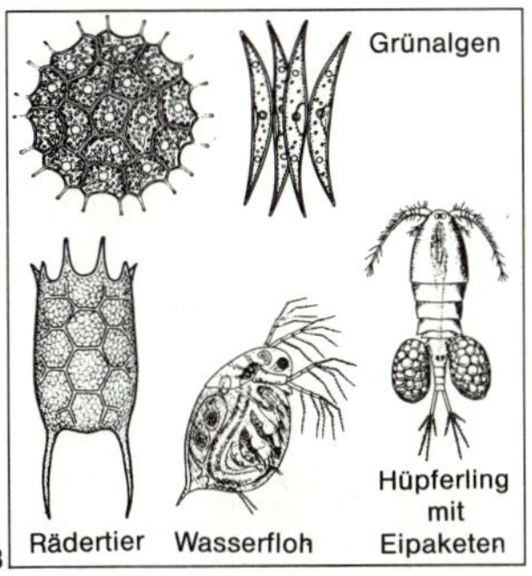

8

Güteklasse II: gering verschmutzt

Das Wasser ist nur wenig verschmutzt. Die eingespülten Abwässer enthalten viele Nährstoffe und lassen die Pflanzen sehr gut wachsen. Auch Bakterien vermehren sich stark. Da das Wasser genügend Sauerstoff enthält, ist es mit vielen Tierarten besiedelt.

5

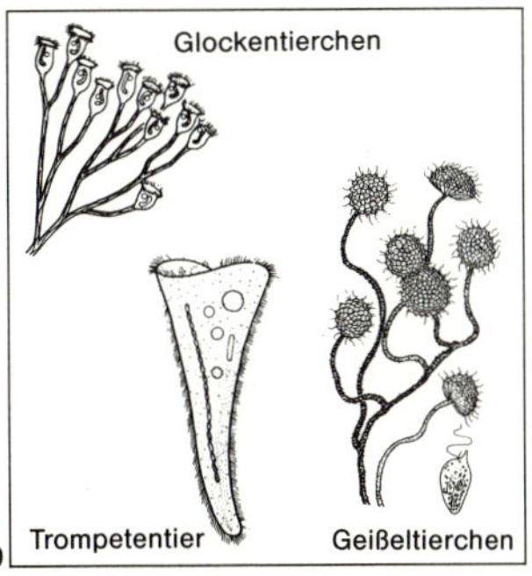

9

Güteklasse III: stark verschmutzt

Das Wasser ist stark verunreinigt. Es enthält so viele Nährstoffe, daß sich Pflanzen und Bakterien zunächst zu stark vermehren. Der Sauerstoff wird weitgehend von den Bakterien aufgezehrt. Außerdem nehmen die Pflanzen an der Oberfläche den weiter unten wachsenden das Licht weg. Es kommt zum Absterben vieler Pflanzen. Am Grunde des Gewässers setzt sich Schlamm ab. In diesem Wasser können nur noch wenige Tierarten leben.

6

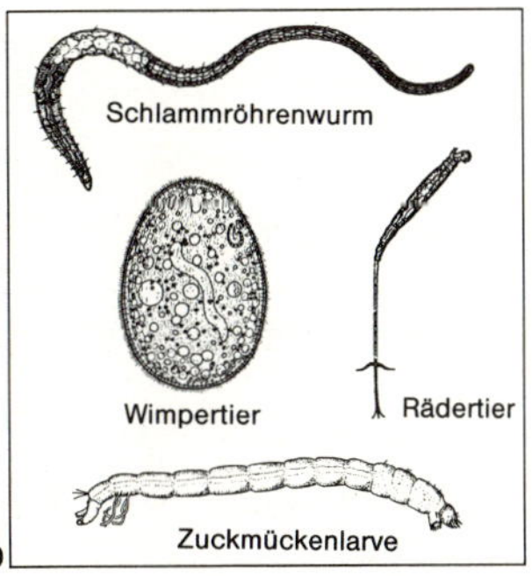

10

Güteklasse IV: übermäßig verschmutzt

Dieses Wasser enthält fast keinen Sauerstoff mehr; Tiere können kaum noch darin leben. Die wenigen verbliebenen Arten breiten sich stark aus (z.B. Bakterien, die ohne Sauerstoff auskommen). Fische fehlen völlig. Bei der kleinsten zusätzlichen Belastung „kippt“ dieses Gewässer um: Es wird zur stinkenden Kloake.

Aus Umwelt und Technik: **Die Selbstreinigungskraft des Wassers**

Wasser wird in allen Bereichen unseres Lebens genutzt: in der Landwirtschaft, in Industriebetrieben und Haushalten. Dabei wird es verunreinigt, und es entsteht *Abwasser*. In Deutschland fallen z. B. allein aus den Haushalten 150 Liter Abwasser pro Person und Tag an.

Die Verunreinigungen im Abwasser bestehen aus verschiedenen Stoffen. Einige dieser Stoffe sind Giftstoffe (z. B. viele Lacke und Lösemittel, bestimmte Holz- und Pflanzenschutzmittel). Wenn sie mit dem Abwasser in die Gewässer gelangen, werden die darin lebenden Tiere und Pflanzen geschädigt oder gar getötet.

Andere Stoffe (z. B. Eiweißstoffe, Zucker oder Salze), die sich im Abwasser befinden, dienen Bakterien, einzelligen Tieren und auch Pilzen als Nahrungsgrundlage. Diese Stoffe werden von den Lebewesen aufgenommen und abgebaut. Dabei wird viel Sauerstoff verbraucht.

Wenn die Gewässer reich an solchen Nährstoffen sind, entwickeln sich Millionen von Bakterien und anderen Kleinlebewesen. Sie bauen diese Stoffe ab – ohne Zutun des Menschen.

Auf diese Weise reinigen die Bakterien und die anderen Kleinlebewesen das Wasser. Man bezeichnet diese Art der Wasserreinigung als **biologische Selbstreinigung** oder auch als **Selbstreinigungskraft** des Wassers.

Solange ein Gewässer nicht zu stark verunreinigt ist, gelingt die biologische Selbstreinigung.

Wenn aber zuviel Abwasser eingeleitet wird, schaffen es die Bakterien und die anderen Kleinlebewesen nicht mehr, alle abbaufähigen Stoffe zu zersetzen. Der im Wasser gelöste Sauerstoff, den sie zum Abbau dieser Stoffe unbedingt benötigen, reicht nicht mehr aus. Es tritt Sauerstoffmangel ein.

Das hat verheerende Folgen: Da fast alle Lebewesen Sauerstoff zum Leben brauchen, kommt es zum massenhaften Sterben, z. B. auch von Fischen.

In einem solchen Gewässer können dann nur noch solche Lebewesen existieren, die *ohne* Sauerstoff auskommen. Sie werden *Anaerobier* (griech. *anaerob:* ohne Luft lebend) genannt. Dazu gehören auch bestimmte Bakterien. Diese bewirken letztendlich, daß die nicht abgebauten Stoffe im Wasser faulen. Das Wasser wird damit zur stinkenden Kloake.

Damit die Selbstreinigungskraft des Wassers erhalten bleibt, müssen die Abwässer vor dem Einleiten in Gewässer so gereinigt werden, daß kein Schaden entstehen kann. Dazu wurden strenge Gesetze erlassen, die für alle Industriebetriebe sowie für Städte und Gemeinden bindend sind.

Aus Umwelt und Technik: **Öl – eine der schlimmsten Umweltgefahren**

1

Öl kann sich mit Wasser nicht dauerhaft vermischen; es löst sich auch nicht in Wasser. Außer dem Speiseöl hinterlassen alle Ölsorten einen üblen Geschmack und Geruch im Wasser. Schlimmer ist jedoch, daß mit Öl (z. B. Erdöl) verseuchtes Wasser für Lebewesen giftig ist.

Man hat errechnet, daß ein einziger Liter Erdöl eine Million Liter Wasser als Trinkwasser unbrauchbar machen kann. Oder anders ausgedrückt: Ein Fingerhut voll Erdöl kann 20 Badewannen voll Wasser ungenießbar machen!

Die Weltmeere sind stellenweise sehr stark durch Öl verschmutzt. Es gelangt durch Lecks von Tankschiffen oder durch **Tankerunfälle** ins Meer. Heute gibt es schon Tankschiffe, die beinahe eine halbe Million Tonnen Erdöl auf jeder Fahrt mit sich führen.

Wenn ein solcher „Ölriese" ausläuft, ergeben sich verheerende Folgen: Tausende von Quadratkilometern Meeresoberfläche sind dann mit einer Ölschicht bedeckt („Ölpest"). Die Strände werden mit Öl überschwemmt, und es dauert Monate, bis sie wieder gesäubert sind. Vor allem aber vernichtet das Öl Millionen von Seevögeln (Bild 1), Fischen, Muscheln und anderen Lebewesen.

Wenn ein **Tanklastzug** verunglückt (Bild 2), läuft zwar weniger Öl aus, aber die Gefahren sind ebenfalls groß. Fließt das Öl in Bäche oder Flüsse, kann es dort das Wasser verseuchen. Wenn es ins Grundwasser gelangt, kann es das Trinkwasser ungenießbar machen.

Die Feuerwehr ist deshalb mit besonderen Chemikalien ausgerüstet, um auslaufendes Öl unschädlich machen zu können. Diese *Ölbindemittel* „saugen" das Öl in großen Mengen auf (1 g Ölbindemittel kann etwa 700 g Öl aufnehmen). Bindemittel und Öl werden dann entsorgt.

Es gibt **gesetzliche Vorschriften**, die beim Umgang mit Öl zu beachten sind. So müssen z. B. Heizöltanks in Häusern besonders gesichert sein. Für Öltanks in der Erde sind doppelte Wände vorgeschrieben. In Tankstellen und Autowerkstätten gibt es besondere Einrichtungen (z. B. *Ölabscheider*), damit kein Öl in den Abfluß gelangt.

2

5796

Alles klar?

1 Warum löst sich nicht beliebig viel Zucker in einer Tasse Kaffee?

2 Wie kann man feststellen, ob in einer klaren und farblosen Flüssigkeit ein Stoff gelöst ist? Beschreibe!

3 Ist in einem kalten Bergsee viel oder wenig Sauerstoff enthalten?

4 In der Landwirtschaft streut man Düngesalze einfach auf den Acker. Wie gelangen sie zu den Wurzeln der Pflanzen und von dort bis zu den Blättern?

5 Versuche zu erklären, woher der Kesselstein (Bild 3) kommt.

6 Auf einem See, aus dem Trinkwasser gewonnen wird, dürfen keine Motorboote fahren. Ebenso ist es verboten, in Wasserschutzgebieten Autos zu waschen. Warum? Erkläre!

3

7 Erkläre an Beispielen die Bedeutung des Wassers für alle Lebewesen.

8 Wenn man z. B. eine weiße Nelke in Wasser stellt, das vorher mit Tinte kräftig gefärbt wurde, nimmt die Nelke allmählich die Farbe der Tinte an. Erkläre!

9 Wasserverschmutzungen durch Öl sind besonders schlimm. Woran liegt das? Beschreibe einige Auswirkungen.

10 Erkläre, was man unter der *Selbstreinigungskraft* des Wassers versteht.

5 Zusammenfassung

4

5

6

Wasser als Lösemittel

Wenn man bestimmte Stoffe (z. B. Salz oder Zucker) in Wasser gibt, verteilen sie sich darin so fein, daß sie nicht mehr zu erkennen sind. Es entsteht eine **Lösung**. Das Wasser ist hierbei das **Lösemittel**.

Die **Löslichkeit** von Stoffen in Wasser ist ganz unterschiedlich. Sie ist eine *Stoffeigenschaft*, die genau gemessen werden kann.

Ein Lösemittel kann nicht beliebige Mengen eines Stoffes aufnehmen. Wenn sich nichts mehr von ein und demselben Stoff darin löst, liegt eine **gesättigte Lösung** vor.

Ein einziges Lösemittel kann oft mehrere Stoffe gleichzeitig lösen.

Bei vielen Stoffen steigt die Löslichkeit mit der Temperatur des Lösemittels an. Beim Abkühlen wird wieder eine bestimmte Menge des vorher gelösten Stoffes ausgeschieden. Dabei bilden sich Kristalle.

Im Wasser können auch Gase gelöst sein, z. B. Sauerstoff oder Kohlenstoffdioxid. Wenn die *Temperatur* des Wassers steigt, nimmt die Löslichkeit der Gase ab. Wird der *Druck* erhöht, nimmt die Löslichkeit der Gase zu.

Öl und Benzin lösen sich nicht in Wasser. Sie lassen sich nur für kurze Zeit mit dem Wasser vermischen und bilden dabei eine trübe **Emulsion**.

Wenn man die Emulsion ruhig stehenläßt, setzen sich Öl und Benzin wieder auf dem Wasser ab.

Wasser hat als **Transportmittel** eine große Bedeutung:

In den *menschlichen Körperflüssigkeiten* – Blut, Harn, Schweiß und Lymphe – werden Nährstoffe und Stoffwechselendprodukte transportiert. Ist dieser Transport gestört, treten lebensbedrohliche Zustände ein.

Wasser transportiert in der *Pflanze* wichtige Mineralsalze sowie durch die Pflanze gebildete Nährstoffe.

7

8

9

Abwasserreinigung und Trinkwassergewinnung

Der lange Weg vom Abwasser zum Trinkwasser

Aus Umwelt und Technik: **Teamwork im Klärwerk**

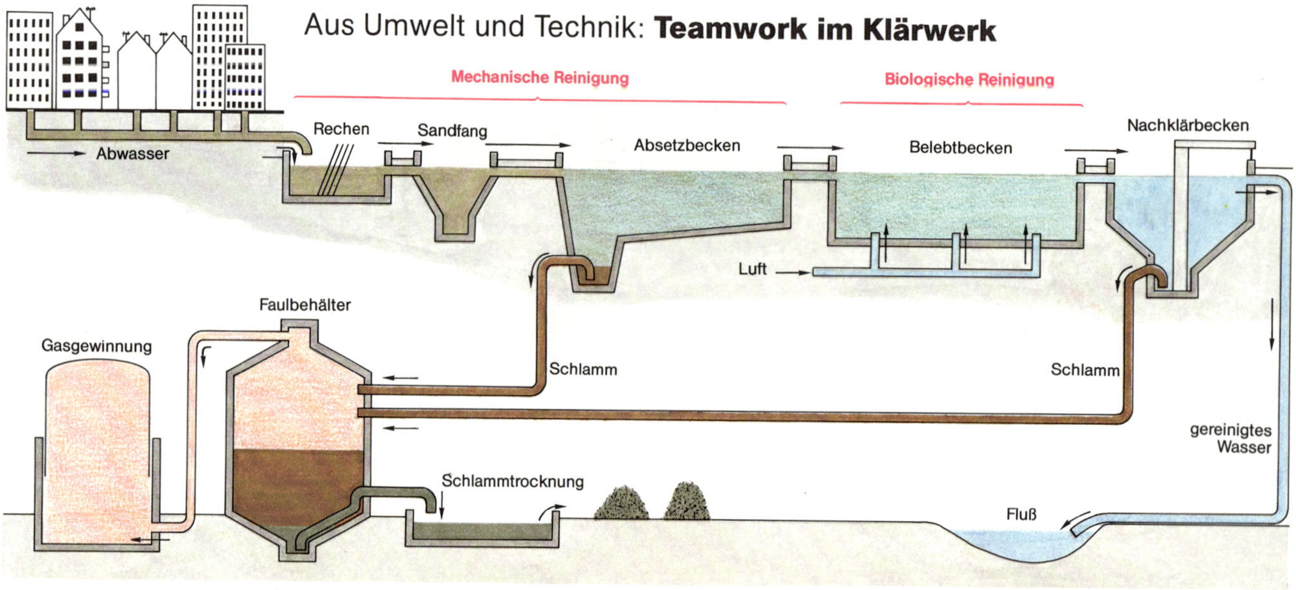

1

Ein Klärwerk (Bild 1) ist eine Anlage, in der schmutzige Abwässer gereinigt werden. Das geschieht dort „im Teamwork", denn physikalische, biologische und chemische Vorgänge spielen dabei eine Rolle.

Die Reinigung im Klärwerk erfolgt in drei Stufen:

Zunächst ist die Physik an der Reihe. Es erfolgt nämlich (als erste Stufe) die **mechanische Reinigung**:

Das unappetitliche, übel riechende Abwasser fließt zunächst durch den großen *Rechen* (Bild 2). Der hält Gegenstände zurück, die sowieso nicht ins Abwasser gehört hätten: nämlich Stoffreste, Flaschen, Bierdosen, Holzteile usw.

Im *Sandfang* (Bild 3) wird der Abwasserstrom gebremst. Hier setzen sich Sand, Kies und Steine wie in einem ruhig dahinströmenden Fluß ab.

Im *Absetzbecken* (Bild 4) geht es zu wie in einem stehenden Gewässer, das völlig verschmutzt ist. Allmählich sinkt hier der Kot zu Boden. Auch für Gemüsereste und z. B. Fasern ist hier Endstation. Aus all dem entsteht ein feiner Schlamm, der in einen Trichter geschoben wird.

Jetzt helfen Verfahren aus der Physik nicht mehr weiter. Durch Sieben, Absetzen oder auch Abscheiden können weder gelöste noch sehr fein verteilte andere Bestandteile entfernt werden.

2

Nun setzt die **biologische Reinigung** (die zweite Reinigungsstufe) ein:

Sie beginnt im *Belebtbecken* (Bild 5). Hier warten unzählige Bakterien auf den Schmutz. Aus vielen Düsen am Boden strömt Druckluft durch das Abwasser, so daß sich Sauerstoff, Bakterien und Schmutz innig miteinander vermischen.

Für die Bakterien und für andere Kleinstlebewesen ist der Schmutz eine willkommene Nahrung. Im Abwasser sind nämlich unter anderem auch Zucker und Eiweißstoffe enthalten – also Stoffe, die die Bakterien für ihre Ernährung brauchen. So wachsen die Bakterien prächtig und vermehren sich schnell.

3

4

5

5828

Die Körper der Bakterien bilden einen lebenden Schlamm, der oft auch als *Belebtschlamm* bezeichnet wird.

Doch wohin mit dem Inhalt des Belebtbeckens, wenn die Bakterien ihr Werk getan haben?

Er wird zunächst ins *Nachklärbecken* (Bild 6) geleitet, wo sich der Schlamm allmählich am Boden absetzt.

Während man das geklärte Abwasser von hier aus zu einem Klarwasserpumpwerk leitet, wird der Belebtschlamm zum größten Teil nochmals in das Belebtbecken eingeleitet. Dort brauchen die Bakterien „Verstärkung", wenn sie den Schmutz möglichst vollständig verdauen sollen.

Den restlichen Schlamm kann man nicht einfach auf einer Deponie ablagern – du brauchst nur an den üblen Geruch zu denken, der dabei entstehen würde. Man bringt ihn zunächst in einen *Faulbehälter* (Bild 7), in dem er weiter ausfaulen kann.

Der Schlamm wird anschließend zentrifugiert, um ihn dann schneller trocknen zu können.

Doch er enthält z. B. noch giftige Schwermetalle, die durch die bisherigen Verfahren nicht entfernt werden konnten. Der Schlamm wird deshalb mit Heizöl vermischt und in einem besonderen Ofen (Wirbelschichtofen) verbrannt.

6

7

Auf diese Weise sorgen die abgestorbenen Bakterien auch noch für Energie, mit der man aus Wasser Wasserdampf erzeugt. Der Dampf treibt dann Turbinen an, die die Luft ins Belebtbecken drücken.

Das entstehende Abgas ist, nachdem es durch ein besonderes Verfahren „gewaschen" wurde, umweltverträglich. Auch die Asche kann unbedenklich auf einer Deponie gelagert werden.

Mit physikalischen und biologischen Verfahren wurde zwar ein geruchloses, klares Abwasser erzeugt, doch es enthält noch zu viele phosphorhaltige Stoffe (Phosphate). Diese müssen ebenfalls entfernt werden.

Hier setzt die dritte Reinigungsstufe – **chemische Reinigung** – an.

In unserem Klärwerk findet sie nicht erst am Schluß, sondern bereits im Belebtbecken statt: Man setzt dem Abwasser bestimmte Stoffe zu, die zusammen mit den Phosphaten Flocken bilden; diese setzen sich dann am Boden ab.

Du siehst: Es muß viel getan werden, bis die Abwässer wieder gründlich gereinigt sind. Und jeder von uns erzeugt täglich rund 150 Liter davon!

Fragen und Aufgaben zum Text

1 Beschreibe, wie die Abwässer in den drei Reinigungsstufen gesäubert werden.

2 Erkundige dich, mit welchen Reinigungsstufen das Klärwerk an deinem Wohnort ausgerüstet ist.

3 Manchmal wird Schmutzwasser (trotz aller Gesetze und Verbote) ungeklärt in Gewässer oder in den Erdboden geleitet. Welche Gefahren ergeben sich daraus?

4 Stelle fest, welche Abwässer bei euch zu Hause anfallen. Errechne ihre ungefähre Menge.

Wie könnte ein Teil dieser Wasserverschmutzung vermieden werden?

Was wird gegen die Wasserverschmutzung getan?

Wir alle verbrauchen täglich viel Wasser. Hinzu kommen gewaltige Wassermengen, die von der Industrie und der Landwirtschaft benötigt werden. Daraus entsteht wieder etwa gleich viel verschmutztes Wasser, also Abwasser.

Durch **Verordnungen und Gesetze** sind Städte und Industriebetriebe verpflichtet, die bei ihnen anfallenden Abwässer von den gröbsten Verunreinigungen zu befreien; das muß geschehen, bevor sie z. B. in einen Fluß geleitet werden. Wer gegen diese Gesetze verstößt, muß mit einer Geldstrafe oder – in schweren Fällen – mit einer Freiheitsstrafe rechnen. Deshalb werden bei uns etwa vier Fünftel des Schmutzwassers durch die Kanalisation zur Reinigung in die Klärwerke geleitet.

Nun gibt es aber auch Abwässer, die in einer Kläranlage Schäden hervorrufen können. Wenn z. B. bestimmte Chemikalien in hoher Konzentration ins Abwasser gelangt sind, kann es sein, daß die Bakterien im Belebtbecken absterben.

Für die Reinigung solcher Abwässer wurden z. B. die folgenden **physikalisch-chemischen Verfahren** entwickelt. Sie werden meist direkt an den Stellen eingesetzt, wo die Verunreinigungen entstehen (z. B. in Chemiewerken).

Abwasserverbrennung: Das Abwasser wird in eine Flamme gesprüht, so daß es verdampft. Gleichzeitig wird es mit Luft vermischt und auf 800–1200 °C erhitzt. Bei diesen hohen Temperaturen verbrennen alle tierischen und pflanzlichen Bestandteile des Abwassers (man nennt sie *organische Stoffe*).

Da dieses Verfahren recht kostspielig ist, wird es nur bei Abwässern angewandt, die mehr als 10 % organische Stoffe enthalten. Normale Abwässer, z. B. aus einer Großstadt, enthalten davon nur etwa 0,04 %.

Flockung und Fällung: Im Wasser befinden sich oft unlösliche Stoffe, die sich nicht absetzen. Wenn man dem Wasser dann sogenannte *Flockungsmittel* zusetzt, bilden diese zusammen mit den unlöslichen Stoffen „Flocken". Diese setzen sich am Boden ab; man sagt, sie werden „gefällt". Anschließend können sie aus dem Wasser entfernt werden.

Extraktion: Dem Abwasser werden flüssige Lösemittel zugesetzt, die jeweils einen bestimmten Stoff lösen. Danach werden sie wieder vom Wasser getrennt und aufbereitet. Oft gewinnt man auch die extrahierten Stoffe zurück.

Aus Umwelt und Technik: **Im Rhein tummeln sich wieder Fische**

„Das ist ja ein Hecht, den du da geangelt hast!" Sebastians Vater kann es kaum fassen: Im Rhein gibt es wieder Fische! Und was für welche! Aale, Flußbarsche, Zander, Brassen, Rotaugen und sogar Lachse sind darunter. Vierzig Arten tummeln sich derzeit im Rhein. So viele Fische gab es zuletzt in den vierziger Jahren.

Das Staunen von Sebastians Vater ist berechtigt: Vor etwa zwanzig Jahren war der größte Strom Deutschlands nämlich zu einem stinkenden Abwasserkanal verkommen.

Die riesigen Industrieanlagen entlang des Flusses leiteten ihre Abwässer damals noch ungeklärt in den Rhein. Die Städte machten es zum großen Teil nicht anders. Außerdem wurde das Wasser durch Ölrückstände verschmutzt, die von den Schiffen in den Fluß gelangten.

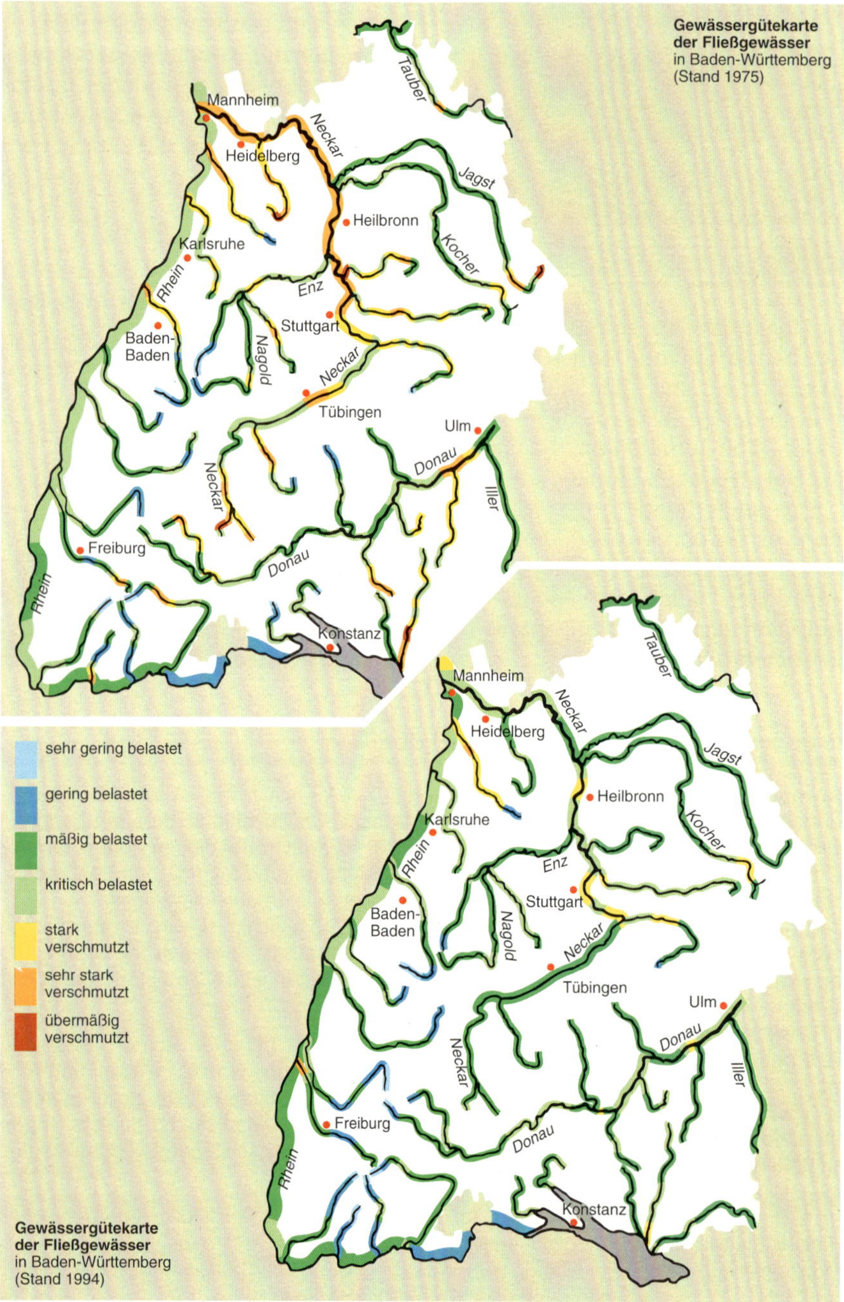

Die Folgen blieben nicht aus: Das Wasser des Rheins enthielt nicht mehr genügend Sauerstoff, um sich selbst zu reinigen; Fische konnten nicht mehr atmen und starben allmählich aus. Übrig blieben die Lebewesen, die ohne Sauerstoff leben können. Aber sie beschleunigen die Fäulnis und Gärung im Wasser.

Dieser schlechte Zustand des Wassers wirkte sich nachteilig auf die **Trinkwassergewinnung** aus: Da das Wasser im Rhein das ganze Jahr über recht gleichmäßig fließt, wird daraus Trinkwasser gewonnen. Auch bei relativer Trockenheit führt der 1300 km lange Fluß noch genügend Wasser, um die etwa 20 Millionen Menschen zwischen Basel und Rotterdam mit Wasser zu versorgen.

Doch je verschmutzter das Wasser ist, desto teurer und komplizierter ist seine Aufbereitung. Nicht zuletzt deshalb hatten sich Fachleute aus Industrie, Politik und Kommunen zusammengesetzt, um dem größten Strom Deutschlands wieder „auf die Beine zu helfen".

Am Rhein und an seinen Nebenflüssen wurden 40 Kläranlagen mit biologischer Reinigungsstufe an die dortigen chemischen Großbetriebe angeschlossen. Obwohl die Produktion inzwischen erheblich anstieg, konnte so die Gewässerbelastung erheblich verringert werden.

In Baden-Württemberg sind hier etwa 1300 Kläranlagen in Betrieb; sie reinigen das Abwasser von 94 % der Bevölkerung.

Für den Gewässerschutz wurden Gelder zur Verfügung gestellt und strenge Vorschriften zur Reinhaltung der Gewässer erlassen. Zum Glück ist das Umweltbewußtsein der Bevölkerung inzwischen gewachsen.

Laufend werden Wasserproben durch viele Meßstationen analysiert. Allein in Baden-Württemberg untersuchen etwa 1600 Inspektionsstellen die Lebensgemeinschaft von Tieren und Pflanzen im Wasser.

Ein Vergleich der beiden Gewässergütekarten (Bild 1) zeigt deutlich den Rückgang der Belastungen.

7581

 Damit man Wasser mehrmals trinken kann ...

Wasser, das wir trinken wollen (Bild 2), muß von besonderer Qualität und frei von Krankheitserregern sein.

Du weißt ja, daß unser Trinkwasser größtenteils aus Flüssen, Seen oder Talsperren stammt – in manchen Gegenden sogar bis zu 70 %. Wahrscheinlich ist ein Teil dieses Wassers sogar schon einmal zum Kochen, Waschen, Duschen oder Spülen benutzt worden.

Doch keine Sorge: Unser Trinkwasser ist weder unappetitlich noch gesundheitsschädigend! Das Wasser wird nämlich in **Wasserwerken** sorgfältig *aufbereitet,* bevor es in die Haushalte gelangt (Bilder 3–5).

Oberflächenwasser läßt man, bevor man es entnimmt, erst langsam im Erdboden *versickern.* Das weißt du ja bereits. Das geschieht mit Hilfe großer Sickerbecken, die bis zu 20 m breit und sogar 100 bis 500 m lang sind. Oft werden zu diesem Zweck auch Brunnen an Flüssen und Seen als sogenannte Galerien aneinandergereiht (Bild 5).

Doch selbst bestes Grundwasser muß nicht auch schon appetitlich riechen und gut schmecken. Es enthält ja so gut wie keinen Sauerstoff. Auch ist es nicht völlig frei von unangenehm riechenden Gasen. Außerdem sind z. B. eisen- und manganhaltige Stoffe (Salze) darin gelöst.

Deshalb wird das Wasser im Wasserwerk zunächst noch durch feine Düsen zerstäubt; man sagt, es wird *verdüst* (Bild 3).

Damit erreicht man mehrere Dinge gleichzeitig:
1. Das Wasser nimmt Sauerstoff aus der Luft auf.
2. Die übelriechenden Gase werden vertrieben.
3. Die gelösten Metallsalze wandeln sich in feste Stoffe um.

Diese festen Stoffe können nun mit Hilfe besonderer *Absetzbecken* und *Sandfilter* aus dem Wasser entfernt werden. Bei diesen Anlagen handelt es sich um rechteckige Becken der Größe einer Schwimmhalle. In solch einem Becken muß das Wasser eine zwei Meter dicke Kiesschicht durchlaufen.

2

3

Sollte das Wasser danach immer noch schädliche Stoffe (z. B. Chlorkohlenwasserstoffe) enthalten, wird es durch Aktivkohlepulver gepreßt. Wie du weißt, gleichen die staubfeinen Teilchen der Aktivkohle winzigen Schwämmen, die Milliarden von Poren haben. In ihnen werden die Schadstoffe festgehalten.

Oft müssen auch noch Bakterien abgetötet werden – sonst könnten Krankheiten durch das Trinkwasser übertragen werden. Man muß also das Wasser *entkeimen.* Dazu verwendete man bisher Chlor, das du vielleicht wegen seines typischen Geruchs und Geschmacks vom Schwimmbad her kennst. Heute nimmt man immer öfter Ozon, das keinen unangenehmen Geschmack hinterläßt. Das Wasser ist nunmehr einwandfrei – wenn nicht, muß es die Stationen des Wasserwerkes noch einmal durchlaufen.

Wenn du in Zukunft zum Wasserhahn gehst, dann bedenke: Gutes Trinkwasser ist nicht einfach ein Geschenk der Natur.

Und auch dieses: Selbst kleinste Mengen an Lösemitteln, Mineralölen oder anderen Schadstoffen, die du in den Abfluß gießt, gefährden das Trinkwasser – denn das Wasser, das du verschmutzt, wird bestimmt wieder einmal getrunken ...

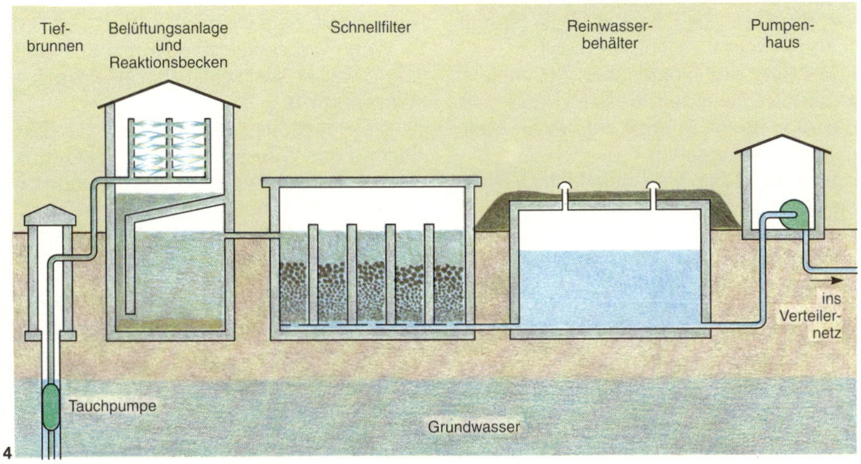

4

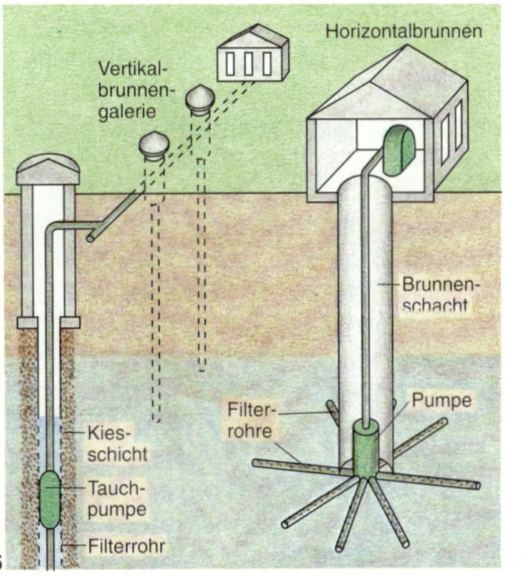

5

5965

Wasser und Wasserstoff

1 Das Verbrennungsprodukt Wasser

Daß bei der Verbrennung von Brennstoffen *Kohlenstoffdioxid* entsteht, haben wir schon nachgewiesen. Außerdem soll sich bei dieser Reaktion noch *Wasser* als Verbrennungsprodukt bilden.

Wasser durch Verbrennung – ist das überhaupt möglich?

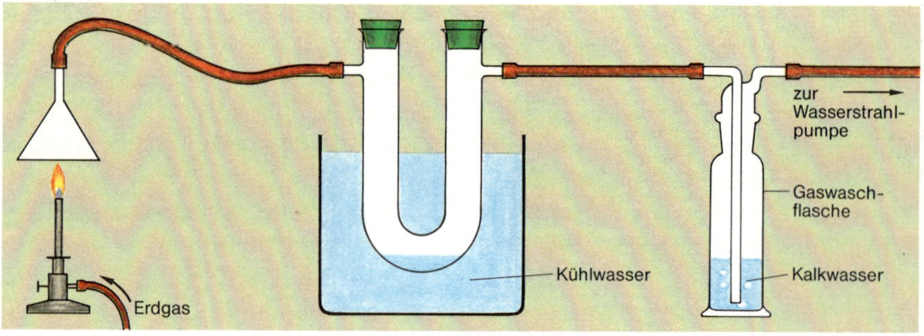

1

V 1 Im *Hofmannschen Wasserzersetzungsapparat* (Bild 2) kann man elektrischen Strom durch Wasser leiten. Man nennt den dabei ablaufenden Vorgang *Elektrolyse*. Durch diesen Versuch wird der Zusammenhang zwischen Wasser und Wasserstoff deutlich.

a) Was beobachtest du, wenn der Strom eingeschaltet wird?

b) Beschreibe, was am Pluspol und am Minuspol geschieht?

c) Welche Stoffe könnten entstanden sein, und wie kann man sie nachweisen?

d) Beschreibe, was bei der Elektrolyse von Wasser geschieht?

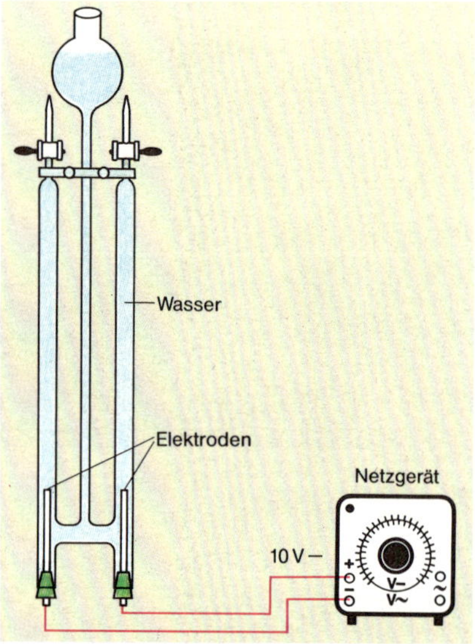

2

V 2 Wasserstoff [F] aus der Stahlflasche wurde am Winkelröhrchen entzündet und über die Flamme ein kaltes Becherglas gehalten.

Im Becherglas bildet sich ein Stoff. Was könnte das sein?

Wie kann man prüfen, welcher Stoff sich gebildet hat?

V 3 Der Niederschlag, der sich in V 2 im Becherglas absetzt, wird auf wasserfreies Kupfersulfat [Xn] gegeben. Färbt es sich blau, ist der Niederschlag *Wasser*. Diese Reaktion dient als **Nachweis für Wasser**.

Man kann Wasser auch mit Cobaltchloridpapier nachweisen. Hat sich Wasser gebildet, so verändert sich die Farbe von blau nach rötlich.

Wasser – „ein feuchtes Element“ ?

Fische fühlen sich nur in ihrem „feuchten Element“ sehr wohl. Gemeint ist damit ihr Lebensraum – das Wasser. Aber stimmt diese Wortwahl wirklich?

Dazu muß man die Zusammensetzung des Wassers untersuchen: Läßt sich Wasser zerlegen, besteht es aus mehreren Stoffen. Dann ist es eine chemische *Verbindung*. Gelingt eine Zerlegung nicht, ist es wahrscheinlich ein *Element*.

In Versuch 1 haben wir deshalb in einem *Hofmannschen Apparat* (Bild 2) elektrischen Strom auf Wasser einwirken lassen. Dem Wasser wurden vorher einige Tropfen einer Säure zugegeben, um seine elektrische Leitfähigkeit zu erhöhen.

An den Elektroden des Hofmannschen Apparates bilden sich Gasbläschen. Sie steigen in den beiden Glasröhren nach oben. Dort sammeln sich zwei Gase, wobei von dem einen doppelt soviel entsteht wie von dem anderen.

Eine Prüfung der Gase ergibt: Eines der beiden Gase ist brennbar, im anderen entflammt ein glimmender Holzspan.

Das brennbare Gas bezeichnen wir als **Wasserstoff,** denn wir haben es aus Wasser erhalten. Das andere Gas ist uns schon bekannt. Es ist **Sauerstoff**.

Mit Hilfe des elektrischen Stromes ist es uns also gelungen, Wasser zu zerlegen. Die dazu nötige Energie lieferte die elektrische Energiequelle.

Wasser ist also eine **chemische Verbindung** aus den Elementen *Wasserstoff* und *Sauerstoff*.

Wenn diese Aussage richtig und vollständig ist, müßte man aus den Elementen *Wasserstoff* und *Sauerstoff* wieder *Wasser* herstellen können.

Deshalb *verbrennen* wir Wasserstoff. (Versuch 2). Wir wissen bereits: „Ein Element verbrennt“ heißt, es verbindet sich mit *Sauerstoff* zu einem **Oxid**.

Bei der Verbrennung von Wasserstoff entsteht ein Stoff, der an der kalten Becherglaswand kondensiert. Mit wasserfreiem Kupfersulfat oder Cobaltchloridpapier können wir diesen Stoff eindeutig als **Wasse**r *nachweisen*.

Wenn Wasserstoff verbrennt, erhält man Wasser. Wasser ist also ein **Oxid des Wasserstoffs**.

Die Reaktionsgleichungen für die Zerlegung des Wassers und die Umkehrung dieses Vorgangs – die Verbrennung von Wasserstoff – lauten folgendermaßen:

Wasser → Wasserstoff + Sauerstoff

$$2\,H_2O \rightarrow 2\,H_2 + O_2$$

Wasserstoff + Sauerstoff → Wasser

$$2\,H_2 + O_2 \rightarrow 2\,H_2O$$

Daß Wasser kein Element, sondern eine Verbindung ist, entdeckte der französische Chemiker *Antoine Laurent Lavoisier* schon 1783.

7451

2 Eigenschaften und Verwendung von Wasserstoff

Die folgenden Versuche werden als *Lehrerversuche* durchgeführt (mit Schutzbrille und Schutzscheibe!).

Der Wasserstoff wird jeweils über Wasser, d. h. in einer *pneumatischen Wanne*, aufgefangen.

V 4 Eine Kerze wird von unten in einen Standzylinder eingeführt, der mit Wasserstoff F gefüllt ist. Dann wird die Kerze langsam wieder herausgezogen. (Vorgang öfter wiederholen.) Beschreibe, was zu sehen und zu hören ist. Erkläre!

V 5 Zwei mit Wasserstoff F gefüllte Standzylinder werden so am Stativ befestigt, daß eine Öffnung nach unten, die andere nach oben zeigt.

Nach ca. 20 Sekunden wird an die Öffnungen eine Flamme gehalten.

V 6 Zwei Standzylinder werden mit unterschiedlichen Mengen Wasserstoff F und Sauerstoff O gefüllt.

Erster Standzylinder: 1/3 Wasserstoff, 2/3 Sauerstoff.

Zweiter Standzylinder: 2/3 Wasserstoff, 1/3 Sauerstoff.

Dann werden die Gefäße mit einem Tuch umwickelt und eine Flamme darangehalten. Vergleiche!

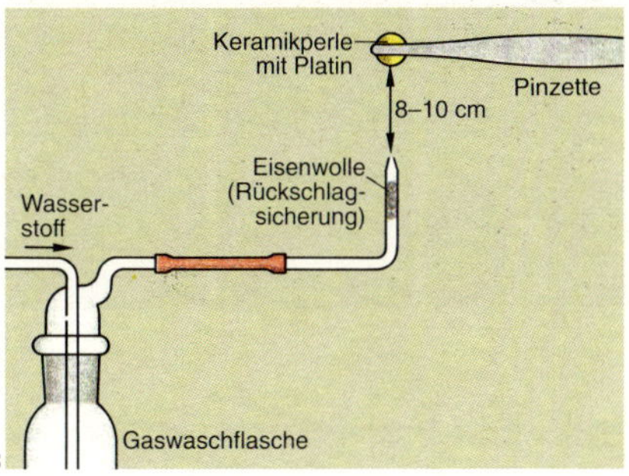

3

V 7 In einer Porzellanschale werden zu etwas Wasser einige Tropfen Spülmittel gegeben; es entsteht eine „Seifenlauge". Dann wird ein Kolbenprober mit 33 cm^3 Sauerstoff C und 67 cm^3 Wasserstoff F gefüllt.

Dieses Gasgemisch wird in die Seifenlauge gedrückt, so daß kleine Gasbläschen entstehen. Daran wird ein glimmernder Holzspan gehalten.

V 8 Hier geht es noch einmal um das Entzünden von Wasserstoff F.

Der Versuch wird nach Bild 3 aufgebaut. Der Wasserstoffstrom sollte recht kräftig sein (Gaswaschflasche mit 95–98 %iger Schwefelsäure C als Blasenzähler). Sobald die Keramikperle glüht, bewegt man sie um 1–2 cm nach oben (oder hin und her). Beschreibe möglichst genau!

Die Knallgasprobe – Vorsichtsmaßnahme und Nachweis zugleich

Wasserstoff **unterhält die Verbrennung nicht**, so daß eine Kerzenflamme darin erlischt. Er ist aber **selbst brennbar**: Bei Anwesenheit von Sauerstoff verbrennt reiner Wasserstoff ruhig mit schwach leuchtender bläulicher Flamme.

Ein Gemisch von Wasserstoff mit Luft oder Sauerstoff explodiert nach dem Entzünden. Deshalb nennt man dieses Gemisch **Knallgas**.

Das Knallgas reagiert am heftigsten, wenn das Volumenverhältnis von Wasserstoff zu Sauerstoff 2 : 1 beträgt.

Wasserstoff ist also gefährlich, wenn er mit Luft oder reinem Sauerstoff vermischt ist. Wenn man ihn gefahrlos entzünden will, muß man daher unbedingt prüfen, ob er luftfrei ist.

Dazu führt man die **Knallgasprobe** folgendermaßen durch: In ein mit der Öffnung nach unten gehaltenes Reagenzglas wird einige Sekunden lang das Gas eingeleitet, das man prüfen will (Bild 4). Dann verschließt man das Glas mit dem Daumen, hält es an die Flamme und gibt die Öffnung frei (Bild 5).

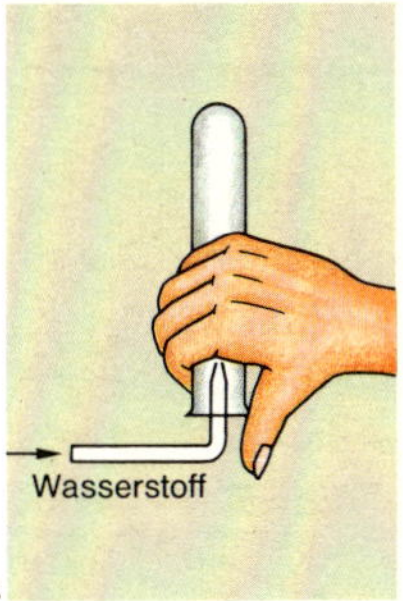

4

5

Wenn man ein leises Pfeifen oder Knallen hört, enthält das Gas noch Luft. Die Probe wird mit frischen Reagenzgläsern so oft wiederholt, bis der Wasserstoff luftfrei ist. Dann erst kann man ihn gefahrlos entzünden.

Die Knallgasprobe wird nicht nur aus Sicherheitsgründen durchgeführt. Sie ist auch der **Nachweis** für Wasserstoff.

Beim Auffangen von Wasserstoff muß man das Reagenzglas mit der Öffnung nach unten halten (Bild 3). Das Gas ist nämlich wesentlich leichter als Luft. Wasserstoff ist der **Stoff mit der geringsten Dichte**. Sie beträgt bei 0 °C und einem Luftdruck von 1013 hPa **0,0899 g/l**.

Aufgaben

1 Welche Gefahren drohen, wenn man mit Wasserstoff unvorsichtig umgeht? Beschreibe!

2 Reiner Wasserstoff verbrennt ruhig und langsam, Knallgas dagegen explosionsartig. Wie kommt das?

3 Ein Lagerraum für Stahlflaschen mit Wasserstoff soll gebaut werden. Wo müssen die Löcher für die Entlüftung vorgesehen werden?

4 Wasserstoff wird mit Hilfe der Knallgasprobe nachgewiesen. Beschreibe, wie sie durchgeführt wird.

5 Stelle einen „Steckbrief" für Wasserstoff auf. Berücksichtige dabei folgende Eigenschaften: Farbe, Geruch, Dichte, Siedetemperatur, Brennbarkeit, Verhalten gegenüber Wasser.

6 Vergleiche einige Eigenschaften von Wasserstoff mit denen von Sauerstoff und Stickstoff.

7 Beschreibe, wie Wasserstoff zu seinem Namen gekommen ist.

Katalysierte Reaktion des Wasserstoffs

Bild 1 zeigt noch einmal den Versuch, bei dem **Wasserstoff** durch fein verteiltes Platin entzündet wird.

Die Perle, die in den Wasserstoffstrom gehalten wird, besteht aus Keramik. Sie ist von winzigen Kanälen durchzogen, die mit fein verteiltem *Platin* bedeckt sind.

Wenn der Wasserstoff an dieser Perle vorbeiströmt, beginnt sie nach einigen Sekunden zu glühen. Wird sie dann bewegt, entzündet sich der Wasserstoff mit leisem Knall. Anschließend brennt das Gas ruhig mit schwach blauer Flamme. Die Perle bleibt dabei unverändert.

Der leise Knall beim Entzünden deutet auf eine Knallgasreaktion hin. Tatsächlich vermischt sich der Wasserstoff, sobald er aus der Düse austritt, mit Sauerstoff. Es entsteht ein Knallgasgemisch. Das fein verteilte Platin der Perle bewirkt, daß die Knallgasreaktion abläuft, ohne daß ein Zündfunke vorhanden ist.

Das Platin setzt die Aktivierungsenergie herab: Das Gemisch reagiert in Gegenwart des Platins „von selbst". Dabei wird Wärme frei, und das Platin beginnt zu glühen. Diese Glut entzündet dann den Wasserstoff.

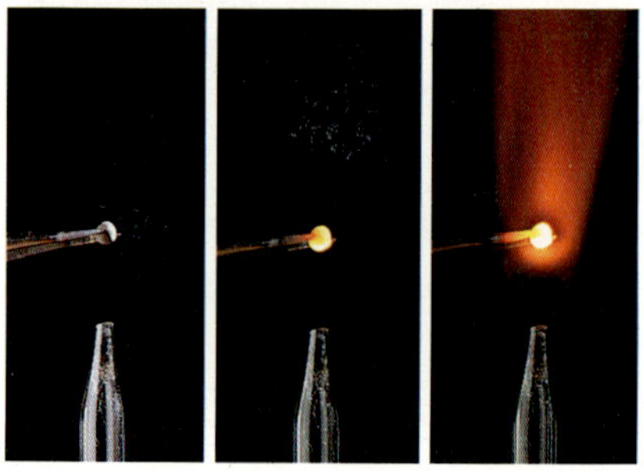
1

Das Platin nimmt an der Reaktion nicht teil. Deshalb kann man die Perlen immer wieder verwenden.

Wir wissen bereits, daß Stoffe, die Reaktionen auslösen oder beeinflussen, ohne sich selbst dabei zu verändern, *Katalysatoren* heißen. In unserem Versuch ist das Platin der eigentliche Katalysator, während die Keramikperle nur der Träger des Katalysators ist.

Katalysatoren – nicht allein aus Platin, sondern aus vielen anderen Stoffen – spielen sowohl in der Technik als auch bei vielen Vorgängen in der Biologie und der Chemie eine große Rolle.

Enzyme sind z. B. ebenfalls Katalysatoren (Biokatalysatoren), sie beschleunigen oder hemmen chemische Reaktionen des Stoffwechsels.

Aus Umwelt und Technik: **Ein Forschungsprojekt in Süddeutschland**

Energie gewinnen durch Verbrennung von Wasserstoff! Das wäre *eine* Lösung, den steigenden Energiebedarf auf der Erde zu decken. Die hauptsächlichen Energielieferanten Kohle, Erdöl oder Erdgas werden nämlich knapp.

Außerdem wäre diese Art der Energiegewinnung sehr umweltfreundlich: Es würden weder Kohlenstoffdioxid noch andere schädliche Abgase in die Atmosphäre gelangen, denn das Verbrennungsprodukt von Wasserstoff ist bekanntlich Wasser!

Leider läßt sich diese Idee nicht so einfach realisieren, weil Wasserstoff in der Natur nicht als Element, sondern nur in Verbindungen vorkommt. Man müßte also erst einmal Wasserstoff durch Reduktion von Wasser herstellen. Doch dazu benötigt man viel Energie – genausoviel wie bei der Verbrennung von Wasserstoff frei wird.

Wir können den Wasserstoff also nicht als Energie*quelle* nutzen, wohl aber als Energie*speicher* oder Energie*träger*: Dazu wird er dann, wenn Energie zur Verfügung steht, durch Zerlegung von Wasser gewonnen. Anschließend lagert er so lange, bis irgendwo Energie benötigt wird (z. B. für die Gewinnung elektrischer Energie in Kraftwerken oder für Heizzwecke). Dann transportiert man ihn dorthin und verbrennt ihn an Ort und Stelle. Dabei wird Energie frei und kann genutzt werden.

Ein erfolgversprechendes Beispiel für die Bemühungen, auf umweltfreundliche Weise Wasserstoff zu gewinnen, gibt es bereits: das **Solar-Wasserstoff-Projekt**. In Neunburg vorm Wald (in Bayern) wird nämlich mit Hilfe der Sonne (lat. *sol*) Wasserstoff gewonnen (Bild 2):

Hier nehmen die erforderlichen Solarzellen allein eine Fläche von 5000 m^2 ein. Sie wandeln Strahlungsenergie der Sonne in elektrische Energie um. Diese Energie wird wiederum eingesetzt, um Wasser in Wasserstoff und Sauerstoff zu zerlegen.

Die gewonnenen Gase werden gespeichert: der Wasserstoff in einem riesigen 500-m^3-Tank. Damit steht er als Energieträger oder -speicher zur Verfügung.

Noch geht es darum, die technischen Kosten dieser Solar-Wasserstoff-Gewinnung entscheidend zu senken. Wenn das gelänge, ließe sich das Projekt zu einem idealen Energieversorgungssystem ausbauen. Aus dem reichlich vorhandenen *energiearmen* Wasser und der kostenlosen *Sonnenstrahlung* erhielte man mit Hilfe dieses Verfahrens den *energiereichen* Wasserstoff.

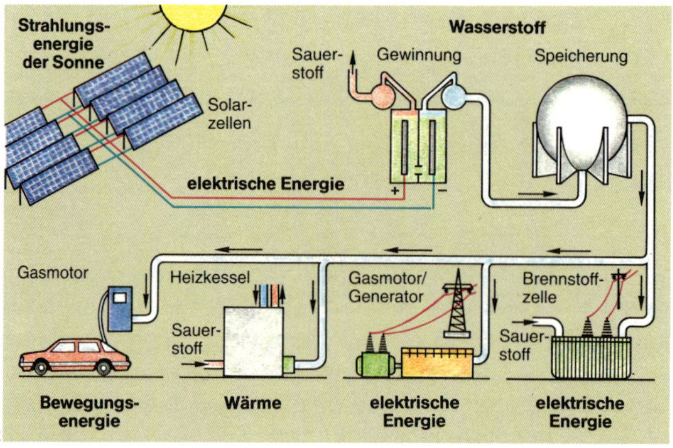

2

Zur Zersetzung des Wassers durch Sonnenstrahlung braucht man große Flächen (für die Solarzellen) und „viel Sonne". Beides ist bei uns knapp. Deshalb plant man, Wasser da zu zersetzen, wo die Bedingungen günstiger sind – z. B. in der Sahara oder in Kanada. Es wird noch eine Weile dauern, bis Wasserstoff als Energieträger rentabel genutzt werden kann.

7453

Aus Umwelt und Technik: **Wasserstoff als Treibstoff**

3

Treibstoffe, die man aus Erdöl herstellt, sollen in Zukunft ersetzt werden. Deshalb werden in der Industrie Versuche z. B. mit Wasserstoff durchgeführt. Die herkömmlichen **Automotoren** können nämlich ohne große Änderungen auch mit einem Wasserstoff-Luft-Gemisch fahren.

So bemüht sich z. B. ein Münchener Autohersteller darum, die technischen Probleme in den Griff zu bekommen: das *Tanken* von Flüssigwasserstoff und die *Sicherheit* bei Verkehrsunfällen; aufwendig ist auch die *Wärmeisolierung* des Tanks (Bild 3), denn Wasserstoff ist bei Normaldruck erst bei −253 °C flüssig!

Wasserstoff läßt sich auch in einem *Magnesiumhydrid*-Speicher unterbringen. Magnesium bindet unter Druck den Wasserstoff. So ein Speicher ist aber (bei vergleichbarer „Leistung") viermal so schwer wie ein Benzintank.

In beiden Fällen muß man immer wieder Wasserstoff „nachtanken". Er könnte durch Zerlegen von Wasser hergestellt werden, doch dazu braucht man viel Energie …

Trotz aller technischen Probleme scheint der Wasserstoff als Autotreibstoff der Zukunft gute Aussichten zu haben – schließlich hinterläßt er ja keine schädlichen Rückstände, wenn er verbrennt.

Als Treibstoff für **Raketen** ist Wasserstoff schon seit langer Zeit gebräuchlich, z. B. für den *Space Shuttle*:

Vor dem Start wird jede Rakete mit flüssigem Wasserstoff sowie flüssigem Sauerstoff betankt (Bild 4).

Bei normaler Temperatur sind beide Stoffe gasförmig. Wasserstoff wird ja bei −253 °C flüssig, Sauerstoff bei −183 °C. Unter Druck verflüssigen sich die Gase bei höheren Temperaturen.

Beim Start werden beide Stoffe in die Brennkammer gespritzt. Dabei werden sie gasförmig und vermischen sich. Das Gemisch wird gezündet. Die Verbrennungsgase haben Temperaturen von etwa 3000 °C. Sie strömen mit Geschwindigkeiten von bis zu 12 000 km/h aus der Düse aus und erzeugen so den Rückstoß.

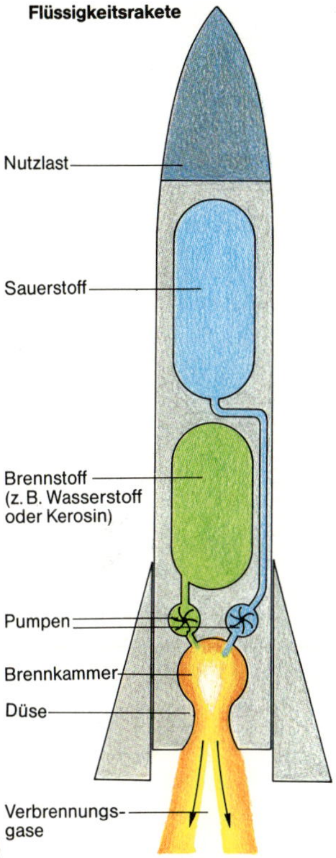

4

Vor wenigen Jahren begann auch in der **Luftfahrt** das „Wasserstoffzeitalter":

Eine russische *Tupolew* bestand einen Testflug, auf dem sie ihren Schub von einem gezündeten Wasserstoff-Sauerstoff-Gemisch erhielt.

Dadurch deuten sich Möglichkeiten für einen größeren Umweltschutz in der Luft an, denn das Gemisch verbrannte nach der Zündung zu harmlosem Wasserdampf!

Aus Umwelt und Technik: **Eine „starke" Flamme**

Bei den Anwendungsbeispielen für Sauerstoff hast du den *Schneidbrenner* kennengelernt: Innerhalb dieses Brenners wird einem *Brenngas* Sauerstoff beigemischt. Dieses Brenngas kann auch **Wasserstoff** sein.

Du weißt bereits, daß beim Zünden von *Knallgas* eine heftige Explosion erfolgt, weil sich die Verbrennung im gesamten Gemisch schlagartig ausbreitet. Damit wird auch die Energie schlagartig frei.

Wenn der Sauerstoff jedoch erst im Moment der Verbrennung zugeführt wird, erfolgt keine Explosion. Der Wasserstoff verbrennt dann ruhig und erzeugt sehr hohe Temperaturen (etwa 3000 °C). Das nutzt man in der Technik z. B. beim Blasen und Formen von Quarzglas (Bild 5).

5

Fragen und Aufgaben zum Text

1 Wenn Wasserstoff verbrennt, wird viel Energie frei. Wo liegen die Ursachen dafür, daß man Wasserstoff nicht ohne weiteres als *den* Energieträger der Zukunft nutzen kann?

2 Warum ist heute ein Auto mit Wasserstoff-Antrieb noch nicht serienreif?

3 Welchen Vorteil hätte es, wenn Benzin durch Wasserstoff ersetzt würde?

4 Welche Rolle spielt das Wasser beim Solar-Wasserstoff-Projekt? Beschreibe!

5 Bei der Wasserstoffgewinnung in der Sahara oder in Kanada gibt es jeweils große Vorteile, aber auch Nachteile. Versuche, einige herauszufinden (→ Atlas).

Aus der Geschichte: **Die Katastrophe von Lakehurst**

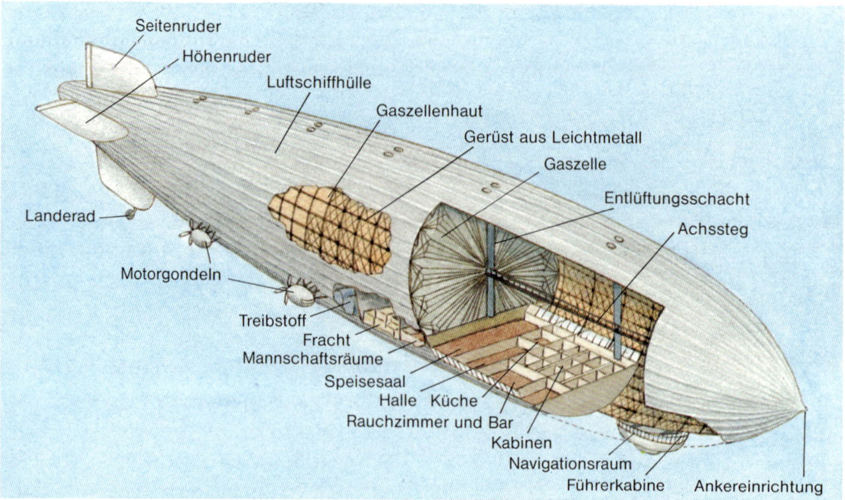

1

Früher wurden die Luftschiffe mit **Wasserstoff** gefüllt, weil dieses Gas viel leichter ist als Luft. Heute verwendet man dazu das nicht brennbare Gas Helium, das ebenfalls leichter ist als Luft.

Die „Hindenburg" war das 129. Luftschiff, das die Firma *Zeppelin* baute. In ihrer Hülle befanden sich 200 000 Kubikmeter Wasserstoff. Vier Motoren an den Seitenwänden trieben das Luftschiff an, so daß es eine Geschwindigkeit von 125 km in der Stunde erreichen konnte. Für die Strecke Frankfurt-New York brauchte es etwa 60 Stunden. Die „Riesenzigarre" war mit ihren 245 Metern mehr als zweimal so lang wie ein Fußballfeld!

Die Passagiere reisten darin so bequem wie auf einem Luxusdampfer. An Bord gab es Schlafkabinen, Salons, einen Speisesaal, eine Bar, ein Schreib- und Lesezimmer, Wandelgänge usw. (Bild 1).

Am 6. Mai 1937 ereignete sich ein folgenschweres Unglück: Die „Hindenburg" verbrannte.

Das Luftschiff war am 3. Mai von Frankfurt aus zu einem Flug über den Atlantik gestartet. Am 6. Mai gegen 16 Uhr sahen die Passagiere bereits die Wolkenkratzer von New York. Wenig später kam der Landeplatz *Lakehurst* in Sicht. Zu der Zeit lag ein Gewitter über der Stadt. Deshalb kreuzte das Luftschiff zwei Stunden vor der Küste, bevor es zur Landung ansetzte. Was dann geschah, schilderte ein Reporter in einer Live-Übertragung für den Rundfunk:

„Der Zeppelin gleitet auf den Landemast zu. Die ersten Taue fallen zu Boden. Man kann von hier aus direkt in die Gondeln sehen. Die Passagiere stehen an den Fenstern und winken. Sie hatten eine gute Fahrt über den Ozean…

Was ist das? Feuer! Das Schiff brennt! Von hinten kommen Flammen heraus, sie erfassen das ganze Schiff! Es ist schrecklich! Das ganze Schiff brennt! Man kann nicht helfen! Jetzt stürzt das Heck auf die Erde, es schlägt auf. Menschen springen heraus. Es ist eine furchtbare Katastrophe! Da kommen die ersten Ambulanzwagen. Das Schiff ist ein einziges Meer von Flammen. Es ist etwas Furchtbares passiert: Das herrliche Schiff ist nur noch ein Gerippe. Wie viele Menschen mögen darin umgekommen sein?…"

In knapp einer Minute war die Hülle des Luftschiffes abgebrannt (Bilder 2 u. 3). Wie durch ein Wunder kamen von den 96 Personen an Bord noch 61 mit dem Leben davon. Aber mit dieser Katastrophe ging die Epoche der Luftschiffahrt zu Ende.

2

3

744

Alles klar?

1 Warum muß man beim Auffangen von Wasserstoff das Glas mit der Öffnung nach unten halten?

2 Reiner Wasserstoff verbrennt langsam und ruhig, Knallgas dagegen heftig und mit einem Knall. Wie kommt das?

3 Welche Gefahren drohen, wenn man mit Wasserstoff unvorsichtig umgeht?

4 Angelika behauptet: „Wasser gehört – chemisch betrachtet – in die gleiche Gruppe wie Schwefeldioxid und Kohlenstoffmonooxid." Was meint sie damit?

5 Wie kann man Wasserstoff auffangen, ohne daß er sich mit Luft vermischt?

6 Warum werden Luftschiffe heute nicht mehr mit Wasserstoff gefüllt?

7 Wasserstoff als Treibstoff hat einen großen Vorteil: Er hinterläßt keine Rückstände, die die Umwelt belasten.

Was entsteht denn bei der Verbrennung von Wasserstoff? Entwickle die Formelgleichung.

8 Welche Bezeichnungen aus der chemischen Fachsprache könnte man für *Wasser* verwenden?

3 Zusammenfassung

Der Wasserstoff

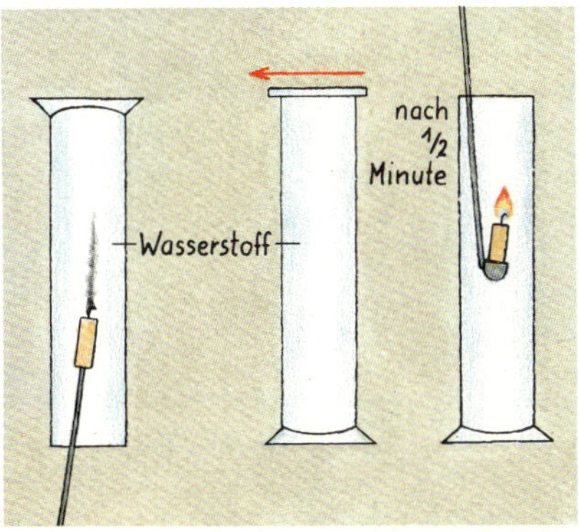

4

5

6

Wasserstoff (H_2) ist ein farb- und geruchloses Gas. Es ist das leichteste aller Elemente und somit auch leichter als das Gasgemisch Luft.

Wasserstoff ist brennbar, unterhält aber die Verbrennung nicht. Deshalb erlischt eine Kerzenflamme in Wasserstoff. (Beim Sauerstoff ist es umgekehrt: Er ist selbst nicht brennbar, unterhält aber die Verbrennung.)

Zusammen mit Sauerstoff oder Luft bildet Wasserstoff ein explosives Gemisch, das **Knallgas**. (Daher Vorsicht beim Umgang mit Wasserstoff!)

Die Knallgasreaktion
ist der Nachweis für Wasserstoff.

Reiner Wasserstoff verbrennt mit einer bläulichen, schwach leuchtenden und sehr heißen Flamme zu Wasser:

Wasserstoff + Sauerstoff
→ Wasser (Wasserstoffoxid)

$2\,H_2 + O_2 \rightarrow 2\,H_2O$ | exotherm

Die Verbrennung von Wasserstoff liefert sehr viel Energie und hinterläßt keinerlei Schadstoffe. Sie ist die umweltfreundlichste Verbrennung.

Da sich bei der Reaktion von Wasserstoff und Sauerstoff zu Wasser zwei Elemente zu einem neuen Stoff verbinden, handelt es sich bei dieser Reaktion um eine *Synthese*.

Entsprechend ist die Zerlegung des Wassers in seine zwei Elemente eine *Analyse*.

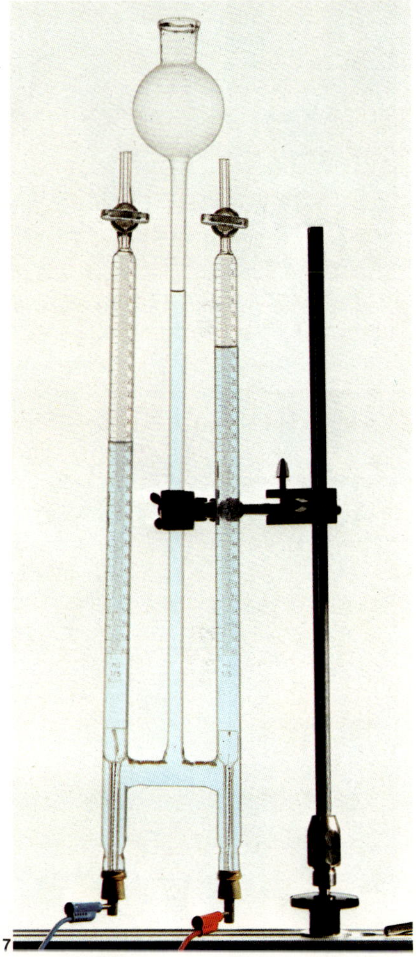
7

Durch **Elektrolyse** kann man die Verbindung *Wasser* wieder in ihre Elemente *Wasserstoff* und *Sauerstoff* zerlegen.

Elemente bilden Elementgruppen

1 Die Alkalimetalle

a Flammenfärbung
b Ansicht des Metalls
c Reaktion mit Wasser
d elektrische Leitfähigkeit
e Reaktion mit Wasser und Phenolphthaleinlösung

1

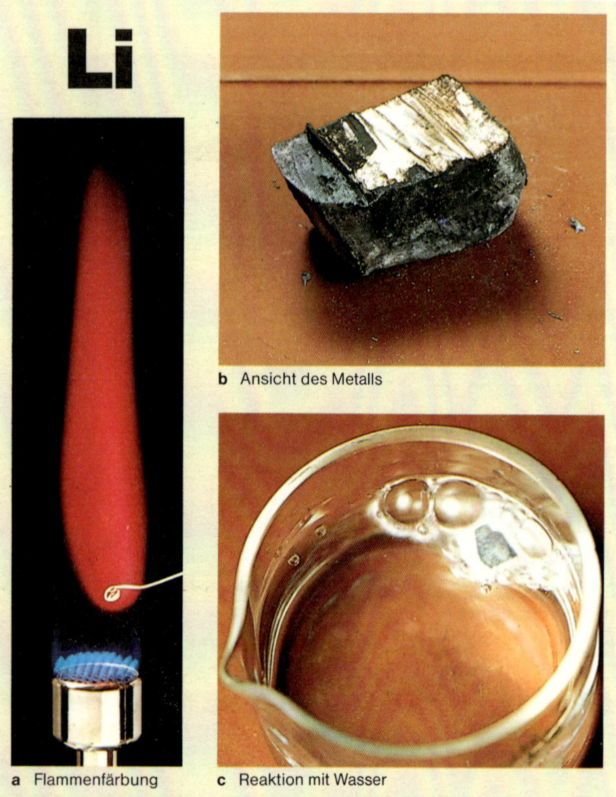

a Flammenfärbung
b Ansicht des Metalls
c Reaktion mit Wasser

2

a Flammenfärbung
b Ansicht des Metalls
c Reaktion mit Wasser

3

1977

Die Gruppe der Alkalimetalle

Die Elemente **Lithium, Natrium** und **Kalium** haben ähnliche Eigenschaften. Deshalb faßt man sie zu einer **Elementgruppe** zusammen, den **Alkalimetallen** (arab. *al-qali:* salzhaltige Asche aus Pflanzen).

Die Alkalimetalle sind silberhell glänzende Metalle, die im Vergleich zu anderen Metallen sehr weich sind. Sie lassen sich in ihren Verbindungen durch Flammenfärbung nachweisen.

Alle drei Metalle reagieren mit Wasser – jedoch unterschiedlich heftig. Wegen dieser Eigenschaft müssen die Alkalimetalle unter wasserfreien Flüssigkeiten (z. B. Petroleum) aufbewahrt werden.

Es gibt noch weitere Elemente, die zur Gruppe der Alkalimetalle gehören, z.B. das **Rubidium** (Bild 4) und das **Cäsium** (Bild 6). Die Flammenfärbungen dieser Metalle zeigen die Bilder 5 u. 7.

Beide Metalle reagieren noch wesentlich heftiger mit Wasser und Luft als Kalium. Ihre Eigenschaften kannst du der Tabelle unten entnehmen.

Weil die Alkalimetalle leicht mit Wasser und Sauerstoff reagieren, kommen sie in der Natur nicht als Elemente vor. Man findet nur ihre Verbindungen, zum Beispiel in Mineralien oder als im Meerwasser gelöste Salze.

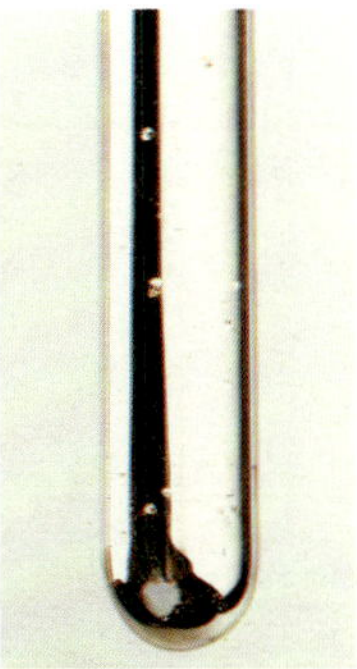
4 Rubidium in Glasampulle

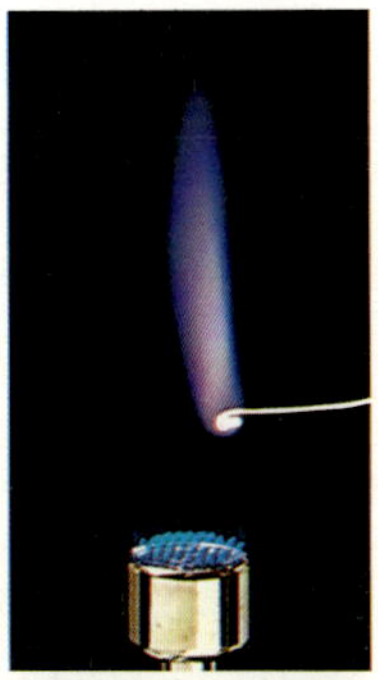
5 Flammenfärbung durch Rubidiumsalz

6 Cäsium in Glasampulle

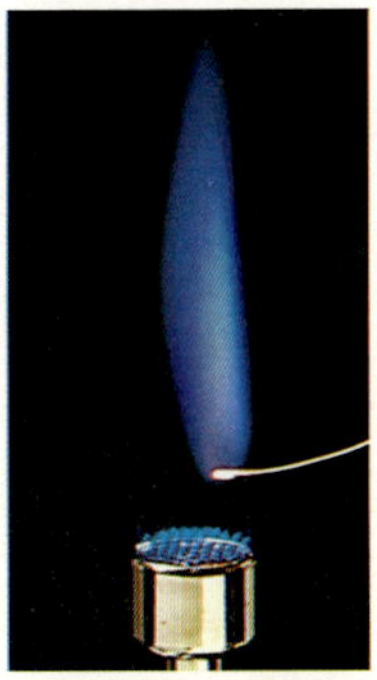
7 Flammenfärbung durch Cäsiumsalz

Einige Eigenschaften der Alkalimetalle

	Lithium Li	Natrium Na	Kalium K	Rubidium Rb	Cäsium Cs
Atommasse	6,9 u	23,0 u	39,1 u	85,5 u	132,9 u
Dichte	0,53 g/cm³	0,97 g/cm³	0,86 g/cm³	1,52 g/cm³	1,87 g/cm³
Schmelztemperatur	179 °C	97,8 °C	63,5 °C	39 °C	28,5 °C
Härte	abnehmend				
Reaktion mit Sauerstoff	zunehmend heftiger				
Reaktion mit Wasser	zunehmend heftiger				
Flammenfärbung	karminrot	gelb	violett	rotviolett	blau

Aufgaben

1 Welche Information kannst du der Bezeichnung *Alkalimetall* entnehmen?

2 Lithium, Natrium und Kalium werden unter Petroleum oder Paraffinöl aufbewahrt.
Welche Anforderungen müssen deshalb diese beiden Flüssigkeiten erfüllen?

3 Die Alkalimetalle Rubidium und Cäsium werden in luftleer gepumpten und zugeschmolzenen Glasröhren aufbewahrt.
Was wird geschehen, wenn eine solche Glasröhre durch eine Unachtsamkeit zerbricht?

4 Die Alkalimetalle sind weich. Das heißt: Sie lassen sich leicht verformen und schneiden.
Beschreibe die frische Schnittfläche eines Alkalimetalls.

5 Wie kann man die Alkalimetalle in ihren Verbindungen nachweisen?

6 Bild 8 zeigt einen *Lehrerversuch*, bei dem erhitztes Natrium mit Kohlenstoffdioxid reagiert.
Stelle zu dieser Reaktion die Reaktionsgleichung auf, und werte sie aus. Welcher Reaktionstyp liegt vor?

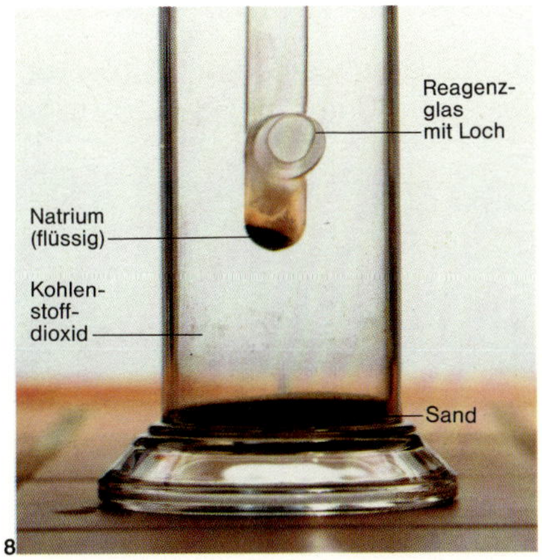

8

7 Alkalimetalle darf man nicht mit bloßen Händen berühren. Beim Experimentieren ist das Tragen einer Schutzbrille vorgeschrieben.
Nenne eine Begründung für diese Schutzmaßnahmen.

8 Beschreibe und vergleiche, wie sich Lithium, Natrium und Kalium gegenüber Wasser verhalten.

9 Warum ist in der Natur nicht eines der Alkalimetalle in *elementarer Form* zu finden?

10 Ändern sich innerhalb der Gruppe der Alkalimetalle Schmelztemperatur und Dichte gleichmäßig?

11 Die Alkalimetalle reagieren mit Chlor (Cl). Es entstehen *Chloride*.
Benenne die entstehenden Stoffe. Stelle die jeweiligen Reaktionsgleichungen auf.

2 Die Halogene

1

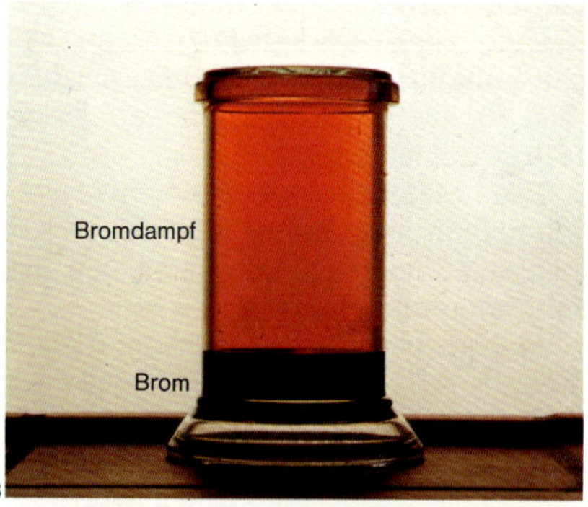

3

5

2

4

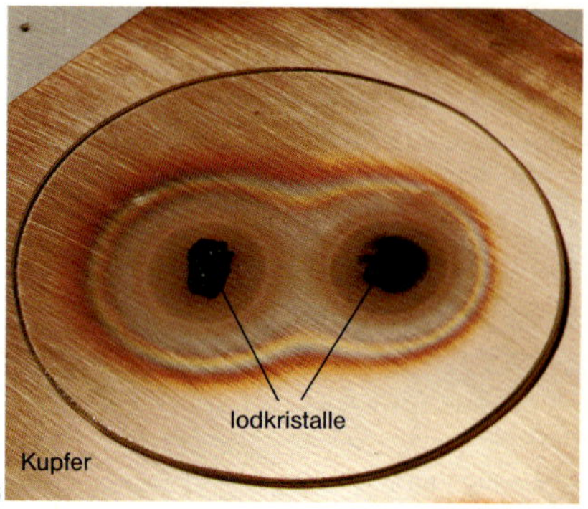

6

Hier siehst du Ergebnisse von Lehrerversuchen mit Halogenen.

Aufgaben

1 Bild 1 zeigt eine wichtige Eigenschaft des Chlors, die es mit den Nichtmetallen Brom und Iod gemeinsam hat.

Welche Eigenschaft des Chlors ist damit gemeint?

2 Die Reaktion, die in Bild 2 gezeigt wird, würde mit Bromdampf ganz ähnlich verlaufen.

Stelle für *beide* Reaktionen – für die Reaktion von Kupfer mit Chlor und für die Reaktion von Kupfer mit Brom – die Reaktionsgleichungen auf. (Sieh dir dazu vorher das Info auf der rechten Seite an.)

3 In dem in Bild 3 dargestellten Versuch wurde das Brom in dem Standzylinder nicht erwärmt. Trotzdem veränderte es sich. Beschreibe deine Beobachtung.

Versuche, anhand der im Info stehenden Tabelle eine Erklärung dafür zu finden.

4 In Bild 4 siehst du, wie Brom und Zink miteinander reagieren. Welcher Stoff entsteht bei dieser Reaktion? Stelle die Reaktionsgleichung auf.

Ähnlich wie das Zink kann auch Aluminium mit Brom reagieren. Stelle dazu die Reaktionsgleichung auf.

5 In Bild 5 wird Iod langsam erhitzt. Beschreibe! Vergleiche mit dem Verhalten von Brom in Bild 3.

6 Auch Iod reagiert mit Kupfer (unter einem Uhrglas; Bild 6). Es bildet sich Kupferiodid. Vergleiche mit der Reaktion von Kupfer in Chlor.

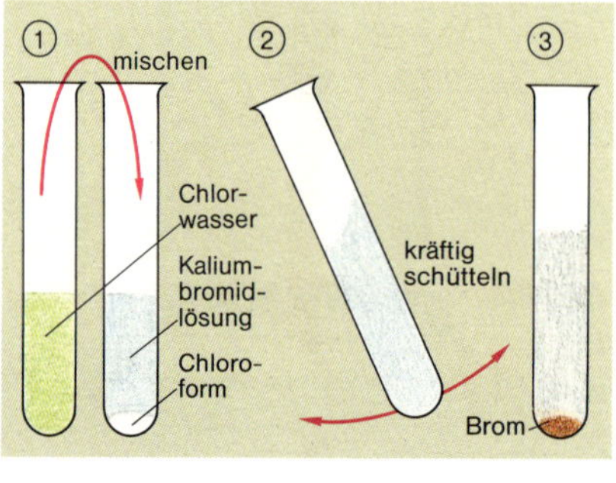

7

7 Welcher Stoff entsteht, wenn Magnesium mit Iod reagiert?

8 Versuche mit Chlor oder Brom müssen unter dem Abzug durchgeführt werden. Versuche mit Fluor (→ Info) sind in der Schule sogar verboten. Begründe diese Maßnahmen.

9 In einem Versuch nach Bild 7 reagiert Chlor [T], das in Wasser gelöst wurde, mit einer kleinen Menge einer Kaliumbromidlösung. Dabei entsteht Brom.

Zum Vergleich reagiert in Wasser gelöstes Brom [C,T+] mit einer Kaliumchloridlösung.

Welche Unterschiede kannst du zwischen den beiden Reaktionen feststellen?

Entwickle die jeweilige Reaktionsgleichung.

7249

Die Gruppe der Halogene

Fluor, **Chlor**, **Brom** und **Iod** sind Nichtmetalle mit ähnlichen Eigenschaften. Im gasförmigen Zustand sind sie z. B. gefährliche *Atemgifte*. Deshalb ist beim Umgang mit ihnen *größte Vorsicht* geboten. Versuche mit *Fluor* sind in der Schule sogar verboten.

Chlor, Brom und Iod reagieren mit Metallen. Die dabei entstehenden Verbindungen haben zum Teil ganz ähnliche Eigenschaften wie das Kochsalz (Natriumchlorid). Deshalb nennt man sie allgemein **Salze**.

Von der Eigenschaft dieser Elemente, mit Metallen Salze zu bilden, wurde auch ihr Gruppenname abgeleitet: **Halogene** (*Salzbildner;* griech. *hals:* Salz; *gennan:* bilden). Die Salze der Halogene bezeichnet man insgesamt als *Halogenide*.

Die Halogene bilden stets zweiatomige Moleküle. In ihren Verbindungen mit Metallen sind sie *einwertig*.

$Cu + Cl_2 \rightarrow CuCl_2$ | exotherm

$Cu + I_2 \rightarrow CuI_2$ | exotherm

Die Halogene reagieren auch mit Wasserstoff. Dabei entstehen die gasförmigen *Halogenwasserstoffe.* Das sind stechend riechende Gase, die an feuchter Luft Nebel bilden.

$Cl_2 + H_2 \rightarrow 2\,HCl$ | exotherm

$I_2 + H_2 \rightarrow 2\,HI$ | exotherm

Auch die Reaktionen zwischen Halogenen und Wasserstoff verlaufen exotherm. Für Iod gilt das allerdings nur in Gegenwart eines Katalysators.

Einige vergleichbare Eigenschaften der Halogene sind in der folgenden Tabelle aufgeführt. Sie zeigt, welche Eigenschaften die Halogene gemeinsam haben und worin sie sich deutlich unterscheiden. Diese Eigenschaften erscheinen von einem Element zum nächsten „abgestuft".

Wie man der Tabelle auch entnehmen kann, sind alle Halogene **giftig**. Diese Giftwirkung wird bei einigen genutzt. (Denke nur an das Chlor.)

Verbindungen der Halogene sind zum Teil lebensnotwendig. So muß das Blut einen bestimmten Gehalt an Natriumchlorid haben.

*Iod*verbindungen müssen mit der Nahrung aufgenommen werden, damit die Schilddrüse richtig funktioniert.

In Zahnpflegemitteln sind häufig *Fluor*verbindungen enthalten. Sie verhindern die Bildung von Zahnfäule (Karies).

Einige Eigenschaften der Halogene

	Fluor F	Chlor Cl	Brom Br	Iod I
Atommasse	19,0 u	35,45 u	79,9 u	126,9 u
Aggregatzustand bei 0 °C	gasförmig	gasförmig	flüssig	fest
Farbe im Gaszustand	schwach grün	gelbgrün	rotbraun	violett
Dichte bei 20 °C	1,58 g/l	2,95 g/l	3,14 g/cm³	4,94 g/cm³
Siedetemperatur	−188,5 °C	−34,1 °C	+58,8 °C	+185,2 °C
Reaktion mit Metallen	Heftigkeit nimmt ab.			
Reaktion mit Wasserstoff	Heftigkeit nimmt ab.			
Giftwirkung	sehr giftig	sehr giftig	giftig	mindergiftig

Aus Umwelt und Technik: **Halogenlampen – „selbstheilende" Lichtquellen**

Haben *Halogenlampen* tatsächlich etwas mit *Halogenen* zu tun? Du vermutest richtig: Sie haben! Man füllt geringe Mengen Halogene (zumeist Iod oder Brom) in die Kolben der Lampen – und erzielt eine enorme Wirkung.

Jeder kennt das leidige Problem: Nach einer gewissen Zeit fangen herkömmliche Glühlampen an zu flackern. Sie werden an der Kolbeninnenwand schwarz und brennen schließlich durch. Das ist so zu erklären:

Die Drahtwendel, die in der Regel aus Wolfram besteht, ist an ihrer dünnsten Stelle geschmolzen. An dieser Stelle sind nämlich der elektrische Widerstand und damit die Temperatur am größten.

Diesem Problem ist man durch den Einsatz von Halogenen zu Leibe gerückt. Zwar füllt man auch hier, wie bei den gewöhnlichen Glühlampen, ein Edelgas (Krypton oder Neon) in die Kolben. Außerdem fügt man nun jedoch elementare Halogene hinzu. Die Halogene sorgen dafür, daß im Lampenkolben folgender *Kreisprozeß* abläuft:

Durch die große Hitze verdampft das Wolfram aus der Drahtwendel. Die Wolframteilchen lagern sich nun aber nicht an der kälteren Kolbeninnenwand ab, sondern reagieren mit den Halogenen zu Wolframhalogeniden.

7

Aufgrund der hohen Temperaturen innerhalb der Lampe sind diese Halogenide gasförmig. Durch die Eigenbewegung der Gasteilchen gelangen die Wolframhalogenide wieder zur Drahtwendel. Dort zersetzen sie sich, und zwar bevorzugt an den heißesten und damit dünnsten Stellen der Drahtwendel.

Dabei werden das Halogen und das Metall wieder frei. Das entstehende Wolfram lagert sich an den dünnsten Stellen der Drahtwendel ab. Dadurch werden diese erneuert. Sie „heilen" sich sozusagen selbst.

Dieser Kreisprozeß wiederholt sich laufend. Das bedeutet, daß die Haltbarkeit einer solchen Halogenlampe weitaus größer ist als die herkömmlicher Glühlampen.

Allerdings sind Halogenlampen in der Herstellung teurer; deshalb kosten sie mehr. Demgegenüber stehen aber die folgenden Vorteile: eine deutlich bessere Lichtausbeute (Bild 7), die Einsparung von Energie sowie die viel längere Haltbarkeit. Deshalb sind Halogenlampen auf längere Sicht eben doch preisgünstiger.

3 Die Ordnung der Elemente

Wir suchen nach einer Möglichkeit, die Elemente zu ordnen

Wir haben bereits einige Elemente mit recht ähnlichen Eigenschaften zu zwei **Elementgruppen** zusammengefaßt – die *Alkalimetalle* und die *Halogene.*

Eine weitere Elementgruppe bilden die *Erdalkalimetalle.* Zu dieser Gruppe von Elementen mit ähnlichen Eigenschaften gehören die Elemente Beryllium, Magnesium, Calcium, Strontium und Barium.

Auch die *Edelgase* bilden eine solche Elementgruppe. Zu ihr gehören die Gase Helium, Neon, Argon, Krypton, Xenon und Radon.

Die Edelgase heißen so, weil sie besonders reaktionsträge sind; sie bilden normalerweise keine Verbindungen. Einige Verwendungsmöglichkeiten von Edelgasen zeigen die Bilder 1–4.

Es gibt aber noch eine Vielzahl weiterer Elemente. Gibt es eine Möglichkeit, auch diese zu ordnen?

Bereits Mitte des vorigen Jahrhunderts gab es zahlreiche Versuche, dieses Problem zu lösen. So versuchte man z. B., sie nach *steigender Atommasse* zu ordnen. Hier folgen die ersten 20 Symbole der uns heute bekannten Elemente – jeweils mit der Angabe ihrer Atommasse:

H (1), He (4), Li (6,9), Be (9), B (10,8), C (12), N (14), O (16), F (19), Ne (20,2), Na (23), Mg (24,3), Al (27), Si (28,1), P (31), S (32,1), Cl (35,4), Ar (39,9), Ca (40,1).

Damals sah diese Reihe jedoch ganz anders aus, denn die Edelgase waren noch nicht entdeckt. Außerdem stimmten bei einigen Elementen die Atommassen noch nicht.

Auf den ersten Blick scheint es bei den Elementen dieser Reihe überhaupt keinen Zusammenhang zu geben – außer dem der steigenden Atommassen.

So steht z. B. das reaktionsfähigste aller Elemente – das Halogen Fluor – neben dem reaktionsträgen Edelgas Neon. Und dem Neon folgt dann das reaktionsfähige Element Natrium. Das zweite Halogen – das Chlor – folgt erst **acht Plätze** hinter dem ersten Halogen, dem Fluor. Das zweite Edelgas – das Neon – steht in dieser Reihe ebenfalls **acht Plätze** hinter dem ersten Edelgas, dem Helium.

Ob sich hier vielleicht doch schon eine Gemeinsamkeit entdecken läßt? Tatsächlich, das dritte Edelgas – das Argon – steht wiederum **acht Plätze** hinter dem Neon!

In dieser Reihe treffen wir das zweite Alkalimetall – das Natrium – ebenfalls **acht Plätze** hinter dem Lithium an. Dem Natrium folgt **acht Plätze** weiter das dritte Alkalimetall Kalium.

Schließlich steht auch **acht Plätze** nach dem Erdalkalimetall Beryllium ein weiteres Erdalkalimetall: das Magnesium. Und diesem folgt wiederum **acht Plätze** weiter das Calcium.

Es liegt also nahe, daß wir aus den bisher nach Atommassen geordneten Elementen **Achterreihen** bilden (→ Tabelle oben).

Ordnung nach Atommassen (in u) in Achterreihen

1	2	3	4	5	6	7	8
H (1) **Li** (6,9) **Na** (23) **K** (39,1)	**Be** (9) **Mg** (24,3) **Ca** (40,1)	**B** (10,8) **Al** (27)	**C** (12) **Si** (28,1)	**N** (14) **P** (31)	**O** (16) **S** (32,1)	**F** (19) **Cl** (35,4)	**He** (4) **Ne** (20,2) **Ar** (39,9)

Jetzt können wir die *regelmäßige Wiederkehr (Periodizität)* von Elementen mit ähnlichen Eigenschaften deutlich erkennen: Die Elemente der genannten Gruppen stehen untereinander.

Der Wasserstoff steht in dieser Darstellung über dem Lithium, da er – wie die Alkalimetalle – einwertig ist. Das Edelgas Helium hat seinen Platz über dem Neon.

Eine solche Ordnung haben der russische Chemiker *Dimitrij Mendelejew* und sein deutscher Kollege *Lothar Meyer* unabhängig voneinander gefunden.

Ihre Darstellungen wurden in den Jahren 1869 bzw. 1870 veröffentlicht.

Unsere Achterreihen haben jedoch einen „Schönheitsfehler“:

Die *Masse* des Kaliumatoms ist kleiner als die Masse des Argonatoms.

Man müßte also diese Elemente eigentlich vertauschen. Wenn man jedoch z. B. ihre *Eigenschaften* innerhalb der Gruppen vergleicht, stehen sie richtig.

Noch etwas spricht dafür, das Kalium nicht mit dem Argon zu vertauschen: die *Wertigkeit* der Elemente. Wenn wir einige der uns bekannten Elemente nach der Wertigkeit ordnen, erhalten wir die untenstehende Tabelle.

Bei dieser Anordnung wurde berücksichtigt, in welchen Wertigkeiten die Elemente in Verbindungen mit Sauerstoff oder mit Wasserstoff vorkommen.

Dabei wird deutlich, daß der *Kohlenstoff* sowohl in Verbindungen mit Sauerstoff als auch in Verbindungen mit Wasserstoff vierwertig ist. Ihm kommt in der Chemie eine besondere Bedeutung zu.

Ordnung mit Hilfe der Wertigkeiten

Wertigkeit in Verbindungen mit Sauerstoff							
1	2	3	4				0
Wertigkeit in Verbindungen mit Wasserstoff							
			4	3	2	1	0
H (1) **Li** (6,9) **Na** (23) **K** (39,1)	**Be** (9) **Mg** (24,3) **Ca** (40,1)	**Al** (27)	**C** (12)	**N** (14)	**O** (16)	**F** (19) **Cl** (35,4)	**He** (4) **Ne** (20,2) **Ar** (39,9)

1 Luftschiff, mit Helium gefüllt

2 Neon-Leuchtröhren

3 Xenon-Blitzlampe

4 Glühlampe, mit Krypton gefüllt

7250

Aus der Geschichte: **Mendelejew und Meyer bringen Ordnung in die Chemie**

Sicher hast du schon einmal ein Puzzle zusammengefügt. Dann weißt du auch, wie schwer es ist, alle seine Teile an die richtige Stelle zu legen.

Nun stell dir vor, du solltest ein Puzzle zusammenlegen, von dem einige Teile fehlen. Außerdem ist der Deckel mit dem fertigen Bild verlorengegangen, so daß du keine Ahnung hast, wie das Bild wohl aussehen könnte.

In einer ähnlichen Lage waren die Chemiker in der Mitte des 19. Jahrhunderts. Sie beschäftigten sich damit, einen Zusammenhang – vielleicht sogar eine **Ordnung** – zwischen den Elementen zu finden. Damals kannte man erst etwa 60 Elemente.

Es gelang schließlich, und zwar gleichzeitig dem russischen Chemiker *Dimitrij Mendelejew* und dem deutschen Chemiker *Lothar Meyer*. Mendelejew schrieb später:

„Als ich 1868 die Abfassung eines Lehrbuches ‚Grundlagen der Chemie' unternahm, mußte ich mich für irgendein System der einfachen Stoffe [1]*) entscheiden, um bei ihrer Anordnung mich nicht irgendeiner zufälligen, gleichsam instinktiven Eingebung, sondern eines gewissen, genau bestimmten Prinzips zu bedienen.*

Da nun bei allen Änderungen der Eigenschaften einfacher Stoffe das Atomgewicht [2]*) den ruhenden Pol darstellt, so bemühte ich mich, das System auf die Größe der Atomgewichte zu gründen. Man mußte eine Abhängigkeit zwischen den Eigenschaften der Elemente und ihren Atomgewichten suchen. Da begann ich nun, nachdem ich auf getrennten Kärtchen die Elemente mit ihren Atomgewichten und Grundeigenschaften geschrieben hatte, die ähnlichen Elemente und die nahe beieinanderliegenden Atomgewichte zu sammeln. Dies führte mich zu der Schlußfolgerung, daß die Eigenschaften der Elemente in einer periodischen Abhängigkeit von ihren Atomgewichten stehen."*

Um die beste Anordnung zu finden, war ein vielfaches Umsortieren der „Elementkärtchen" erforderlich.

Mendelejew kam schließlich zu der Anordnung der Elemente von Bild 5. Damit war das **Periodensystem der Elemente** – das **PSE** – gefunden. Mendelejew machte dazu folgende Aussagen:

- Die nach der Größe des Atomgewichts angeordneten Elemente zeigen eine deutliche, gesetzmäßige Wiederkehr bestimmter Eigenschaften (Periodizität der Eigenschaften).
- Es ist zu erwarten, daß noch viele unbekannte Grundstoffe entdeckt werden (z. B. dem Aluminium und Silicium ähnliche Elemente).
- Die bisher angenommenen Atomgewichte von Elementen können bisweilen korrigiert werden.

Versuche eines Systems der Elemente nach ihren Atomgewichten und chemischen Functionen.

Von

D. Mendeleeff,

Professor an der Universität zu St. Petersburg.

			Ti = 50	Zr = 90	? = 180
			V = 51	Nb = 94	Ta = 182
			Cr = 52	Mo = 96	W = 186
			Mn = 55	Rh = 104,4	Pt = 197,4
			Fe = 56	Ru = 104,4	Ir = 198
			Ni = Co = 59	Pl = 106,6	Os = 199
H = 1			Cu = 63,4	Ag = 108	Hg = 200
	Be = 9,4	Mg = 24	Zn = 65,2	Cd = 112	
	B = 11	Al = 27,4	? = 68	Ur = 116	Au = 197?
	C = 12	Si = 28	? = 70	Sn = 118	
	N = 14	P = 31	As = 75	Sb = 122	Bi = 210?
	O = 16	S = 32	Se = 79,4	Te = 128?	
	F = 19	Cl = 35,5	Br = 80	I = 127	
Li = 7	Na = 23	K = 39	Rb = 85,4	Cs = 133	Tl = 204
		Ca = 40	Sr = 87,6	Ba = 137	Pb = 207
		? = 45	Ce = 92		
		?Er = 56	La = 94		
		?Yt = 60	Di = 95		
		?In = 75,6	Th = 118?		

5

Das von Mendelejew aufgestellte Periodensystem wies noch Lücken auf (Bild 5) – etwa so, wie ein unfertiges Puzzle. An diesen Stellen fehlten offensichtlich noch Elemente. Diese wurden später tatsächlich entdeckt, so daß die Lücken gefüllt werden konnten.

Den größten Erfolg hatte Mendelejew, als es ihm gelang, **Voraussagen** über die Eigenschaften einiger noch unentdeckter Elemente zu machen: So war z. B. unter dem Silicium eine Lücke geblieben. Mendelejew nannte das dort fehlende Element vorläufig *Eka-Silicium* und sagte einige seiner Eigenschaften voraus.

Mendelejew glaubte nicht, daß er noch zu Lebzeiten eine Bestätigung erhalten würde. Um so größer war seine Freude, als es 1886 dem Chemiker *Clemens Winkler* gelang, dieses Element zu entdecken. Winkler nannte es *Germanium.*

Wie genau Mendelejews Voraussage war, kannst du an der folgenden Gegenüberstellung erkennen:

1870 vorausgesagt: Eka-Silicium	1886 gefunden: Germanium
Atomgewicht: ~ 72	Atomgewicht: 72,6
Dichte: ~ 5,5 g/cm^3	Dichte: 5,4 g/cm^3
schwer schmelzbar	sublimiert, ohne zu schmelzen
dunkelgraues Metall	graues bis silberweißes Metall
Element bildet ein Oxid; Formel EsO_2	Germanium bildet ein Oxid; Formel GeO_2
Das Element muß sich aus dem Oxid durch Reduktion gewinnen lassen.	Germanium wurde aus dem Oxid durch Reduktion mit Wasserstoff gewonnen.

[1]) Mendelejew meinte mit den *einfachen Stoffen* **Elemente**.
[2]) An die Stelle des Begriffes *Atomgewicht* ist heute der Begriff **relative Atommasse** getreten. Die relative Atommasse vergleicht die Masse eines Atoms mit 1/12 der Masse eines Kohlenstoffatoms.

Vom Atombau zum Periodensystem der Elemente

1 Elektrische Eigenschaften von Stoffen

1

2

Diese Vorgänge kennst du sicher noch aus dem Physikunterricht.

3

V 1 Zerreiße ein Stück Papier in kleine Schnitzel. Reibe dann einen Hartgummistab mit einem Katzenfell (oder einem Wolltuch).

Halte anschließend zunächst das Fell, dann den Stab über die Papierschnitzel. Beschreibe deine Beobachtungen.

V 2 Führe noch einmal einen Versuch durch, bei dem du die elektrische Leitfähigkeit mehrerer Metalle vergleichen kannst.

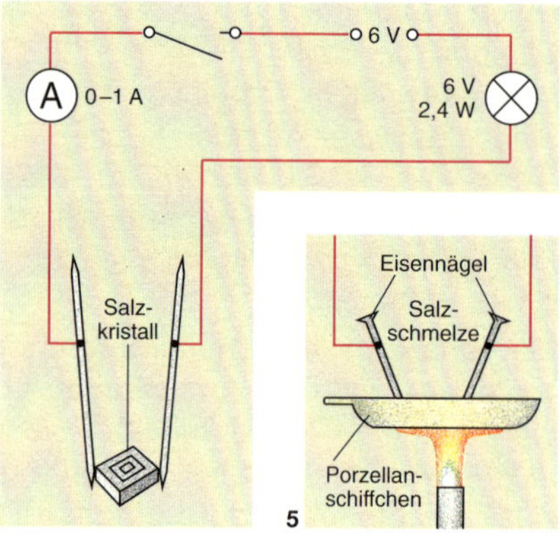

4
5

V 3 Es wird geprüft, ob ein Salzkristall (z. B. ein größerer Kristall von Natriumchlorid) elektrischen Strom leitet (Bild 4). Die Elektroden dürfen sich dabei nicht berühren!

V 4 *(Lehrerversuch)* Nun wird eine Bleichloridschmelze untersucht.

Dazu wird Bleichlorid [Xn] fein zermahlen und dann in einem Porzellanschiffchen erhitzt. Als Elektroden dienen Eisennägel oder Kohlestäbe (Bild 5). Beschreibe!

Worauf die elektrischen Eigenschaften von Stoffen beruhen

Die Versuche 1 bis 4 sollen dich an wichtige Sachverhalte aus dem Physikunterricht erinnern:

1. Es gibt Stoffe, die den **elektrischen Strom leiten** *(Leiter)*, wie z. B. Metalle und Salzschmelzen.
2. Es gibt außerdem Stoffe, die den **elektrischen Strom nicht leiten** *(Nichtleiter)*, wie z. B. Salzkristalle.
3. Durch enge Berührung, z. B. durch Reibung, kann man Stoffe **elektrisch aufladen**.
4. Es gibt **positive** und **negative Ladungen**. Treffen Körper mit gleichnamiger Ladung aufeinander, stoßen sie sich gegenseitig ab. Körper mit ungleichnamiger Ladung ziehen einander an.
5. Ladung kann transportiert werden. Geschieht das z. B. bei Metallen, sprechen wir von *elektrischem Strom.*

Diese elektrischen Eigenschaften der Stoffe lassen sich mit dem Atommodell, das wir bisher verwendet haben, nicht mehr erklären. Wir müssen unser Kugelmodell also verfeinern.

In diesem verfeinerten Atommodell hat das Atom zwei Bereiche: den *Atomkern* und die *Atomhülle.*

Der **Atomkern** enthält elektrisch *positiv* geladene Teilchen, die **Protonen**. Die Ladung aller Protonen eines Atomkerns ist gleich groß. Die Protonen können den Atomkern *nicht verlassen.*

Die **Atomhülle** setzt sich ausschließlich aus elektrisch *negativ* geladenen Teilchen zusammen, den **Elektronen**. Alle Elektronen haben gleich große negative Ladungen. Sie sind innerhalb der Atomhülle *beweglich.*

Einzelne Elektronen können von den Atomhüllen aufgenommen oder abgegeben werden.

Die Ladung eines Protons und die Ladung eines Elektrons haben den gleichen Betrag. Jedes Atom weist genauso viele positive wie negative Ladungsträger auf. Deshalb sind Atome als Ganzes elektrisch *neutral.*

Ein Atom wird dann positiv geladen, wenn es negative Ladungen (Elektronen) verliert (Elektronenmangel). Es wird negativ geladen, wenn es Elektronen aufnimmt (Elektronenüberschuß).

Fragen und Aufgaben zum Text

1 Wie erklärst du die Erscheinungen, die in den Bildern 1–3 dargestellt sind?

2 Führe mit einem Elektroskop Versuche zu folgenden Sachverhalten durch:
- Elektrische Ladung kann transportiert werden.
- Körper können aufgeladen und wieder entladen werden.
- Körper mit gleichnamiger Ladung stoßen einander ab; mit ungleichnamiger Ladung ziehen sie sich an.

3 Welche Ladungsträger müssen transportiert werden, damit geladene Körper entstehen?

4 Wann ist ein Körper positiv geladen und wann negativ? Verwende bei deiner Erklärung die Begriffe *Elektronenmangel* und *-überschuß.*

6081

2 Die Entwicklung der Modellvorstellungen zum Atombau

Aus der Geschichte: **Vom Kugelmodell zum Kern-Hülle-Modell**

Bisher haben wir uns die Atome als kleine, kompakte Kugeln vorgestellt.

Diesem sog. **Kugelmodell** liegen Vorstellungen zugrunde, die der englische Chemiker *John Dalton* in den ersten Jahren des 19. Jahrhunderts entwickelte.

Die wichtigsten Aussagen von Daltons Atommodell kannst du im Kapitel „Atommasse und Stoffmenge" noch einmal nachlesen.

Mit Hilfe des Kugelmodells konnten zahlreiche chemische Sachverhalte ausreichend erklärt werden.

Das änderte sich, als im Jahr 1896 *Henri Becquerel* die Radioaktivität entdeckte. Es zeigte sich nun, daß die Atome gar nicht so beständig sind, wie man bis dahin angenommen hatte. Bestimmte Atome können sich nämlich verändern, indem sie Strahlung aussenden. So wurde das damalige Wissen über den Aufbau der Atome in Frage gestellt.

Einer, der Genaueres wissen wollte, war der englische Physiker *Ernest Rutherford* (1871–1937). Er entwickelte das in Bild 6 dargestellte Experiment, das später unter dem Namen **Streuversuch** berühmt wurde. Beim Experimentieren versuchte er, bestimmte Atome mit noch kleineren Teilchen als diese zu „beschießen".

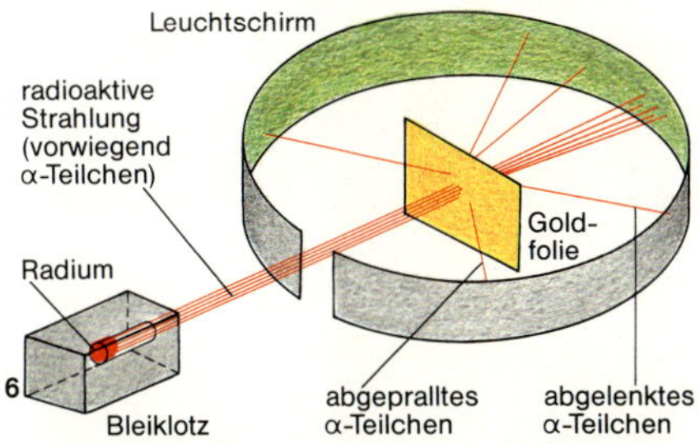

6

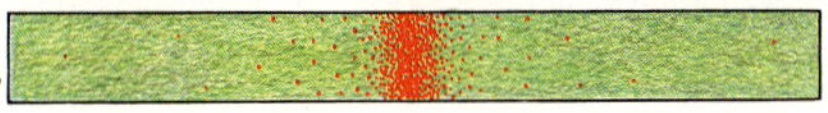
7

Rutherford verwendete bei seinem Experiment eine hauchdünne Goldfolie. Sie war so dünn, daß in ihr nur etwa 2000 „Atomschichten" in Form der dichtesten Kugelpackung hintereinander lagen.

Diese Folie wurde mit radioaktiver Strahlung – vorwiegend mit α-Teilchen – beschossen. (Unter Alpha-Strahlung versteht man Heliumatomkerne, die mit einer Geschwindigkeit von bis zu 20 000 km/h fliegen. Sie entstehen beim radioaktiven Zerfall bestimmter Atome. Davon wirst du später mehr erfahren.)

Auf dem kreisförmig gebogenen Leuchtschirm (Bild 7) konnte Rutherford mit dem Mikroskop kleine Lichtblitze beobachten, wenn eines der α-Teilchen dort „einschlug".

Nun stellte Rutherford folgende Überlegung an: Wenn die beschossenen Atome *kompakte* Masseteilchen wären, müßte *jedes* α-Teilchen auf Goldatome treffen und abgelenkt werden; dann dürften nur wenige α-Teilchen das Metall durchdringen.

Überrascht stellte er jedoch etwas anderes fest: Die α-Teilchen trafen etwa so auf den Leuchtschirm auf, wie Bild 7 es zeigt. Das heißt, die meisten gingen fast ungehindert durch die Folie hindurch; viele wurden nur geringfügig aus ihrer Bahn abgelenkt, einzelne dagegen stärker. Nur wenige α-Teilchen (von 8000 nur eines) prallten ab und kamen auf derselben Seite der Folie wieder heraus.

Dieser Streuversuch bildete die Grundlage für das neue **Kern-Hülle-Modell**.

Die Aussagen des Rutherfordschen Streuversuchs

Rutherford schloß aus dem Ergebnis des Streuversuchs, daß die abgelenkten oder reflektierten Alpha-Teilchen (α-Teilchen) auf massive Zentren mit einer positiven Ladung gestoßen sind.

Zu seiner Zeit war bereits bekannt, daß die Atome der Elemente negativ geladene *Elektronen* – in der Regel mehr als eines – besitzen.

Auf seine Beobachtungen hin nahm Rutherford nun an, daß die Elektronen eines Elements das positiv geladene Zentrum des Atoms *in einem größeren Abstand* umgeben (Bild 8). In diesem Bereich, in dem sich nur Elektronen aufhalten, könnten die α-Teilchen ungehindert hindurch.

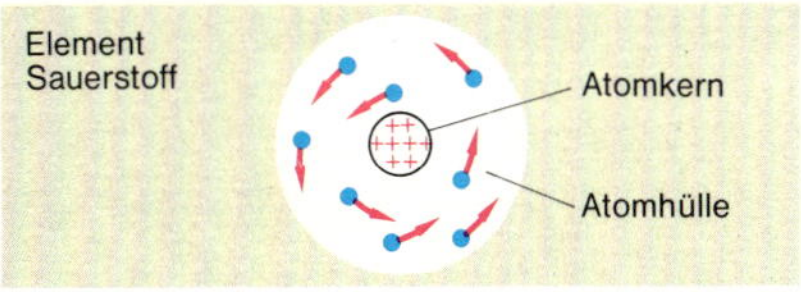

8

Daraufhin beschrieb er sinngemäß das sog. **Kern-Hülle-Modell** folgendermaßen:

1. Jedes Atom besteht aus einem **Atomkern** und einer **Atomhülle**.

2. Im Atom*kern* ist fast die gesamte Masse eines Atoms konzentriert (ca. 99,9 %). Der Atomkern ist elektrisch positiv geladen. Die Träger dieser positiven Ladungen werden **Protonen** genannt (griech. *proton*: das erste).

3. Die Atom*hülle* wird durch **Elektronen** – elektrisch negative Ladungen – gebildet. Diese bewegen sich um den Atomkern herum mit hoher Geschwindigkeit.

4. Die Anzahl der Elektronen in der Atomhülle entspricht der Anzahl der Protonen im Atomkern. Deshalb ist das **Atom** insgesamt **elektrisch neutral** (Bild 8).

5. Der weitaus größte Teil eines Atoms ist **leerer Raum**.

Fragen und Aufgaben zum Text

1 Vergleiche das Daltonsche *Kugelmodell* mit dem *Kern-Hülle-Modell* von Rutherford.

9

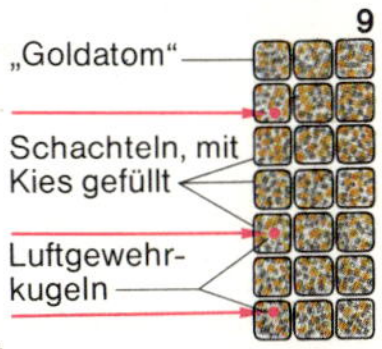

2 Jede der kiesgefüllten Schachteln von Bild 9 soll einem Goldatom nach dem *Daltonmodell* entsprechen. Stell dir vor, was geschehen würde, wenn diese Schachteln mit einem Luftgewehr beschossen würden.

10

3 In Bild 10 soll jede Schachtel einem Goldatom nach dem *Rutherfordmodell* entsprechen. Die Kieselsteine in den Schachteln stellen die Atomkerne dar, die Schachteln selbst die Atomhüllen. Erkläre Rutherfords Beobachtungen mit diesem Gedankenversuch.

Aus der Geschichte: **Wie Niels Bohr sein Atommodell entwickelte**

Der Däne *Niels Bohr* (1885–1962) war ein Schüler von *Ernest Rutherford* an der Universität Manchester. Hier lernte er auch das Atommodell Rutherfords kennen. Schon bald erkannte er dessen Mängel:

Bohr untersuchte nämlich das Licht, das Atome dann aussenden, wenn sie durch Energiezufuhr angeregt werden. Dabei beschäftigte er sich mit dem Wasserstoffatom, dem einfachsten Atom.

Nach dem damaligen Kenntnisstand galt für Elektronen folgendes: Bei der Bewegung eines Elektrons um den Atomkern mußte es ständig Energie verlieren und Licht abstrahlen. Dabei mußte es immer engere Bahnen um den Kern herum ziehen und schließlich in ihn „hineinstürzen".

Bohr konnte jedoch bei nicht angeregten Wasserstoffatomen keine Lichtstrahlung feststellen.

Mit dem Atommodell von Rutherford ließen sich seine Beobachtungen also nicht ausreichend erklären. Bohr schloß daraus, daß die bis dahin gültigen physikalischen Gesetze auf die *Bewegung der Elektronen um den Atomkern* nicht anwendbar sind. Er kam daher zu der Überzeugung, daß die Elektronenhülle der Atome anders aufgebaut sein mußte, als man bis dahin vermutete.

Im Jahre 1913 veröffentlichte er folgende Annahmen:

- Elektronen bewegen sich nicht auf beliebigen, sondern auf ganz bestimmten Kreisbahnen um den Atomkern herum.
- Auf diesen Kreisbahnen bewegen sich die Elektronen ohne Energieverluste, also ohne Licht auszusenden.
- Die Elektronen können von einer Bahn auf eine andere „springen". Geht ein Elektron auf eine näher am Kern liegende Bahn über, wird Energie in Form von Licht frei. Der Sprung auf eine weiter außen liegende Bahn erfordert die Aufnahme von Energie.

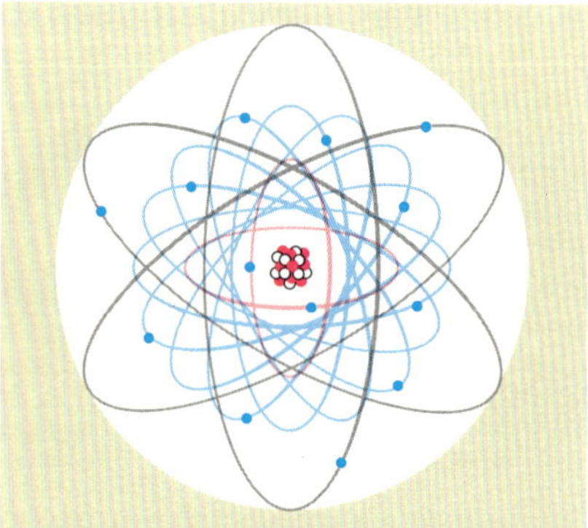

1 **Al** Aluminiumatom

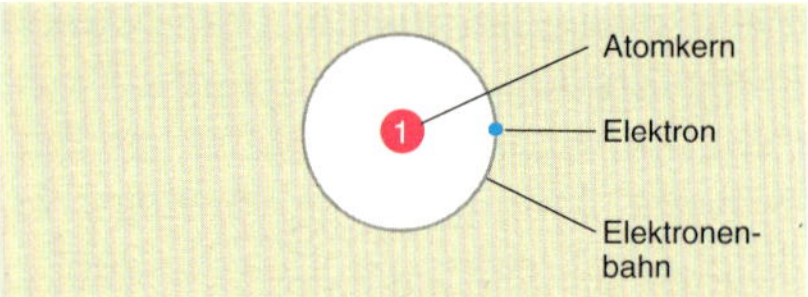

2 **H** Wasserstoffatom

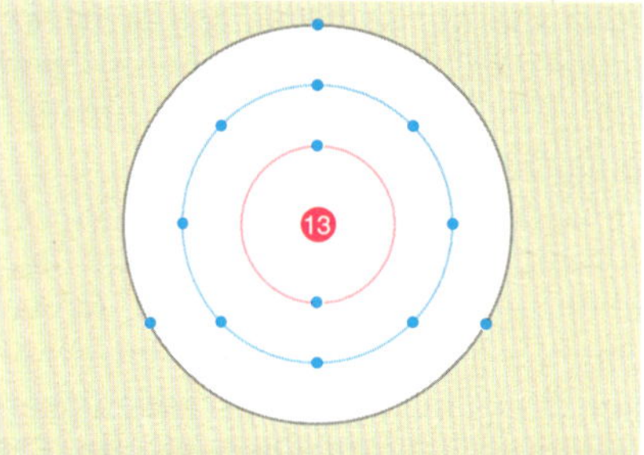

3 **Al** Aluminiumatom

Bild 1 zeigt das Modell eines Aluminiumatoms nach Bohrs Vorstellungen. Da es zu umständlich war, jedes Atom räumlich darzustellen, wurde das Modell vereinfacht: Die Elektronenbahnen mit gleichem Durchmesser stellte man jeweils durch einen konzentrischen Kreis um den Atomkern herum dar. Die Elektronen wurden dann durch Punkte auf den Kreisen markiert (Bilder 2 u. 3).

Diese Art der Darstellung erinnert an Schießscheiben; deshalb wird das Modell oft als *Schießscheibenmodell* bezeichnet. Es vermittelt den Eindruck, die Atome seien flächige Gebilde; das trifft jedoch nicht zu.

Wegen der Anschaulichkeit setzte sich das Bohrsche Atommodell rasch durch. Niels Bohr erhielt im Jahre 1922 für seine Leistungen den Nobelpreis für Physik.

Aber schon nach wenigen Jahren zeigte sich, daß auch dieses Modell seine Grenzen hat. So ist z. B. die Annahme falsch, daß sich die Elektronen auf genau festgelegten Bahnen bewegen. Die Vorstellung über den Aufbau der Elektronenhülle mußte also erneut verändert werden.

Aufgaben

1 Vergleiche die Atommodelle von Dalton, Rutherford und Bohr anhand eines Beispiels. Worüber macht jedes Modell Aussagen?

2 Zeichne sowohl nach dem Atommodell von Rutherford als auch nach dem Atommodell von Bohr je ein Atom des Sauerstoffs (8 Elektronen) und des Schwefels (16 Elektronen).

Beschreibe anschließend die Unterschiede.

3 Warum mußte Rutherford annehmen, daß die negativ geladenen Elektronen den positiv geladenen Atomkern mit hoher Geschwindigkeit umkreisen?

4 Begründe die Notwendigkeit für die neuen Annahmen, die dem Bohrschen Atommodell zugrunde liegen.

5 Vergleiche die Atommodelle in den Bildern 1 u. 3.

6 Der Durchmesser eines Atomkerns hat etwa den 10000sten Teil des Atomdurchmessers. Also verhalten sich Atomkern und Atom in der Größe wie eine Kirsche ($d = 16$ mm) zu einer Riesenkugel ($d = 160$ m), in die sogar die Münchner Frauenkirche hineinpassen würde.

Nimm einmal an, ein Atomkern habe den Durchmesser eines Tischtennisballs ($d = 4$ cm). Wie groß wäre dann der Atomdurchmesser?

7301

3 Heutige Vorstellungen vom Atombau

4 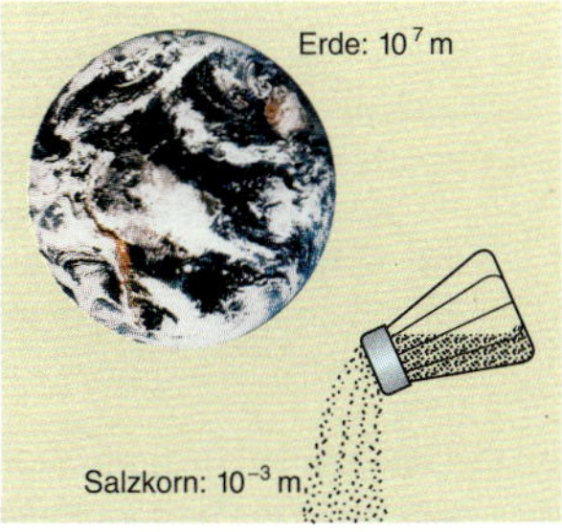

5 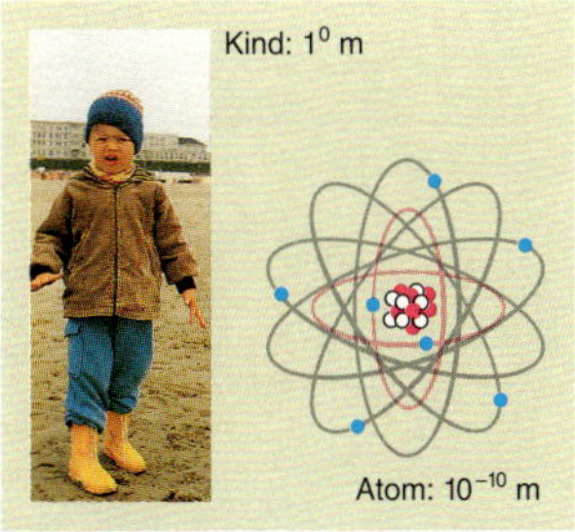

6 

Diese Bildfolge liefert dir eine Vorstellung von der „Winzigkeit" von Atom und Atomkern.
Du siehst die Verhältnisse der Größenordnungen von Atom und Atomkern zur wahrnehmbaren Welt.

Die Kernladung der Atome

Rutherford führte seinen Streuversuch mit verschiedenen Metallen durch. Aus den Ablenkungen der α-Teilchen konnte er die Ladung des jeweiligen Atomkerns berechnen. Dabei kam er zu folgenden Ergebnissen, die noch heute gültig sind:

- Die Kernladung ist bei unterschiedlichen Atomen unterschiedlich groß.
- Die Kernladung ergibt sich als ganzzahliges Vielfaches der Ladung eines *Protons* (Kernladungszahl).
- Die Atome der unterschiedlichen Elemente unterscheiden sich voneinander durch die Anzahl der Protonen in den Atomkernen.

Aufgrund der **Kernladungszahl** kann man also die Atome und damit die Elemente unterscheiden:

Goldatome z. B. besitzen 79 Protonen im Kern; man sagt: Ihre Kernladungszahl beträgt 79. Kupferatome haben dagegen 29 Protonen im Kern und damit die Kernladungszahl 29.

Erst 1932 entdeckte man, daß der Atomkern außer Protonen auch noch *Neutronen* enthält; diese Kernbausteine sind elektrisch neutral. Sie spielen daher bei der Kernladungszahl keine Rolle.

Anhand der Kernladungszahl eines bestimmten Atoms läßt sich auch die Anzahl seiner Elektronen angeben. Dabei gilt allgemein:

Die Anzahl der Elektronen in der Atomhülle ist genauso groß wie die Anzahl der Protonen im Kern.

Außer für Wasserstoffatome gilt für sämtliche Atome: Sowohl im Kern als auch in der Hülle gibt es eine Anhäufung von jeweils gleichen Ladungen.

Wie Atomkerne aufgebaut sind

Du weißt bereits, daß die Atom*hülle* von negativ geladenen Elektronen gebildet wird. Die **Atomkerne** dagegen bestehen aus zweierlei Kernbausteinen – den positiv geladenen **Protonen** und den neutralen (ungeladenen) **Neutronen** (Masse jeweils 1 u).

Von der Anzahl der Protonen hängt es ab, zu welchem Element ein Atom gehört.

Wenn z. B. ein Atom nur 1 Proton besitzt, ist es ein *Wasserstoffatom*; besitzt es dagegen 6 Protonen, so liegt ein *Kohlenstoffatom* vor; bei 92 Protonen ist es ein *Uranatom*. In der Natur kommen nur Atome mit höchstens 92 Protonen vor. Da jedes Element durch die Anzahl seiner Protonen bestimmt ist, gibt es dementsprechend 92 natürlich vorkommende Elemente.

Man kann die Elemente nach der Zahl der Protonen ordnen. (Die Protonenzahl wird daher oft auch **Ordnungszahl** genannt.) Die Reihe der natürlichen Elemente beginnt mit dem Wasserstoff (1 Proton) und hört mit dem Uran (92 Protonen) auf.

Zählt man die Protonen und die Neutronen eines Atoms zusammen, so erhält man die sogenannte **Massenzahl** dieses Atoms. Die Massenzahl ist also die Gesamtzahl aller Kernbausteine eines Atoms (Bild 7).

Da die Elektronen der Hülle im Vergleich zu den Protonen und Neutronen sehr leicht sind, haben sie praktisch keinen Einfluß auf die Masse (und damit auf die Massenzahl) des Atoms.

Atome *ein und desselben Elementes* können *unterschiedlich viele Neutronen haben.* Zum Beispiel besitzen die am häufigsten vorkommenden Kohlenstoffatome 6 Protonen sowie *6 Neutronen*; sie haben also die Massenzahl *12*. Es gibt aber auch Kohlenstoffatome mit der Massenzahl *14*; sie müssen also zwei Neutronen mehr, d. h. *8 Neutronen*, besitzen (Bild 8). Kohlenstoff mit solchen Atomen sendet eine radioaktive Strahlung aus.

Solche Atome gleicher Protonenzahl, aber unterschiedlicher Neutronenzahl nennt man *Isotope* des betreffenden Elementes (griech. *isos*: derselbe; *topos*: Platz).

Im chemischen Verhalten unterscheiden sich Isotope von den „normalen" Elementen nicht.

7 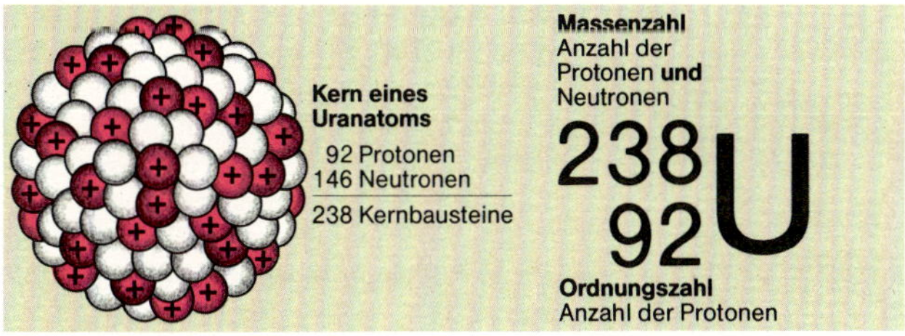

8 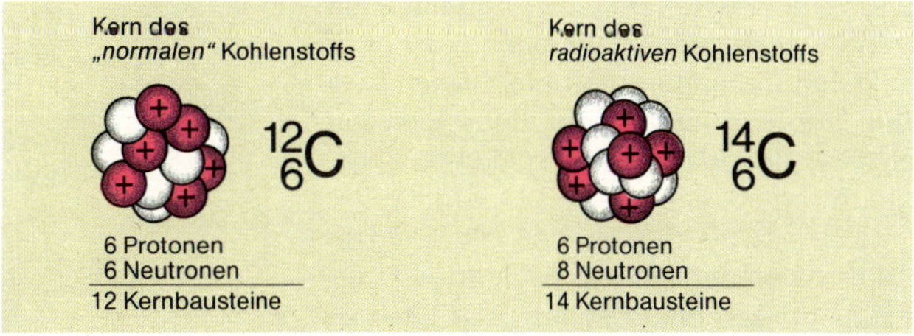

Das Schalenmodell der Elektronenhülle

Das Bohrsche Atommodell mußte weiterentwickelt werden, weil man z. B. erkannt hatte, daß die Elektronen den Atomkern nicht auf bestimmten Bahnen umkreisen.

Aufgrund mathematischer Berechnungen hatte man vielmehr herausgefunden, daß sich die Elektronen innerhalb bestimmter *Räume* bewegen. Zwar konnte man den genauen Ort der Elektronen nicht bestimmen, es ließ sich aber die *Wahrscheinlichkeit* berechnen, mit der sich ein Elektron in einem bestimmten Bereich eines solchen Raumes aufhält.

Daraus entwickelte man das **Schalenmodell der Elektronenhülle** (Bild 1).

Auch dieses Modell gibt nur eine stark vereinfachte Vorstellung vom Atom wieder. Sie beruht auf folgenden Annahmen:

- Die Elektronen bewegen sich innerhalb eines kugelförmigen Raumes mit dem Atomkern im Zentrum.
- Dieser kugelförmige Raum kann unterschiedlich groß sein. Die Größe richtet sich nach der Energie der Elektronen: Je größer die Energie eines Elektrons ist, desto größer ist der Durchmesser dieses Raumes.
- Der Bewegungsraum von Elektronen mit annähernd gleicher Energie wird gedanklich zu einem gemeinsamen Bewegungsraum zusammengefaßt. Er hat die Form einer *Kugelschale.*

Bild 1 zeigt das Modell eines Aluminiumatoms: Die Elektronen bewegen sich auf drei kugelförmigen Schalen um den Kern.

Man müßte die Elektronenschalen eigentlich stets räumlich darstellen. Das ist aber auf den Seiten eines Buches nicht leicht. Deshalb wählt man oft eine vereinfachte Darstellung, z. B. in Form einer Schnittzeichnung (Bild 2): Dabei entsprechen die *Ringe* den Elektronenschalen.

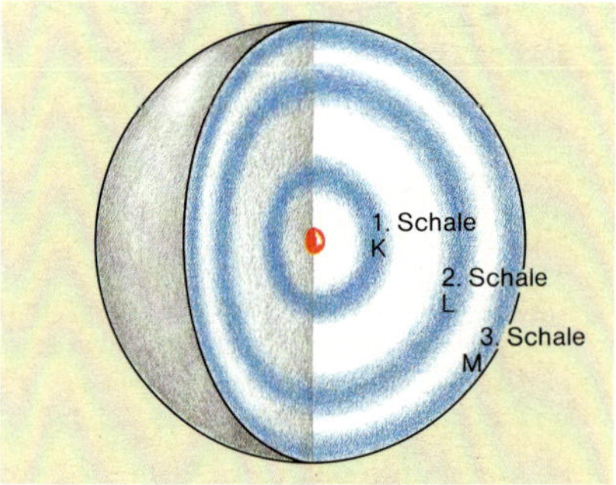

1

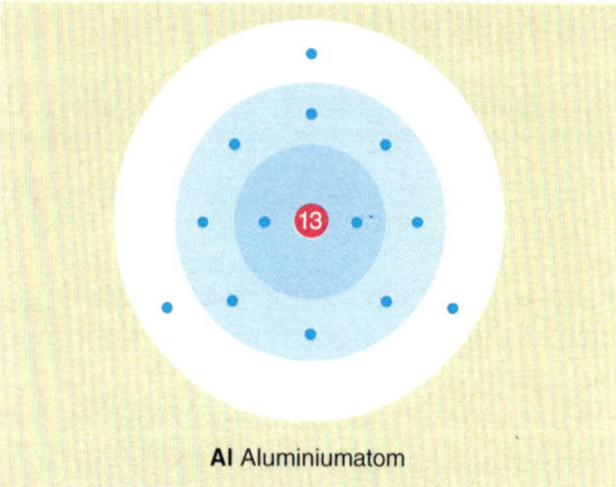

Al Aluminiumatom

2

Die Schalen werden von innen nach außen numeriert oder durch die Großbuchstaben K bis Q gekennzeichnet.

Das einfachste Atom ist das Wasserstoffatom: Bei ihm bewegt sich nur *ein* Elektron um den Atomkern (ein Proton) in der ersten Schale, der K-Schale.

Da nun jedes weitere Element ein Proton mehr im Kern hat als das vorherige, muß auch die Zahl der Elektronen in der Hülle um jeweils *eins* steigen.

Auf der ersten Schale (K-Schale) haben höchstens zwei Elektronen Platz; auf der zweiten (L-Schale) höchstens acht.

Auch die folgenden Schalen sind mit 8 Elektronen voll besetzt. Das trifft aber nur dann zu, wenn sie die *Außenschale* der Atomhülle bilden. Liegen sie *im Innern* der Atomhülle, können sie (ab der 3. Schale) auch mehr als 8 Elektronen aufnehmen.

Die Anzahl Z der Elektronen, mit der eine Schale höchstens besetzt sein kann, läßt sich nach der folgenden Formel berechnen:

$Z = 2\,n^2$

Dabei wird für n die Nummer der Schale eingesetzt. Demnach gilt z. B. bei der dritten Schale

$Z = 2 \cdot 3^2; \quad Z = 18$

Die 3. Schale kann demnach maximal 18 Elektronen aufnehmen.

Du weißt bereits, daß die Elemente Neon, Argon, Krypton, Xenon und Radon zu den *Edelgasen* gehören. In ihren Atomen bilden jeweils acht Elektronen die Außenschale. Man nennt deshalb solche mit acht Elektronen besetzten Schalen auch **Edelgasschalen**.

Die Elektronenanzahl **8** wird als **Oktett** (lat. *octo*: acht) bezeichnet.

Elemente mit einer solchen Elektronenanordnung in ihren Atomen – man sagt dazu auch **Edelgaskonfiguration** – sind besonders stabil; sie können keine weiteren Elektronen aufnehmen. Diese Elemente sind *reaktionsträge.*

Fragen und Aufgaben zum Text

1 Wie viele Elektronen kann die 2. Schale eines Atoms höchstens aufnehmen und wie viele die 4. Schale?

2 In der Atomhülle halten sich die Elektronen in Bewegungsräumen auf. In welcher „besonderen Situation“ befinden sich die Elektronen in der vereinfachten Darstellung des Schalenmodells (Bild 2)?

Das Energiestufenmodell der Elektronenhülle

Führt man einem Atom Energie zu – z. B. durch Erwärmen des betreffenden Stoffes –, werden Elektronen auf eine weiter außen liegende Elektronenschale „angehoben“. Das betreffende Atom ist dann *energiereicher* als vorher; es befindet sich in einem „angeregten“ Zustand. Man sagt: Die Elektronen gehen dabei auf ein höheres **Energieniveau** über.

Fallen die angeregten Elektronen wieder auf ein niedrigeres Energieniveau zurück, gibt das Atom den gleichen Energiebetrag ab, und zwar als Lichtblitz.

Bohr schloß daraus, daß die Elektronenschalen der Atome bestimmten Energiezuständen entsprechen. Alle Elektronen, die in der Elektronenhülle eines Atoms ein und dieselbe Elektronenschale bilden, befinden sich auf dem gleichen Energieniveau (anders ausgedrückt: auf der gleichen **Energiestufe**).

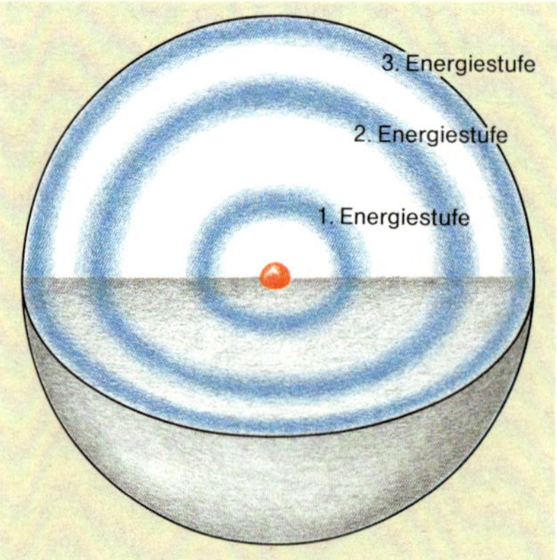

3

Beispiel: Die 13 Elektronen des Aluminiumatoms (Bild 2) werden drei Energiestufen zugeordnet (Bild 3):

2 Elektronen mit der kleinstmöglichen Energie der Elektronen im Atom gehören zur 1. Energiestufe; 8 Elektronen mit etwa gleicher Energie gehören zur 2. Energiestufe und 3 zur 3. Energiestufe.

In diesem Zusammenhang spricht man auch vom **Energiestufenmodell** der Elektronenhülle.

6087

4 Das Periodensystem der Elemente

Der Zusammenhang zwischen Atombau und Periodensystem

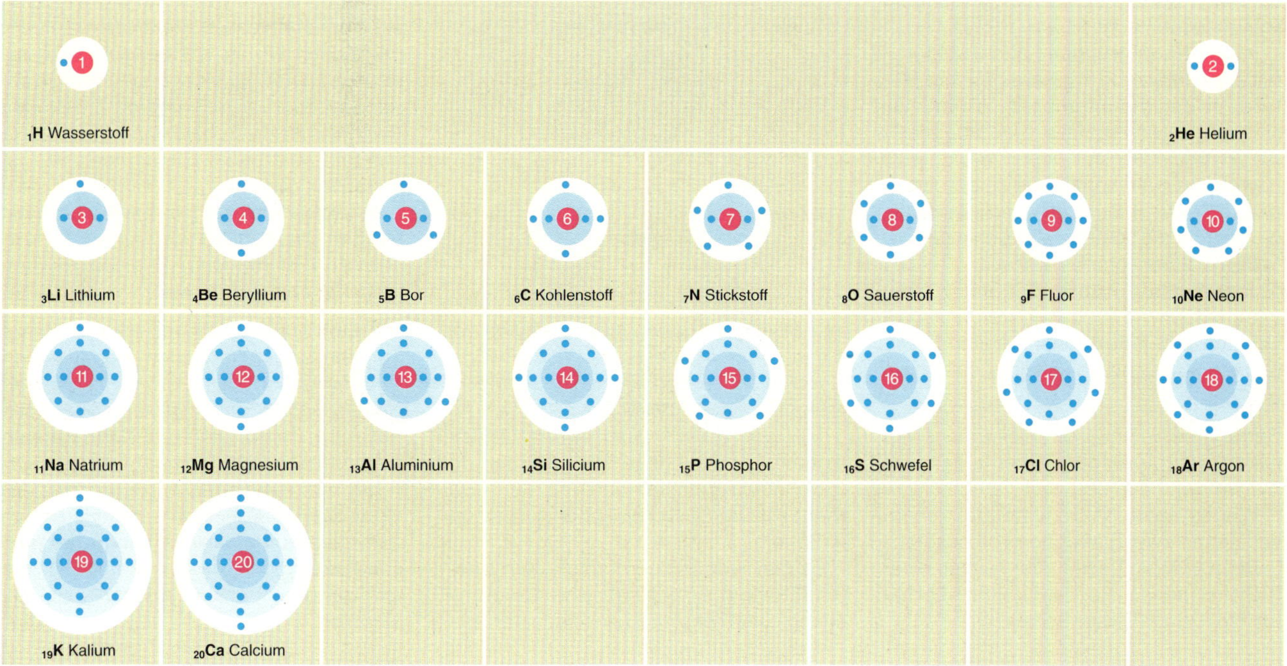

4

Im Periodensystem der Elemente (abgekürzt: PSE) sind die Elemente nach steigenden **Ordnungszahlen** angeordnet. Du findest die jeweilige Ordnungszahl (die auch als *Kernladungszahl* bezeichnet wird) links unten neben dem Symbol.

Die Ordnungszahl entspricht der Anzahl der Protonen im Kern.

Ausgehend vom Wasserstoff mit der Ordnungszahl 1, steigen die Ordnungszahlen von links nach rechts an. Die Atome des jeweils folgenden Elements haben also je 1 Proton mehr im Kern (und damit 1 Elektron mehr in der Hülle) als die Atome des davor stehenden Elements.

Im PSE sind die Elemente in 8 senkrechten Spalten *(Gruppen)* und 7 waagerechten Reihen *(Perioden)* angeordnet.

In jeder *Gruppe* des PSE stehen die Elemente untereinander, die ähnliche chemische Reaktionen zeigen. So erkennst du in der ersten Gruppe unter dem Wasserstoff die *Alkalimetalle.* In der siebten Gruppe findest du die *Halogene* und in der achten Gruppe die *Edelgase*.

Daß die Elemente einer Gruppe ähnliche Eigenschaften haben, liegt daran, daß ihre Atome die gleiche Anzahl von Außenelektronen besitzen. Diese Zahl nimmt von einer Gruppe zur nächsten von links nach rechts zu. Merke dir:

Die Nummer der *Gruppe* im PSE entspricht der Anzahl der Außenelektronen. (Ausnahme: das Heliumatom.)

Beispiel: Die Halogene stehen in der siebten Gruppe; demnach haben die Atome dieser Elemente (Fluor, Chlor, Brom, Iod) jeweils 7 Außenelektronen.

In den *Perioden* des PSE stehen die Elemente mit der gleichen Anzahl an Elektronenschalen. In der ersten Periode stehen die Elemente, deren Atome nur *eine* Elektronenschale haben, in der zweiten die mit *zwei* Elektronenschalen usw. Du solltest dir dazu folgendes merken:

Die Nummer der *Periode* im PSE entspricht der Zahl der Elektronenschalen.

Eine neue Periode beginnt also immer dann, wenn bei den Atomen eines Elements mit *einem* Außenelektron eine weitere Elektronenschale hinzukommt.

Dadurch ergibt sich von Periode zu Periode eine regelmäßige (periodische) Wiederkehr von Elementen, deren Atome gleich viele Außenelektronen haben.

Die Darstellung oben (Bild 4) zeigt nur einen kleinen Ausschnitt aus dem PSE. Alle 7 Perioden sind dagegen in Bild 4 auf der folgenden Doppelseite angegeben.

In beiden Darstellungen wurden aber nur die acht **Hauptgruppen** des PSE berücksichtigt.

Es gibt auch noch sog. **Nebengruppen**. Sie sind von der 4. Periode an zwischen der 2. und 3. Gruppe eingefügt. Das kannst du daran ablesen, daß die Reihe der Ordnungszahlen an diesen Stellen jeweils einen Sprung macht (→ die PSE-Darstellungen im Anhang).

Innerhalb der Perioden und Gruppen ändern sich die Eigenschaften der Elemente gesetzmäßig: So stehen z. B. links die Metalle und rechts die Nichtmetalle. Dazwischen sind Elemente, die gleichzeitig metallische und nichtmetallische Eigenschaften haben (z. B. Bor, Silicium).

Einige Gruppen umfassen sowohl Metalle als auch Nichtmetalle. Dann stehen die Nichtmetalle oben und die Metalle unten in der Gruppe.

Fragen und Aufgaben zum Text

1 Suche im PSE das Element mit der Ordnungszahl 35. Wie heißt dieses Element? Beschreibe seinen Atombau.

2 Beschreibe die Stellung des Elements Kalium im PSE.

3 Erkläre, warum das Argon vor dem Kalium steht, obwohl Argonatome eine größere Masse als Kaliumatome haben.

4 Bestimme für das Atom des Elements mit der Ordnungszahl 15 die Anzahl der Protonen im Kern und den Aufbau seiner Elektronenhülle.

5 Wie viele Elektronenschalen hat das Atom des Elements Calcium?

6 Nenne die Elemente, deren Atome vier Außenelektronen besitzen.

Gruppeneigenschaften und Schalenaufbau der Elemente

Die praktische Bedeutung des PSE liegt darin, daß man viele Eigenschaften eines Elements bereits aus seiner Stellung im PSE ablesen kann:

In den **Hauptgruppen** I und II stehen – mit Ausnahme von Wasserstoff – nur Metalle; in den Hauptgruppen VII und VIII stehen nur Nichtmetalle. Die Gruppen IV bis VI beginnen mit einem Nichtmetall und enden mit einem Metall. In den Gruppen III bis VI findest du auch Elemente, die sowohl metallische als auch nichtmetallische Eigenschaften haben.

Jede Periode – außer der ersten – beginnt mit einem oder mehreren Metallen. Gegen Ende jeder Periode treten Nichtmetalle auf, den Schluß bildet immer ein Edelgas.

Betrachten wir nun die *Elektronenschalen* der Hauptgruppenelemente genauer. Sie werden nach und nach „aufgefüllt“:

Wie du weißt, ist die erste Elektronenschale mit zwei Elektronen voll besetzt.

Beim Lithium beginnt der Aufbau einer 2. Elektronenschale. Das Lithiumatom hat *ein* Elektron in dieser Schale.

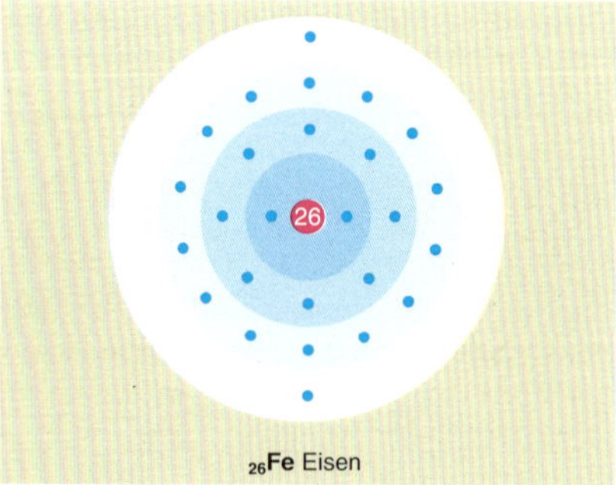

1 $_{26}$**Fe** Eisen

Die Atome der Elemente, die dem Lithium im PSE folgen, haben *jeweils ein Elektron mehr* in der Außenschale. Beim Edelgas Neon ist schließlich die zweite Schale mit 8 Elektronen voll besetzt.

Mit dem Natrium und seinen 11 Elektronen (2+8+1) wird der Aufbau der 3. Schale eingeleitet und mit dem Element Kalium (2+8+8+1) der Aufbau der 4. Schale.

Es gibt jedoch schon nach dem zweiten Element (Calcium) eine Unterbrechung. Die Elektronen der nächsten Elemente werden nämlich auf der 3. Schale „eingebaut“ (z. B. bei Eisen, Bild 1).

Wie du schon weißt, kann die *Außenschale* höchstens 8 Elektronen aufnehmen, dann ist sie voll besetzt. Wird sie durch den Aufbau einer neuen Schale zur „Innenschale“, finden weitere Elektronen Platz: Die dritte Schale kann dann maximal 18 Elektronen aufnehmen. Das ist beim Zink der Fall.

Anschließend wird mit dem Element Gallium das Auffüllen der 4. Schale fortgesetzt und mit dem Edelgas Krypton vorläufig abgeschlossen.

Die Elemente, bei denen jeweils innere Schalen aufgefüllt werden, stehen in den **Nebengruppen** des PSE (→ Ausschnitt *Hauptgruppen und Nebengruppen des PSE* im Anhang). Die erste Nebengruppe beginnt nach dem Element Calcium.

Bei den Atomen *aller* Nebengruppenelemente werden innere Schalen nach und nach aufgefüllt. Sie haben die gleiche Außenschale wie das Metall Calcium und gehören deshalb ebenfalls zu den Metallen.

Die Anzahl der Außenelektronen und die Wertigkeit hängen zusammen

An chemischen Reaktionen sind immer nur die **Außenelektronen** der betroffenen Atome beteiligt.

Atome mit vollbesetzten Außenschalen sind reaktionsträge; das weißt du bereits von den Edelgasen.

Alle anderen Atome sind mehr oder weniger reaktionsfreudig. Sie sind nämlich „bestrebt“, ebenfalls eine Edelgaskonfiguration zu erreichen *(Edelgasregel* oder *Oktettregel)*.

Die Atome können die Edelgaskonfiguration erreichen, wenn sie mit anderen Atomen reagieren. Dabei nehmen sie entweder Elektronen auf oder geben Elektronen ab.

Die Atome der *Alkalimetalle* z. B. besitzen ein Elektron auf der Außenschale. Ihre Atome können mit diesem einen Elektron zur Bindung an andere Atome beitragen.

Die Verbindungen der Alkalimetalle (z. B. mit Sauerstoff) weisen ein bestimmtes Atomzahlverhältnis auf.

In diesem Zusammenhang haben wir den Begriff **Wertigkeit** verwendet: Alle Alkalimetalle sind *einwertig*.

Die Wertigkeit (auch *Valenz* genannt; von lat. *valere*: stark sein, wert sein) wird durch die Anzahl der Außenelektronen festgelegt. Diese werden daher auch als *Valenzelektronen* bezeichnet.

Auch z. B. bei den Atomen der *Erdalkalimetalle* finden wir die Übereinstimmung zwischen der Wertigkeit (zweiwertig) und der Anzahl der Außenelektronen (2): Sie können mit zwei Elektronen zur Bindung an ein anderes Atom beitragen.

Bei den Atomen der *Halogene* stellen wir fest: Sie haben 7 Außenelektronen und sind einwertig. Ihnen fehlt also bis zum Edelgaszustand ein Elektron auf der Außenschale. Sie tragen daher mit einer *Elektronenlücke* zur Bindung bei.

Man kann also sagen: *Die Wertigkeit gibt an, mit wie vielen Elektronen bzw. Elektronenlücken jede Atomart zu einer Bindung beitragen kann.*

Aufgaben

1 Was alles kannst du aus der folgenden Tabelle über den *Schalenaufbau der Edelgasatome* ablesen?

Element	Symbol	Nummer der Schale 1	2	3	4	5	6
Helium	He	2					
Neon	Ne	2	8				
Argon	Ar	2	8	8			
Krypton	Kr	2	8	18	8		
Xenon	Xe	2	8	18	18	8	
Radon	Rn	2	8	18	32	18	8

2 Vergleiche den Atombau von Eisen (Bild 1) und Calcium.

Was haben die Atome von Zink (Zn) und Cadmium (Cd) gemeinsam?

3 Beschreibe, nach welchen Gesichtspunkten die Elemente im PSE angeordnet sind.

Gib außerdem an, was die Elemente einer Gruppe bzw. einer Periode gemeinsam haben.

4 Suche die folgenden Elemente anhand der Symbole im PSE: N, P, Cl, H, Na, Al, Ca, Co, F, Ne, Rb, K.

Schreibe den Namen jedes Elements und seine Ordnungszahl auf.

Notiere dahinter für die Atome der Elemente die Anzahl der Protonen, der Außenelektronen und der Elektronen insgesamt.

Schreibe dazu, in welcher Gruppe jedes Element steht.

6089

5 Zusammenfassung

Das Kern-Hülle-Modell des Atoms

Jedes Atom besteht aus einem **Atomkern** und einer **Atomhülle**.

Der **Atomkern** besteht aus zweierlei Kernbausteinen: den (positiv geladenen) *Protonen* sowie den (neutralen) *Neutronen*.

Die **Atomhülle** wird durch die (negativ geladenen) *Elektronen* gebildet; sie bewegen sich innerhalb ganz bestimmter Räume um den Atomkern herum.

Alle Atome eines Elements haben die gleiche Protonenzahl; sie wird auch **Ordnungszahl** genannt.

Zählt man die Protonen und Neutronen eines Atoms zusammen, so ergibt sich die **Massenzahl**.

Atome mit gleicher Anzahl an Protonen, aber unterschiedlich vielen Neutronen, nennt man **Isotope** des betreffenden Elements. Isotope haben also die gleiche Protonenzahl, aber unterschiedliche Massenzahlen.

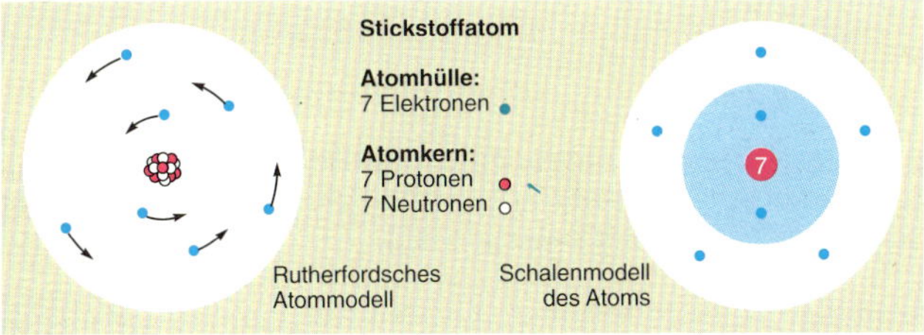

2

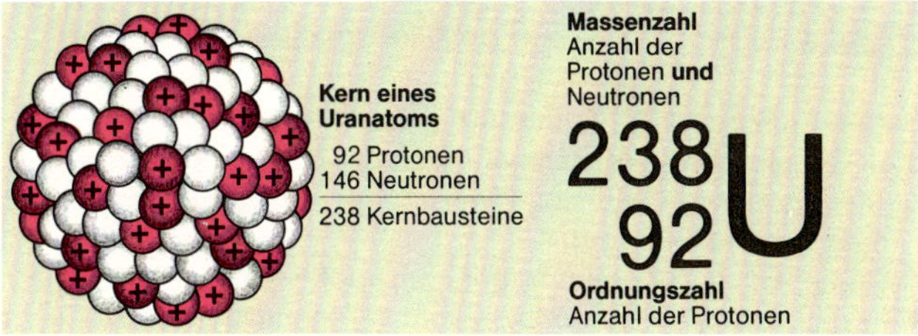

3

Das Periodensystem der Elemente (kurz PSE)

Das Periodensystem der Elemente entstand im Jahre 1869. Seine äußere Form wurde zwar im Laufe der Zeit verändert; die wesentlichen Ordnungsgesichtspunkte haben jedoch heute noch Gültigkeit.

Periodensystem der Elemente
Hauptgruppen

	I	II	III	IV	V	VI	VII	VIII
1	1,00797 H 1							4,0026 He 2
2	6,939 Li 3	9,0122 Be 4	10,811 B 5	12,011 C 6	14,007 N 7	15,999 O 8	18,998 F 9	20,183 Ne 10
3	22,990 Na 11	24,312 Mg 12	26,982 Al 13	28,086 Si 14	30,974 P 15	32,064 S 16	35,453 Cl 17	39,948 Ar 18
4	39,102 K 19	40,08 Ca 20	69,72 Ga 31	72,59 Ge 32	74,922 As 33	78,96 Se 34	79,909 Br 35	83,80 Kr 36
5	85,47 Rb 37	87,62 Sr 38	114,82 In 49	118,69 Sn 50	121,75 Sb 51	127,60 Te 52	126,90 I 53	131,30 Xe 54
6	132,90 Cs 55	137,34 Ba 56	204,37 Tl 81	207,19 Pb 82	208,98 Bi 83	(209) *Po 84	(210) *At 85	(222) *Rn 86
7	(223) *Fr 87	(226) *Ra 88						

Atommasse

Symbol

Ordnungszahl (entspricht der Zahl der Protonen im Atomkern)

Die waagerechten Reihen heißen **Perioden**

Nummer der Periode (entspricht der Zahl der Elektronenschalen)

Metalle

Halbmetalle (Elemente mit metallischen **und** nichtmetallischen Eigenschaften)

Nichtmetalle

Edelgase

Die senkrechten Spalten heißen **Gruppen**

Nummer der Gruppe (entspricht der Zahl der Außenelektronen)

Zahl der Protonen im Kern = Zahl der Elektronen in der Hülle

Elemente, deren Atome *gleich viele Außenelektronen* haben, stehen in derselben *Hauptgruppe.*

Elemente, deren Atome *gleich viele* besetzte *Elektronenschalen* haben, stehen in derselben *Periode.*

4

Sicherheit im Chemieunterricht

1 Vom richtigen Umgang mit Gasflaschen

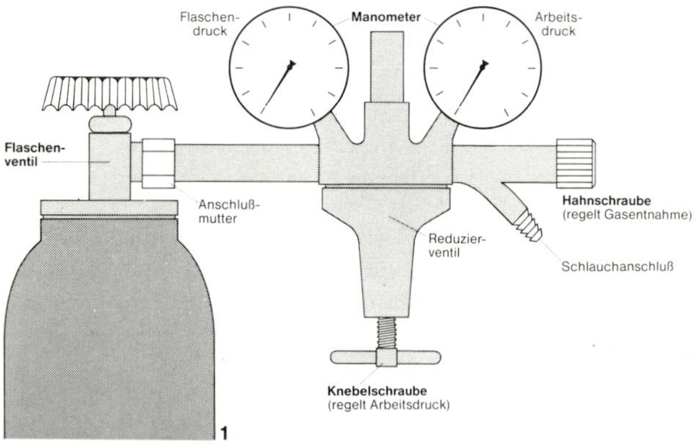

1

Sauerstoff, Wasserstoff und Kohlenstoffdioxid sind an den meisten Schulen in Stahlflaschen vorhanden. Diese sind verschiedenfarbig gekennzeichnet (Wasserstoff: rot, Sauerstoff: blau, Kohlenstoffdioxid: grau).

Da die Gasflaschen unter hohem Druck stehen (bis 200 bar), wird das Gas über ein Reduzierventil entnommen. Hierbei geht man in folgender Reihenfolge vor:

a) Öffnen der Gasflasche:

1. Flasche gegen Umfallen sichern.
2. Zuerst das Reduzierventil kontrollieren. Die Knebelschraube muß sich leicht drehen lassen! Beide Manometer müssen auf Null stehen.
3. Flaschenventil öffnen. Das linke Manometer zeigt den Flaschendruck an.
4. Knebelschraube langsam hineindrehen. Das rechte Manometer zeigt jetzt den Arbeitsdruck. Er läßt sich durch Drehen der Knebelschraube einstellen.
5. Hahnschraube öffnen. Gasentnahme mit Hahnschraube regulieren.

b) Schließen der Gasflasche:

1. Flaschenventil schließen.
2. Restgas ablassen. Hahnschraube schließen.
3. Reduzierventil schließen. Dazu Knebelschraube herausdrehen, bis sie sich locker bewegen läßt.

Achtung: Sauerstoffarmaturen dürfen nicht gefettet oder geölt werden; Explosionsgefahr!

2 Vom richtigen Umgang mit dem Brenner

Die Brennerflamme

Bei den meisten Brennern zum Experimentieren kann man zwei Flammen einstellen:

Die leuchtende Flamme: Das Luftloch am Brennerrohr bleibt zunächst geschlossen. Der Gashahn wird geöffnet und das ausströmende Gas am oberen Brennerrand entzündet.

Das Gas verbrennt mit gelber, leuchtender Flamme. Daher nennt man diese Flamme auch *Leuchtflamme.* Sie hat eine Temperatur von etwa 1000 °C und ist eine rußende Flamme.

Die nichtleuchtende Flamme: Während die Leuchtflamme des Brenners brennt, wird das Luftloch unten am Brenner langsam geöffnet. Durch die kleine Öffnung strömt Luft von außen in das Brennerrohr ein. Dadurch entsteht das deutlich hörbare Rauschen.

Die Luft vermischt sich in der Randzone mit dem Gas, das aus der Leitung austritt. Je weiter das Luftloch geöffnet wird, desto mehr Luft vermischt sich mit dem Gas. Das Gas verbrennt immer heftiger, und die Flamme wird immer heißer. Aus der Leuchtflamme wird eine schwach blaue *Heizflamme;* das ist eine nicht rußende Flamme.

Die Flammenzonen

An der Heizflamme kann man zwei Zonen unterscheiden: einen inneren *Kern* und einen äußeren *Mantel.*

Im Mantel kann eine Temperatur von über 1500 °C erzeugt werden; dabei ist der obere Teil der Flamme am heißesten. Im Kern befindet sich das Brenngas.

Sicherer Umgang

a) Beim *Gasbrenner* kommt das Gas aus dem städtischen Gasnetz oder aus einer großen Stahlflasche. Du mußt bei der Entnahme folgendes beachten:

○ Der Schlauch darf nicht porös oder brüchig sein.
○ Er muß fest auf dem Anschlußstutzen des Brenners sitzen.
○ Der Gasstrom muß so eingestellt werden, daß die Flamme nicht ausgeht.
○ Zum Löschen mußt du das Ventil der Gasleitung zudrehen.
○ Bei Gasgeruch im Zimmer sofort die Fenster öffnen!

b) Beim *Kartuschenbrenner* kommt das Gas aus einer kleinen, auswechselbaren Kartusche. Folgendes ist zubeachten:

○ Kartuschen sollten nur von der Lehrerin/dem Lehrer ausgetauscht werden.
○ Kartuschen nie in der Nähe offener Flammen wechseln!
○ Zwischen dem Oberteil des Brenners und der Kartusche muß unbedingt eine Dichtung liegen.
○ Die Klammern an der Kartusche dürfen nicht geöffnet werden, solange noch Gas in der Kartusche ist.
○ Der Brenner muß stets aufrecht und fest stehen, er darf nicht gekippt werden. Beim Experimentieren nicht schräg halten!
○ Zum Löschen der Flamme mußt du den Gashahn zudrehen.

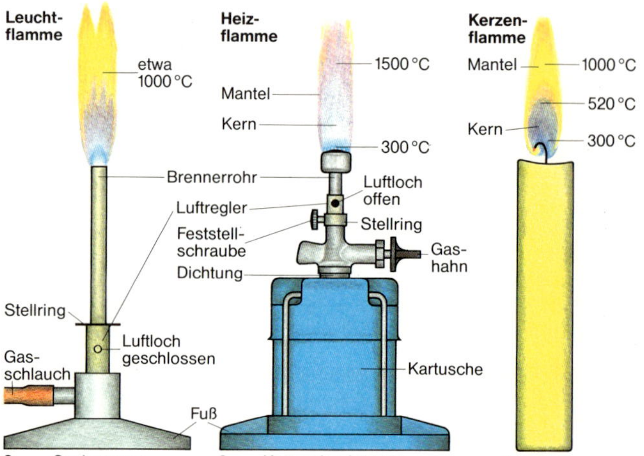

2 Gasbrenner 3 Kartuschenbrenner 4 Kerze

5916

3 Wichtige Verhaltensregeln

1. Die Fachräume dürfen nicht ohne Aufsicht durch die Lehrerin/den Lehrer betreten werden.
2. Bei der Verwendung von Stoffen sind die Gefahrstoffbezeichnung, die Gefahrenhinweise (R-Sätze) und die Sicherheitsratschläge (S-Sätze) mit den Arbeitsbedingungen zu vergleichen.
3. Für die einzelnen Gefahrstoffe findet man die R- und S-Sätze auf den Etiketten der Chemikaliengefäße und auf einer Wandtafel, die eine Auswahl von Gefahrstoffen zeigt.
4. In Fachräumen ist grundsätzlich ein umsichtiges und vorsichtiges Verhalten erforderlich:
   - Offene Gashähne, Gasgeruch, beschädigte Steckdosen und Geräte sowie andere Gefahrenstellen sind der Lehrerin/dem Lehrer sofort zu melden.
   - Geräte, Chemikalien und Schaltungen dürfen nicht ohne Genehmigung der Lehrerin/des Lehrers berührt werden. Desgleichen dürfen Anlagen für elektrische Energie, Gas und Wasser nicht ohne Genehmigung eingeschaltet werden.
   - Im Experimentierraum darf weder gegessen noch getrunken werden.
   - Den Anweisungen der Lehrerin/des Lehrers ist unbedingt Folge zu leisten. Dies gilt insbesondere bei der Durchführung von Schülerversuchen.
   - Beim Experimentieren müssen die Versuchsvorschriften und Lehrerhinweise genau beachtet werden. Versuche dürfen erst durchgeführt werden, wenn die Lehrerin/der Lehrer dazu aufgefordert hat.
   - Die von der Lehrerin/dem Lehrer ausgehändigte persönliche Schutzausrüstung (z. B. Schutzbrille, Schutzhandschuhe) muß beim Experimentieren getragen werden.
   - Geschmacks- und Geruchsproben dürfen nur vorgenommen werden, wenn die Lehrerin/der Lehrer dazu auffordert.
   - Beim Umgang mit offenen Flammen (z. B. dem Brenner) sind lange Haare so zu tragen, daß sie nicht in die Flamme geraten können.
   - Pipettieren mit dem Mund ist verboten.
5. Chemikalien dürfen normalerweise nicht in den Ausguß gegossen werden. Sie gehören – nach Anweisung der Lehrerin/des Lehrers – in dafür vorgesehene Gefäße. Wenn Gefahrstoffe verschüttet oder verspritzt wurden, ist das sofort der Lehrerin/dem Lehrer zu melden.
6. Im Gefahrfall unbedingt Ruhe bewahren und die Anweisungen der Lehrerin/des Lehrers befolgen! Je nach Art des Gefahrstoffes können folgende Maßnahmen notwendig werden:
   - den Klassenraum verlassen,
   - Erste Hilfe leisten,
   - Schulleiter und Ersthelfer informieren.

   Bei Entstehungsbränden können folgende Maßnahmen notwendig werden:
   - Not-Aus betätigen,
   - Klassenraum verlassen,
   - Erste Hilfe leisten,
   - Brand mit geeigneten Löschmitteln bekämpfen (Löschsand, Löschdecke, Feuerlöscher),
   - Alarmplan beachten.

4 Die Kennzeichnung von Stoffen

Hinweise auf die besonderen Gefahren (R-Sätze) und Sicherheitsratschläge (S-Sätze)

R-Sätze:

R 1 In trockenem Zustand explosionsgefährlich
R 2 Durch Schlag, Reibung, Feuer oder andere Zündquellen explosionsgefährlich
R 3 Durch Schlag, Reibung, Feuer und andere Zündquellen besonders explosionsgefährlich
R 4 Bildet hochempfindliche explosionsgefährliche Metallverbindungen
R 5 Beim Erwärmen explosionsfähig
R 6 Mit und ohne Luft explosionsfähig
R 7 Kann Brand verursachen
R 8 Feuergefahr bei Berührung mit brennbaren Stoffen
R 9 Explosionsgefahr bei Mischung mit brennbaren Stoffen
R 10 Entzündlich
R 11 Leichtentzündlich
R 12 Hochentzündlich
R 14 Reagiert heftig mit Wasser
R 15 Reagiert mit Wasser unter Bildung hochentzündlicher Gase
R 16 Explosionsgefährlich in Mischung mit brandfördernden Stoffen
R 17 Selbstentzündlich an der Luft
R 18 Bei Gebrauch Bildung explosionsfähiger, leichtentzündlicher Dampf-Luftgemische möglich
R 19 Kann explosionsfähige Peroxide bilden
R 20 Gesundheitsschädlich beim Einatmen
R 21 Gesundheitsschädlich bei Berührung mit der Haut
R 22 Gesundheitsschädlich beim Verschlucken
R 23 Giftig beim Einatmen
R 24 Giftig bei Berührung mit der Haut
R 25 Giftig beim Verschlucken
R 26 Sehr giftig beim Einatmen
R 27 Sehr giftig bei Berührung mit der Haut
R 28 Sehr giftig beim Verschlucken
R 29 Entwickelt bei Berührung mit Wasser giftige Gase
R 30 Kann bei Gebrauch leicht entzündlich werden
R 31 Entwickelt bei Berührung mit Säure giftige Gase
R 32 Entwickelt bei Berührung mit Säure sehr giftige Gase
R 33 Gefahr kumulativer Wirkungen
R 34 Verursacht Verätzungen
R 35 Verursacht schwere Verätzungen
R 36 Reizt die Augen
R 37 Reizt die Atmungsorgane
R 38 Reizt die Haut
R 39 Ernste Gefahr irreversiblen Schadens
R 40 Irreversibler Schaden möglich
R 41 Gefahr ernster Augenschäden
R 42 Sensibilisierung durch Einatmen möglich
R 43 Sensibilisierung durch Hautkontakt möglich
R 44 Explosionsgefahr bei Erhitzen unter Einschluß
R 45 Kann Krebs erzeugen
R 46 Kann vererbbare Schäden verursachen
R 48 Gefahr ernster Gesundheitsschäden bei längerer Exposition
R 49 Kann Krebs erzeugen beim Einatmen
R 50 Sehr giftig für Wasserorganismen
R 51 Giftig für Wasserorganismen
R 52 Schädlich für Wasserorganismen
R 53 Kann in Gewässern längerfristig schädliche Wirkungen haben
R 54 Giftig für Pflanzen
R 55 Giftig für Tiere
R 56 Giftig für Bodenorganismen
R 57 Giftig für Bienen
R 58 Kann längerfristig schädliche Wirkungen auf die Umwelt haben
R 59 Gefährlich für die Ozonschicht
R 60 Kann die Fortpflanzungsfähigkeit beeinträchtigen
R 61 Kann das Kind im Mutterleib schädigen
R 62 Kann möglicherweise die Fortpflanzungsfähigkeit beeinträchtigen
R 63 Kann möglicherweise das Kind im Mutterleib schädigen
R 64 Kann Säuglinge über die Muttermilch schädigen

S-Sätze:

S 1 Unter Verschluß aufbewahren
S 2 Darf nicht in die Hände von Kindern gelangen
S 3 Kühl aufbewahren
S 4 Von Wohnplätzen fernhalten
S 5 Unter ... aufbewahren (geeignete Flüssigkeit vom Hersteller anzugeben)
S 6 Unter ... aufbewahren (inertes Gas vom Hersteller anzugeben)
S 7 Behälter dicht geschlossen halten
S 8 Behälter trocken halten
S 9 Behälter an einem gut gelüfteten Ort aufbewahren
S 12 Behälter nicht gasdicht verschließen
S 13 Von Nahrungsmitteln, Getränken und Futtermitteln fernhalten
S 14 Von ... fernhalten (inkompatible Substanzen sind vom Hersteller anzugeben)
S 15 Vor Hitze schützen
S 16 Von Zündquellen fernhalten – Nicht rauchen
S 17 Von brennbaren Stoffen fernhalten
S 18 Behälter mit Vorsicht öffnen und handhaben
S 20 Bei der Arbeit nicht essen und trinken
S 21 Bei der Arbeit nicht rauchen
S 22 Staub nicht einatmen
S 23 Gas/Rauch/Dampf/Aerosol nicht einatmen (geeignete Bezeichnungen vom Hersteller anzugeben)
S 24 Berührung mit der Haut vermeiden
S 25 Berührung mit den Augen vermeiden
S 26 Bei Berührung mit den Augen sofort gründlich mit Wasser abspülen und Arzt konsultieren
S 27 Beschmutzte, getränkte Kleidung sofort ausziehen
S 28 Bei Berührung mit der Haut sofort abwaschen mit viel ... (vom Hersteller anzugeben)
S 29 Nicht in die Kanalisation gelangen lassen
S 30 Niemals Wasser hinzugießen
S 33 Maßnahmen gegen elektrostatische Aufladungen treffen
S 35 Abfälle und Behälter müssen in gesicherter Weise beseitigt werden
S 36 Bei der Arbeit geeignete Schutzkleidung tragen
S 37 Geeignete Schutzhandschuhe tragen
S 38 Bei unzureichender Belüftung Atemschutzgerät anlegen
S 39 Schutzbrille/Gesichtsschutz tragen
S 40 Fußboden und verunreinigte Gegenstände mit ... reinigen (Material vom Hersteller anzugeben)
S 41 Explosions- und Brandgase nicht einatmen
S 42 Bei Räuchern/Versprühen geeignetes Atemschutzgerät anlegen (geeignete Bezeichnungen vom Hersteller anzugeben)
S 43 Zum Löschen ... (vom Hersteller anzugeben) verwenden (wenn Wasser die Gefahr erhöht, anfügen: „Kein Wasser verwenden")
S 45 Bei Unfall oder Unwohlsein sofort Arzt hinzuziehen (wenn möglich dieses Etikett vorzeigen)
S 46 Bei Verschlucken sofort ärztlichen Rat einholen und Verpackung oder Etikett vorzeigen
S 47 Nicht bei Temperaturen über ... °C aufbewahren (vom Hersteller anzugeben)
S 48 Feucht halten mit ... (geeignetes Mittel vom Hersteller anzugeben)
S 49 Nur im Originalbehälter aufbewahren
S 50 Nicht mischen mit ... (vom Hersteller anzugeben)
S 51 Nur in gut belüftetem Bereich verwenden
S 52 Nicht großflächig für Wohn- und Aufenthaltsräume zu verwenden
S 53 Exposition vermeiden – vor Gebrauch besondere Anweisungen einholen
S 56 Diesen Stoff und seinen Behälter der Problemabfallentsorgung zuführen
S 57 Zur Vermeidung einer Kontamination der Umwelt geeigneten Behälter verwenden
S 59 Informationen zur Wiederverwendung/Wiederverwertung beim Hersteller/Lieferanten erfragen
S 60 Dieser Stoff und sein Behälter sind als gefährlicher Abfall zu entsorgen
S 61 Freisetzung in die Umwelt vermeiden. Besondere Anweisungen einholen/Sicherheitsdatenblatt zu Rate ziehen
S 62 Bei Verschlucken kein Erbrechen herbeiführen. Sofort ärztlichen Rat einholen und Verpackung oder dieses Etikett vorzeigen

5 Chemikalienliste und Entsorgungshinweise

1 Name des Stoffes	2 Gefahrensymbol und Kennbuchstabe	3 Kennziffer der R-Sätze	 S-Sätze	4 Charakterisierung WGK	 VbF	5 Entsorgungs-hinweise
Aceton Dimethylketon	F	11	9-16-23-33	0	B	L-1
Aktivkohle (gepulvert, gekörnt)	–	–	–	0		HM
Aluminium (Band, Grieß)	–	–	–	0		A-2
Aluminium (gepulvert)	–	10-15	7/8-43	0		A-2
Aluminiumkaliumsulfat · 12 H_2O Kaliumalaun	–	–	–	1		A-1
Benzin: Reinigungsbenzin 60/140	F	11	9-16-29-33	1	AI	L
Blei (Blech)	–	–	–			S
Blei (gepulvert, gekörnt)	Xn	47	53-13-20/21	2		S
Blei(II)-chlorid	Xn	20/22-33	13-20/21	2		S
Blei(II)-oxid Bleioxid (gelb)	Xn	20/22-33	13-20/21	2		S
Blei(II)-sulfid Bleisulfid	Xn	20/22-33	13-20/21	2		S
Blutlaugensalz (gelb) siehe Kaliumhexacyanoferrat(II)						
Brennspiritus siehe Ethanol						
Brom	T+, C	26-35	7/9-26	2		B

7455

1 Name des Stoffes	2 Gefahrensymbol und Kennbuchstabe	3 Kennziffer der R-Sätze	 S-Sätze	4 Charakterisierung WGK	 VbF	5 Entsorgungs-hinweise
Calciumcarbonat Marmor	–	–	–	0		A-1
Calciumhydroxid gelöschter Kalk, Löschkalk	C	34	26-36	1		B
Calciumhydroxid-Lösung Kalkwasser	C	34	26-36	1		B
Calciumsulfat · 0,5 H_2O Gips	–	–	–	0		HM
Chlor	T	23-36/37/38	7/9-44	2		B
Chlorwasser	T	23-36/37/38	7/9-44	2		B
Chrom(III)-kaliumsulfat · 12 H_2O Chromalaun	–	–	–	0		S
Cobalt(II)-chlorid	T	49-22	53-24/25-44	2		B
Eisen (Späne/gepulvert)	–	–	–	0		A-1
Eisen (Stahlwolle)	–	–	–	0		A-1
Eisen(III)-oxid	–	–	–			HM
Essig (5 %) Speiseessig	–	–	–	0		AW
Ethanol Ethylalkohol, Brennspiritus	F	11	7-16	0	B	L-1
Gips siehe Calciumsulfat · 0,5 H_2O	–	–	–			
Holzkohle (Stücke)	–	–	–			HM
Iod	Xn	20/21	23-25	1		B
Iod-Kaliumiodid-Lösung	Xn	20/21	23.2-25	1		B
Kalium	C, F	14/15-34	5-8-43	1		B
Kaliumalaun siehe Aluminiumkaliumsulfat						
Kaliumbromid	–	–	–	1		A-1
Kaliumdichromat	T	49-36/37/38-43	53-22-28-44	3		B
Kaliumhexacyanoferrat(II) Blutlaugensalz (gelb)	–	–	–	1		A-1
Kaliumiodid	–	–	–	1		A-1
Kaliumnatriumtartrat Seignettesalz	–	–	–			A-1
Kaliumnitrat Kalisalpeter	O	8	16-41	1		A-1
Kaliumpermanganat	Xn, O	8-22	2	2		B
Kaliumthiocyanat	Xn	22/21/22-32	2-13	1		A-1
Kalk (Löschkalk) siehe Calciumhydroxid						
Kalkstein, Marmor siehe Calciumcarbonat						
Kalkwasser Calciumhydroxidlösung	C	34	26-36	1		B
Kieselgel Silica-Gel	–	–		0		HM
Kochsalz siehe Natriumchlorid						
Kohlenstoff	–	–	–			HM
Kohlenstoffdioxid	–	–	3-7	0		–
Kohlenstoffmonooxid	T, F	47-12	53-7-16			B
Kupfer (Blech, Späne, Pulver)	–	–	–	0		A-1
Kupfer(I)-iodid	–	–	–	2		S
Kupfer(II)-oxid Kupferoxid	–	–	–			S

1 Name des Stoffes	2 Gefahrensymbol und Kennbuchstabe	3 Kennziffer der R-Sätze	 S-Sätze	4 Charakterisierung WGK	 VbF	5 Entsorgungs-hinweise
Kupfer(II)-sulfat · 5 H_2O Kupfervitriol	Xn	22-36/38	22	2		S
Kupfer(II)-sulfat (wasserfrei)	Xn	22-36/38	22	2		S
Lithium	C, F	14/15-34	8-43	1		B
Magnesium (Band)	–	–	–			A-1
Magnesium (gepulvert)	F	15-17	7/8-43.3			B
Magnesiumoxid	–	–	22	1		HM
Marmor siehe Calciumcarbonat						
Natrium	C, F	14/15-34	5-8-43	1		B
Natriumchlorid Kochsalz	–			0		AW
Natriumhydrogencarbonat Natron	–	–	–	0		A-1
Paraffin (fest, dickflüssig)	–	–	–	0		O-2
Saccharose Rohrzucker, Rübenzucker	–	–	–			O-1
Salpetersäure (20–70 %)	C	35	2-23-26-36	1		B
Salpetersäure (65 %)	C	35	23-26-36	1		B
Salzsäure (verdünnt) (10–25 %)	Xi	36/37/38	–	1		B
Sauerstoff	O	8	17	0		–
Schwefel (Stücke/gepulvert)	–	–	–	0		A-1
Schwefeldioxid	T	23-36/37	7/9-44	1		B
Schwefelsäure (5–15 %)	Xi	36/38	2-26	1		B
Schwefelsäure (über 15 %)	C	35	2-26-30	1		B
Schwefelsäure (95–98 %)	C	35	2-26-30	1		B
Seignettesalz siehe Kaliumnatriumtartrat						
Silber (Blech)	–	–	–			
Silberoxid	–	–	–			S
Silbersulfid	–	–	–			S
Silicagel Blaugel, Kieselgel	–	–	–	–		HM
Stärke (löslich)	–	–	–	0		O-1
Stearinsäure	–	–	–	0		O-2
Stickstoff	–	–	–	0		–
Stickstoffdioxid	T+	26-37	7/9-26-45	1		B
Wasserstoffperoxid (20–60 %)	C	34	28-39	0		B
Wasserstoff	F	12	7/9			B
Weinsäure	Xi	38	2	1		O-1
Zink (Blech/geraspelt)	–	–	–			HM
Zink (gepulvert, nicht stabilisiert)	F	15-17	7/8-43	0		A-2
Zinkoxid	–	–	–	0		S
Zinn (gekörnt)	–	–	–			A-1
Zucker (Rohrzucker, Rübenzucker) siehe Saccharose	–					

7649

Zur Tabellenspalte „Charakterisierung“

1. In den „Verwaltungsvorschriften über die nähere Bestimmung wassergefährdender Stoffe und ihre Einstufung entsprechend ihrer Gefährlichkeit“ werden die Stoffe nach bestimmten Wassergefährdungsklassen (WGK) eingeteilt.

Die verwendeten Abkürzungen bedeuten:
WGK 3 – stark wassergefährdend
WGK 2 – wassergefährdend
WGK 1 – schwach wassergefährdend
WGK 0 – i. a. nicht wassergefährdend

2. In der „Verordnung über brennbare Flüssigkeiten“ (VbF) werden brennbare Flüssigkeiten in verschiedene Gefahrenklassen unterteilt:
A I: mit Wasser nicht mischbar; Flammpunkt unter 21 °C
A II: mit Wasser nicht mischbar; Flammpunkt: 21 °C bis 55 °C
A III: mit Wasser nicht mischbar; Flammpunkt über 55 °C
B: mit Wasser mischbar; Flammpunkt unter 21 °C.

Zur Tabellenspalte „Entsorgungshinweise“

L In das Sammelgefäß „Organische Lösemittel“ geben.

L–1 Kleine Portionen dieses Stoffes können in den Ausguß geschüttet werden; größere wie bei L.

S Wäßrige Lösungen/Schlämmen in das Sammelgefäß „Schwermetallsalzlösungen“ geben.
Als Feststoff verpackt (Kunststoffbeutel/Gefäß) in den Sammelbehälter „Feste Abfälle – anorganisch“ geben.

A–1 Feststoff verpackt (Kunststoffbeutel/Gefäß) in den Sammelbehälter wie unter S.
Kleine Portionen wäßriger Lösungen/Schlämmen in den Ausguß schütten/ggf. nach Filtration zum Hausmüll geben.

A–2 Feststoff verpackt (Kunststoffbeutel/Gefäß) in den Sammelbehälter wie unter S. Wäßrige Lösungen/Schlämmen des Stoffes müssen aufbereitet werden.

O–1 Feststoff verpackt (Kunststoffbeutel/Gefäß) in den Sammelbehälter „Feste Abfälle – organisch“ geben; wäßrige Lösungen in den Ausguß schütten.

O–2 Feststoff wie unter O–1; Lösungen wie unter L.

AW Ausguß/Abwasser

B Behandlung/Aufbereitung erforderlich.

HM Hausmüll

G In das Sammelgefäß „Glasbruch“ geben.

1

2

Sonderabfälle in der Schule – Naturwissenschaften
(Vorschlag eines Entsorgungskonzepts des Landesinstituts für Schule und Weiterbildung, Soest, 1993)

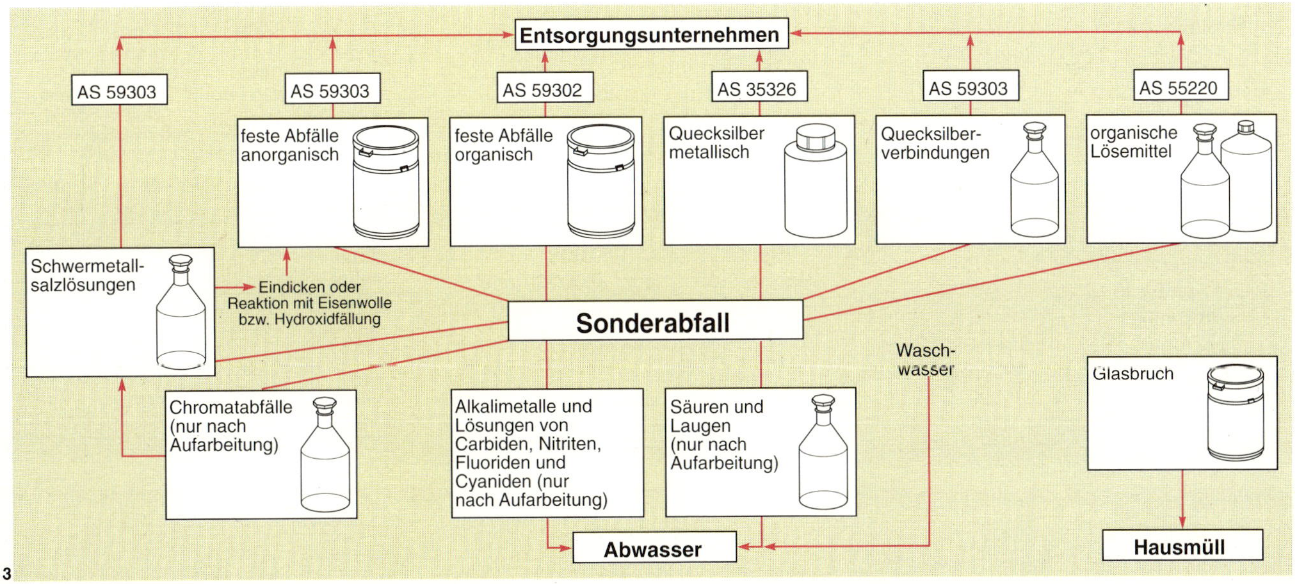

3

Zum Nachschlagen

Schmelztemperatur, Siedetemperatur und Dichte

Feste Stoffe, Flüssigkeiten	Schmelztemperatur in °C	Siedetemperatur in °C	Dichte (20 °C) in $\frac{g}{cm^3}$
Alkohol	−115	78,3	0,789
Aluminium	660	2467	2,70
Benzin		60...95	ca. 0,7
Benzol	5,5	80	0,879
Blei	327	1744	11,34
Eisen	1535	2750	7,87
Gold	1064	2807	19,32
Holz	590		0,4 ...1,2
Iod	114	184	4,93
Kochsalz	801	1413	2,16
Kohlenstoff			
– Diamant	3550	4827	3,52
– Graphit	3650	4827	2,24
Kupfer	1083	2567	8,29
Magnesium	649	1107	1,74
Meerwasser	1,6	104	ca. 1,03
Messing, MS 72	920	1160	8,56
Paraffin	54...60		0,8 ...0,9
Phosphor (rot)	590		2,4
Platin	1769	4300	21,45
Quecksilber	−39	357	13,55
Schwefel	119	445	1,96
Silber	961	2200	10,5
dest. Wasser	0	100	0,998
Wolfram	3380	5500	19,3
Zink	420	907	7,14
Zinn	232	2260	7,29

Gase	Schmelztemperatur in °C	Siedetemperatur in °C	Litergewicht (0 °C) in $\frac{g}{l}$
Helium	−272,1	−269	0,1785
Kohlenstoffdioxid		– 79 (sublimiert)	1,9768
Krypton	−157	−153	3,744
Luft			1,293
Sauerstoff	−219	−183	1,429
Stickstoff	−210	−196	1,2505
Wasserstoff	−259	−253	0,0899

Die chemischen Elemente

Element	Symbol	Element	Symbol	Element	Symbol
Actinium	**Ac**	Hahnium	**Ha**	Quecksilber	**Hg**
Aluminium	**Al**	Hafnium	**Hf**	Radium	**Ra**
Americium	**Am**	Helium	**He**	Radon	**Rn**
Antimon	**Sb**	Holmium	**Ho**	Rhenium	**Re**
Argon	**Ar**	Indium	**In**	Rhodium	**Rh**
Arsen	**As**	Iod	**I**	Rubidium	**Rb**
Astat	**At**	Iridium	**Ir**	Ruthenium	**Ru**
Barium	**Ba**	Joliotium	**Jl**	Rutherfordium	**Rf**
Berkelium	**Bk**	Kalium	**K**	Samarium	**Sm**
Beryllium	**Be**	Kohlenstoff	**C**	Sauerstoff	**O**
Bismut	**Bi**	Krypton	**Kr**	Scandium	**Sc**
Blei	**Pb**	Kupfer	**Cu**	Schwefel	**S**
Bohrium	**Bh**	Lanthan	**La**	Selen	**Se**
Bor	**B**	Lawrencium	**Lr**	Silber	**Ag**
Brom	**Br**	Lithium	**Li**	Silicium	**Si**
Cadmium	**Cd**	Lutetium	**Lu**	Stickstoff	**N**
Caesium	**Cs**	Magnesium	**Mg**	Strontium	**Sr**
Calcium	**Ca**	Mangan	**Mn**	Tantal	**Ta**
Californium	**Cf**	Meitnerium	**Mt**	Technetium	**Tc**
Cer	**Ce**	Mendelevium	**Md**	Tellur	**Te**
Chlor	**Cl**	Molybdaen	**Mo**	Terbium	**Tb**
Chrom	**Cr**	Natrium	**Na**	Thallium	**Tl**
Cobalt	**Co**	Neodym	**Nd**	Thorium	**Th**
Curium	**Cm**	Neon	**Ne**	Thulium	**Tm**
Dubnium	**Db**	Neptunium	**Np**	Titan	**Ti**
Dysprosium	**Dy**	Nickel	**Ni**	Uran	**U**
Einsteinium	**Es**	Niob	**Nb**	Vanadium	**V**
Eisen	**Fe**	Nobelium	**No**	Wasserstoff	**H**
Erbium	**Er**	Osmium	**Os**	Wolfram	**W**
Europium	**Eu**	Palladium	**Pd**	Xenon	**Xe**
Fermium	**Fm**	Phosphor	**P**	Ytterbium	**Yb**
Fluor	**F**	Platin	**Pt**	Yttrium	**Y**
Francium	**Fr**	Plutonium	**Pu**	Zink	**Zn**
Gadolinium	**Gd**	Polonium	**Po**	Zinn	**Sn**
Gallium	**Ga**	Praseodym	**Pr**	Zirconium	**Zr**
Germanium	**Ge**	Promethium	**Pm**		
Gold	**Au**	Protactinium	**Pa**		

Einige Entzündungstemperaturen

Streichholzkopf	etwa 60 °C
Papier	etwa 250 °C
Holzkohle	150–220 °C
Benzin	220–300 °C
Heizöl	250 °C
Paraffin (Kerzenwachs)	250 °C
trockenes Holz	etwa 300 °C
Butangas (Flüssiggas für Feuerzeuge)	400 °C
Spiritus	425 °C
Propangas	460 °C
Erdgas	etwa 600 °C
Steinkohle	350–600 °C
Koks	700 °C

Zusammensetzung der Luft

Name des Gases	100 cm^3 Luft enthalten
Stickstoff	78,09 cm^3
Sauerstoff	20,95 cm^3
Argon	0,93 cm^3
Kohlenstoffdioxid	ca. 0,03 cm^3
Neon	0,0018 cm^3
Helium	0,0005 cm^3
Krypton	0,0001 cm^3
Wasserstoff	0,00005 cm^3
Xenon	0,000008 cm^3
Wasserdampf	0-7 cm^3

Abgaswerte pro 100 km (bei 8 l Treibstoff)

Schadstoffe	Ottomotor ohne Katalysator	Ottomotor (gleicher Typ) mit Katalysator	Dieselmotor
Kohlenstoffmonooxid	481 g	210 g	58 g
Kohlenwasserstoffe	172 g	17 g	43 g
Stickstoffoxide	292 g	30 g	73 g
Bleiverbindungen	1 g	0,08 g	–
Ruß	0,5 g	0,5 g	34 g

5928

Eigenschaften einiger Metalle

Name	Aussehen	Härte	leitet den elektr. Strom	Dichte (20 °C) in g/cm³	Schmelz-temperatur	Siede-temperatur
Aluminium	weiß glänzend	weich	ja	2,70 g	660 °C	2467 °C
Blei	bläulichweiß glänzend	sehr weich	ja	11,34 g	327 °C	1751 °C
Eisen	grauweiß glänzend	hart	ja	7,87 g	1535 °C	2750 °C
Gold	hellgelb glänzend	weich	ja	19,32 g	1063 °C	2807 °C
Kupfer	braunrot glänzend	weich, aber etwas härter als Gold	ja	8,92 g	1083 °C	2567 °C
Magnesium	weiß glänzend	mittelhart	ja	1,74 g	649 °C	1107 °C
Quecksilber	weiß glänzend	flüssig	ja	13,55 g	−39 °C	357 °C
Zink	grauweiß glänzend	hart und spröde	ja	7,14 g	420 °C	907 °C
Zinn	weiß glänzend	sehr weich, aber härter als Blei	ja	7,29 g	232 °C	2260 °C

Eigenschaften einiger Nichtmetalle

Name	Aussehen	Geruch	löslich in		leitet den el. Strom	Dichte (20 °C) in g/cm³	Schmelz-temperatur	Siede-temperatur
			Wasser	Alkohol (96%)				
Kohlenstoff (Diamant)	farblos, durchsichtige Kristalle	geruchlos	nein	nein	nein	3,52 g	3550 °C	4827 °C
(Graphit)	grauschwarz; glänzende Schuppen	geruchlos	nein	nein	ja	2,24 g	ca. 4000 °C	4827 °C
Schwefel	gelb, glänzende Kristalle	geruchlos	nein	etwas	nein	1,96 g	119 °C	445 °C
Iod	blauschwarze Kristalle	stechend	etwas	gut	nein	4,93 g	114 °C	184 °C
Phosphor (rot)	weinrotes Pulver	geruchlos	nein	nein	nein	2,20 g	590 °C	–

Eigenschaften einiger anderer Stoffe

Name	Aussehen	Zustand bei 20 °C	Geruch	löslich in		leitet den el. Strom	Schmelz-temperatur	Siede-temperatur
				Wasser	Alkohol (96%)			
Kerzenwachs (z. B. Stearin)	weiß, oft gefärbt; matt	fest	geruchlos	nein	nein	nein	ca. 50 °C	ca. 230 °C
Kochsalz	weiße Kristalle	fest	geruchlos	ja	etwas	nein	801 °C	1413 °C
Porzellan	meist weiß, glasiert	fest	geruchlos	nein	nein	nein	1670 °C	
Zucker	weiße Kristalle	fest	geruchlos	ja	sehr wenig	nein	ca. 180 °C	
Alkohol (Weingeist)	farblos, klar	flüssig	herb, scharf	ja		nein	−115 °C	78 °C
Benzin	farblos, klar	flüssig	mild	nein	nein (in reinem Alkohol ja)	nein		60–95 °C
Glycerin	farblos, klar	dickflüssig	geruchlos	ja	ja	nein	18 °C	290 °C
Spiritus	farblos, klar	flüssig	leicht stechend	ja	ja	nein	ca. −98 °C	65–78 °C
dest. Wasser	farblos, klar	flüssig	geruchlos		ja	nein	0 °C	100 °C

Gebräuchliche Legierungen

Name	Bestandteile	Verwendung
Duraluminium	bis 90 % Aluminium, Rest Magnesium und Kupfer	Flugzeug- u. Bootsbau, Gehäuse, Leitern, Haushaltsgegenstände
Hartblei	ca. 90 % Blei, Rest Antimon	Akkuplatten, Kabelmäntel
Edelstahl	71 % Eisen, 20 % Chrom, Rest Nickel und andere	harter Spezialstahl
Weißgold	ca. 70 % Gold, bis 20 % Silber, Rest Nickel	Schmuck, Münzen
Bronze	86 % – 94 % Kupfer, Rest Zinn	Glocken, Münzen, Maschinenlager

Name	Bestandteile	Verwendung
Messing	63 % – 72 % Kupfer, Rest Zink	Schrauben, Beschläge, Türgriffe, Maschinenteile, Uhrwerke, Armaturen
Konstantan	60 % Kupfer, 40 % Nickel	elektrische Widerstände
Münzmetall	ca. 55 % Kupfer, Rest Zinn	Münzen
Neusilber	73 % – 80 % Kupfer, 15 % – 20 % Nickel, bis 7 % Zink	Bestecke, feinmechanische Geräte
Lötzinn	ca. 60 % Zinn, ca. 37 % Blei, Rest Antimon	Löten

Nachweis einiger Stoffe

Stoff	Nachweis	Beschreibung
Chlor T	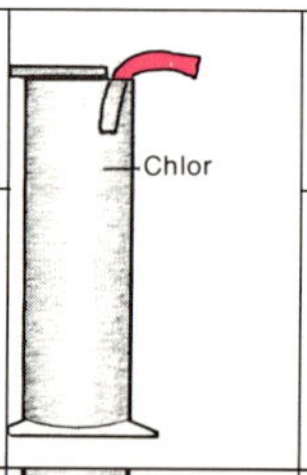	a) Angefeuchtetes *Universalindikatorpapier* wird durch Chlor *rot*, dann *farblos*. b) Kaliumiodid-Stärke-Papier wird blau.
Sauerstoff O	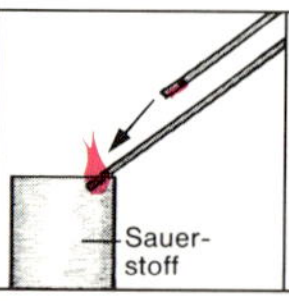	In reinem Sauerstoff *flammt ein glimmender Holzspan auf.*
Wasserstoff F	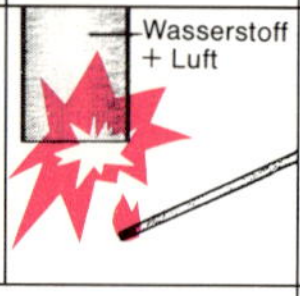	Mit Luft vermischt, *verbrennt* Wasserstoff *explosionsartig*. Diese „Knallgasprobe" darf nur in offenen Gefäßen durchgeführt werden!
Stickstoff, Kohlenstoffdioxid		Ein brennender *Holzspan erlischt.*
Kohlenstoffdioxid, Kohlensäure	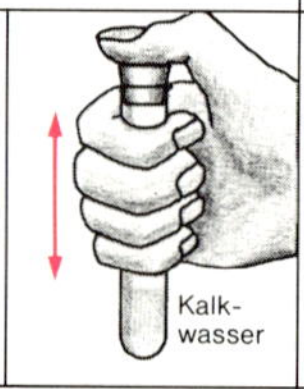	Wenn man Kohlenstoffdioxid durch eine *Natriumhydroxidlösung* (*Kalkwasser* C) leitet oder wenn man Kohlensäure mit Kalkwasser schüttelt, bildet sich eine *weiße Trübung.*
Wasser		a) *Weißes Kupfersulfat* wird durch Wasser *hellblau.* b) *Blaues Cobalt(II)-nitrat-Papier* wird *rot.*
Schwefeldioxid T, **Schweflige Säure** T	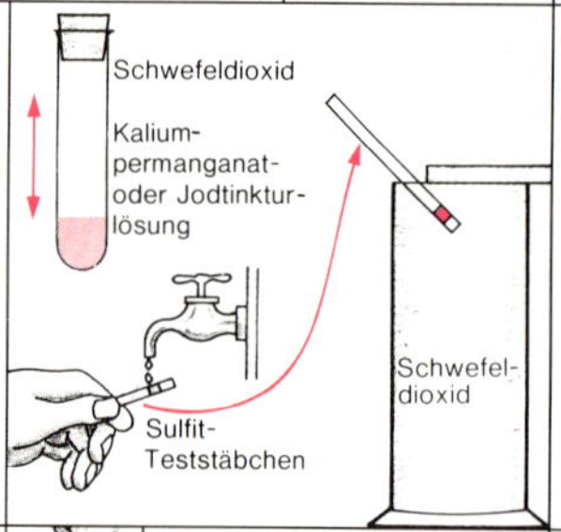	a) Eine schwach violette *Kaliumpermanganatlösung* Xn wird beim Schütteln mit *Schwefeldioxid bzw. mit Schwefliger Säure entfärbt.* b) Bei *Sulfit-Teststäbchen* wird die Testzone *rosa* gefärbt: Je kräftiger die Färbung, desto höher die Konzentration. c) Ein mit *Iod-Kaliumiodidlösung* Xn getränktes, feuchtes Papier wird *entfärbt.*
Stickstoffdioxid T	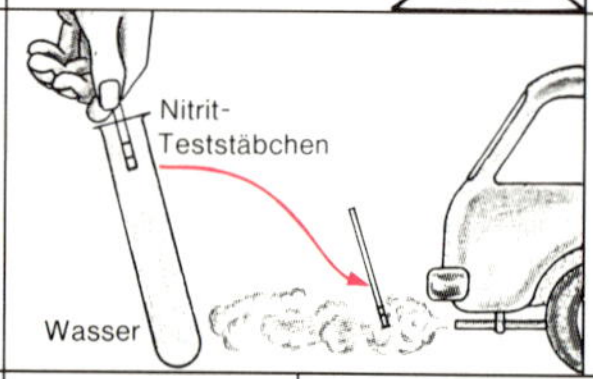	Stickstoffdioxid kann mit einem *Teststäbchen* nachgewiesen werden; die Testzone färbt sich *violett*: Je dunkler die Färbung, desto höher die Konzentration.
Säuren allgemein C **Laugen allgemein** C	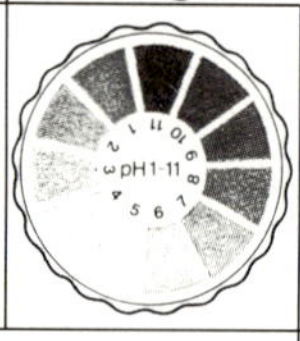	a) *Universalindikatorpapier* zeigt mit **Säuren** – je nach dem pH-Wert – eine *Rot- bis Gelborange-Färbung.* b) *Universalindikatorpapier* zeigt mit **Laugen** – je nach dem pH-Wert – eine *grüne bis blaue Färbung.*
Einige Metalle und deren Verbindungen	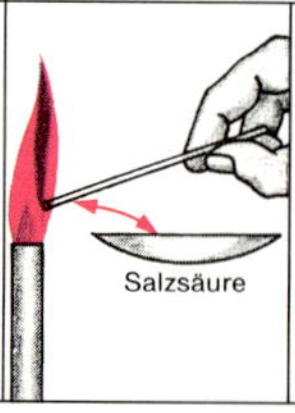	Einige Metalle und deren Verbindungen *färben eine Flamme („Flammenfärbung")*: **Natrium** *gelb*, **Lithium** *rot*, **Calcium** *ziegelrot*, **Kupfer** *blaugrün* und **Kalium** *blaßviolett* (Flamme durch Cobaltglas hindurch betrachten!).

Verzeichnis der Bild- und Textquellen

AGA, Hamburg: 64.1; Anthony, Starnberg: 60.2 (Schwimmerin); Archiv für Kunst u. Geschichte, Berlin: 104.2; Artreference, Frankfurt/M.: 40.1; Attendorner Tropfsteinhöhle: 6.1; Bavaria, Gauting: 6.8, 6.15 u. 16, 21.7, 21.9, 22.1, 23.7 u. 8, 60.2 (Industrieabgase, Autoabgabe), 138.1; Bayer, Leverkusen: 6.10, 8.3; Beratungsstelle für Stahlverwendung, Düsseldorf: 74.3, 106.1, 111.3 u. 7, 112.4, 115.6; Berliner Wasserwerke: 127.3; Beuth Verlag, Berlin: DIN-Normen; BMW, München: 131.3; Bundesverband der deutschen Gas- und Wasserwirtschaft, Bonn: 127.2; Desaga, Heidelberg: 31.11–15; Deutsche Luftbild, Hamburg (Freigabe-Nr. 120/84): 82.1; Deutsches Kupfer-Institut, Berlin: 20.2, 20.4, 21.5 u. 6, 78.1; Deutsches Museum, München: 28.2 u. 4; dpa, Frankfurt/M.: 21.10 u. 11, 34.1, 63.8, 77.8, 84.3; Dräger, Lübeck: 62.3 u. 4; Ecomed, Landsberg (aus "Kühn/Birett, Gefahrgut-Schlüssel", 1987): 70.2; Eickhoff, Speyer: 89.4; European Space Agency, Darmstadt: 116.1; Hänsel, Berlin: 103.4; Haupt, Oldenburg: 26.2, 100.1–5; Historia-Photo, Hamburg: 103.5; Hoechst (Werk Gendorf), Burgkirchen: 6.7, 6.11; Horst von Irmer, Intern. Bildarchiv, München: 6.6; Jung, Hilchenbach: 119.4; Kettler, Ense-Parsit: 23.9; Kosmos, Stuttgart: 121.7–10; Linde, Höllriegelskreuth: 64.4; Lindemann, Düsseldorf: 35.4; Mannesmann Werbegesellschaft, Düsseldorf: 111.4–6, 111.8–10, 112.1 u. 2, 112.5; Mauritius, Mittenwald: 68.1, 69.5 u. 6, 116.3, 122.2, 138.2; Messer Griesheim, Düsseldorf: 64.2 u. 3, 65.6, 74.6; Müller, Neulussheim: 17.3, 18.2, 20.1; Munzig, Mindelheim: 116.2; Nemayer, Mittenwald: 28.3; Niedersächsische Landesfeuerwehrschule, Celle: 69.7; Offermann, Arlesheim (Schweiz): 22.2, 32.1 u. 2, 33.6, 49.5–7, 98.1 u. 2, 108.1–4; Pelizaeus-Museum, Hildesheim: 8.1; Piag/Krause, Baden-Baden: 77.9; Preußischer Kulturbesitz, Berlin: 17.4, 21.9, 102.1 u. 2; roebild, Frankfurt/M.: 34.2; Ruhrkohle AG, Essen: 6.9; Ruhrverband u. Ruhrtalsperrenverein, Essen: 124.3, 125.7; Schott, Zwiesel: 131.5; Siemens, München: 18.3; Silvestris, Kastl/Obb.: 6.4, 6.17, 60.2 (Nordseesturm); Süddeutscher Verlag, München: 9.4, 68.4; Thyssen, Duisburg: 109.6, 110.1 u. 2; Trauner-Verlag, Linz (Österreich), Auszug aus "Goldsucher": S. 18; Ullstein, Berlin: S. 8 (Pyramiden), 132.2 u. 3; USIS, Heidenheim: 6.5, 60.2 (Vulkanausbruch); V-Dia, Heidelberg: 122.1; Voigtländers Quellenbücher, Leipzig: S. 87; Wachs, Düsseldorf: 19.7; Wacker-Chemie, München: 6.12; WMF, Geislingen: 22.3; Zarges, Weilheim: 23.10; ZEFA, Düsseldorf: 6.18, 32.4, 70.1, 97.4, 106.2. Alle anderen Fotos: Cornelsen Verlag (Budde, Fotostudio Mahler und Atelier Schneider), Berlin.

Für hilfreiche Unterstützung danken wir außerdem
der Auergesellschaft, Berlin (Gasspürgerät), der Firma Cornelsen Experimenta, Berlin (Versuchsgeräte), dem Drägerwerk, Lübeck (Gasspürgerät), der Georg-von Giesche-Realschule mit Frau Ihns sowie dem Humboldt-Gymnasium mit Herrn Dr. Kuballa, Berlin (verschiedene Versuchsaufbauten), Frau Wera Ostwaldt, Berlin (Abb. 102.3), dem Verband der chemischen Industrie, Frankfurt/M. (Informationsmaterial) und Frau Dagmar Wiechoczek, Bielefeld (Erprobung und Optimierung von Versuchen).

7460

Übersicht über die Größenordnung von Gegenständen und Entfernungen, vom Atomkern (10^{-12} cm) bis zum Radius des Weltalls (10^{27} cm)

Die *Kirsche* ist in **Originalgröße** abgebildet.
Nach links wird die Entfernung von Punkt zu Punkt jeweils **zehnmal größer.**
Nach rechts nimmt die Entfernung zum nächsten Punkt jeweils auf **ein Zehntel** ab.

Ausschnitt Hauptgruppen

Perioden	Hauptgruppen Ia	IIa		IIIa	IVa	Va	VIa	VIIa	VIIIa
1	1,00797 H 1								4,0026 He 2
2	6,939 Li 3	9,0122 Be 4		10,811 B 5	12,011 C 6	14,007 N 7	15,999 O 8	18,998 F 9	20,183 Ne 10
3	22,990 Na 11	24,312 Mg 12		26,982 Al 13	28,086 Si 14	30,974 P 15	32,064 S 16	35,453 Cl 17	39,948 Ar 18
4	39,102 K 19	40,08 Ca 20		69,72 Ga 31	72,59 Ge 32	74,922 As 33	78,96 Se 34	79,909 Br 35	83,80 Kr 36
5	85,47 Rb 37	87,62 Sr 38		114,82 In 49	118,69 Sn 50	121,75 Sb 51	127,60 Te 52	126,90 I 53	131,30 Xe 54
6	132,90 Cs 55	137,34 Ba 56		204,37 Tl 81	207,19 Pb 82	208,98 Bi 83	(209) *Po 84	(210) *At 85	(222) *Rn 86
7	(223) *Fr 87	(226) *Ra 88							

Relative Atommasse (Bezugsgröße: 1/12 der Masse des Kohlenstoffisotops C 12) → 1,00797

H ← Symbol

Ordnungszahl → 1

Pu Symbol in Kursivschrift: künstliches Element

* radioaktive Elemente

( ) Massenzahl des langlebigsten Isotops

Metalle: Hauptgruppen; Nebengruppen; Lanthanoide, Actinoide

Halbmetalle (Elemente mit metallischen **und** nichtmetallischen Eigenschaften)

Nichtmetalle

Edelgase

Aggregatzustand unter Normalbedingungen:

C fest

Br flüssig

O gasförmig

Gesamtdarstellung

Schalen	Perioden	Hauptgruppen Ia	IIa	Nebengruppen IIIb
K	1	1,00797 H 1		
L	2	6,939 Li 3	9,0122 Be 4	
M	3	22,990 Na 11	24,312 Mg 12	
N	4	39,102 K 19	40,08 Ca 20	44,956 Sc 21
O	5	85,47 Rb 37	87,62 Sr 38	88,905 Y 39
P	6	132,90 Cs 55	137,34 Ba 56	138,91 La 57
Q	7	(223) *Fr 87	(226) *Ra 88	(227) *Ac 89

Lanthanoide (6. Periode) und **Actinoide** (7. Periode)

Periode														
6	140,12 Ce 58	140,91 Pr 59	144,24 Nd 60	145 **Pm* 61	150,35 Sm 62	151,96 Eu 63	157,25 Gd 64	158,92 Tb 65	162,50 Dy 66	164,93 Ho 67	167,26 Er 68	168,93 Tm 69	173,04 Yb 70	174, L 71
7	232,04 *Th 90	(231) *Pa 91	238,03 *U 92	(237) **Np* 93	(244) **Pu* 94	(243) **Am* 95	(247) **Cm* 96	(247) **Bk* 97	(251) **Cf* 98	(254) **Es* 99	(257) **Fm* 100	(258) **Md* 101	(259) **No* 102	(260 *L 103

usschnitt Hauptgruppen und Nebengruppen

Perioden	Hauptgruppen Ia	IIa	Nebengruppen IIIb		IVb	Vb	VIb	VIIb	VIIIb			Ib	IIb	IIIa	IVa	Va	VIa	VIIa	VIIIa
1	1,00797 H 1																		4,0026 He 2
2	6,939 Li 3	9,0122 Be 4												10,811 B 5	12,011 C 6	14,007 N 7	15,999 O 8	18,998 F 9	20,183 Ne 10
3	22,990 Na 11	24,312 Mg 12												26,982 Al 13	28,086 Si 14	30,974 P 15	32,064 S 16	35,453 Cl 17	39,948 Ar 18
4	39,102 K 19	40,08 Ca 20	44,956 Sc 21		47,90 Ti 22	50,942 V 23	51,996 Cr 24	54,938 Mn 25	55,847 Fe 26	58,933 Co 27	58,71 Ni 28	63,54 Cu 29	65,37 Zn 30	69,72 Ga 31	72,59 Ge 32	74,922 As 33	78,96 Se 34	79,909 Br 35	83,80 Kr 36
5	85,47 Rb 37	87,62 Sr 38	88,905 Y 39		91,22 Zr 40	92,906 Nb 41	95,94 Mo 42	(97) *Tc 43	101,07 Ru 44	102,90 Rh 45	106,4 Pd 46	107,87 Ag 47	112,40 Cd 48	114,82 In 49	118,69 Sn 50	121,75 Sb 51	127,60 Te 52	126,90 I 53	131,30 Xe 54
6	132,90 Cs 55	137,34 Ba 56	138,91 La 57		178,49 Hf 72	180,95 Ta 73	183,85 W 74	186,2 Re 75	190,2 Os 76	192,2 Ir 77	195,09 Pt 78	196,97 Au 79	200,59 Hg 80	204,37 Tl 81	207,19 Pb 82	208,98 Bi 83	(209) *Po 84	(210) *At 85	(222) *Rn 86
7	(223) *Fr 87	(226) *Ra 88	(227) *Ac 89		(261) *Db 104	(262) *Jl 105	(263) *Rf 106	(262) *Bh 107	(265) *Hn 108	(266) *Mt 109									

										IIIa	IVa	Va	VIa	VIIa	VIIIa	Perioden	Schalen
															4,0026 He 2	1	K
										10,811 B 5	12,011 C 6	14,007 N 7	15,999 O 8	18,998 F 9	20,183 Ne 10	2	L
										26,982 Al 13	28,086 Si 14	30,974 P 15	32,064 S 16	35,453 Cl 17	39,948 Ar 18	3	M
7,90 Ti 2	50,942 V 23	51,996 Cr 24	54,938 Mn 25	55,847 Fe 26	58,933 Co 27	58,71 Ni 28	63,54 Cu 29	65,37 Zn 30		69,72 Ga 31	72,59 Ge 32	74,922 As 33	78,96 Se 34	79,909 Br 35	83,80 Kr 36	4	N
1,22 Zr 0	92,906 Nb 41	95,94 Mo 42	(97) *Tc 43	101,07 Ru 44	102,90 Rh 45	106,4 Pd 46	107,87 Ag 47	112,40 Cd 48		114,82 In 49	118,69 Sn 50	121,75 Sb 51	127,60 Te 52	126,90 I 53	131,30 Xe 54	5	O
78,49 Hf 2	180,95 Ta 73	183,85 W 74	186,2 Re 75	190,2 Os 76	192,2 Ir 77	195,09 Pt 78	196,97 Au 79	200,59 Hg 80		204,37 Tl 81	207,19 Pb 82	208,98 Bi 83	(209) *Po 84	(210) *At 85	(222) *Rn 86	6	P
261) Db 04	(262) *Jl 105	(263) *Rf 106	(262) *Bh 107	(265) *Hn 108	(266) *Mt 109											7	Q

7461

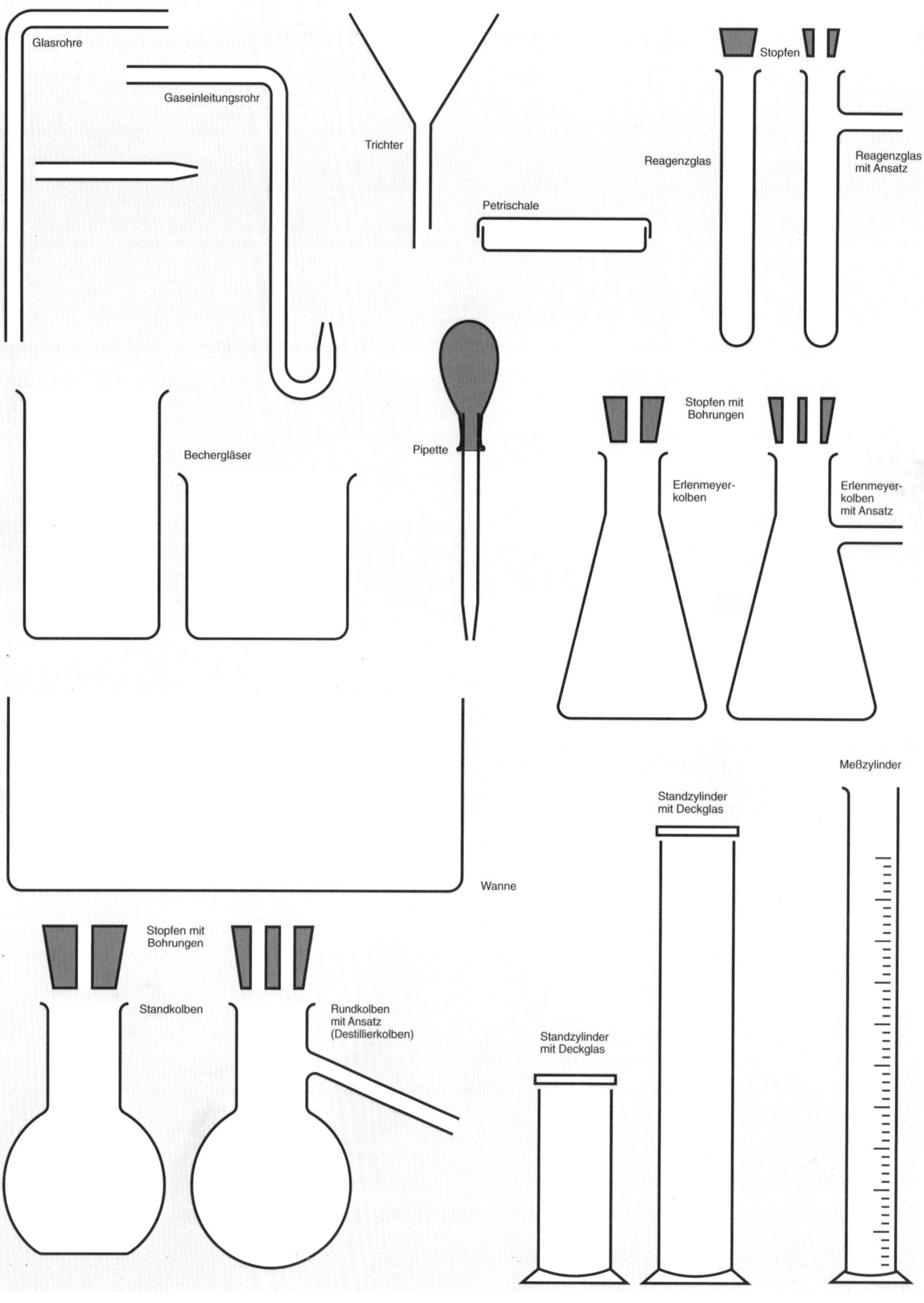
Glasrohre
Gaseinleitungsrohr
Trichter
Stopfen
Reagenzglas
Reagenzglas mit Ansatz
Petrischale
Bechergläser
Pipette
Stopfen mit Bohrungen
Erlenmeyer-kolben
Erlenmeyer-kolben mit Ansatz
Wanne
Stopfen mit Bohrungen
Standkolben
Rundkolben mit Ansatz (Destillierkolben)
Standzylinder mit Deckglas
Standzylinder mit Deckglas
Meßzylinder